はしがき（第2版）

　社会福祉法人の制度は、平成29年4月の社会福祉法の改正により大幅に変わりました。これに伴い、社会福祉法人会計基準は省令となり、社会福祉法人にはガバナンス強化とディスクロージャーが求められることとなりました。

　一方、社会福祉法人が行う社会福祉事業である介護保険、障害福祉、児童福祉などの制度も、数年ごとに大幅な改正が行われています。

　これらの改正に伴い、法人税、消費税、源泉所得税について法令が改正され、国税庁から質疑応答事例・文書回答事例が発出されるなど、社会福祉法人における税務にも大きな影響が出てきています。

　しかし、社会福祉法人については、その行う事業の理解が欠かせず、また、特別な取扱いが定められていることもあり、税務に関する判断は難解なものとなっています。

　そこで本書は、社会福祉法人の経営者や実務担当者、社会福祉法人に関与する税理士・公認会計士の方々のために、社会福祉法人にかかわる税務の諸問題をQ&A形式で解説し、直面する疑問の解決に役立てていただくことを目的とした構成といたしました。

　まず第1章では、社会福祉法人の制度とその会計について、新たに設けられた社会福祉連携推進法人を含めて解説しています。

　次に第2章では、法人税が社会福祉法人の行う様々な事業に課税されるのかどうかや、社会福祉法人に法人税が課税される場合の計算方法における注意点、電子帳簿保存法と電子取引を解説しています。

　第3章では、社会福祉法人の行う事業における取引が消費税の課税取引・非課税取引・不課税取引のいずれに該当するのか、社会福祉法人における仕入税額控除の特例等を、軽減税率、インボイス制度とその経過措置における税制上の措置も含めて解説しています。

　続く第4章では、社会福祉法人に対する税務調査の中心となる源泉所

得税について、給与等、報酬・料金、退職所得という所得ごとに注意すべき事項を解説しています。

第5章では、地方税について、社会福祉法人に特有な均等割の減免や固定資産税の免税に係る取扱いについて解説しています。

さらに、第6章では、貼付忘れが多々見受けられる印紙税について、課税文書かどうかの判定を解説しています。

以上、本書が社会福祉法人の税務に関する実務の一助となり、ひいては社会福祉法人制度の発展、社会福祉法人のガバナンスに寄与することになれば、これに勝る喜びはありません。

最後に、本書の編集にご尽力いただいた税務研究会出版局の桑原妙枝子氏、冨木敦氏に、心からお礼申し上げる次第です。

令和6年9月

税理士・行政書士　**田中　正明**

目　　次

第１章　社会福祉法人とは

第１節　社会福祉法人の最近の動向 ………………………………………… 2
　Q１　社会福祉法人の概要 ……………………………………… 2
　Q２　社会福祉法人制度の変遷 ………………………………… 6
　Q３　社会福祉連携推進法人 …………………………………… 8
第２節　社会福祉法人の特徴と運営 ……………………………………… 11
　Q４　他の法人制度との比較 …………………………………… 11
　Q５　社会福祉法人の組織 ……………………………………… 13
　Q６　社会福祉法人の監督 ……………………………………… 17
第３節　社会福祉法人会計基準のポイントと改正事項 ………………… 19
　Q７　社会福祉法人会計基準の概要 …………………………… 19
　Q８　計算書類等の構成 ………………………………………… 21
　Q９　社会福祉法人会計基準における勘定科目 ……………… 25
　Q10　決算手続き ………………………………………………… 27

第２章　社会福祉法人の法人税

第１節　法人税法上の収益事業 …………………………………………… 32
　Q11　収益事業の範囲 …………………………………………… 32
第２節　特掲事業の範囲と課税 …………………………………………… 34
　Q12　児童福祉事業 ……………………………………………… 34
　Q13　措置施設 …………………………………………………… 38
　Q14　介護保険事業 ……………………………………………… 40
　Q15　介護予防・日常生活支援総合事業 ……………………… 43
　Q16　地域包括支援センターと包括的支援事業 ……………… 46
　Q17　軽費老人ホーム …………………………………………… 49

－ iii －

目　次

Q18　有料老人ホーム・サービス付き高齢者向け住宅 ……………… 52

Q19　障害福祉サービス事業等 ………………………………………… 55

Q20　就労支援事業・授産事業等 …………………………………… 59

Q21　医療事業 …………………………………………………………… 62

Q22　企業主導型保育事業 …………………………………………… 64

Q23　資格者養成施設・事業 ………………………………………… 68

Q24　生活福祉資金貸付事業等 ……………………………………… 71

Q25　成年後見（支援）センター …………………………………… 75

Q26　共済事業 …………………………………………………………… 77

第3節　委託事業と実費弁償 ……………………………………… 80

Q27　委託事業 …………………………………………………………… 80

Q28　指定管理者制度 ………………………………………………… 84

Q29　実費弁償による事務処理の受託等の確認手続き ………… 89

Q30　実費弁償方式の他の特掲事業への適用 …………………… 94

第4節　付随的収益と課税 ………………………………………… 96

Q31　会費収入 …………………………………………………………… 96

Q32　売店の経営 ……………………………………………………… 100

Q33　バザーの開催 …………………………………………………… 103

Q34　認定こども園・保育所の付随収入 ………………………… 105

Q35　自動販売機の設置 ……………………………………………… 109

Q36　太陽光発電による売電 ……………………………………… 111

Q37　携帯電話基地局の設置場所の貸付け等 …………………… 115

Q38　貸会議室・会場等 ……………………………………………… 118

Q39　演芸会、音楽会等の催物 …………………………………… 122

Q40　駐車場 …………………………………………………………… 125

Q41　広告料収入・広告協賛金 …………………………………… 127

第5節　法人税の申告（区分経理等） ………………………… 129

Q42　法人税・地方法人税の計算 ………………………………… 129

Q43　区分経理と費用等の配賦 …………………………………… 133

－ iv －

目　次

Q44　収益事業への資産の振替 ……………………………………… 140

Q45　資金の運用益 ……………………………………………………… 144

Q46　補助金等の収入 …………………………………………………… 146

Q47　収益事業に使用している土地の受贈 ………………………… 151

Q48　収益事業に属する固定資産の処分損益 …………………… 155

Q49　交際費等 …………………………………………………………… 160

Q50　みなし寄附金 ……………………………………………………… 164

Q51　収益事業からの寄附金（義援金）の支出 ………………… 168

Q52　損益計算書等の提出 …………………………………………… 172

第6節　社会福祉連携推進法人の課税関係 …………………… 174

Q53　社会福祉連携推進法人の収益事業課税の適否 ………… 174

Q54　公益社団法人と非営利型法人の相違 ……………………… 177

第7節　電子帳簿保存法と電子取引 ……………………………… 179

Q55　電子帳簿保存法の概要 ………………………………………… 179

Q56　電子取引のデータ保存制度 ………………………………… 184

Q57　電子取引の例と保存 …………………………………………… 186

Q58　電子データの保存要件（原則） …………………………… 191

Q59　電子データの保存要件（特例） …………………………… 196

Q60　社会福祉法人における適用関係 …………………………… 200

第3章　社会福祉法人の消費税

第1節　消費税の基本事項 ………………………………………… 204

Q61　消費税の概要と計算 …………………………………………… 204

Q62　課税の対象（課税売上げ・非課税売上げ） …………… 208

Q63　申告単位 …………………………………………………………… 212

Q64　課税事業者・免税事業者 ……………………………………… 214

Q65　課税事業者の判定（特定期間） …………………………… 218

Q66　課税事業者の判定（合併） ………………………………… 221

Q67　課税事業者の判定（高額特定資産の取得） …………… 225

－ v －

目　次

Q68　経過措置 ……………………………………………………… 228

第2節　社会福祉事業・公益事業の課税・非課税の判定 …… 230

Q69　介護保険事業 ………………………………………………… 230

Q70　福祉用具の取扱い …………………………………………… 243

Q71　包括的支援事業 ……………………………………………… 246

Q72　老人福祉事業 ………………………………………………… 251

Q73　児童福祉事業 ………………………………………………… 255

Q74　保育事業・企業主導型保育事業 …………………………… 263

Q75　障害福祉サービス事業等 …………………………………… 272

Q76　就労支援事業 ………………………………………………… 281

Q77　身体障害者用物品 …………………………………………… 285

Q78　生活保護事業・生活困窮者自立支援事業 ………………… 287

Q79　医療事業 ……………………………………………………… 293

Q80　障害者相談支援事業等 ……………………………………… 301

Q81　受託事業（社会福祉類似事業） …………………………… 304

Q82　受託事業の再委託 …………………………………………… 311

Q83　生活福祉資金貸付業務の一部受託 ………………………… 315

Q84　障害者就業・生活支援センター …………………………… 317

Q85　寄附金・会費収入 …………………………………………… 320

Q86　その他の収入 ………………………………………………… 323

Q87　内部取引 ……………………………………………………… 326

第3節　軽減税率制度 …………………………………………… 329

Q88　軽減税率の対象品目 ………………………………………… 329

Q89　外食等の範囲とテイクアウト・ケータリング …………… 336

Q90　有料老人ホーム等の特例 …………………………………… 341

Q91　飲食料品の委託販売 ………………………………………… 350

Q92　給食調理業務の委託と食材の搬入 ………………………… 353

第4節　本則課税の場合の仕入税額控除 ……………………… 355

Q93　個別対応方式と一括比例配分方式（課税売上割合） …… 355

－ vi －

目　次

Q94　課税仕入れの範囲と利用者工賃 ……………………… 361

Q95　個別対応方式における課税仕入れの用途区分 ……… 364

Q96　就労支援事業における個別対応方式（課税売上割合に準ず

る割合） ……………………………………………………… 369

Q97　課税売上割合が著しく変動した場合の調整 ………… 375

第5節　補助金等（特定収入）がある場合の特例計算 … 380

Q98　仕入税額控除の特例計算 ……………………………… 380

Q99　特定収入の範囲 ………………………………………… 386

Q100　特定収入の使途の特定 ………………………………… 388

Q101　控除対象外仕入れに係る調整計算 …………………… 393

Q102　寄附金・キャンセル料の使途 ………………………… 399

第6節　簡易課税制度による仕入税額控除 ……………… 402

Q103　簡易課税制度の適用 …………………………………… 402

Q104　簡易課税制度の選択と制限・不適用 ………………… 408

Q105　簡易課税制度における事業区分 ……………………… 412

第7節　インボイス制度 ……………………………………… 416

第1款　制度の概要と導入による影響 …………………… 416

Q106　適格請求書等保存方式（インボイス制度） ………… 416

Q107　適格請求書等と帳簿 …………………………………… 418

Q108　免税事業者等との取引における仕入税額控除と経過措置 … 423

Q109　インボイス制度導入による免税事業者等との取引への影響

…………………………………………………………………… 426

Q110　免税事業者等からの買手における影響と対応 ……… 429

Q111　免税事業者である社会福祉法人における影響と対応 ……… 432

第2款　適格請求書発行事業者の登録とその取りやめ … 437

Q112　適格請求書発行事業者の登録手続（課税事業者） … 437

Q113　適格請求書発行事業者の登録手続（免税事業者） … 439

Q114　登録の取りやめ ………………………………………… 443

第3款　適格請求書の交付 ………………………………… 447

－ vii －

目 次

Q115 適格請求書発行事業者の適格請求書の交付義務と写しの
保存 ··· 447

Q116 適格簡易請求書の交付ができる事業 ······················· 450

Q117 適格請求書の様式と記載事項 ································· 453

Q118 適格返還請求書 ··· 456

Q119 交付した適格請求書の誤り ··································· 460

Q120 代理交付と媒介者交付特例 ··································· 462

Q121 地方公共団体のインボイス制度への対応 ············ 468

Q122 指定管理者における影響と対応（利用料預り）········ 472

Q123 指定管理者における影響と対応（免税事業者・利用料金制）
··· 476

第4款 適格請求書の保存 ·· 479

Q124 仕入税額控除の要件としての適格請求書の保存 ········ 479

Q125 少額特例 ··· 482

Q126 支払通知書（仕入明細書等）······························· 485

Q127 立替金精算書（事業者間）··································· 490

Q128 立替金精算書（役職員）······································· 494

Q129 口座振替・口座振込による家賃の支払 ··············· 498

Q130 所有権移転外ファイナンス・リース取引の適格請求書の
保存 ··· 500

Q131 EC サイト等に係る適格請求書の保存方法 ············ 502

Q132 高速道路利用料金に係る適格簡易請求書の保存方法 ········ 505

Q133 金融機関の入出金手数料や振込手数料に係る適格請求書
の保存方法 ··· 508

Q134 短期前払費用 ··· 511

第5款 帳簿特例 ··· 513

Q135 帳簿特例 ··· 513

Q136 公共交通機関特例 ··· 517

Q137 自動販売機特例 ··· 519

- viii -

目 次

Q138 郵便特例・物品切手等と課税仕入れ時期の特例 ·············· 521

Q139 出張旅費等特例（出張旅費、宿泊費、日当等及び通勤手当）

··· 523

第6款 免税事業者が適格請求書発行事業者になった場合の特例 ··· 528

Q140 免税事業者が適格請求書発行事業者になった場合の特例 ··· 528

第8節 仕入税額控除に係る消費税額に相当する補助金の返還 ········ 532

Q141 補助金の返還の趣旨と返還額の計算 ······················· 532

Q142 補助金等の返還があった場合の手続き ······················· 536

第4章 社会福祉法人の源泉所得税

第1節 所得税の源泉徴収 ··· 540

Q143 勘定科目と源泉徴収 ······································· 540

第2節 給与所得の源泉徴収 ··· 543

Q144 役員・評議員に対する報酬 ······························· 543

Q145 委員等に対する報酬 ······································· 546

Q146 非常勤職員給与の源泉徴収 ······························· 548

Q147 嘱託医等に対する報酬 ···································· 552

Q148 個人事業者と給与所得者の区分 ··························· 555

第3節 特別な金銭給付 ··· 558

Q149 通勤手当・旅費 ·· 558

Q150 在宅勤務手当（テレワーク手当）等 ······················· 566

Q151 宿日直料 ·· 571

Q152 学資金の支給 ·· 576

Q153 見舞金 ·· 579

第4節 現物給与 ··· 582

Q154 特別の利益供与の禁止と経済的利益 ······················· 582

Q155 食事の支給 ·· 587

Q156 創業記念品等や永年勤続表彰記念品の支給 ·················· 591

Q157 研修旅行・レクリエーション ····························· 595

－ ix －

目　次

　　Q158　社宅・駐車場 ·· 599
第5節　退職所得の源泉徴収 ·· 606
　　Q159　退職所得と源泉徴収手続き ·· 606
第6節　報酬・料金等の源泉徴収 ·· 617
　　Q160　報酬・料金等の例示と源泉徴収税額 ···························· 617
　　Q161　報酬・料金等の範囲 ·· 624
第7節　外国人労働者の源泉徴収 ·· 626
　　Q162　技能実習生の源泉徴収 ··· 626

第5章　社会福祉法人の地方税

第1節　法人都道府県民税・法人市町村民税 ····························· 634
　　Q163　都道府県民税・市町村民税の計算 ································ 634
　　Q164　均等割の免除の特例 ·· 638
第2節　法人事業税・特別法人事業税 ·· 641
　　Q165　法人事業税・特別法人事業税の計算 ··························· 641
第3節　固定資産税等 ··· 644
　　Q166　固定資産税等の非課税の範囲 ······································· 644

第6章　社会福祉法人の印紙税

　　Q167　領収書（金銭又は有価証券の受取書）の非課税 ··········· 650
　　Q168　売買と請負に関する契約書 ·· 653
　　Q169　賃貸借に関する契約書 ··· 658
　　Q170　請負と委任に関する契約書 ·· 662
　　Q171　社会福祉事業等に係る委託契約書 ································ 669
　　Q172　地方公共団体との契約書 ··· 672
　　Q173　指定管理者制度に係る協定書 ······································· 674
　　Q174　請負に関する継続的取引の基本となる契約書 ·············· 676
　　Q175　売買に関する業務に係る継続的取引の基本となる契約書 ··· 679
　　索引（五十音順） ··· 684

－ x －

凡　例

本書における法令、通達等の略語は、おおむね次のとおりです。

法法……………………………法人税法
法令……………………………法人税法施行令
法規……………………………法人税法施行規則
法基通…………………………法人税基本通達
所法……………………………所得税法
所令……………………………所得税法施行令
所規……………………………所得税法施行規則
所基通…………………………所得税基本通達
消法……………………………消費税法
消令……………………………消費税法施行令
消規……………………………消費税法施行規則
消基通…………………………消費税法基本通達
措法……………………………租税特別措置法
措令……………………………租税特別措置法施行令
措規……………………………租税特別措置法施行規則
措通……………………………租税特別措置法関係通達（法人税編）
印法……………………………印紙税法
印令……………………………印紙税法施行令
印基通…………………………印紙税法基本通達
通法……………………………国税通則法
通令……………………………国税通則法施行令
地法……………………………地方税法
地令……………………………地方税法施行令
地規……………………………地方税法施行規則
改正法…………………………所得税法等の一部を改正する法律
消費税改正法…………………社会保障の安定財源の確保等を図る税制の抜
　　　　　　　　　　　　　　本的な改革を行うための消費税法の一部を改
　　　　　　　　　　　　　　正する等の法律
一般法人法……………………一般社団法人及び一般財団法人に関する法律
公益認定法……………………公益社団法人及び公益財団法人の認定等に関
　　　　　　　　　　　　　　する法律
母子父子寡婦福祉法…………母子及び父子並びに寡婦福祉法
母子父子寡婦福祉法施行令…母子及び父子並びに寡婦福祉法施行令
障害者総合支援法……………障害者の日常生活及び社会生活を総合的に支
　　　　　　　　　　　　　　援するための法律
障害者総合支援法施行規則…障害者の日常生活及び社会生活を総合的に支
　　　　　　　　　　　　　　援するための法律施行規則
認定こども園法………………就学前の子どもに関する教育、保育等の総合
　　　　　　　　　　　　　　的な提供の推進に関する法律

局長通知………………………	社会福祉法人会計基準の制定に伴う会計処理等に関する運用上の取扱いについて（平成28年3月31日雇児発0331第15号／社援発0331第39号／老発0331第45号）
課長通知………………………	社会福祉法人会計基準の制定に伴う会計処理等に関する運用上の留意事項について（平成28年3月31日雇児総発0331第7号／社援基発0331第2号／障障発0331第2号／老総発0331第4号）
設備運営基準…………………	児童福祉施設の設備及び運営に関する基準（昭和23年厚生省令63号）
通所支援指定基準……………	児童福祉法に基づく指定通所支援の事業等の人員、設備及び運営に関する基準（平成24年厚生労働省令15号）
企業主導型保育事業費補助金実施要綱…	平成29年度企業主導型保育事業等の実施について（平成29.4.27付府子本第370号／雇児発0427第2号別添）
Q&A制度概要編………………	消費税の軽減税率制度に関するQ&A（制度概要編）
Q&A個別事例編………………	消費税の軽減税率制度に関するQ&A（個別事例編）
高齢者Q&A……………………	高齢者向け住まいにおける飲食料品の提供に関する消費税の軽減税率に関するQ&A
95%ルールQ&A………………	「95%ルール」の適用要件の見直しを踏まえた仕入控除税額の計算方法等に関するQ&A
在宅勤務FAQ …………………	在宅勤務に係る費用負担等に関するFAQ（源泉所得税関係）

［使用例］
所法2①二…所得税法第2条第1項第2号

（注） 本書は、令和6年4月1日現在の法令・通達等によっています。

第1章

社会福祉法人とは

第1章 社会福祉法人とは

第1節
社会福祉法人の最近の動向

Q1 社会福祉法人の概要

社会福祉法人とは、どのような法人なのでしょうか。

A 「社会福祉法人」とは、社会福祉事業を行うことを目的として、社会福祉法の定めるところにより設立された法人です（社会福祉法22）。株式会社などの営利法人と違い、公益性が極めて高い非営利法人です。

解説

（1）社会福祉法人の設立

社会福祉法人は、定款に社会福祉法で規定する事項を定め、厚生労働省令で定める手続に従って、その定款について所轄庁の認可を受けた後、その主たる事務所の所在地において設立の登記をすることによって成立します（社会福祉法31～34）。

この認可を受けるに当たっては、社会福祉事業を行うに必要な資産を備えなければならないものとされています（社会福祉法25）。

（2）社会福祉事業

社会福祉法人の設立の目的である社会福祉事業とは、社会福祉法で定められた第一種社会福祉事業と第二種社会福祉事業をいいます（社会福祉法2①）。

－2－

第1節　社会福祉法人の最近の動向

　第一種社会福祉事業は、原則として国、地方公共団体又は社会福祉法人が経営することができます（社会福祉法2②、60、**[図表1]** 参照）。

[図表1] 第一種社会福祉事業

根拠法	経営する事業
生活保護法	救護施設、更生施設、医療保護施設、授産施設、宿所提供施設、生計困難者助葬事業
児童福祉法	乳児院、母子生活支援施設、児童養護施設、障害児入所施設、児童心理治療施設、児童自立支援施設
老人福祉法	養護老人ホーム、特別養護老人ホーム、軽費老人ホーム
障害者の日常生活及び社会生活を総合的に支援するための法律	障害者支援施設
困難な問題を抱える女性への支援に関する法律	女性自立支援施設
社会福祉法関係	社会事業授産施設、生活福祉資金貸付事業、共同募金事業

　第二種社会福祉事業を開始するに当たっては、その社会福祉住居施設を設置しようとする地又は事業経営地の都道府県知事に届出をする必要があります（社会福祉法2③、68の2、69、次頁 **[図表2]** 参照）。

（3）　社会福祉法人が行う事業

　社会福祉法人は、その経営する社会福祉事業に支障がない限り、公益を目的とする事業（以下「公益事業」といいます。）又はその収益を社会福祉事業若しくは公益事業の経営に充てることを目的とする事業（以下「収益事業」といいます。）を行うことができます（社会福祉法26）。

－ 3 －

第1章　社会福祉法人とは

［図表2］第二種社会福祉事業

根拠法	経営する事業
生活保護法	生計困難者金銭等供与事業、生計困難者相談事業
生活困窮者自立支援法	認定生活困窮者就労訓練事業
児童福祉法	障害児通所支援事業、障害児相談支援事業、児童自立生活援助事業、放課後児童健全育成事業、子育て短期支援事業、乳児家庭全戸訪問事業、養育支援訪問事業、地域子育て支援拠点事業、一時預かり事業、小規模住居型児童養育事業、小規模保育事業、病児保育事業、子育て援助活動支援事業、親子再統合支援事業、社会的養護自立支援拠点事業、意見表明等支援事業、妊産婦等生活援助事業、子育て世帯訪問支援事業、児童育成支援拠点事業又は親子関係形成支援事業、助産施設、保育所、児童厚生施設、児童家庭支援センター、里親支援センター、児童福祉増進相談事業
就学前の子どもに関する教育、保育等の総合的な提供の推進に関する法律	幼保連携型認定こども園
民間あっせん機関による養子縁組のあっせんに係る児童の保護等に関する法律	養子縁組あっせん事業
母子及び父子並びに寡婦福祉法	母子家庭日常生活支援事業、父子家庭日常生活支援事業、寡婦日常生活支援事業、母子・父子福祉施設
老人福祉法	老人居宅介護等事業、老人デイサービス事業、老人短期入所事業、小規模多機能型居宅介護事業、認知症対応型老人共同生活援助事業、複合型サービス福祉事業、老人デイサービスセンター、老人短期入所施設、老人福祉センター又は老人介護支援センター
障害者の日常生活及び社会生活を総合的に支援するための法律	障害福祉サービス事業、一般相談支援事業、特定相談支援事業、移動支援事業、地域活動支援センター、福祉ホーム

－ 4 －

第1節　社会福祉法人の最近の動向

根拠法	経営する事業
身体障害者福祉法	身体障害者生活訓練等事業、手話通訳事業、介助犬訓練事業、聴導犬訓練事業、身体障害者福祉センター、補装具製作施設、盲導犬訓練施設、視聴覚障害者情報提供施設、身体障害者更生相談事業
知的障害者福祉法	知的障害者更生相談事業
医療法	生計困難者無料低額診療事業
介護保険法	生計困難者無料低額介護老人保健施設、生計困難者無料低額介護医療院
社会福祉法関係	生計困難者無料低額簡易住宅・宿泊所、隣保事業、福祉サービス利用援助事業、社会福祉事業連絡助成事業

参 考

Q1

　社会福祉法2①〜③、22、25、26、31〜34、60、68の2、69

第1章 社会福祉法人とは

Q2 社会福祉法人制度の変遷

社会福祉法人の制度は、どのように変わってきたのでしょうか。

　昭和26年3月に成立した社会福祉事業法(現行の社会福祉法)により、社会福祉事業を行う新たな事業主体として社会福祉法人が創設されました。
　その後、2回の大改正により、現在の法人のガバナンスが整備された社会福祉法人の制度に至っています。

解説
(1) 社会福祉法の改正経緯
　現行の社会福祉法人の制度は、昭和26年3月に成立した社会福祉事業法により社会福祉事業を行う新たな事業主体とするため、旧民法34条に規定する財団法人の特別法人として創設されました。
　さらに、近年の福祉ニーズの多様化や介護保険制度の創設に伴い、平成12年6月に「社会福祉事業法」から「社会福祉法」への改正が行われましたが、法人役員等の機関などの社会福祉法人制度自体には重要な改正はありませんでした。
　しかし、平成20年12月の公益法人制度の改革に伴い、一般財団法人の制度を準用した法人のガバナンスと公益性の明確化に伴う情報公開を定めた改正社会福祉法が平成28年3月に成立し、平成29年4月から全面施行されました。

第1節　社会福祉法人の最近の動向

[図表1] 社会福祉法の変遷

昭和26年　社会福祉事業法の成立 　　　　　社会福祉法人の制度化（旧民法34条法人の特別法人）

平成12年　介護保険法の施行（多様な福祉ニーズ、供給主体の多元化） 　　　　　社会福祉法の成立（社会福祉基礎構造改革）

平成28年3月　改正社会福祉法の成立 平成29年4月　改正社会福祉法の全面施行（社会福祉法人制度の全面改正）

令和元年12月　会社法改正に伴う社会福祉法の一部改正 　　　　　　　役員の損害賠償責任規定の一部改正（令和3年3月1日施行） 令和2年6月　地域共生社会の実現のための社会福祉法等の一部を改正する法律の成立 　　　　　　社会福祉連携推進法人制度の創設（令和4年4月1日施行）

参考

関連Q&A：Q3 社会福祉連携推進法人

第1章　社会福祉法人とは

Q3 社会福祉連携推進法人

　新たに創設された社会福祉連携推進法人とは、どのような法人なのでしょうか。

A　新たに創設された「社会福祉連携推進法人」とは、社会福祉法人である社員の数が社員の過半数を占める一般社団法人であって、社会福祉連携推進業務を行うものとして所轄庁の認定を受けたものです。

解 説

（1）社会福祉連携推進法人の概要

　令和2年6月に成立した地域共生社会の実現のための社会福祉法等の一部を改正する法律により「社会福祉連携推進法人」が令和4年4月1日に創設されました。

　社会福祉連携推進法人は、次の①～⑥に掲げる社会福祉連携推進業務を行う一般社団法人で所轄庁の認定を受けたものをいいます（社会福祉法125）。

【社会福祉連携推進業務】

① 地域福祉の推進に係る取組を社員が共同して行うための支援

② 災害が発生した場合における社員（社会福祉事業を経営する者に限る。）が提供する福祉サービスの利用者の安全を社員が共同して確保するための支援

③ 社員（社会福祉事業を経営する者に限る。）が経営する社会福祉事業の経営方法に関する知識の共有を図るための支援

④ 資金の貸付けその他の社員（社会福祉法人に限る。）が社会福祉事業に係る業務を行うのに必要な資金を調達するための支援として厚生労働省令で定めるもの

⑤ 社員（社会福祉事業を経営する者に限る。）が経営する社会福祉事

－ 8 －

第1節　社会福祉法人の最近の動向

業の従事者の確保のための支援及びその資質の向上を図るための研修
⑥　社員（社会福祉事業を経営する者に限る。）が経営する社会福祉事
業に必要な設備又は物資の供給

（2）社会福祉連携推進法人の認定

　所轄庁は、社会福祉連携推進認定の申請をした一般社団法人が次の
①〜⑤に掲げる基準に適合すると認めるときは、その法人について社会
福祉連携推進認定をすることができます（社会福祉法127）。

【認定基準】

①　その設立の目的について、社員の社会福祉に係る業務の連携を推進
し、並びに地域における良質かつ適切な福祉サービスの提供及び社会
福祉法人の経営基盤の強化に資することが主たる目的であること。
②　社員の構成について、社会福祉法人その他社会福祉事業を経営する
者又は社会福祉法人の経営基盤を強化するために必要な者として厚生
労働省令で定める者を社員とし、社会福祉法人である社員の数が社員
の過半数であること。
③　社会福祉連携推進業務を適切かつ確実に行うに足りる知識及び能力
並びに財産的基礎を有するものであること。
④　社員の資格の得喪に関して、その目的に照らし、不当に差別的な取
扱いをする条件その他の不当な条件を付していないものであること。
⑤　定款において、一般社団法人及び一般財団法人に関する法律第11
条第1項各号（必要的記載事項）に掲げる事項のほか、必要事項を記
載又は記録していること。

（3）社会福祉連携推進法人の監督

　社会福祉連携推進認定をした所轄庁（以下「認定所轄庁」といいま
す。）による監督等については、社会福祉法人に関する規定を準用しま
す（社会福祉法138①、141、143①、144）。
　なお、社会福祉連携推進法人の代表理事の選定及び解職は、認定所轄

－9－

第1章　社会福祉法人とは

庁の認可を受けなければ、その効力を生じません（社会福祉法142）。

（4）社会福祉連携推進法人の課税関係

　社会福祉連携推進法人は、一般社団法人であって、社会福祉法人ではありませんから、法人税法上は一般的には公益法人等である「非営利型法人」として、収益事業課税を受けることになります（法法2六、法令3①②）。

参考

関連Q＆A：Q6 社会福祉法人の監督
　　　　　　　Q54 公益社団法人と非営利型法人の相違

Q3

　社会福祉法 125、127、138 ①、141、142、143 ①、144

　法法2六

　法令3①②

－ 10 －

第2節
社会福祉法人の特徴と運営

 他の法人制度との比較

株式会社など他の法人と比較して、社会福祉法人にはどのような特徴があるのでしょうか。

 社会福祉法人は、次のような特徴を持っています。
・ 財団であること。
・ 非営利であること。
・ 公益の増進（社会福祉事業の実施）に寄与するものであること。

解説
(1) 法人の特徴
　法人制度には様々なものがありますが、大きく分類すると次のような違いがあります。
① 社団と財団
　人の集まりで構成する（社団）のか、財産の集まりで構成する（財団）のかで区分されます。
② 営利と非営利
　営利性の定義は明確ではありませんが、狭義の定義では法人の財産が誰かに帰属する（持分あり：営利）のか、誰にも帰属しない（持分なし：非営利）のかで区分されます。
③ 収益・共益と公益

第1章　社会福祉法人とは

　その法人の設立の目的が、利益を生み出すこと（収益）か、その構成員等の特定の者の利益の増進となるもの（共益）か、それとも不特定多数の者の公の利益の増進となるもの（公益）かで区分されます。

（2）・他の法人制度との比較

　社会福祉法人は、非営利の財団であり、公益である社会福祉事業を行うことを目的とする法人です。

　社会福祉法人を、営利法人の代表である株式会社及び公益性の類似する非営利法人と比較すると、**[図表1]** のような違いがあります。

[図表1] 他の法人制度との比較

	社会福祉法人	株式会社	公益財団法人	学校法人	認定特定非営利活動法人
設立根拠法	社会福祉法	会社法	一般法人法＊1 公益認定法＊2	私立学校法	特定非営利活動促進法
社団・財団	財団	社団	財団	財団	社団
営利・非営利	非営利	営利	非営利	非営利	非営利
目的	社会福祉事業の経営	原則制限なし	公益目的事業（不特定多数の者の利益の増進）の経営	学校の設置	特定非営利活動（不特定多数の者の利益の増進）の経営
成立手続き	定款の認可と登記	定款の認証と登記	定款の認証と登記及び認定	寄附行為の認可と登記	定款の認証と登記及び認定
所管行政機関	都道府県知事、市長、指定都市の長、厚生労働大臣	（定款の認証）公証人	（定款の認証）公証人 （公益認定）内閣総理大臣、都道府県知事	文部科学大臣、都道府県知事	都道府県知事＊3、指定都市の長
役員選任機関	評議員会	株主総会	評議員会	評議員会	社員総会
代表者	理事長	代表取締役又は取締役	代表理事	理事長	理事
残余財産の帰属	他の社会福祉法人等	株主	他の公益財団法人等	他の学校法人等	他の特定非営利活動法人等
法人税法上の種類	公益法人等	普通法人	公益法人等	公益法人等	公益法人等
法人数	21,082	1,024,428	5,501	7,623	49,677（認証） 1,287（認定）

＊1　一般社団法人及び一般財団法人に関する法律
＊2　公益社団法人及び公益財団法人の認定等に関する法律
＊3　条例による事務処理特例制度を活用して移譲した場合は、市町村長

－ 12 －

第2節　社会福祉法人の特徴と運営

Q5 社会福祉法人の組織

　社会福祉法人の組織にはどのような機関があって、どのように運営されているのでしょうか。

A　社会福祉法人は、評議員で構成される評議員会で役員（理事及び監事）の選任・解任、計算書類の承認などの重要事項を決定します。実際の業務執行は理事で構成される理事会で決定し、理事会で選定された理事長が法人を代表します。

　また、監事は理事の職務の執行と計算書類等を監査します。

　社会福祉法人の機関構成を16頁の**［図表1］**にまとめました。

解 説

（1）法律上の必須機関

　社会福祉法上、社会福祉法人に必ず置かなければならない機関は、次のとおりです。

① 　評議員（員数：理事の員数を超える数）

　評議員は、理事会で選任された委員で構成する評議員選任・解任委員会において選任及び解任されます（社会福祉法39、社会福祉法人審査基準別紙2社会福祉法人定款例6）。評議員は、評議員会を構成し意思決定を行います（社会福祉法45の8）。

② 　評議員会

　評議員会は、役員（理事及び監事）、会計監査人の選任及び解任、計算書類・財産目録の承認、定款の変更その他法律又は定款で定められた重要な事項について決議を行います（社会福祉法45の8）。

③ 　理事（員数：6人以上）

　理事は、評議員会において選任又は解任されます（社会福祉法43①）。理事は、理事会を構成し業務執行の意思決定を行います（社会福祉法45の13①）。

－ 13 －

第 1 章　社会福祉法人とは

④　理事会

　理事会は、次に掲げる職務を行います（社会福祉法 45 の 13 ②）。

・　社会福祉法人の業務執行の決定

・　理事の職務の執行の監督

・　理事長の選定及び解職

⑤　理事長（員数：１人）

　理事長は、理事会において理事の中から１人選定します（社会福祉法 45 の 13 ③）。理事長は、社会福祉法人の業務に関する一切の裁判上又は裁判外の行為をする権限を有し、法人を代表します。

⑥　監事（員数：２人以上）

　監事は、評議員会において選任又は解任されます（社会福祉法 43 ①）。監事は、理事の職務の執行及び計算書類等（計算書類及び事業報告並びにこれらの附属明細書）と財産目録を監査します（社会福祉法 45 の 28 ①②、社会福祉法施行規則 2 の 40 ②）。また、監事は理事会に出席する義務があります（社会福祉法 45 の 18 ③準用一般法人法 101 ①）。

（２）その他の機関

①　評議員選任・解任委員会（員数：原則３人）

　法律上の機関ではありませんが、社会福祉法人の定款の認可において、必ず定款に記載しなければならないものとされています（社会福祉法 39、社会福祉法人審査基準別紙 2 社会福祉法人定款例 6 ①）。

　評議員選任・解任委員会の委員は、理事会において選任又は解任します（社会福祉法人審査基準別紙 2 社会福祉法人定款例 6 ③）。評議員選任・解任委員会は、理事会の提案に基づき評議員の選任又は解任を行います（社会福祉法人審査基準別紙 2 社会福祉法人定款例 6 ④⑤）。

②　業務執行理事

　業務執行理事は、理事会の決議により、理事長以外の理事から社会福祉法人の業務を執行する理事として選定することができます（社会福祉法 45 の 16 ②二）。業務執行理事は、社会福祉法人内部の業務執行を行い

ます（社会福祉法 45 の 16 ②二）。

③　会計監査人（員数：原則 1 人）

　会計監査人は、特定社会福祉法人[注] では必ず設置する必要があり、それ以外の法人では任意に設置することができます（社会福祉法 36 ②、37）。

　会計監査人は、公認会計士又は監査法人である者から監事の提案に基づき、評議員会において選任又は解任されます（社会福祉法 43 ①、43 ③準用一般法人法 73 ①、社会福祉法 45 の 2 ①）。会計監査人は、社会福祉法人の計算書類及びその附属明細書並びに財産目録を監査します（社会福祉法 45 の 19 ①②）。

（注）　次のいずれかに該当する社会福祉法人をいいます（社会福祉法施行令13 の 3 ）。
- ・　最終会計年度に係る法人単位事業活動計算書の当年度決算（A）の項サービス活動収益計(1)欄に計上した額が 30 億円を超えること（社会福祉法施行規則 2 の 6 ）。
- ・　最終会計年度に係る貸借対照表の負債の部に計上した額の合計額が60 億円を超えること。

第1章　社会福祉法人とは

[図表1] 社会福祉法人の機関構成

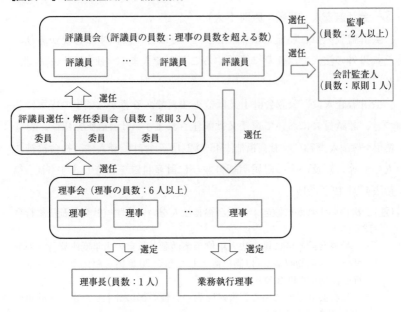

> 参　考

関連Q&A：Q8 計算書類等の構成
　　　　　：Q10 決算手続き

Q5

　社会福祉法36②、37、39、43①、43③準用一般法人法73①、社会福祉法45の2①、45の8、45の13①②③、45の16②二、45の18③準用一般法人法101①、社会福祉法45の19①②、45の28①②
　社会福祉法施行令13の3
　社会福祉法施行規則2の6、2の40②
　社会福祉法人審査基準別紙2社会福祉法人定款例6

第2節　社会福祉法人の特徴と運営

 社会福祉法人の監督

社会福祉法人の設立の認可や指導監督は、どこが行うのでしょうか。

 社会福祉法人に対する認可、指導監督又は命令は所轄庁が行います。

所轄庁は、社会福祉法人のその主たる事務所の所在地及びその行う事業の区域に応じて、都道府県知事、指定都市の長、市長又は厚生労働大臣になります。

解説
（1）所轄庁

所轄庁がいずれの行政機関の長になるかは、[図表1]の社会福祉法人の区分に応じ、それぞれに掲げるものになります（社会福祉法30）。

[図表1] 所轄庁

社会福祉法人	所轄庁
① 主たる事務所が市の区域内にある社会福祉法人（②を除く。）であって、その行う事業が当該市の区域を越えないもの	市長（特別区の区長を含む。以下同じ。）
② 地区社会福祉協議会である社会福祉法人	指定都市の長
③ 主たる事務所が指定都市の区域内にある社会福祉法人であって、その行う事業が一の都道府県の区域内において二以上の市町村の区域にわたるもの	指定都市の長
④ 社会福祉法人であって、その行う事業が一の地方厚生局の管轄区域内において二以上の都道府県の区域にわたるもの	その主たる事務所の所在地の都道府県知事
⑤ 社会福祉法人でその行う事業が二以上の地方厚生局の管轄区域にわたるものであって、一定の事業（注）を行うもの	厚生労働大臣

第1章　社会福祉法人とは

社会福祉法人	所轄庁
⑥　①～⑤以外の社会福祉法人（主たる事務所が指定都市の区域外にある社会福祉法人であって、その行う事業が一の都道府県の区域内において二以上の市町村の区域にわたるもの又は二以上の都道府県の区域にわたるもの）	その主たる事務所の所在地の都道府県知事

（注）次に掲げる事業をいいます（社会福祉法施行規則1の4）。
・　全国を単位として行われる事業
・　地域を限定しないで行われる事業
・　法令の規定に基づき指定を受けて行われる事業
・　上記に類する事業

（2）監督

　所轄庁は、社会福祉法人に対して認可、承認又は許可を行い、社会福祉法人からの届出を受けます（社会福祉法31①、45の9⑤他）。さらに、社会福祉法人に立入検査を行い、必要な勧告、命令を行います（社会福祉法56、57）。

参　考

Q6
　社会福祉法30、31①、45の9⑤、56、57
　社会福祉法施行規則1の4

－ 18 －

第3節 社会福祉法人会計基準のポイントと改正事項

Q7 社会福祉法人会計基準の概要

社会福祉法人の会計処理は、どのような基準で行うことになっているのでしょうか。

社会福祉法人は、厚生労働省令である社会福祉法人会計基準に従って会計処理を行い、会計帳簿、計算書類、その附属明細書及び財産目録を作成します。

解説

（1）社会福祉法人会計基準

現行の社会福祉法人会計基準は、平成28年3月の社会福祉法の改正による会計ルールとして、従来の厚生労働省の会計基準局長通知として運用されていた会計基準を厚生労働省令として改めたものです（社会福祉法45の23①）。

この社会福祉法人会計基準は**［図表1］**のような構成となっています。

（2）関係通知

社会福祉法人会計基準の具体的な運用に当たっては、**［図表1］**の関係通知を参照して行っていく必要があります。

第1章　社会福祉法人とは

[図表 1] 社会福祉法人会計基準と関係通知

根　拠	内　容
社会福祉法人会計基準（平成 28 年厚生労働省令第 79 号）	・会計基準本文 ・別表第一　資金収支計算書勘定科目 ・別表第二　事業活動計算書勘定科目 ・別表第三　貸借対照表勘定科目 ・計算書類様式
社会福祉法人会計基準の制定に伴う会計処理等に関する運用上の取扱いについて（平成 28 年 3 月 31 日雇児発 0331 第 15 号 / 社援発 0331 第 39 号 / 老発 0331 第 45 号 以下「会計基準局長通知」といいます。）	・別紙　社会福祉法人会計基準の運用上の取り扱い ・計算書類に対する注記（別紙 1・2） ・附属明細書様式（別紙 3）
社会福祉法人会計基準の制定に伴う会計処理等に関する運用上の留意事項について（平成 28 年 3 月 31 日雇児総発 0331 第 7 号 / 社援基発 0331 第 2 号 / 障障発 0331 第 2 号 / 老総発 0331 第 4 号 以下「会計基準課長通知」といいます。）	・別紙　社会福祉法人会計基準の運用上の留意事項 ・別添 1　具体的な科目及び配分方法 ・別添 2　減価償却資産の償却率、改訂償却率及び保証率表 ・別添 3　勘定科目説明

参考

関連Q＆A：Q8 計算書類等の構成

Q7

　社会福祉法 45 の 23 ①

第3節　社会福祉法人会計基準のポイントと改正事項

Q8 計算書類等の構成

社会福祉法人の計算書類（決算書）は、どのようなものを作成するのでしょうか。

A　社会福祉法人会計基準では、法人全体で資金収支計算書、事業活動計算書、貸借対照表を作成し、これらの事業区分別、拠点区分別の内訳表を作成します（区分経理）。

また、拠点区分別にも資金収支計算書、事業活動計算書、貸借対照表を作成し、資金収支計算書又は事業活動計算書については、拠点区分別にサービス区分の内訳表を作成します。

さらに、財産目録と附属明細書も作成する必要があります。

解説

（1）計算書類等の構成

社会福祉法人は［図表1］のように、計算書類と附属明細書を作成しなければなりません。

（2）財産目録と附属明細書

財産目録と附属明細書は計算書類には含まれませんが、財産目録については定時評議員会の承認を受ける（会計監査人設置社会福祉法人にあっては報告する）必要があります（社会福祉法45の30②、社会福祉法施行規則2の40②）。

- 21 -

第1章　社会福祉法人とは

[図表1]　計算書類等の構成

	資金収支計算書	事業活動計算書	貸借対照表	計算書類の注記	備考
法人全体	第一号第一様式	第二号第一様式	第三号第一様式	会計基準局長通知別紙1（全項目）	
事業区分別（法人全体の会計を事業区分別に表示）集計	○○第一号第二様式	○○第二号第二様式	○○第三号第二様式		左記様式では事業区分間の内部取引消去を行う
拠点区分別（事業区分の会計を拠点別に表示）集計	◎第一号第三様式	◎第二号第三様式	◎第三号第三様式		左記様式では拠点区分間の内部取引消去を行う
拠点区分別（一つの拠点を表示）集計	第一号第四様式	第二号第四様式	第三号第四様式	会計基準局長通知別紙2（一部項目は記載不要）	
サービス区分別（拠点区分の会計をサービス区分別に表示）	☆会計基準局長通知別紙3⑩	☆会計基準局長通知別紙3⑪			左記様式ではサービス区分間の内部取引消去を行う

（注）　法人の事務負担軽減のため、以下の場合は計算書類及び会計基準局長通知別紙を省略することができる。
　1. ○印の様式は、事業区分が社会福祉事業のみの法人の場合は省略できる。
　2. ◎印の様式は、拠点区分が一つの法人の場合は省略できる。
　3. ☆印の様式は、附属明細書として作成するが、その実施する事業の必要に応じていずれか一つを省略できる。

　なお、附属明細書には次のようなものがありますが、該当する事由がない場合は、当該附属明細書の作成は省略できます（会計基準局長通知26）。

① 　借入金明細書（会計基準局長通知別紙3①）

② 　寄附金収益明細書（会計基準局長通知別紙3②）

③ 　補助金事業等収益明細書（会計基準局長通知別紙3③）

④ 　事業区分間及び拠点区分間繰入金明細書（会計基準局長通知別紙3④）

－ 22 －

第3節　社会福祉法人会計基準のポイントと改正事項

⑤　事業区分間及び拠点区分間貸付金（借入金）残高明細書（会計基準局長通知別紙3⑤）

⑥　基本金明細書（会計基準局長通知別紙3⑥）

⑦　国庫補助金等特別積立金明細書（会計基準局長通知別紙3⑦）

⑧　基本財産及びその他の固定資産（有形・無形固定資産）の明細書（会計基準局長通知別紙3⑧）

⑨　引当金明細書（会計基準局長通知別紙3⑨）

⑩　拠点区分資金収支明細書（会計基準局長通知別紙3⑩）

⑪　拠点区分事業活動明細書（会計基準局長通知別紙3⑪）

⑫　積立金・積立資産明細書（会計基準局長通知別紙3⑫）

⑬　サービス区分間繰入金明細書（会計基準局長通知別紙3⑬）

⑭　サービス区分間貸付金（借入金）残高明細書（会計基準局長通知別紙3⑭）

⑮　就労支援事業別事業活動明細書（会計基準局長通知別紙3⑮）

⑯　就労支援事業別事業活動明細書（多機能型事業所等用）（会計基準局長通知別紙3⑮-2）

⑰　就労支援事業製造原価明細書（会計基準局長通知別紙3⑯）

⑱　就労支援事業製造原価明細書（多機能型事業所等用）（会計基準局長通知別紙3⑯-2）

⑲　就労支援事業販管費明細書（会計基準局長通知別紙3⑰）

⑳　就労支援事業販管費明細書（多機能型事業所等用）（会計基準局長通知別紙3⑰-2）

㉑　就労支援事業明細書（会計基準局長通知別紙3⑱）

㉒　就労支援事業明細書（多機能型事業所等用）（会計基準局長通知別紙3⑱-2）

㉓　授産事業費用明細書（会計基準局長通知別紙3⑲）

- 23 -

第 1 章　社会福祉法人とは

参 考

Q8

社会福祉法 45 の 30 ②

社会福祉法施行規則 2 の 40 ②

会計基準局長通知 26

会計基準局長通知別紙 3 ①〜⑲

第3節　社会福祉法人会計基準のポイントと改正事項

 社会福祉法人会計基準における勘定科目

社会福祉法人会計基準の計算書類の勘定科目は非常に数が多いようですが、省略したり、追加・訂正してもかまわないでしょうか。

A　資金収支計算書及び事業活動計算書はともに、勘定科目の大区分は必要のない勘定科目を省略することができますが、追加・修正はできません。

解説

　勘定科目は社会福祉法人会計基準の別表第一～別表第三に定めるものを使用し、その内容は会計基準課長通知別添3に定めるとおりです。

　資金収支計算書及び事業活動計算書の第1～第3様式については、勘定科目の大区分のみを記載し、必要のない勘定科目は省略することができますが、追加・修正はできません。資金収支計算書及び事業活動計算書の第4様式については、勘定科目の小区分までを記載し、必要のない勘定科目は省略できます。

　また、貸借対照表は、勘定科目の中区分までを記載し、必要のない中区分の勘定科目は省略できます。

　附属明細書である資金収支明細書（会計基準局長通知別紙3（⑩））及び事業活動明細書（同別紙3（⑪））については、勘定科目の小区分までを記載し、必要のない勘定科目は省略できます。

　なお、勘定科目の中区分についてはやむを得ない場合、小区分については適当な勘定科目を追加でき、小区分を更に区分する必要がある場合には、小区分の下に適当な科目を設けて処理することができます。

第 1 章　社会福祉法人とは

参　考

関連Q＆A：Q143 勘定科目と源泉徴収

Q9

　社会福祉法人会計基準別表第一〜別表第三
　会計基準課長通知別添 3
　会計基準局長通知別紙 3 ⑩⑪

－ 26 －

第3節　社会福祉法人会計基準のポイントと改正事項

 決算手続き

　社会福祉法人の決算は、いつまでに終わらせて、どこに報告しなければならないのでしょうか。また、3月決算の時期は繁忙であるため、決算期を変更することは可能でしょうか。

　社会福祉法人は、毎年度6月末までに前年度の計算書類等を定時評議員会の承認を受けたうえ、所轄庁に現況報告書に添付して提出しなければなりません。

　また、決算期は社会福祉法で定められているため、変更することはできません。

解説
(1) 会計年度

　社会福祉法人の会計年度は、4月1日に始まり、翌年3月31日に終わると社会福祉法で定められています（社会福祉法45の23②）。

(2) 決算の手続き

　決算の手続きのフローは**[図表1]** のとおりになります。

　なお、所轄庁への届出は、財務諸表等入力シート（Excelシート）に入力し、独立行政法人福祉医療機構が運営する財務諸表等電子開示システムにアップロードして提出します（社会福祉法施行規則9三）。

[図表1] 決算の手続き

時　　期	手　続　き
前会計年度末日（当年3月31日）	貸借対照表日（決算日）
↓	
監事監査（会計監査人監査）まで	計算書類等及び財産目録等の作成（社会福祉法45の27、45の34①）

- 27 -

第1章　社会福祉法人とは

▽

監事監査（会計監査人監査）	①　監事による計算書類等及び事業報告並びにこれらの附属明細書、財産目録の監査（社会福祉法 45 の 28 ①②、社会福祉法施行規則 2 の 40 ②） ②　会計監査人による計算書類及び附属明細書並びに財産目録の監査（社会福祉法 45 の 28 ②、社会福祉法施行規則 2 の 40 ②）

▽　通知期限まで

理事会前	①　特定監事から特定理事への監査報告の内容の通知（社会福祉法施行規則 2 の 28 ①） ②　会計監査人から特定監事及び特定理事への監査報告の内容の通知（社会福祉法施行規則 2 の 32 ①）

▽

理事会	計算書類及び事業報告並びにこれらの附属明細書の承認（社会福祉法 45 の 28 ③、社会福祉法施行規則 2 の 40 ①）

▽

理事会後	①　計算書類等及び監査報告（会計監査報告を含む）の備置き（社会福祉法 45 の 32 ①） ②　評議員への計算書類等及び監査報告（会計監査報告を含む）の提供（社会福祉法 45 の 29、社会福祉法施行規則 2 の 40 ②）

▽　備置きと 2 週間以上の間隔（評議員会が決議を省略する場合は提案日から備置き）

定時評議員会（定款の定めに応じ当年 6 月 30 日までに開催）	①　評議員会への計算書類等及び財産目録の提出（社会福祉法 45 の 30 ①、社会福祉法施行規則 2 の 40 ②） ②　計算書類及び財産目録の承認（会計監査人設置社会福祉法人にあっては報告）（社会福祉法 45 の 30 ②、45 の 31、社会福祉法施行規則 2 の 40 ②） ③　事業報告の内容の報告（社会福祉法 45 の 30 ③）

▽

第3節　社会福祉法人会計基準のポイントと改正事項

| 定時評議員会後 | 財産目録等の備置き（社会福祉法45の34①） |
| 所轄庁への届出（当年6月30日まで） | 計算書類等・財産目録等の届出（社会福祉法59） |

【用語の説明】
計算書類：貸借対照表及び収支計算書
計算書類等：計算書類及び事業報告並びにこれらの附属明細書
財産目録等：財産目録、役員等名簿、報酬等の支給の基準を記載した書類、事業の概要その他の事項を記載した書類

参考

関連Q＆A：Q8 計算書類等の構成

Q10

　社会福祉法45の23②、45の27、45の28①②③、45の29、45の30①②③、45の31、45の32①、45の34①、59

　社会福祉法施行規則9三、2の28①、2の32①、2の40①②

－ 29 －

第2章

社会福祉法人の法人税

第2章 社会福祉法人の法人税

第1節 法人税法上の収益事業

Q11 収益事業の範囲

社会福祉法人は、定款で記載された収益事業を行う場合に限って、法人税が課税されるのでしょうか。

A 社会福祉事業や公益事業であっても、法人税法上の収益事業に該当することがあります。

解説

(1) 法人税法上の収益事業

社会福祉法人は法人税法上の公益法人等であり、その行う収益事業に限って、課税対象とされています（法法２六、法令５①）。この法人税法上の収益事業は [**図表１**] のとおり、多岐にわたります（法法２十三、法令５①）。

(2) 社会福祉法人が行う事業と収益事業課税

社会福祉法人の定款では、その行う事業を社会福祉事業、公益事業及び収益事業に区分して記載します。しかし、法人税法上の収益事業の定義は社会福祉法上の収益事業とは異なるため、社会福祉事業や公益事業でも法人税の課税対象になることがあります。また、定款上記載されていなくても、実際に行っている事業が法人税法上の収益事業に該当すれば課税対象になります。

第1節　法人税法上の収益事業

［図表1］法人税法上の収益事業（特掲事業）

1. 物品販売業	12. 出版業	23. 浴場業
2. 不動産販売業	13. 写真業	24. 理容業
3. 金銭貸付業	14. 席貸業	25. 美容業
4. 物品貸付業	15. 旅館業	26. 興行業
5. 不動産貸付業	16. 料理店業その他の飲食店業	27. 遊技所業
6. 製造業	17. 周旋業	28. 遊覧所業
7. 通信業	18. 代理業	29. 医療保健業
8. 運送業	19. 仲立業	30. 技芸教授業
9. 倉庫業	20. 問屋業	31. 駐車場業
10. 請負業	21. 鉱業	32. 信用保証業
11. 印刷業	22. 土石採取業	33. 無体財産権提供業
		34. 労働者派遣業

　反対に、法人税法上の収益事業の範囲に含まれない事業であっても、法人の定款上は収益事業として扱う場合もあります（「社会福祉法人の認可について」別紙1社会福祉法人審査基準第1-3（2））。

参考

Q11

　法法2六・十三

　法令5①

　「社会福祉法人の認可について」別紙1　社会福祉法人審査基準第1-3（2）

第2章 社会福祉法人の法人税

第2節 特掲事業の範囲と課税

Q12 児童福祉事業

当法人は、認可保育所のほかに、認可外保育施設も経営しています。この認可外保育施設は、小規模保育事業と一定の水準を満たすものとして地方公共団体の証明を受けています。

また、新たに障害児を対象にした放課後等デイサービスと一時預かり事業を開始しようとも考えています。これらの事業は法人税の課税対象となるのでしょうか。

 いずれの事業も法人税の課税対象になりません。

解説

(1) 特掲事業に該当しないと明らかにされている事業

社会福祉法人が行う医療保健業に該当しない事業であっても、法人税法上の収益事業（特掲事業）のいずれにも該当しない事業は法人税の課税対象になりません（法法2十三、法令5①）。

この特掲事業に該当しないものとされている児童福祉法上の事業は次のとおりです。

① 認可保育所（質疑応答事例／法人税 収益事業18）
② 小規模保育事業（質疑応答事例／法人税 収益事業18）
③ 地方公共団体の証明を受けた認可外保育施設（質疑応答事例／法人

税 / 収益事業 18）

④　放課後等デイサービス（税理士賠償責任保険事故事例 2018 年〜2019 年主契約事例 15）

⑤　一時預かり事業（文書回答事例 / 法人税 令和 2.3.31）

　①の認可保育所については、公益法人等が、厚生労働大臣が定めた児童福祉施設の設備及び運営に関する基準（昭和 23 年厚生省令 63 号、以下「設備運営基準」といいます。）で定める基準に従い定めた条例により認可された保育所で行う保育事業（以下「認可保育事業」といいます。）であり、法人税法上の収益事業には当たらないものとして取り扱われています（児童福祉法 35、39、45）。

　②の小規模保育事業及び③の認可外保育施設についても、設備運営基準に準じた基準に従い定めた条例により指定を受け、又は証明された事業であり、認可保育事業と同様の性質を有する事業として法人税法上の収益事業には当たらないものとして取り扱われます。

　④の放課後等デイサービスについては、障害児を対象とする第二種社会福祉事業であって児童福祉法に基づく指定通所支援の事業等の人員、設備及び運営に関する基準（平成 24 年厚生労働省令 15 号、以下「通所支援指定基準」といいます。）に従って運営されており、障害者を対象とする介護給付費が支給される障害福祉サービス事業には該当しないことから、法人税法上の収益事業のいずれにも該当しないものとして取り扱われます（児童福祉法 6 の 2 の 2 ①③、21 の 5 の 3 ①、21 の 5 の 15 ①、通所支援指定基準 65〜71 の 2）。

　⑤の一時預かり事業については、厚生労働省及び子ども家庭庁の通知「一時預かり事業の実施について」により定められた別紙「一時預かり事業実施要綱」に定める「地域密着Ⅱ型」の実施方法に基づき、設備運営基準に準じて定められた地方公共団体の仕様に従って委託契約より行う事業であることから、②及び③と同様に認可保育事業と同様の性質を有する事業として法人税法上の収益事業には当たらないものとして取り扱われます（平成 27.7.17 付 27 文科初第 238 号・雇児発 0717 第 11 号）。

- 35 -

第 2 章　社会福祉法人の法人税

（2）その他の児童福祉事業

　上記（1）②の取扱いからみて、設備運営基準や通所支援指定基準又はこれらと同様の基準により、認可、確認又は指定される第一種又は第二種社会福祉事業である児童福祉法並びに就学前の子どもに関する教育、保育等の総合的な提供の推進に関する法律上の事業は、法人税法上の収益事業には当たらないものとして取り扱われるものと考えられます（社会福祉法2②二、2③二、[**図表1**] 参照）。

[図表1] 児童福祉事業と運営基準

運営基準	社会福祉事業である児童福祉事業
設備運営基準	乳児院、母子生活支援施設、児童養護施設、障害児入所施設、児童心理治療施設、児童自立支援施設、保育所
通所支援指定基準	障害児通所支援事業（児童発達支援、医療型児童発達支援、放課後等デイサービス、居宅訪問型児童発達支援、保育所等訪問支援）
児童福祉法に基づく指定障害児入所施設等の人員、設備及び運営に関する基準（平成24年厚生労働省令16号）	障害児入所施設
児童福祉法に基づく指定障害児相談支援の事業の人員及び運営に関する基準（平成24年厚生労働省令29号）	障害児相談支援事業
放課後児童健全育成事業の設備及び運営に関する基準（平成26年厚生労働省令63号）	放課後児童健全育成事業
特定教育・保育施設及び特定地域型保育事業並びに特定子ども・子育て支援施設等の運営に関する基準（平成26年内閣府令39号）	幼保連携型認定こども園小規模保育事業

　また、（1）⑤の取扱いからみて、厚生労働省又はこども家庭庁の通知により定められた事業実施要綱に定める実施方法に基づき、設備運営基準に準じて定められた地方公共団体の仕様に従って委託契約より行う児

－ 36 －

第2節　特掲事業の範囲と課税

童福祉法上の事業は、法人税法上の収益事業には当たらないものとして取り扱われるものと考えられます（社会福祉法2②二、**[図表2]** 参照）。

[図表2] 児童福祉事業と厚生労働省又は子ども家庭庁通知

運営基準	社会福祉事業である児童福祉事業
児童自立生活援助事業の実施について（平成10.4.22 付児発 344 号）	児童自立生活援助事業
子育て短期支援事業の実施について（平成26.5.29 付雇児発 0529 第 14 号）	子育て短期支援事業
一時預かり事業の実施について（平成27.7.17 付 27 文科初第 238 号・雇児発 0717 第 11 号）	一時預かり事業
小規模住居型児童養育事業（ファミリーホーム）の運営について（平成 21.3.31 付雇児発 0331011 号）	小規模住居型児童養育事業
病児保育事業の実施について（平成 27.7.17 付雇児発 0717 第 12 号）	病児保育事業

参考

関連Q&A：Q13 措置施設

Q12

　法法2十三

　法令5①

　児童福祉法6の2の2①③、21 の 5 の 3 ①、21 の 5 の 15 ①、35、39、45

　社会福祉法2②二、2③二

　平成 27.7.17 付 27 文科初第 238 号・雇児発 0717 第 11 号

　質疑応答事例／法人税 収益事業 18

　文書回答事例／法人税令和 2.3.31

－ 37 －

第2章　社会福祉法人の法人税

Q13 措置施設

　当法人は、いわゆる措置施設である養護老人ホームを経営しています。この事業は法人税の課税対象となるのでしょうか。

 　措置施設を経営する事業は、法人税の課税対象にならないものと考えられます。

解説

（1）措置施設

　社会福祉施設のうち、その施設への入所又は利用に措置権者（都道府県知事、市長及び福祉事務所を設置する町村長）の行政処分による措置が必要である施設は「措置施設」といわれています。

　措置施設の運営のための費用（措置費）は、施設へ入所又は利用の委託を行った措置権者が負担し、入所者又はその扶養義務者に負担能力のある場合には、その能力に応じて費用の全部又は一部を措置権者が徴収することとなっています。

　措置施設は、このような行政処分を伴う重要な施設であることから、第一種社会福祉事業とされており、国又は地方公共団体以外は、原則、社会福祉法人でなければ経営できません（社会福祉法60）。

（2）措置施設と収益事業課税

　厚生労働大臣が定めた児童福祉施設の設備及び運営に関する基準で定める基準に従い定めた条例により認可された保育所で行う保育事業は、法人税法上の収益事業には当たらないものとして取り扱われています（児童福祉法35、39、45）。

　措置施設については、この認可保育所よりさらに厳しい基準により運営されており、その措置費についても、弾力化されてきているとはいえ、自由に使えるわけでなく、剰余金の保有は制限されています。

第2節　特掲事業の範囲と課税

　このようなことから、[**図表1**] に掲げる措置施設は、法人税法上の収益事業には当たらないものとして取り扱われるものと考えられます（社会福祉法2②一・二・三・六）。

[図表1] 措置施設と運営基準

運営基準	措置施設
救護施設、更生施設、授産施設及び宿所提供施設の設備及び運営に関する基準（昭和41年厚生省令第18号）	救護施設、更生施設、授産施設、宿所提供施設
児童福祉施設の設備及び運営に関する基準（昭和23年厚生省令63号）	乳児院、母子生活支援施設、児童養護施設、児童心理治療施設、児童自立支援施設
養護老人ホームの設備及び運営に関する基準（昭和41年厚生省令第19号）	養護老人ホーム
女性自立支援施設の設備及び運営に関する基準（令和5年厚生労働省令第36号）	女性自立支援施設

参考

関連Q&A：Q12 児童福祉事業

Q13

　児童福祉法 35、39、45

　社会福祉法 2②一・二・三・六、60

－ 39 －

第2章　社会福祉法人の法人税

Q14 介護保険事業

　当法人は、社会福祉事業として特別養護老人ホームを経営しており、当該施設で介護保険事業である介護老人福祉施設、指定短期入所介護、指定通所介護、指定居宅介護支援及び指定福祉用具貸与の事業を実施しています。

　これらの事業は法人税の課税対象となるのでしょうか。

A　　指定福祉用具貸与以外の事業は医療保健業に該当するので、法人税の課税対象となりませんが、指定福祉用具貸与は法人税法上の収益事業である物品貸付業に該当し、法人税の課税対象となります。

解説

（1）介護保険事業と収益事業課税

　社会福祉法人が行う「医療保健業」は収益事業に該当しないものとされ、法人税の課税対象になりません（法令5①二十九ロ）。

　このため、介護保険事業の大部分は社会福祉事業であるか公益事業であるか否かにかかわらず、「医療保健業」に該当し、社会福祉法人では法人税の課税対象になりません。

　ただし、福祉用具貸与のような事業は、「医療保健業」ではなく「物品貸付業」になることから、法人税の収益事業に該当し、課税されることになります（法令5①四）。

　介護保険事業の社会福祉法上の位置づけと法人税法上の収益事業との関係は**[図表1]**のとおりです（介護保険法8①⑭㉔、8の2①⑯、社会福祉法2②三、③四・十、法令5①一・四・二十九、平成12.6.8課法2-5、平成28.7.29付厚生労働省事務連絡）。

－ 40 －

第2節　特掲事業の範囲と課税

［図表１］介護保険事業と収益事業

介護保険法上の事業	社会福祉法上の事業	法人税法上の収益事業
介護老人福祉施設、地域密着型介護老人福祉施設	特別養護老人ホーム	医療保健業
介護老人保健施設	介護老人保健施設	医療保健業
介護医療院	介護医療院	医療保健業
訪問介護、定期巡回・随時対応型訪問介護看護、夜間対応型訪問介護	老人居宅介護等事業	医療保健業
通所介護、地域密着型通所介護、認知症対応型通所介護	老人デイサービス事業 老人デイサービスセンター	医療保健業
短期入所生活介護、介護予防短期入所生活介護	老人短期入所事業 老人短期入所施設	医療保健業
小規模多機能型居宅介護	小規模多機能型居宅介護事業	医療保健業
認知症対応型共同生活介護	認知症対応型老人共同生活援助事業	医療保健業
複合型サービス（看護小規模多機能型居宅介護）	複合型サービス福祉事業	医療保健業
訪問入浴介護、訪問看護、訪問リハビリテーション、居宅療養管理指導、通所リハビリテーション、短期入所療養介護、特定施設入居者生活介護、介護予防訪問入浴介護、介護予防訪問看護、介護予防訪問リハビリテーション、介護予防居宅療養管理指導、介護予防通所リハビリテーション、介護予防短期入所療養介護、介護予防特定施設入居者生活介護、居宅介護支援、介護予防支援	公益事業	医療保健業
福祉用具貸与、介護予防福祉用具貸与	公益事業	物品貸付業
特定福祉用具販売、特定介護予防福祉用具販売	公益事業 収益事業（物品販売業）	物品販売業

－ 41 －

第 2 章　社会福祉法人の法人税

参　考

関連Ｑ＆Ａ：Q15 介護予防・日常生活支援総合事業

Q14

介護保険法 8 ①⑭㉔、8 の 2 ①⑯

社会福祉法 2 ②三、③四・十

法令 5 ①一・四・二十九

平成 12.6.8 課法 2-5

平成 28.7.29 付厚生労働省事務連絡

第2節　特掲事業の範囲と課税

Q15 介護予防・日常生活支援総合事業

当法人は、新たに市の指定を受けて、地域支援事業である介護予防・日常生活支援総合事業として第一号訪問事業、第一号通所事業、第一号生活支援事業及び第一号介護予防支援事業を開始しました。
　これらの事業は法人税の課税対象となるのでしょうか。

　これらの事業は原則として医療保健業に該当するので、法人税の課税対象となりません。

解説
(1) 介護予防・日常生活支援総合事業
　平成27年4月からの改正介護保険法の施行に伴い、市町村は、被保険者の要介護状態等となることの予防又は要介護状態等の軽減若しくは悪化の防止及び地域における自立した日常生活の支援のための施策を総合的かつ一体的に行うため、厚生労働省令で定める基準に従って、地域支援事業として、次の介護予防・日常生活支援総合事業を行うことになりました（介護保険法115の45①）。
① 第1号事業
　イ　第一号訪問事業
　　　居宅要支援被保険者等の介護予防を目的として、その居宅において、日常生活上の支援を行う事業
　ロ　第一号通所事業
　　　居宅要支援被保険者等の介護予防を目的として、施設において、日常生活上の支援又は機能訓練を行う事業
　ハ　第一号生活支援事業
　　　介護予防サービス事業、地域密着型介護予防サービス事業、第一号訪問事業又は第一号通所事業と一体的に行われる場合に効果があると認められる居宅要支援被保険者等の地域における自立した日常

- 43 -

第2章　社会福祉法人の法人税

　　生活の支援として行う事業

　ニ　第一号介護予防支援事業

　　　居宅要支援被保険者等の介護予防を目的として、その選択に基づ
　　き、第一号訪問事業、第一号通所事業又は第一号生活支援事業その
　　他の適切な事業が包括的かつ効率的に提供されるよう必要な援助を
　　行う事業

②　第一号被保険者の要介護状態等となることの予防又は要介護状態等
　の軽減若しくは悪化の防止のため必要な事業（介護予防サービス事業
　及び地域密着型介護予防サービス事業並びに第一号訪問事業及び第一
　号通所事業を除く。）

（2）収益事業課税

　第1号事業は、これまで予防給付として実施されていた介護予防訪問
介護及び介護予防通所介護の各サービスを地域支援事業に移行させると
ともに、それらに係る介護予防支援を介護予防支援事業として位置づけ
たものです。新たなサービスを提供するものではなく、医療保健面での
ケアを必要とするのが通例である要支援者等を対象として、要介護状態
等となることの予防又は要介護状態等の軽減若しくは悪化の防止及び地
域における自立した日常生活の支援のため、医療との連携を図りつつ実
施されるものとされています。これらは、ケアプランの策定過程等を通
じて確保されるなど、その基本的考え方に変更はありません。

　したがって、第1号事業は法人税法上、医療保健業として取り扱われ
るため、社会福祉法人がこれらの事業を行う場合は法人税の課税対象に
なりません。

　ただし、地域支援事業は、各市町村が地域の実情に応じてサービスの
内容等を定めることができるものであり、第1号事業を実施する者が自
らの営む事業の実態に応じて、医療保健業ではなく請負業等に該当する
ものと判断することもできるものされています（平成28.7.29付厚生労働
省事務連絡）。

－ 44 －

第 2 節　特掲事業の範囲と課税

参 考

関連Q＆A：Q14 介護保険事業

Q15

介護保険法 115 の 45 ①

平成 28.7.29 付厚生労働省事務連絡

－ 45 －

第2章 社会福祉法人の法人税

Q16 地域包括支援センターと包括的支援事業

当法人は、新たに市の委託を受けて、地域包括支援センターを設置しました。このセンターの事業は法人税の課税対象となるのでしょうか。

A 地域包括支援センターを経営する事業は医療保健業に該当するものと考えられるので、法人税の課税対象になりません。

解説
（1）地域包括支援センター

地域包括支援センターは、第一号介護予防支援事業（Q15参照）及び包括的支援事業その他厚生労働省令で定める事業を実施し、地域住民の心身の健康の保持及び生活の安定のために必要な援助を行うことにより、その保健医療の向上及び福祉の増進を包括的に支援することを目的とする施設です（介護保険法115の46①③、115の47①）。

地域包括支援センターの設置に当たっては、介護保険法施行規則で定める基準に従って保健師、社会福祉士及び主任介護支援専門員その他これに準じる者を置かなければなりません。また、これらの者が協働して医療の向上及び福祉の増進のための包括的支援事業を実施するために、市町村は条例を定める必要があります（介護保険法115の46⑤⑥、介護保険法施行規則140の66）。

この条例の内容は医療又は保健に関する事業の基準であり、地域包括支援センターの設置者はこの条例を遵守しなければならないことから、法人税法上の医療保健業を行うことになると考えられます（法令5①二十九）。

したがって、社会福祉法人が行う医療保健業は、法人税法上の収益事業に該当しないことから、地域包括支援センターを経営する事業は法人税の課税対象になりません（法令5①二十九ロ）。

第2節　特掲事業の範囲と課税

（2）包括的支援事業

　被保険者が要介護状態等となることを予防するとともに、要介護状態等となった場合においても、可能な限り、地域において自立した日常生活を営むことができるよう支援するため、地域支援事業として行う次に掲げる事業を「包括的支援事業」といいます（介護保険法115の45②）。

① 　被保険者の心身の状況、その居宅における生活の実態その他の必要な実情の把握、保健医療、公衆衛生、社会福祉その他の関連施策に関する総合的な情報の提供、関係機関との連絡調整その他の被保険者の保健医療の向上及び福祉の増進を図るための総合的な支援を行う事業

② 　被保険者に対する虐待の防止及びその早期発見のための事業その他の被保険者の権利擁護のため必要な援助を行う事業

③ 　保健医療及び福祉に関する専門的知識を有する者による被保険者の居宅サービス計画及び施設サービス計画の検証、その心身の状況、介護給付等対象サービスの利用状況その他の状況に関する定期的な協議その他の取組を通じ、当該被保険者が地域において自立した日常生活を営むことができるよう、包括的かつ継続的な支援を行う事業

④ 　医療に関する専門的知識を有する者が、介護サービス事業者、居宅における医療を提供する医療機関その他の関係者の連携を推進するものとして厚生労働省令で定める事業（③の事業を除く。）

⑤ 　被保険者の地域における自立した日常生活の支援及び要介護状態等となることの予防又は要介護状態等の軽減若しくは悪化の防止に係る体制の整備その他のこれらを促進する事業

⑥ 　保健医療及び福祉に関する専門的知識を有する者による認知症の早期における症状の悪化の防止のための支援その他の認知症である又はその疑いのある被保険者に対する総合的な支援を行う事業

　①から③の事業は、市町村はすべてを一括して委託しなければなりません。社会福祉法人が経営する地域包括支援センターに委託する場合は、（1）のとおり、医療保健業に該当し、また、法人税法上の収益事業に該当しないことから、法人税の課税対象になりません（法令5①

－ 47 －

第2章　社会福祉法人の法人税

二十九ロ）。

　④及び⑥の事業は、医療に関する専門的知識を有する者又は保健医療
及び福祉に関する専門的知識を有する者が医療機関その他の関係者の連
携や認知症の早期における症状の悪化の防止のための支援を行ってお
り、医療保健業に該当するものと考えられます。社会福祉法人が行う場
合は、法人税法上の収益事業に該当せず、法人税の課税対象になりま
せん（法令5①二十九ロ）。

　⑤の事業は、体制の整備その他のこれらを促進する事業であって、そ
の事業の内容によっては医療保健業に該当しません。市町村の委託によ
り行われる場合は、法人税法上の請負業として収益事業に該当し、法人
税の課税対象になることもあり得ます（法令5①十）。

参　考

関連Q＆A：Q15 介護予防・日常生活支援総合事業
Q16

　介護保険法 115 の 45 ②、115 の 46 ①③⑤⑥、115 の 47 ①

　介護保険法施行規則 140 の 66

　法令5①十・二十九

－ 48 －

第2節　特掲事業の範囲と課税

Q17 軽費老人ホーム

　当法人は、第一種社会福祉事業である軽費老人ホーム（ケアハウス）を経営しており、また、介護保険の特定施設として特定施設入居者生活介護の指定も受けてサービスを提供しています。

　これらの事業は法人税の課税対象となるのでしょうか。

A　　軽費老人ホームの経営は、法人税の課税対象にならないものと考えられます。また、指定特定施設入居者生活介護は医療保健業に該当するので、こちらも法人税の課税対象とはなりません。

解説

（1）軽費老人ホーム

　軽費老人ホームは、無料又は低額な料金で、老人を入所させ、食事の提供その他日常生活上必要な便宜を供与することを目的とする施設です（老人福祉法20の6）。

　軽費老人ホームは老人ホームではありますが、養護老人ホームのような措置施設ではなく、入居者との契約によりサービスを提供する施設であり、老人デイサービスセンター、老人短期入所施設、養護老人ホーム及び特別養護老人ホームのような措置の受託義務は課されていません（老人福祉法20）。

　このため、法人税法上の収益事業である請負業に該当するようにみえます。

　しかし、軽費老人ホームの経営は第一種社会福祉事業として、厚生労働省令で定める軽費老人ホームの設備及び運営に関する基準（平成20年厚生労働省令第107号）に基づく条例により設置しなければなりません（社会福祉法2②三、65）。さらに、その運営に係る経費についても、地方公共団体による助成金、条例で定める入居者の所得に応じた利用料と一般日常生活費及び設置の際の条件として定める入居者からの管理費

－ 49 －

第2章　社会福祉法人の法人税

（家賃相当）でほとんど賄うこととされ、料金についての裁量の余地が
ありません。

　法令の規定に基づき地方公共団体の事務処理を委託された法人の行う
その委託に係るもので、その委託の対価がその事務処理のために必要な
費用を超えないことが法令の規定により明らかなことその他一定の要件
に該当するものは、法人税法上の収益事業である請負業に該当しません
（法令5①十イ）。

　軽費老人ホームもこの要件に該当すると考えられることから、法人税
の課税対象になりません。

（2）特定施設入居者生活介護

　介護保険法の「特定施設入居者生活介護」とは、特定施設に入居して
いる要介護者について、その特定施設が提供するサービスの内容、これ
を担当する者その他厚生労働省令で定める事項を定めた計画に基づき行
われる入浴、排せつ、食事等の介護その他の日常生活上の世話であって
厚生労働省令で定めるもの、機能訓練及び療養上の世話を行う介護サー
ビスをいいます（介護保険法8⑪）。

　この特定施設には軽費老人ホームが含まれます（介護保険法8⑪、介
護保険法施行規則15二）。

　この特定施設入居者生活介護は、社会福祉法上は公益事業に位置付け
られますが、介護サービスであることから法人税法上は医療保健業に該
当します（平成12.6.8課法2-5）。

　社会福祉法人が行う「医療保健業」については収益事業には該当しな
いものとされ、法人税の課税対象になりません（法令5①二十九ロ）。

　このことは、要支援者について、その介護予防を目的として行われる
特定施設入居者生活介護である介護予防特定施設入居者生活介護におい
ても同様です（介護保険法8の2⑨）。

－ 50 －

第2節　特揭事業の範囲と課税

参　考

関連Q＆A：Q13 措置施設
　　　　　　　Q14 介護保険事業
Q17
　法令5①十・二十九
　老人福祉法 20、20 の 6
　社会福祉法 2②三、65
　介護保険法 8⑪、8 の 2⑨
　介護保険法施行規則 15 二
　平成 12.6.8 課法 2-5

第2章　社会福祉法人の法人税

Q18 有料老人ホーム・サービス付き高齢者向け住宅

当法人は、介護付き有料老人ホームを経営しています。入所者からは入居時に一時金を受領し、10年以内に退所する場合は経過期間に応じてこれを返還し、10年以上入所する場合は追加の賃料及び介護費用は発生しません。食費や管理費、介護保険（特定施設入居者生活介護）の利用料は毎月徴収しています。

また、新たに有料老人ホームではないサービス付き高齢者向け住宅を開設し、市の委託を受けて、入居者に対する安否確認・緊急時対応等の業務を行っています。

これらの事業は法人税の課税対象となるのでしょうか。

A 有料老人ホームの通常の生活に係る事業は、法人税法上の収益事業である請負業又は旅館業に該当し、法人税の課税対象になります。ただし、有料老人ホームが提供する介護保険（特定施設入居者生活介護）は医療保健業に該当するため、法人税の課税対象となりません。

一方、サービス付き高齢者向け住宅の住宅を提供する事業は法人税法上の収益事業である不動産貸付業に、市の委託事業は請負業にそれぞれ該当し、法人税の課税対象になります。

解説

（1）高齢者向け住まい

① 有料老人ホーム

有料老人ホームとは、老人を入居させ、入浴、排せつ若しくは食事の介護、食事の提供又はその他の日常生活上必要な便宜（以下「介護等」といいます。）の供与をする事業を行う施設であって、老人福祉施設、認知症対応型老人共同生活援助事業を行う住居でないものをいいます（老人福祉法29①）。

－ 52 －

介護付き有料老人ホームとは、有料老人ホームのうち介護保険の特定施設入居者生活介護の指定を受けているものをいい、この指定を受けていないものは「介護付き」「ケア付き」等の表示はできません（「有料老人ホームの設置運営標準指導指針について」（平成 14.7.18 付老発第 0718003 号）別表）。

　有料老人ホームは高齢者に住居を提供するとともに介護等の便宜の提供をその入居者から請け負うものですから、法人税法上の収益事業である請負業又は旅館業に該当し、法人税の課税対象になります（法令5①十・十五）。

②　サービス付き高齢者向け住宅

　サービス付き高齢者向け住宅とは、高齢者向けの賃貸住宅又は有料老人ホームであって、居住の用に供する専用部分を有するものに高齢者を入居させ、状況把握サービス、生活相談サービスその他の高齢者が日常生活を営むために必要な福祉サービスを提供する建築物で都道府県知事の登録を受けたものをいいます（高齢者の居住の安定確保に関する法律5①）。

　有料老人ホームでないサービス付き高齢者向け住宅は、高齢者に住宅を貸し付ける事業であることから、法人税法上の収益事業である不動産貸付業に該当します（法令5①五）。

　また、状況把握サービス、生活相談サービスその他の高齢者が日常生活を営むために必要な福祉サービスは、介護保険のサービスではないため医療保健業には該当せず、入居者からの依頼による役務の提供であることから、法人税法上の収益事業である請負業に該当し、法人税の課税対象になります（法令5①十）。

　市の委託を受けて、入居者に対して安否確認・緊急時対応等の業務を行うことも、同様に法人税法上の収益事業である請負業に該当し、法人税の課税対象になります（法令5①十）。

第 2 章　社会福祉法人の法人税

（2）特定施設入居者生活介護

　介護保険法の「特定施設入居者生活介護」とは、特定施設に入居している要介護者について、その特定施設が提供するサービスの内容、これを担当する者その他厚生労働省令で定める事項を定めた計画に基づき行われる入浴、排せつ、食事等の介護その他の日常生活上の世話であって厚生労働省令で定めるもの、機能訓練及び療養上の世話を行う介護サービスをいいます（介護保険法 8 ⑪）。

　ご質問にある有料老人ホームは、この特定施設に該当します（介護保険法 8 ⑪、介護保険法施行規則 15 二）。

　この特定施設入居者生活介護は、社会福祉法上は公益事業に位置付けられますが、介護サービスであることから、法人税法上は医療保健業に該当します（平成 12.6.8 課法 2-5）。

　社会福祉法人が行う「医療保健業」は収益事業には該当しないものとされ、法人税の課税対象になりません（法令 5 ①二十九ロ）。

　このことは、地域密着型サービス事業である地域密着型特定施設入居者生活介護及び要支援者についてその介護予防を目的として行われる特定施設入居者生活介護である介護予防特定施設入居者生活介護においても同様です（介護保険法 8 ㉑、8 の 2 ⑨）。

参　考

関連Q＆A：Q14 介護保険事業

Q18

　法令 5 ①五・十・十五・二十九

　老人福祉法 29 ①

　高齢者の居住の安定確保に関する法律 5 ①

　介護保険法 8 ⑪㉑、8 の 2 ⑨

　介護保険法施行規則 15 二

　平成 12.6.8 課法 2-5

　平成 14.7.18 付老発第 0718003 号別表

－ 54 －

第2節　特掲事業の範囲と課税

Q19 障害福祉サービス事業等

　当法人は、障害者の日常生活及び社会生活を総合的に支援するための法律（以下「障害者総合支援法」といいます。）に規定する障害福祉サービス事業のうち、介護給付費の支給対象となる事業として居宅介護と生活介護の事業を行い、訓練等給付費の支給対象となる事業として就労継続支援（A型・B型）と共同生活援助の事業を行っています。
　NPO法人ではこれらの事業に法人税が課税されると聞いたのですが、社会福祉法人でも法人税が課税されるのでしょうか。

　障害福祉サービス事業は医療保健業に該当するので、社会福祉法人においては法人税の課税対象となりません。

解説
（1）障害福祉サービス事業
　社会福祉法人が行う「医療保健業」は収益事業に該当しないものとされ、法人税の課税対象になりません（法令5①二十九ロ）。
　障害者総合支援法に基づく障害福祉サービスのうち、介護給付費の支給対象となる事業は、障害者に対して介護等の提供を行う対人サービスです。こうした障害者は医療保健面でのケアを必要とするのが通例であることから、医療と密接な連携がなされており、実際面において、これらは個別支援計画（以下「サービス等利用計画」といいます。）の策定過程等を通じて確保されます。このような特徴を有する障害福祉サービスは、原則として収益事業である「医療保健業」に該当します（質疑応答事例/法人税 収益事業19、障害者総合支援法5②〜⑩）。
　また、障害者総合支援法に基づく障害福祉サービスのうち、訓練等給付費の支給対象となる事業は、就労移行支援に代表されるように、看護師の関与も求められていないものについては、必ずしも「医療保健業」

― 55 ―

第2章　社会福祉法人の法人税

とはいえないのではないかと考える向きもあるようです。しかし、障害
者総合支援法に基づくこのようなサービスは、基本的に医療保健業に該
当すると考えられます（質疑応答事例／法人税 収益事業19、障害者総合支
援法5⑫〜⑰）。

　なお、個別の事業者のサービス内容からみて、実態として医療や保健
といった要素がないサービスを提供しているようなケースがあった場合
は、障害者総合支援法の下で、事業者と利用者との間で利用契約を締結
し、利用者からそのサービスの対価を受領するという契約関係等を踏ま
えれば、法人税法上の請負業に該当します（法令5①十）。

　このため、NPO法人等の社会福祉法人以外の法人では、いずれにし
ても法人税法上の収益事業に該当し法人税の課税対象になりますが、社
会福祉法人では医療保健業に該当し、法人税の課税対象になりません
（質疑応答事例／法人税 収益事業19、**[図表1]** 参照）。

（2）相談支援事業

　障害者総合支援法における相談支援とは、基本相談支援、地域相談支
援及び計画相談支援をいいます（障害者総合支援法5⑱）。

　基本相談支援は、地域の障害者等の福祉に関する各般の問題につき、
障害者等、障害児の保護者又は障害者等の介護を行う者からの相談に応
じ、必要な情報の提供及び助言を行い、併せてこれらの者と市町村及び
指定障害福祉サービス事業者等との連絡調整その他の便宜を総合的に供
与します（障害者総合支援法5⑲）。

　地域相談支援は、施設に入所する障害者を地域で生活できるよう相談
その他の便宜を供与する地域移行支援と、居宅で単身生活する等の障害
者が生活を継続できるよう相談その他の便宜を供与する地域定着支援で
構成されています（障害者総合支援法5⑱⑳㉑）。

　計画相談支援は、サービス等利用計画の作成、変更、これらを行うた
めの関係者との連絡調整等の便宜を供与するサービス利用支援及び継続
サービス利用支援で構成されています（障害者総合支援法5⑱㉒㉓）。

－ 56 －

第2節　特掲事業の範囲と課税

　基本相談支援と地域相談支援のいずれも行うものを一般相談支援事業といい、基本相談支援と計画相談支援のいずれも行うものを特定相談支援事業といいます（障害者総合支援法5⑱）。

　この一般相談支援事業と特定相談支援事業は、いずれも介護保険の居宅介護支援事業に類似していることから医療保健業に該当するものと考えられ、社会福祉法人が行う場合は、法人税法上の収益事業に該当せず、法人税の課税対象になりません（法令5①二十九ロ、平成12.6.8 課法2-5、[**図表1**] 参照）。

[**図表1**] **障害福祉サービス事業等と収益事業**

給付費	サービス	法人税法上の収益事業
介護給付費	居宅介護、重度訪問介護、同行援護、行動援護、療養介護、生活介護、短期入所、重度障害者等包括支援、施設入所支援	医療保健業
訓練等給付費	自立訓練、就労選択支援（注）、就労移行支援、就労継続支援、就労定着支援、自立生活援助、共同生活援助	医療保健業（又は請負業）
地域相談支援給付費、計画相談支援給付費	一般相談支援事業、特定相談支援事業	医療保健業

(注)　令和7年10月1日施行予定（改正施行後の障害者総合支援法5⑬）。

（3）就労支援事業との関係

　障害者総合支援法に基づく障害福祉サービスのうち、生活介護、就労移行支援及び就労継続支援には、その利用者が生産活動を行う事業が含まれています。

　この生産活動を行う事業には、販売業、製造業その他の事業がありますが、これらが法人税法上の収益事業に該当するかどうかの判定は、（1）の給付費の支給対象となる障害福祉サービス事業とは区分して行います（文書回答事例／法人税 平成23.4.5）。

第 2 章　社会福祉法人の法人税

参　考

関連Q＆A：Q14 介護保険事業

Q20 就労支援事業・授産事業等

Q43 区分経理と費用等の配賦

Q19

障害者総合支援法 5 ②〜⑩、⑫〜㉓

改正施行後の障害者総合支援法 5 ⑬

法令 5 ①十・二十九

平成 12.6.8 課法 2-5

質疑応答事例 / 法人税 収益事業 19

文書回答事例 / 法人税 平成 23.4.5

第2節　特掲事業の範囲と課税

Q20 就労支援事業・授産事業等

当法人は、障害者総合支援法に規定する障害福祉サービス事業である就労継続支援（Ａ型・Ｂ型）の事業を行っています。この事業の生産活動として行う事業（以下「就労支援事業」といいます。）でパンの製造販売を行い、このパンを使った喫茶店も経営しています。

このような生産活動による収益についても、法人税が課税されるのでしょうか。

A その事業に従事する障害者等がその事業に従事する者の総数の半数以上を占めているのであれば、法人税の課税対象となりません。

解説

（1）身体障害者等が従事する事業の収益事業からの除外

① 収益事業からの除外

法人税法上の収益事業に該当する場合であっても、公益法人等が身体障害者等の生活の保護に寄与しているものにまで法人税を課税するのは、その公益性を鑑みると行き過ぎとなってしまいます。

このため、その事業に従事する次に掲げる者（以下「身体障害者等」といいます。）がその事業に従事する者の総数の半数以上を占め、かつ、その事業がこれらの者の生活の保護に寄与しているものについては、法人税法上の収益事業に該当しないものとされます（法令5②二）。

・　身体障害者福祉法第4条に規定する身体障害者

・　生活保護法の規定により生活扶助を受ける者

・　児童相談所、知的障害者福祉法第9条第6項に規定する知的障害者更生相談所、精神保健及び精神障害者福祉に関する法律第6条第1項に規定する精神保健福祉センター又は精神保健指定医により知的障害者として判定された者

－ 59 －

第 2 章　社会福祉法人の法人税

- 　精神保健及び精神障害者福祉に関する法律第 45 条第 2 項の規定により精神障害者保健福祉手帳の交付を受けている者
- 　年齢 65 歳以上の者
- 　母子及び父子並びに寡婦福祉法第 6 条第 1 項に規定する配偶者のない女子であって民法第 877 条の規定により現に母子及び父子並びに寡婦福祉法第 6 条第 3 項に規定する児童を扶養しているもの又は同条第 4 項に規定する寡婦

　このため、社会福祉法人が行う就労支援事業においても、上記の要件を満たせば、法人税法上の収益事業に該当しません。

② **社会福祉事業**

　社会福祉事業のうち①の対象となるのは、**［図表 1］** に掲げるものを経営する事業です。

［図表 1］ 対象となる社会福祉事業

第一社会福祉事業	第二種社会福祉事業
生活保護法に規定する授産施設	
児童福祉法に規定する母子生活支援施設	障害者総合支援法に規定する障害福祉サービス事業のうち、生活介護、自立訓練、就労移行支援、就労継続支援、就労選択支援（注）
障害者総合支援法に規定する障害者支援施設	障害者総合支援法に規定する地域活動支援センター
困難な問題を抱える女性への支援に関する法律に規定する女性自立支援施設	
社会福祉法に規定する授産施設	

（注） 　令和 7 年 10 月 1 日施行予定（改正施行後の障害者総合支援法 5 ⑬）。

（2）身体障害者等従事割合の判定

　（1）において、その事業に従事する身体障害者等の数が当該事業に従事する者の総数の半数以上を占めるかどうかは、その事業年度においてその事業に従事した者の延人員により判定します。この場合、その事業

- 60 -

第2節　特掲事業の範囲と課税

に従事する身体障害者等のうちに、一般の従業員に比して勤務時間の短い者があるときも、その者については、通常の勤務時間その事業に従事するものとして判定を行うことができます（法基通15-1-8）。

（3）判定の単位

就労支援事業が法人税法上の収益事業に該当するかどうかの判定は、障害者総合支援法に基づく給付費の支給対象となる障害福祉サービス事業とは区分して行います（文書回答事例 / 法人税 平成23.4.5）。

参考

関連Q&A：Q19 障害福祉サービス事業等
　　　　　　Q43 区分経理と費用等の配賦
Q20
　法令5②二
　改正施行後の障害者総合支援法5⑬
　法基通15-1-8
　文書回答事例 / 法人税 平成23.4.5

- 61 -

第2章 社会福祉法人の法人税

Q21 医療事業

当法人は、第二種社会福祉事業として病院や診療所を経営しています。これらの病院では、通常の保険診療のほかに各種健康診断や予防接種を行っています。

こうした医療事業も医療保健業に該当して、社会福祉法人が行う場合には法人税が課税されないのでしょうか。

　　各種健康診断や予防接種も医療保健業に該当するので、法人税の課税対象となりません。

解説

（1）社会福祉法人が行う医療事業

社会福祉法人が行う法人税法上の医療保健業は、それが社会福祉法上の社会福祉事業であるか、公益事業であるかを問わず、法人税法上の収益事業には該当せず、法人税の課税対象になりません（法令5①二十九ロ、[図表1]参照）。

また、特別養護老人ホームや障害者支援施設の医務室のように医療法上の診療所として届出をした施設で行う診療も、医療保健業に該当します（医療法1の5②）。

（2）医療保健業の範囲

医療保健業には、医療保険による診療だけではなく、各種健康診断、検診等や予防接種も含まれます（質疑応答事例／法人税 収益事業9、10）。また、これらの事業が地方公共団体や医師会等の委託によって行われる場合であっても、請負業ではなく、医療保健業に該当します（法基通15-1-29）。

第2節　特掲事業の範囲と課税

[図表1]　社会福祉法人が行う医療事業

第二種社会福祉事業	公益事業（例示）
生計困難者のために、無料又は低額な料金で診療を行う事業	第二種社会福祉事業以外の診療を行う事業
生計困難者に対して、無料又は低額な費用で介護保険法に規定する介護老人保健施設又は介護医療院を利用させる事業	第二種社会福祉事業以外の介護老人保健施設又は介護医療院を利用させる事業
	健康保険法に基づく訪問看護
	高齢者の医療の確保に関する法律に基づく訪問看護

参　考

関連Q＆A：Q14 介護保険事業

Q21

医療法1の5②

法令5①二十九ロ

法基通 15-1-29

質疑応答事例 / 法人税 収益事業9、10

- 63 -

第2章　社会福祉法人の法人税

Q22 企業主導型保育事業

当法人は、公益事業として企業主導型保育事業を行っていますが、次のいずれの場合も法人税法上の収益事業に該当せず、法人税が課税されないのでしょうか。

① 当法人が経営する特別養護老人ホームの職員の児童を受け入れる場合

② 当法人が保育事業者として施設を設置し、他の企業の職員の児童を受け入れる場合

③ 他の企業が行う企業主導型保育事業の運営の委託を受けて行う場合

A ①については、その法人の職員の児童のみを受け入れる場合は、福利厚生のための事業であるため、法人税の課税対象になりません。法人の職員以外の児童も受け入れる場合は、その施設が地方公共団体の証明を受けた認可外保育施設であるときは、法人税の課税対象になりません。

②については、その施設が地方公共団体の証明を受けた認可外保育施設であるときは、法人税の課税対象になりません。

③については、法人税法上の収益事業である請負業に該当するため、法人税の課税対象になります。

解説

（1）企業主導型保育事業

企業主導型保育事業とは、子ども・子育て拠出金を負担している事業者（以下「一般事業主」といいます。）が、平成28年4月以降、従業員向けに新たに保育施設を設置する場合等で、この事業の助成要件を満たす場合は、認可保育所並みの助成を受けることができる制度です（平成29.4.27付府子本第370号／雇児発0427第2号別添、以下「企業主導型保育

- 64 -

事業費補助金実施要綱」といいます。)。

また、この制度では、さらに次のようなメリットがあります。

・　複数の企業が共同で設置し、共同で利用することができます。この場合には、保育事業者として実績を有する者を運営事業者とし、各企業が利用することもできます。

・　施設運営の安定や地域の待機児童の解消を図るため、利用定員の半数まで地域の保育認定を受けた児童（以下「地域枠」といいます。）を受け入れることができます。

（2）収益事業課税との関係

企業主導型保育事業を行う場合は、その施設を認可外保育施設として所轄庁である地方公共団体に届け出る必要があります（企業主導型保育事業費補助金実施要綱第3-1-(1) ①②、4-(1)）。

また、この事業に係る助成金については年度ごとに助成申込みを行い、年度ごとに原則として実費による精算が必要であり、利用者からの利用料を除いて剰余金は生じません（企業主導型保育事業助成要領第1-8-(2)）。

法人税の課税については保育施設を設置する主体別に、次の①〜③に分けられます。また、運営形態による課税関係について67頁 **[図表1]** に整理しました。

① 　その社会福祉法人の職員を受け入れる場合

その社会福祉法人の職員のために自ら企業主導型保育事業を行うための認可外保育施設を設置し、その職員の児童のみを受け入れる場合は、職員のための福利厚生の一環として行われるものであって、独立した事業として行われるものではありません。

このような場合は、特別養護老人ホームなどの経営に付随して行われるものであることから、本来の事業が医療保健業に該当するのであれば、社会福祉法人においては法人税法上の収益事業に該当しません（法基通15-1-6、法令5①二十九ロ）。

第2章　社会福祉法人の法人税

　一方、その施設において、共同利用の他の企業の職員の児童や地域枠も受け入れる場合は、原則として法人税法上の請負業に該当します（法令5①十）。

　ただし、社会福祉法人が、厚生労働大臣が定めた児童福祉施設の設備及び運営に関する基準（昭和23年厚生省令63号、以下「設備運営基準」といいます。）で定める基準に準じた基準に従い定めた条例により証明された認可外保育施設であれば、認可保育事業と同様の性質を有する事業として法人税法上の収益事業には当たらないものとして取り扱われます（質疑応答事例／法人税／収益事業18）。

② 　その社会福祉法人が保育事業者である場合

　その社会福祉法人が保育事業者として企業主導型保育事業を行うための認可外保育施設を設置し、他の企業の職員の児童や地域枠を受け入れる場合、原則として法人税法上の請負業に該当します（法令5①十）。

　ただし、①と同様、設備運営基準に準じた基準に従い定めた条例により証明された認可外保育施設であれば、認可保育事業と同様の性質を有する事業として法人税法上の収益事業には当たらないものとして取り扱われます（質疑応答事例／法人税　収益事業18）。

③ 　他の企業が行う企業主導型保育事業の運営の委託を受ける場合

　他の企業が企業主導型保育事業を行うための認可外保育施設を設置し、その運営の委託を社会福祉法人が受けた場合は、法人税法上の請負業に該当します（法令5①十）。

　たとえ、その施設が設備運営基準に準じた基準に従い定めた条例により証明された認可外保育施設でも、証明を受けたのはその施設を設置した他の企業であって、運営を受託した社会福祉法人ではないので、その委託は法人税法上の収益事業に該当し、法人税の課税対象になります。

－ 66 －

第2節　特掲事業の範囲と課税

［図表１］運営形態による課税関係

運営形態			法人税法上の収益事業
自ら施設を設置	自法人の職員の児童のみ利用		本来の事業の付随事業
	他企業との共同設置又は共同利用	条例による証明施設	収益事業に該当しない
		上記以外	請負業
	地域枠の利用	条例による証明施設	収益事業に該当しない
		上記以外	請負業
	保育事業者として運営	条例による証明施設	収益事業に該当しない
		上記以外	請負業
他の企業が施設を設置	共同利用		収益事業に該当しない
	運営の受託		請負業

> **参　考**
>
> **関連Q＆A**：Q12 児童福祉事業
>
> **Q22**
>
> 　法令5①十・二十九
>
> 　法基通 15-1-6
>
> 　質疑応答事例／法人税　収益事業 18
>
> 　企業主導型保育事業費補助金実施要綱第 3-1-(1) ①②、4-(1)
>
> 　企業主導型保育事業助成要領第 1-8-(2)

－ 67 －

第2章 社会福祉法人の法人税

Q23 資格者養成施設・事業

当法人は、公益事業として県知事の指定を受けて社会福祉士短期養成施設を経営しており、県から委託料を受領しています。また、これ以外に介護福祉士、介護支援専門員の養成講座を有料で開催しています。

これらの事業は法人税の課税対象になるのでしょうか。

　いずれの事業も法人税法上の収益事業に該当しないため、法人税の課税対象にはなりません。

解説
（1）公益事業としての養成施設等

社会福祉法においては、公益事業として次の施設を経営する事業を認めています（社会福祉法26①、同施行令13四〜六）。

① 都道府県知事の指定した社会福祉士短期養成施設等、社会福祉士一般養成施設等又は介護福祉士の養成施設を経営する事業（社会福祉士及び介護福祉士法7二・三、40②一〜三・五）
② 都道府県知事の指定した精神保健福祉士短期養成施設等又は精神保健福祉士一般養成施設等を経営する事業（精神保健福祉士法7二・三）
③ 指定保育士養成施設を経営する事業（児童福祉法18の6一）

（2）収益事業課税との関係
① 技芸教授業

公益法人等が行う事業のうち、法人税法上の収益事業である技芸教授業として課税されるのは、いずれかに該当する事業を行う場合に限られます（法令5①三十）。

洋裁、和裁、着物着付け、編物、手芸、料理、理容、美容、茶道、生花、演劇、演芸、舞踊、舞踏、音楽、絵画、書道、写真、工芸、デザ

- 68 -

第2節 特掲事業の範囲と課税

イン（レタリングを含む。）、自動車操縦若しくは小型船舶（船舶職員及び小型船舶操縦者法第2条第4項に規定する小型船舶をいいます。）の操縦

　このため、上記以外の技芸の教授は、免許や資格の取得を目的するものであっても、法人税法上の収益事業に該当しません。

　したがって、社会福祉法人が経営する公益事業である養成施設や介護福祉士などの社会福祉に携わるための資格、免許の取得又は知識の得るための講座、セミナー等は、収益事業である技芸教授業に該当せず、法人税の課税対象となりません。

② 請負業との関係

　技芸の教授は、これを請け負って行われることが非常に多く、この側面からみれば請負業に該当することになります。

　社会福祉法人が行う養成施設や養成事業においても、地方公共団体からの委託や受講者からの養成の受託を受けて行われています。

　しかし、法人税法上の収益事業になる「技芸」は、①のとおり限定して列挙されているにもかかわらず、これらの技芸以外の技芸について請け負ったものに請負業に該当するものとして課税するということになれば、法人税法において収益事業として技芸教授業として特掲した意味がなくなります。

　そこで、公益法人等の行う事業が請負又は事務処理の受託としての性質を有するものである場合であっても、その事業がその性格からみて法人税法上の収益事業のうち請負業以外の事業に該当するかどうかにより収益事業の判定をなすべきものであるとき、又は他の収益事業と一体不可分のものとして課税すべきものであると認められるときは、その事業は請負業には該当しません（法基通15-1-29）。

　したがって、養成施設等を地方公共団体からの委託を受けて経営している場合であっても、法人税法上の収益事業に該当しません。

第 2 章　社会福祉法人の法人税

参 考

Q23

法令 5 ①三十

法基通 15-1-29

社会福祉法 26 ①

社会福祉法施行令 13 四～六

社会福祉士及び介護福祉士法 7 二・三、40 ②一～三・五

精神保健福祉士法 7 二・三

児童福祉法 18 の 6 一

『法人税基本通達逐条解説 ［十一訂版］』松尾公二編著（税務研究会出版局）

第2節　特掲事業の範囲と課税

Q24 生活福祉資金貸付事業等

　当法人は、県社会福祉協議会で、生活福祉資金貸付事業を行っています。また、寄附金を財源として、生活困窮者等を対象とした独自の無利子貸付けも行っています。
　これらの貸付事業は法人税の課税対象になるのでしょうか。

　　いずれの貸付事業も原則として金銭貸付業に該当しますが、実質的に法人税の課税対象にはなりません。

解説
（1）生活福祉資金貸付制度
　生活福祉資金貸付制度とは、低所得者、障害者又は高齢者に対し、資金の貸付けと必要な相談支援を行うことにより、その経済的自立及び生活意欲の助長促進並びに在宅福祉及び社会参加の促進を図り、安定した生活を送れるようにすることを目的とする制度で、生計困難者に対するものは第一種社会福祉事業に該当します（平成21.7.28付発社援0728第9号別紙生活福祉資金貸付制度要綱第1、社会福祉法2②七）。
　貸付業務の実施主体は都道府県社会福祉協議会ですが、資金の貸付業務の一部をその都道府県の区域内にある市町村社会福祉協議会又は厚生労働大臣が定める者に委託することができます（生活福祉資金貸付制度要綱第2）。
　この制度による貸付け（資金）の種類は、次頁**［図表1］**のとおりです（生活福祉資金貸付制度要綱第4）。

（2）収益事業課税との関係
① 　金銭貸付業と収益事業課税
　公益法人等が法人税法上の収益事業のいずれかに該当する事業を行う場合には、たとえその行う事業がその公益法人等の本来の目的たる事業

第2章　社会福祉法人の法人税

[図表1]　生活福祉資金貸付制度

資金の種類		貸付利子
総合支援資金	生活支援費、住宅入居費、一時生活再建費	無利子（連帯保証人がない場合は1.5%）
福祉資金	福祉費	無利子（連帯保証人がない場合は1.5%）
	緊急小口資金（新型コロナウイルス感染症の影響による特例貸付を含む）	無利子
教育支援資金	教育支援費、就学支度費	無利子
不動産担保型生活資金	不動産担保型生活資金、要保護世帯向け不動産担保型生活資金	3%、又は毎年4月1日時点の長期プライムレートのいずれか低い方

であるときであっても、その事業から生ずる所得については法人税が課されます（法基通15-1-1）。このため、金銭の貸付けを行う事業は、原則として法人税法上の収益事業である金銭貸付業に該当します（法令5①三）。

　しかし、社会福祉法人をはじめとする公益法人等は、営利を目的とするものではなく、その本来の目的に従って、無利子又は低利で金銭を貸し付けることは当然のことであり、このような採算を度外視した事業まで法人税の課税対象とすることは想定されていません。

　そこで、無利子又は低利で行う金銭の貸付けがその公益法人等の本来の目的たる事業の範囲内で行われるものである限り、事実上、法人税法上の収益事業である金銭貸付業には該当しないものとなります（法基通15-2-9）。

② **生活福祉資金貸付事業**

　生活福祉資金貸付制度による貸付けのうち、総合支援資金、福祉資金及び教育支援資金については無利子又は債務者の返済能力からみて無担保の貸付けとしては不採算となるような低利による事業と認められます。また、同制度による貸付けのうち、不動産担保型生活資金も大企業

- 72 -

第2節　特掲事業の範囲と課税

向けの最優遇金利である長期プライムレートが適用されることから、与
信リスクからみて同様の低利による事業と認められます。

　したがって、①のとおり、事実上、生活福祉資金貸付事業は法人税法
上の収益事業である金銭貸付業には該当しないものになります（法基通
15-2-9）。

③　母子・父子福祉団体による金銭の貸付け

　母子及び父子並びに寡婦福祉法（以下「母子父子寡婦福祉法」といい
ます。）に規定する母子・父子福祉団体である社会福祉法人は、都道府
県から母子福祉資金、父子福祉資金又は寡婦福祉資金に充てるために貸
付を受けた資金（以下「貸付金」といいます。）を基に次に掲げる者が
事業を開始し又は継続するのに必要な資金を貸し付けることができます
（母子父子寡婦福祉法6⑥、13①、14、31の6①④、32①④）。

イ　配偶者のない女子で現に児童を扶養しているもの又はその扶養して
　いる児童並びに政令で定めるこれに準ずる者
ロ　配偶者のない男子で現に児童を扶養しているもの又はその扶養して
　いる児童並びに政令で定めるこれに準ずる者
ハ　寡婦又は寡婦が民法の規定により扶養している20歳以上である子
　その他これに準ずる者

　この事業については、その貸付けの日からその貸付金の最終の償還日
までの期間内の日の属する各事業年度において行われるものは、法人税
法上の収益事業である金銭貸付業には該当しません（法令5②三イ）。

④　その他の金銭の貸付け

　社会福祉法人が寄附金や補助金を原資として生活困窮者等に対する生
活費や奨学金の貸付けを行う場合があります。その事業が無利子又は不
採算となるような低利であり、その社会福祉法人の本来の目的たる事業
の範囲内で行われるものである限り、生活福祉資金貸付事業と同様に、
事実上、法人税法上の収益事業である金銭貸付業には該当しないものに
なります（法基通15-2-9）。

－ 73 －

第2章　社会福祉法人の法人税

⑤　他の収益事業との通算

①は、社会福祉法人が収益事業として行っている事業の一部を無償又は低廉な対価で行うことが、その社会福祉法人の事業目的の一環として行われている場合は、収益事業全体の収益で全体の費用を賄うことを前提として、無償又は低廉な対価を時価に換算して課税しないこととする取扱いであって、その無償又は低廉な対価で行う事業を収益事業から除外するという趣旨ではありません（法基通15-2-9）。

したがって、その無償又は低廉な対価で行う事業が赤字となった場合は他の収益事業の所得と通算することができます。

ただし、当初から事業の全部を無償で行うこととされている場合には、そもそも収益事業に該当しないので、他の収益事業の所得と通算することはできません。

参考

関連Q＆A：Q32 売店の経営

Q24

法令5①三、②三

法基通 15-1-1 、15-2-9

母子父子寡婦福祉法6⑥、13①、14、31の6①④、32①④

社会福祉法2②七

平成 21.7.28 付発社援 0728 第9号別紙

『実例問答式　公益法人の税務（令和元年版)』若林孝三・鈴木博共著（大蔵財務協会）

- 74 -

第2節　特掲事業の範囲と課税

Q25 成年後見（支援）センター

　市の社会福祉協議会である当法人は、地域における権利擁護支援を必要とする人の増加に対応するため、市民として地域で後見活動を行う市民後見人の養成・支援と、当法人が自ら成年後見人になり法定後見を行うために成年後見センターを設置運営しています。センターの運営の費用は、市からの委託料と家庭裁判所から決定を受けて成年被後見人の財産から支払われる後見費用によって賄っています。
　この事業は法人税の課税対象になるのでしょうか。

　　法人税法上の収益事業である請負業に該当し、法人税の課税対象になります。

解説
（1）成年後見制度と成年後見（支援）センター
① 成年後見制度
　成年後見制度とは、認知症、知的障害、精神障害などの理由で判断能力の不十分な方々が財産管理、身のまわりの世話のために介護などのサービスや施設への入所に関する契約締結、遺産分割協議などを行う場合に保護し、支援をする制度です（民法7、8）。この制度を利用すると、家庭裁判所が選任した成年後見人（法定後見）が、本人の利益を考えながら本人を代理して契約などの法律行為をし、本人又は成年後見人は本人がした不利益な法律行為を後から取り消すことができます（民法9）。
② 成年後見（支援）センター
　全国どの地域においても必要な人が成年後見制度を利用できるよう、各地域における相談窓口を整備するとともに、権利擁護支援の必要な人を発見し、適切に必要な支援につなげる地域連携の仕組みが権利擁護支援の地域連携ネットワークです。その広報機能、相談機能、成年後見制度利用促進機能、後見人支援機能を担う中核機関として成年後見（支

— 75 —

第2章　社会福祉法人の法人税

援）センターがあります。

　この成年後見（支援）センターは、市町村の社会福祉協議会内に置かれることが多く、センターによっては自ら成年後見人になり法定後見を行う場合もあります。

（2）収益事業課税

　成年後見（支援）センターを設置運営する事業は、社会福祉事業ではなく公益事業であり、その内容から法人税法上の医療保健業には該当しません（法令5①二十九）。

　このため、その運営のために地方公共団体から委託を受ける場合は、法人税法上の収益事業である請負業に該当します（法令5①十）。

　また、社会福祉法人が自ら成年後見人になり法定後見を行う場合は、家庭裁判所に申し立て、決定を受けて、その費用の支払を受けることができます。

　この法人が行う後見も家庭裁判所の決定による事務処理の受託であることから、法人税法上の収益事業である請負業に該当します（法令5①十）。

　したがって、成年後見（支援）センターを設置運営する事業は、法人税の課税対象となります。

　ただし、この業務が実費弁償により行われるものである場合、所轄税務署長（又は所轄国税局長）の確認を受けて、収益事業としないことができます（法基通15-1-28）。

参　考

関連Q＆A：Q29 実費弁償による事務処理の受託等の確認手続き
Q25
　法令5①十・二十九
　法基通15-1-28
　民法7、8、9

- 76 -

第2節　特掲事業の範囲と課税

Q26 共済事業

社会福祉協議会である当法人は、会員である地域内の社会福祉法人等を対象として次の事業を行っています。いずれの事業も法人税法上の収益事業に該当せず、法人税が課税されないのでしょうか。

① 社会福祉法人等の職員を対象とした退職金の給付を目的とした共済事業

② 社会福祉法人等の役職員に慶弔金を支給する互助会事業

③ 社会福祉法人等の役員を対象とした役員損害賠償責任保険の取扱い

④ 社会福祉法人等への書籍や事務用品の斡旋販売

A 　①及び②は法人税法上の収益事業に該当しないので、法人税の課税対象になりません。

　③は法人税法上の収益事業である代理業に該当するため、法人税の課税対象になります。

　④は法人税法上の収益事業である周旋業又は物品販売業に該当するため、法人税の課税対象になります。

解 説

（1）共済事業の取扱い

　共済事業とは、一般に特定の組織におけるその構成員等のために優先的に金銭や物品の給付、貸付け、販売その他の役務の提供を行う事業をいいます。

　法人税法においては、社会福祉法人が共済事業として行う事業についても、その事業の内容に応じてその全部又は一部が収益事業に該当するかどうかの判定を行います（法基通15-1-3）。

－ 77 －

第2章　社会福祉法人の法人税

（2）収益事業課税
①　退職共済事業

　社会福祉協議会などの公益法人等が、その会員である社会福祉法人やその他の法人の職員の退職金に充てる目的で、資金の拠出を受けて合同で運用を委託する事業である共済事業は、投資業に該当します。

　投資業は、法人税法では収益事業に掲げられていませんから、法人税の課税対象になりません（法法２十三、法令５①）。

②　互助会事業

　社会福祉協議会などの公益法人等が、その会員である社会福祉法人やその他の法人の役職員にあらかじめ定められた基準で慶弔等の事由が生じた場合に金銭を給付する事業は、保険業法上の免許又は登録があるかどうかにかかわらず、保険会社が行う事業と同様であれば、保険業に該当します。

　保険業は、法人税法では収益事業に掲げられていませんから、法人税の課税対象になりません（法法２十三、法令５①）。

　また、会員から拠出された資金を金融資産で運用する行為は投資業に該当しますが、同様に法人税法では収益事業に掲げられていませんから、法人税の課税対象になりません（法法２十三、法令５①）。

③　損害保険・生命保険の取扱い

　社会福祉協議会などの公益法人等が、その会員である社会福祉法人やその他の法人に損害保険や生命保険の募集、加入又は集金の代行をする事業は、保険代理店として登録しているかどうかにかかわらず、法人税法上の収益事業である代理業に該当するため、法人税の課税対象になります（法令５①十八、法基通 15-1-45）。

④　物品の斡旋

　書籍の取次、物品の斡旋は法人税法上の収益事業である周旋業に該当し、物品の販売は物品販売業に該当することから、法人税の課税対象になります（法令５①一・十七、法基通 15-1-44）。

－ 78 －

第2節　特掲事業の範囲と課税

参 考

Q26

法法2十三

法令5①一・十七・十八

法基通 15-1-3、15-1-44、15-1-45

『実例問答式　公益法人の税務（令和元年版）』若林孝三・鈴木博共著
（大蔵財務協会）

第2章　社会福祉法人の法人税

第3節
委託事業と実費弁償

Q27　委託事業

　社会福祉法人は、地方公共団体や他の法人その他の団体から委託事業や事務の代行を引き受けています。

　法人税法では、広く請負や事務処理の受託を収益事業である請負業としているようですが、このような委託事業はすべて請負業として課税対象になるのでしょうか。

A　請負業であっても、法人税法の収益事業に該当しない場合や医療保健業その他の特掲事業に該当する場合には、法人税の課税対象にならないことがあります。

解説

（1）請負業の範囲と収益事業課税

　法人税法における請負業は、民法における請負だけでなく、事務処理の委託を受ける事業も含まれます（法令5①十、民法632）。このため、他の者の委託に基づいて行う調査、研究、情報の収集及び提供、手形交換、為替業務、検査、検定等の事業も、特定のものを除いて、請負業に該当します（法基通15-1-27、民法643、656）。

　また、事務処理の委託には、民法上の委任や準委任のほか、これらに類するものも含まれるものとされるため、契約以外の行政処分や補助金による事業も含まれることになります（民法643、656、法基通15-2-12

－ 80 －

(2))。

　このため、社会福祉法人が法人税法上の収益事業である請負業に該当する事業を行う場合には、たとえその行う事業が社会福祉事業であるときであっても、その事業から生ずる所得については法人税が課されることになります（法基通 15-1-1）。

　ただし、農産物等の原産地証明書の交付等、単に知っている事実を証明するだけの行為は請負業に含まれません（法基通 15-1-28）。

（2）他の特掲事業等との関係

　社会福祉法人の行う事業が請負又は事務処理の受託としての性質を有するものである場合でも、その事業がその性格からみて法人税法上の収益事業のうち請負業以外の収益事業（以下「他の特掲事業」といいます。）に該当するかどうかにより収益事業の判定をなすべきものであるとき又は他の特掲事業と一体不可分のものとして課税すべきものであると認められるときは、その事業は請負業には該当しません（法基通 15-1-29）。

　また、法令や条例で定められた人員、設備及び運営に関する基準を遵守して設置又は運営することを遵守しなければならない事業については、法人税法上の収益事業に該当しないものとされます（質疑応答事例／法人税 収益事業 18、文書回答事例／法人税 平成 28.11.7、文書回答事例／法人税 令和 2.3.31）。

　社会福祉法人の行う事業で、他の特掲事業に該当するもの又は収益事業に該当しないものには次頁 **［図表 1］** のようなものがあります。

－ 81 －

第2章　社会福祉法人の法人税

［図表1］　請負業から除外される事業

社会福祉法人の行う事業	他の特掲事業
介護保険の介護サービス事業 介護予防・日常生活支援総合事業のうち、1号事業 障害福祉サービス事業 地域包括支援センター	医療保健業（法令5①二十九ロ）
認可保育所 小規模保育事業 放課後等デイサービス 一時預かり事業 措置施設	収益事業に該当しない
資格者養成施設・事業	技芸教授業（法令5①三十）
移動支援事業	運送業（法令5①八）又は医療保健業（法令5①二十九ロ）
配食サービス事業（食事を自法人が製造又は購入して提供する場合）	料理店業その他の飲食店業（法令5①十六）
外出支援サービス業	運送業（法令5①八）

（3）実費弁償による事務処理の受託等

　社会福祉法人が、事務処理の受託の性質を有する業務を行う場合においても、その業務が法令の規定、行政官庁の指導又はその業務に関する規則、規約若しくは契約に基づき実費弁償（その委託により委託者から受ける金額がその業務のために必要な費用の額を超えないことをいいます。）により行われるものであり、かつ、そのことにつきあらかじめ一定の期間を限って所轄税務署長（又は所轄国税局長）の確認を受けたときは、その確認を受けた期間については、その業務は収益事業となりません（法基通15-1-28）。

－ 82 －

第3節　委託事業と実費弁償

参　考

関連Q＆A：Q12 児童福祉事業

Q13 措置施設

Q14 介護保険事業

Q15 介護予防・日常生活支援総合事業

Q16 地域包括支援センターと包括的支援事業

Q19 障害福祉サービス事業等

Q23 資格者養成施設・事業

Q28 指定管理者制度

Q29 実費弁償による事務処理の受託等の確認手続き

Q27

法令5①八・十・十六・二十九・三十

法基通 15-1-1、15-1-27、15-1-28、15-1-29、15-2-12（2）

質疑応答事例／法人税 収益事業18

文書回答事例／法人税 平成 28.11.7、令和 2.3.31

民法 632、643、656

－ 83 －

Q28 指定管理者制度

当法人は、市の指定を受けて、次の施設の指定管理者となっています。これらの施設に係る指定管理者としての事業は公の施設の管理ですから、法人税法上の収益事業に該当せず、法人税が課税されないと考えてよいでしょうか。
① 特別養護老人ホーム（利用料金制）
② 総合福祉会館（利用料金制：貸室と建物管理）
③ 老人憩いの家（利用料金は市が収受、管理料の剰余金返還条項あり）

　　①は医療保健業に該当するため、法人税の課税対象になりません。
②は請負業及び席貸業に該当するため、法人税の課税対象になります。
③は請負業に該当するため、法人税の課税対象になりますが、実費弁償方式により行われるものとして所轄税務署長の確認を受けて、法人税法上の収益事業から除外することができます。

解説
（1）指定管理者制度
都道府県及び市町村（以下「地方公共団体」といいます。）は、住民の福祉を増進する目的をもってその利用に供するための施設を設けますが、これを「公の施設」といいます（地方自治法1の3②、244）。
地方公共団体は、公の施設の設置及びその管理に関する事項を条例で定め、公の施設の設置の目的を効果的に達成するため必要があると認めるときは、条例の定めるところにより、法人その他の団体であって地方公共団体が指定するもの（以下「指定管理者」といいます。）に、その公の施設の管理を行わせることができます（地方自治法244の2①③）。
これを「指定管理者制度」といいます。

- 84 -

第3節　委託事業と実費弁償

　指定管理者の指定は期間を定めて行うものとされ、その指定をしよう
とするときは、あらかじめその地方公共団体の議会の議決を経なければ
ならないことになっています（地方自治法244の2⑤⑥）。

　指定管理者制度において、地方公共団体が適当と認めるときは、指定
管理者にその管理する公の施設の利用に係る料金（以下「利用料金」と
いいます。）をその指定管理者の収入として収受させることができます
（地方自治法244の2⑧）。この場合における利用料金は、公益上必要が
あると認める場合を除くほか、条例の定めるところにより、指定管理者
が定めますが、あらかじめその利用料金について地方公共団体の承認を
受けなければならないことになっています（地方自治法244の2⑨）。

　これを「利用料金制」といいます。

　したがって、指定管理者は、地方公共団体からの指定管理料と利用料
金制における利用料金によって、公の施設の管理を行うことになりま
す。

（2）収益事業課税との関係

　指定管理者制度は、地方公共団体が指定した指定管理者が、協定に基
づき、条例で定める公の施設の設置及びその管理に関する事項に従っ
て、公の施設の管理を行うという行政処分であって、民法上の委託契約
ではありません（地方自治法244の2③）。

　しかし、法人税法上の収益事業である請負業は、民法上の請負に限ら
ず、事務処理の委託を受ける事業を含むものとされ、委任、準委任の契
約やこれに類する行政処分も含むものと解されることから、指定管理者
制度による公の施設の管理も請負業に該当します（法令5①十、民法
632、643、656）。

　ただし、社会福祉法人が指定管理者となっている事業が、その性格か
らみて法人税法上の収益事業のうち請負業以外の事業に該当するかどう
かにより収益事業の判定をなすべきものであるとき、又は他の収益事業
と一体不可分のものとして課税すべきものであると認められるとき、そ

－ 85 －

第2章　社会福祉法人の法人税

の事業は請負業には該当しません（法基通15-1-29）。

① 他の特掲事業に該当する施設

社会福祉法人が特別養護老人ホームの指定管理者となって運営する場合は、利用料金制であるかどうかを問わず、自ら設置して経営しているときと同様、法人税法上は医療保健業に該当します。これは社会福祉法人が行う医療保健業であるため、法人税の課税対象になりません（法令5①二十九ロ、平成12.6.8課法2-5）。

同様に、他の介護保険事業や障害福祉サービス事業を行う公の施設の指定管理者となって運営する場合も、社会福祉法人が行う医療保健業であるため、法人税の課税対象になりません（法令5①二十九ロ、平成12.6.8課法2-5、文書回答事例／法人税 平成23.4.5、質疑応答事例／法人税 収益事業19）。

また、認可保育所や措置施設を行う公の施設の指定管理者として運営する場合も、自ら設置して経営しているときと同様、法人税法上の収益事業には当たらないものとして取り扱われています（文書回答事例／法人税 平成28.11.7）。

② 利用料金制を採用している社会福祉施設以外の施設

指定管理者として利用料金制を採用する公の施設を管理する場合であって、①に掲げる施設に該当しないときは、法人税法上の収益事業である請負業又は医療保健以外の特掲事業に該当するため、法人税の課税対象になります（法令5①十、二十九）。

総合福祉会館（又は総合福祉センター）では、一般的に社会福祉に関する総合案内、一般住民の相談や会議室、研修室の貸付等を行っており、総合福祉会館の設置運営は社会福祉事業ではなく公益事業とされ、法人税法上の医療保健業には該当しません。

このため、指定管理者における総合福祉会館の施設の管理業務や相談業務に対する地方公共団体からの管理料は、法人税法上の収益事業である請負業の収益となります（法令5①十）。

また、総合福祉会館の会議室、研修室の貸付けによる利用料金は、原

－ 86 －

則として法人税法上の収益事業である席貸業の収益となります（法令5
①十四）。

　ただし、その貸付けが国又は地方公共団体の用に供するものや社会福
祉事業として行われるものなどであれば、席貸業には該当しないため、
法人税法上の収益事業になりません（法令5①十四ロ）。

③　利用料金制を採用していない社会福祉施設以外の施設

　利用料金制を採用していない公の施設を指定管理者として管理する場
合であっても、①に掲げる施設に該当しないときは、法人税法上の収益
事業である請負業又は医療保健業以外の特掲事業に該当するため、法人
税の課税対象になります（法令5①十、二十九）。

　この場合、利用料金は法人の収益にならず、施設の管理業務や相談業
務に対する地方公共団体からの管理料のみが、法人税法上の収益事業で
ある請負業の収益となります（法令5①十）。

　このため、地方公共団体との協定において、管理業務において生じた
剰余金を返還することが定められている場合は、実費弁償により行われ
るものとして、あらかじめ所轄税務署長（又は所轄国税局長）の確認を
受けて、収益事業としないことができます（法基通15-1-28）。

第 2 章　社会福祉法人の法人税

参 考

関連Q＆A：Q12 児童福祉事業

Q13 措置施設

Q14 介護保険事業

Q19 障害福祉サービス事業等

Q27 委託事業

Q29 実費弁償による事務処理の受託等の確認手続き

Q28

法令 5 ①十・十四・二十九

法基通 15-1-28、15-1-29

平成 12.6.8 課法 2-5

質疑応答事例 / 法人税 収益事業 19

文書回答事例 / 法人税 平成 28.11.7、平成 23.4.5

地方自治法 1 の 3 ②、244、244 の 2 ①③⑤⑥⑧⑨

民法 632、643、656

－ 88 －

第3節　委託事業と実費弁償

Q29 実費弁償による事務処理の受託等の確認手続き

　当法人は、市との委託契約により配食サービス（食事の配達、安否確認のみ）と寝具洗濯乾燥消毒サービスを行っています。これらの契約のうち寝具洗濯乾燥消毒サービスについては、剰余金が生じた場合には委託料を返還する旨が定められています。

　このような業務も法人税法上の収益事業として、法人税の課税対象になるのでしょうか。

A　　実費弁償となっている場合については、あらかじめ納税地の所轄税務署長の確認を得て、法人税法上の収益事業にしないことができます。

解説

（1）事務の受託等の実費弁償の要件

　本来、公益法人等における収益事業課税は、営利法人と競合する収益を目的とする事業について課税の公平性の観点から設けられたものであって、利益を目的としない事務処理の受託等についてまで課税対象とすることは、過去の立法経緯からも予定されているものではありません。

　そこで、その業務が法令の規定、行政官庁の指導又はその業務に関する規則、規約若しくは契約に基づき実費弁償（その委託により委託者から受ける金額がその業務のために必要な費用の額を超えないことをいいます。以下同じ。）により行われるものであり、かつ、下記①～③のいずれかの要件を満たすものであることにつき、あらかじめおおむね5年以内の期間を限って納税地の所轄税務署長（国税局の調査課所管法人にあっては、所轄国税局長。以下同じ。）の確認を受けたときは、その確認を受けた期間は、これを法人税法上の収益事業としません（法基通15-1-28）。

①　契約等により実際に要した費用の額を事後的に徴収することによ

－ 89 －

第2章　社会福祉法人の法人税

り、剰余金（※1）が生じないこと。

② 契約等により、その業務について受ける対価の額（以下「対価の額」といいます。）が、その業務に必要な費用の額（以下「実費相当額」といいます（※2）。）の範囲内で定められており、かつ、その業務につき剰余金が生じた場合には、次のいずれかの措置が講ぜられることになっていること。

イ その剰余金をその委託者に返還すること。

ロ その事業年度において生じた剰余金について、その後の対価の額を減額するなどの方法によりその事業年度の翌事業年度（やむ得ない事情がある場合には、翌々事業年度）終了の日までにこれを解消すること。

③ その業務に係る対価の額が法令（計量法など）の規定により定められている場合において、その対価の額が実費相当額の範囲内で定められており、かつ、その業務につき剰余金が生じたときは、その後の対価の額の改定に際してその剰余金の額を勘案してその対価の額を減額するなど適正な是正措置が講ぜられることにつきその法令を所管する行政官庁が証明したこと。

（※1）その業務の遂行上、通常生ずると認められる程度の少額の剰余金を除きます。

（※2）その業務に直接要する経費のほか、その受託に係る業務の用に供される固定資産の減価償却費、修繕費、租税公課、人件費のうち当該業務に係るものとして配賦すべき間接的な経費も含まれますが、他の業務の経費をこれに含めたり、利益を上乗せしたりすることは認められません。

　　　ただし、定年退職者の退職一時金の支払原資を退職年度以前の5年間で積み立てるために、経理上、退職給与積立預金支出を計上している場合には、その支出を「業務のために必要な費用」とみて差し支えありません（質疑応答事例／法人税 収益事業16）。

（2）確認手続き

① 申請書類

実費弁償による事務の受託等に関する納税地の所轄税務署長の確認に

第3節 委託事業と実費弁償

ついては、公益法人等の行う業務が多岐にわたり、その内容は個々の契約等により詳細が異なることから、所定の申請書類の書式及び添付書類は定められておらず、個々の税務署が個別に対応しています。

一般的には、確認を願い出る申請書に下記の書類を添付して申請します。

1. 契約等が法令による場合　法律、政令、省令、告示、条例
2. 契約等が行政官庁の指導による場合　取扱通達、通知、事務連絡、規則、規約
3. 契約等が契約による場合　契約書、仕様書、要綱、要領、規則、規約
4. 契約等が指定管理者の指定による場合　協定書、仕様書、要綱、要領、規則、規約
5. その社会福祉法人の登記事項証明書
6. その社会福祉法人の事業概要、事業案内、パンフレット
7. その社会福祉法人の事業計画書
8. その社会福祉法人の実費弁償による事業に係る収支予算書又は収支見込みを記載した書面
9. その社会福祉法人の直前事業年度の事業報告書
10. その社会福祉法人の直前事業年度の収支計算書、貸借対照表その他計算書類

② 申請の単位

この確認の手続きは、個々の契約等ごとに行いますから、税務署長の確認を受けた業務は収益事業に該当しません。しかし、税務署長の確認を受けられなかった業務は収益事業として法人税の申告を行うことになります。

③ 申請時期

申請時期については特に定められていませんが、「あらかじめ」と規定されていることから、実費弁償による事務の受託等の事業に係る契約等の開始の日以降では確認を認めていない場合があります。

－ 91 －

第2章　社会福祉法人の法人税

　もし、時期を逸したため、確認が認められない場合は、その契約等の開始の日の属する事業年度については法人税の申告を行う必要があります。

④　剰余金

　その業務の遂行上、通常生ずると認められる程度の少額の剰余金が生じたとしても、実費弁償と認めることになっていますが、その基準は明確ではありません。東京国税局管内では5年間で100万円以下の剰余金は少額とする扱いになっていますが、他の国税局、税務署ではそのような扱いは明らかにされていません。

⑤　確認期間

　おおむね5年以内の期間に限って、税務署長の確認を行うことになっていますが、契約等の期間が5年より短いときは、その契約等の期間しか確認の期間として認めない場合があります。一方、1年間の契約等であっても、毎年度継続することが予定されているときは、5年間の確認を行われる場合があります。

　なお、確認された期間中に契約等の内容が変更された場合には、当然、改めて税務署長の確認を受ける必要があります。

（3）配食サービスと寝具洗濯乾燥消毒サービス

　配食サービスとは、在宅の高齢者、障害者等の自宅に訪問して定期的に食事を提供するとともに、訪問の際、安否を確認し、健康状態に異常があったときは、関係機関への連絡を行うサービスです。このサービスは食事を事業者自身が製造又は購入して提供する場合は、料理店業その他の飲食店業に該当し、配達及び安否確認のみ行う場合は請負業に該当します（法令5①十、十六）。

　寝具洗濯乾燥消毒サービスとは、在宅で寝具類の衛生管理が困難な高齢者、障害者等を対象として、水洗いによる寝具類の洗濯乾燥消毒を行うサービスです。このサービスは請負業に該当します（法令5①十）。

　実費弁償による事務の受託等に関する納税地の所轄税務署長の確認を

－ 92 －

第3節　委託事業と実費弁償

受ける場合、ご質問の寝具洗濯乾燥消毒サービスについては契約において実費弁償であることが明らかであるので、契約書を添付して申請することになります。

　一方、配食サービスについて、実質的に実費弁償である場合、契約においては実費弁償であることが明らかでないので、その確認を受けるに当たっては収支計算書その他の資料をもって申請する必要があります。

参　考

関連Q＆A：Q25 成年後見（支援）センター

　　　　　　Q27 委託事業

　　　　　　Q28 指定管理者制度

　　　　　　Q30 実費弁償方式の他の特掲事業への適用

　　　　　　Q35 自動販売機の設置

Q29

　法令5①十、十六

　法基通 15-1-28

　質疑応答事例／法人税 収益事業 16

　『実例問答式 公益法人の税務（令和元年版)』若林孝三・鈴木博共著（大蔵財務協会）

第2章 社会福祉法人の法人税

Q30 実費弁償方式の他の特掲事業への適用

当法人は、地域社会に貢献する公益事業として「こども食堂」を経営しています。収入は保護者からの食事料と市からの補助金ですが収支はほぼ赤字です。

このような事業も法人税法上の収益事業として、法人税の課税対象になるのでしょうか。

A こども食堂の経営は法人税法上の収益事業である料理店業その他の飲食店業に該当しますが、実費弁償である場合、請負業と同様にあらかじめ納税地の所轄税務署長の確認を得て、法人税法上の収益事業としないことができます。

解説

（1）請負業以外の特掲事業の実費弁償への適用

こども食堂とは、地域のボランティアが子どもたちに対し、無料又は安価で栄養のある食事や温かな団らんを提供する取組（子どもに限らず、その他の地域住民を含めて対象とする取組を含みます。）をいいます（平成30.6.28付子発0628第4号／社援発0628第1号／障発0628第2号／老発0628第3号）。

こども食堂の経営は、法人税法上の収益事業である料理店業その他の飲食店業に該当します（法令5①十六）。

しかし、こども食堂は無償又は安価な料金で運営されることから、たとえ補助金の交付を受けていても、剰余金が生じるようなことはありません。

法人税法上の請負業において、実費弁償（その委託により委託者から受ける金額がその業務のために必要な費用の額を超えないことをいいます。以下同じ。）により行われる事務処理の受託等については、あらかじめ納税地の所轄税務署長（国税局の調査課所管法人にあっては、所轄

－ 94 －

第3節　委託事業と実費弁償

国税局長。以下同じ。）の確認を受けたときは、これを法人税法上の収益事業としないことができます（法令5①十、法基通15-1-28）。

　この取扱いは、公益法人等が行う事業においては、本来はじめから剰余金の生じる余地がない事業が多く存在し、このような事業までも法人税の課税対象とすることは収益事業課税の趣旨に反するとして、法令や契約等により剰余金が生じないことを比較的証明しやすい請負業について定められたものです。ただし、請負業以外の収益事業（以下「他の特掲事業」といいます。）を排除するものではないと考えられます。

　したがって、他の特掲事業において剰余金の生じる余地がないような場合は、請負業における実費弁償により行われる事務処理の受託等と同様に、あらかじめ納税地の所轄税務署長の確認を受けて法人税法上の収益事業としないことができるものと考えられます。ご質問のこども食堂についても同様の取扱いにより、法人税法上の収益事業としないことができます。

参　考

関連Q＆A：Q29 実費弁償による事務処理の受託等の確認手続き
　　　　　　　Q35 自動販売機の設置

Q30
　法令5①十、十六
　法基通15-1-28
　平成30.6.28付子発0628第4号／社援発0628第1号／障発0628第2号／老発0628第3号
　『実例問答式　公益法人の税務（令和元年版）』若林孝三・鈴木博共著（大蔵財務協会）

- 95 -

第2章　社会福祉法人の法人税

第4節
付随的収益と課税

Q31 会費収入

　社会福祉協議会である当法人は、次のような会費を収受していま
す。これらの会費は法人税の課税対象になるのでしょうか。
① 　自治会を通じて各世帯から集金した会費
② 　法人会員の会費（法人会員は任意加入で、法人会員には会報を
　毎年1回無料配布し、法人会員以外の者に対しては会費名目で会
　報を有償配布している。）
③ 　外出支援サービス事業における会員としての会費（他に市から
　の委託料がある。）

A　①については、寄附金と同様であるため、法人税の課税対
　　象になりません。

　②については、原則として法人会員の会費は法人税の課税対象になり
ませんが、会員以外の者に対するものは法人税法上の収益事業である出
版業に該当するので、法人税の課税対象になります。

　③については、法人税法上の収益事業の対価として、法人税の課税対
象になります。

解説

（1）社会福祉協議会の一般会費

　市町村社会福祉協議会は、社会福祉法の規定に基づき、一又は同一都

－ 96 －

第4節　付随的収益と課税

道府県内の二以上の市町村の区域内において次に掲げる事業を行うことにより地域福祉の推進を図ることを目的とする団体です（社会福祉法109①）。

①　社会福祉を目的とする事業の企画及び実施
②　社会福祉に関する活動への住民の参加のための援助
③　社会福祉を目的とする事業に関する調査、普及、宣伝、連絡、調整及び助成
④　①～③に掲げる事業のほか、社会福祉を目的とする事業の健全な発達を図るために必要な事業

　都道府県社会福祉協議会は、社会福祉法の規定に基づき、都道府県の区域内において次に掲げる事業を行うことにより地域福祉の推進を図ることを目的とする団体です（社会福祉法110①）。

①　市町村社会福祉協議会の①～④に掲げる事業であって各市町村を通ずる広域的な見地から行うことが適切なもの
②　社会福祉を目的とする事業に従事する者の養成及び研修
③　社会福祉を目的とする事業の経営に関する指導及び助言
④　市町村社会福祉協議会の相互の連絡及び事業の調整

　市町村社会福祉協議会は、その事業の経費に充てるため、地域の住民の一般会員として、一般的に自治会を通じて会費を集金しています。この会費については任意であって、一般会員に特別の利益が及ぶものではないことから、寄附金に該当します。

　また、都道府県社会福祉協議会は、その事業の経費の負担として、会員である市町村社会福祉協議会その他の法人等から会費を徴収しています。この会費は、都道府県社会福祉協議会の運営を維持するため、会員の義務として負担するものであって、対価性があるものではありません。

　したがって、市町村社会福祉協議会及び都道府県社会福祉協議会の会費は、いずれも法人税法上の収益事業に係る収益には該当せず、法人税の課税対象になりません。

－ 97 －

第2章　社会福祉法人の法人税

（2）社会福祉協議会の法人会費（会報の配布）

　法人税法上の収益事業である出版業には、各種の名簿、統計数値、企業財務に関する情報等を印刷物等として刷成し、これを販売する事業が含まれるため、広範な出版物が含まれることになります（法令5①十二、法基通15-1-31）。

　一方、学術、慈善その他公益を目的とする法人がその目的を達成するため会報を専らその会員に配布するために行うものは、収益事業とは認められないため、出版業から除かれます（法令5①十二）。

　この場合、「会報を専らその会員に配布する」こととは、会報を会員だけに配布することをいい、会員でない者でその会に特別の関係を有する者、例えば行政機関等に対して対価を受けないで配布しているものは会員に配布したものとして取り扱われます（法基通15-1-35）。

　また、出版物の対価が会費等の名目で徴収されていると認められるときは、[図表1] のように取り扱われます（法基通15-1-36）。

[図表1] 会費等の名目で徴収されている出版物の対価

徴収の名目	取扱い
会員から出版物の代価を徴収しないで別に会費を徴収している場合	その会費のうち当該出版物の代価相当額を出版業に係る収益とします。
会員以外の者に配布した出版物について代価を徴収しないで会費等の名目で金銭を収受している場合	その収受した金額を出版業に係る収益とします。

　ご質問の法人会員に配布される会報は、公益を目的とする法人がその目的を達成するため専らその会員に配布するものですから、その配布は収益事業である出版業には該当せず、法人会員の会費は収益事業の収益にはなりません。

（3）外出支援サービスの会費

　外出支援サービス（移送サービス）とは、外出困難な在宅高齢者や身

－ 98 －

第4節　付随的収益と課税

体障害者等に対して、移送車両を使い、自宅と福祉施設や病院等との間の送迎を行うサービスをいいます。このサービスは、収益事業である運送業又は請負業に該当します（法令5①八・十）。

このサービスを受けるためには会員登録を必要とする場合があります。しかし、この会員になることにより負担する会費は、サービスを受けるための対価であるので、収益事業の収益に該当し、法人税の課税対象になります。

なお、このサービスが契約に基づき実費弁償（その委託により委託者から受ける金額が当該業務のために必要な費用の額を超えないことをいいます。以下同じ。）により行われるものであり、かつ、そのことにつきあらかじめ一定の期間を限って所轄税務署長（又は所轄国税局長）の確認を受けたときは、その確認を受けた期間については収益事業となりません（法基通15-1-28）。

参　考

関連Q＆A：Q27 委託事業
　　　　　　　Q29 実費弁償による事務処理の受託等の確認手続き
Q31
　法令5①八・十・十二
　法基通 15-1-28、15-1-31、15-1-35、15-1-36
　社会福祉法 109①、110①

— 99 —

第2章　社会福祉法人の法人税

Q32 売店の経営

当法人は母子・父子福祉団体であり、市役所の中で食料品その他の物品の販売を行う売店を経営しています。この売店では、当法人の職員である配偶者のない女子で現に児童を扶養している者が従事しています。
この売店を経営する事業は、法人税の課税対象になるのでしょうか。

　この売店を経営する事業は、法人税の課税対象にはなりません。

解説
(1) 売店（小売店）の経営
公益法人等が法人税法上の収益事業のいずれかに該当する事業を行う場合には、たとえその行う事業がその公益法人等の本来の目的たる事業であるときであっても、その事業から生ずる所得については法人税が課されます（法基通15-1-1）。このため、売店を経営する事業は、原則として法人税法上の収益事業である物品販売業に該当します（法令5①一）。

(2) 母子・父子福祉団体による売店の経営
① 母子・父子福祉団体
「母子・父子福祉団体」とは、社会福祉法人においては次の要件を満たすものをいいます（母子及び父子並びに寡婦福祉法6⑥）。
イ　配偶者のない女子で民法第877条の規定により現に児童を扶養しているもの又は配偶者のない男子で同条の規定により現に児童を扶養しているものの福祉又はこれに併せて寡婦の福祉を増進することを主たる目的とする法人であること。
ロ　その社会福祉法人の理事の過半数が配偶者のない女子又は配偶者の

- 100 -

第4節　付随的収益と課税

ない男子であること。

　この場合、「配偶者のない女子」とは、次の者をいいます（母子父子寡婦福祉法6①、同法施行令1）。

- 　配偶者（婚姻の届出をしていないが、事実上婚姻関係と同様の事情にある者を含む。以下同じ。）と死別した女子であって、現に婚姻（婚姻の届出をしていないが、事実上婚姻関係と同様の事情にある場合を含む。以下同じ。）をしていないもの
- 　離婚した女子であって現に婚姻をしていないもの
- 　配偶者の生死が明らかでない女子
- 　配偶者から遺棄されている女子
- 　配偶者が海外にあるため、その扶養を受けることができない女子
- 　配偶者が精神又は身体の障害により長期にわたって労働能力を失っている女子
- 　配偶者が法令により長期にわたって拘禁されているため、その扶養を受けることができない女子
- 　婚姻によらないで母となった女子であって、現に婚姻をしていないもの

　また、「配偶者のない男子」とは、次の者をいいます（母子父子寡婦福祉法6②、同法施行令2）。

- 　配偶者と死別した男子であって、現に婚姻をしていないもの
- 　離婚した男子であって現に婚姻をしていないもの
- 　配偶者の生死が明らかでない男子
- 　配偶者から遺棄されている男子
- 　配偶者が海外にあるため、その扶養を受けることができない男子
- 　配偶者が精神又は身体の障害により長期にわたって労働能力を失っている男子
- 　配偶者が法令により長期にわたって拘禁されているため、その扶養を受けることができない男子
- 　婚姻によらないで父となった男子であって、現に婚姻をしていない

－ 101 －

第2章　社会福祉法人の法人税

もの

②　非課税となる売店

　国又は地方公共団体の設置した事務所その他の公共的施設の管理者は、母子・父子福祉団体からの申請があったときは、その公共的施設内において、新聞、雑誌、たばこ、事務用品、食料品その他の物品を販売し、又は理容業、美容業等の業務を行うために、売店又は理容所、美容所等の施設を設置することを許すように努めなければならないものとされています（母子父子寡婦福祉法25①）。

　この売店その他の施設を設置することを許された者は、その母子・父子福祉団体が使用する配偶者のない女子で現に児童を扶養しているものをその業務に従事させなければなりません（母子父子寡婦福祉法25②）。

　このような事業の性質から、この売店又は理容所、美容所は、法人税法上の収益事業である物品販売業又は理容業、美容業に該当しませんから、法人税の課税対象にはなりません（法令5①一・二十四・二十五・②三ロ）。

参考

関連Q&A：Q24 生活福祉資金貸付事業等

Q32

　　法令5①一・二十四・二十五・②三

　　法基通15-1-1

　　母子父子寡婦福祉法6①②⑥、25①②

　　母子父子寡婦福祉法施行令1、2

第4節　付随的収益と課税

Q33 バザーの開催

当法人では、次のようなバザーを開催しています。このようなバザーの収入も、法人税の課税対象になるのでしょうか。
① 法人の主催で年1、2回、施設の記念日に役職員や利用者の家族が物品を提供して開催するもの。
② 利用者の家族が主催して、収入を当法人に寄附するもの。

①は物品販売業に該当せず、法人税の課税対象になりません。
②は法人の事業ではないので、課税関係は生じません。

解説

(1) 収益事業の継続要件

法人税法における収益事業とは、販売業、製造業その他の政令で定める事業で、継続して事業場を設けて行われるものとされます（法法2十三）。

この「継続して行われるもの」には、各事業年度の全期間を通じて継続して事業活動を行うもののほか、例えば海水浴場における席貸し等又は縁日における物品販売のように、通常相当期間にわたって継続して行われるもの又は定期的に、若しくは不定期に反復して行われるものも含まれます（法基通15-1-5）。

しかし、社会福祉法人が年1、2回程度開催するバザーで物品を販売しても、継続して行われるものとはいいがたく、法人税法上の物品販売業には該当しません（法基通15-1-10 (5)）。

(2) 家族会の主催

利用者の家族が集まった家族会などが主催してバザーを開催した場合に、その収入を法人に寄附するときは、法人自体が事業を行っているわけではないので、そもそも課税関係が生じる余地はありません。

第 2 章　社会福祉法人の法人税

参考

関連Q＆A：Q34 認定こども園・保育所の付随収入

Q33

　法法 2 十三

　法基通 15-1-5、15-1-10(5)

第4節　付随的収益と課税

Q34 認定こども園・保育所の付随収入

　当法人は、幼保連携型認定こども園を経営しています。また、絵本、制服や保育用具等を児童に実費程度で販売し、登園バスの運行も行っています。

　このような付随収入も、法人税の課税対象になるのでしょうか。

A　絵本については教材の販売として非課税とされます。また、制服や保育用具等は、実費程度で販売している場合は法人税の課税対象になりません。

　登園バスの運行も本来事業そのものであるため、法人税の課税対象になりません。

解説

（1）認定こども園の位置付け

　「認定こども園」には、幼保連携型認定こども園とそれ以外の認定こども園があります（就学前の子どもに関する教育、保育等の総合的な提供の推進に関する法律（以下「認定こども園法」といいます。）2⑥）。

　「幼保連携型認定こども園」とは、義務教育及びその後の教育の基礎を培うものとしての満3歳以上の子どもに対する教育並びに保育を必要とする子どもに対する保育を一体的に行い、これらの子どもの健やかな成長が図られるよう適当な環境を与えて、その心身の発達を助長するとともに、保護者に対する子育ての支援を行うことを目的として設置される施設をいいます（認定こども園法2⑦）。すなわち、学校教育法に規定する幼稚園と児童福祉法に規定する保育所の機能を兼ね備えた施設です（学校教育法1、児童福祉法39①）。

　この幼保連携型認定こども園は、国、地方公共団体（公立大学法人を含みます。）、学校法人及び社会福祉法人のみが設置することができます（認定こども園法12）。

－ 105 －

第2章　社会福祉法人の法人税

　また、社会福祉法人の保育所で、その保育所が都道府県（又は指定都市、中核市）の条例で定める要件に適合している旨の認定を受けた場合は、幼保連携型認定こども園以外の認定こども園になります（認定こども園法2⑥、3①）。

　この認定のための条例は、主務大臣が定める施設の設備及び運営に関する基準を参酌して定めるものとされ、幼保連携型認定こども園の認定に準じるものです（認定こども園法3②）。

　認定こども園はこのような施設であることから、法人税法上の取扱いも、幼稚園及び保育所の取扱いに準じることになります。

（2）幼稚園が行う各種事業の収益事業の判定

　公益法人等が設置する幼稚園については、収益事業を営む場合に限り、その収益事業から生じた所得に対してのみ法人税が課税されます。しかし、幼稚園はその本来の目的事業に付随して種々の事業を行っているため、その事業が法人税法上の収益事業に該当するかどうかについて実務上判断に迷うことが少なくありません。

　そこで、幼稚園が行う各種事業が収益事業に該当するかどうかの判定は、[図表1]により行うこととして差し支えないものとされます（昭和58.6.3付・直法2-7）。

（3）保育所における取扱い

　保育所も幼稚園と同様に、その本来の目的事業に付随して種々の事業を行っています。ただし、その事業が法人税法上の収益事業に該当するかどうかについての判定を行う通達はありません。

　しかし、その事業は幼稚園が行う各種事業に類似していることから、幼稚園に関する通達の発出後、[図表1]により収益事業に該当するかどうかの判定がされており、事実に重大な相違がない限り、幼稚園の取扱いに準じて差し支えないものと考えられます。

第4節　付随的収益と課税

［図表1］幼稚園が行う各種事業の収益事業の判定

事業内容	収益事業・非収益事業区分の判定	備　　考
1　絵本・ワークブックの頒布	非収益事業	法人税基本通達15-1-10《宗教法人、学校法人等の物品販売》の(2)の「教科書その他これに類する教材」の販売に該当し、非収益事業となる。
2　次のような物品の頒布及びあっせん 　(1) はさみ、のり、粘土、粘土板、へら等の工作道具 　(2) 自由画帳、クレヨン等の絵画製作用具及びノート、筆記用具等の文房具 　(3) ハーモニカ、カスタネット等の楽器 　(4) 道具箱 　(5) 制服、制帽、スモック、体操着、上靴	収益事業。ただし、物品の頒布のうち原価（又は原価に所要の経費をプラスした程度の価格）によることが明らかなものは非収益事業	法人税基本通達15-1-10《宗教法人、学校法人等の物品販売》の(3)及び(4)により収益事業となるが、原価による物品の頒布は、非収益事業とすることができる。
3　園児のうち希望者を対象として行う音楽教室のための教室等の席貸し	非収益事業	法人税法施行令第5条第1項第14号《席貸業》のかっこ書により非収益事業となる。
4　園児に対し課外授業として実施する音楽教室の開設	収益事業	法人税法施行令第5条第1項第30号《技芸教授業》により収益事業となる。
5　スクールバスの運行	非収益事業	教育事業そのものに含まれるものであり非収益事業となる。
6　給食	非収益事業	学校給食法等の規定に基づいて行う学校給食の事業に準ずるものであり非収益事業となる。
7　収益事業となる事業であっても、当該事業がその幼稚園の園児（その関係者を含む。）を対象とするもので実費弁償方式によっていると認められるものについては、法人税基本通達15-1-28《実費弁償による事務処理の受託等》と同様、税務署長の確認を条件として非収益事業とすることができる。		

－ 107 －

第 2 章　社会福祉法人の法人税

参 考

関連Q＆A：Q12 児童福祉事業
　　　　　　　Q33 バザーの開催

Q34

　法令 5 ①十四・三十

　法基通 15-1-10、15-1-28

　昭和 58.6.3 付・直法 2-7

　認定こども園法 2 ⑥⑦、3 ①②、12

　学校教育法 1

　児童福祉法 39 ①

第4節　付随的収益と課税

Q35 自動販売機の設置

当法人では、施設内に飲料の自動販売機を設置し、職員と外来者が購入しています。現在、商品の供給と集金は当法人の職員が行っていますが、このような場合でも法人税の課税対象になるのでしょうか。

仮に、自動販売機の設置だけ行って、商品の供給と集金を専門の事業者に委託した場合は、法人税の課税対象にならないのでしょうか。

　いずれの場合も、原則として法人税の課税対象になります。

解説
（1）収益事業の事業場要件

法人税法における収益事業とは、販売業、製造業その他の政令で定める事業で、継続して事業場を設けて行われるものをいいます（法法2十三）。

この「事業場を設けて行われるもの」には、常時店舗、事務所等事業活動の拠点となる一定の場所を設けてその事業を行うもののほか、必要に応じて随時その事業活動のための場所を設け、又は既存の施設を利用してその事業活動を行うものが含まれます（法基通15-1-4）。

したがって、施設内に自動販売機を設置して飲料の販売を行うことも、事業場を設けて行われるものに該当します。

このため、商品の供給と集金を法人が自ら行っている場合は、法人税法上の収益事業である物品販売業に該当し、自動販売機を設置し、管理は専門の事業者に委託している場合は法人税法上の収益事業である不動産貸付業に該当します（法令5①一・五）。

- 109 -

第2章　社会福祉法人の法人税

（2）実費弁償方式の適用

　自動販売機で販売する飲料の料金を実費程度に設定し、実費弁償（その委託により委託者から受ける金額がその業務のために必要な費用の額を超えないことをいいます。以下同じ。）により行われる事務処理の受託等と同様にした場合は、あらかじめ納税地の所轄税務署長（又は所轄国税局長）の確認を受けて、これを法人税法上の収益事業としないことができます（法基通 15-1-28）。

参　考

関連Q&A：Q29 実費弁償による事務処理の受託等の確認手続き
　　　　　　Q30 実費弁償方式の他の特掲事業への適用

Q35
　法法2十三
　法令5①一・五
　法基通 15-1-4 、15-1-28
　『実例問答式 公益法人の税務（令和元年版）』若林孝三・鈴木博共著
　（大蔵財務協会）

－ 110 －

第4節　付随的収益と課税

Q36 太陽光発電による売電

当法人では、次の太陽光発電設備を設置し、電力会社に電力を売却しています。これらの売電収入は、法人税の課税対象になるのでしょうか。

① 法人の所有する遊休地に太陽光発電設備を設置し、全量を売却。

② 保育所の園舎の屋上に太陽光発電設備を設置し施設で使用する電力に充て、余剰電力を売却。

A ①については、法人税法上の収益事業である製造業に該当し、法人税の課税対象となります。

②については、保育所を経営する事業の付随収入と認められることから、法人税の課税対象となりません。

解説

（1）太陽光発電による売電

① 売電制度

太陽光発電を行う認定事業者から電気事業者にその電気を売電する制度には、FIT 制度、FIP 制度と入札があります。

イ FIT 制度（固定価格買取制度）

電気事業者が電力市場における需要と供給のバランスにかかわらず、一定の価格で電気の買い取る制度です（改正前の電気事業者による再生可能エネルギー電気の調達に関する特別措置法2⑤、3、16①）。

ロ FIP 制度（Feed In Premium）

認定事業者が売電した際に、売電収入に加えてプレミアム（補助金）を上乗せした金額が支払われる制度です。この制度では、市場価格と連動して変動する売電収入である参照価格にプレミアム（供給促進交付金）を上乗せした基準価格による売電が行われます（再生可能エネルギー電気の利用の促進に関する特別措置法2⑤、2の2、3、16①）。

- 111 -

第 2 章　社会福祉法人の法人税

② **全量売電と余剰電力売電**

イ　全量売電

　原則として出力 50kW 以上の太陽光発電及び令和 3 年度までに認定を受けた 10kW 以上 50kW 未満の小規模事業用太陽光発電は全量売電を行います（再生可能エネルギー電気の利用の促進に関する特別措置法 2 の 2、9①、同法規則 3 三の二～四の六）。

　この場合、10kW 以上 1,000kW（1MW）未満の太陽光発電は FIT 制度又は FIP 制度の選択による売電となり、1,000kW（1MW）以上の太陽光発電は入札による売電となります。

ロ　余剰電力売電

　原則として 10kW 未満の住宅用太陽光発電及び 10kW 以上 50kW 未満の小規模事業用太陽光発電は FIT 制度又は FIP 制度による余剰電力の売電となります（再生可能エネルギー電気の利用の促進に関する特別措置法 2 の 2、9①、同法規則 3 一～三、改正前の電気事業者による再生可能エネルギー電気の調達に関する特別措置法施行規則 3 一・二）。

　この場合、令和 4 年 4 月以降の小規模事業用太陽光発電の認定では発電電力量の少なくとも 30％の自家消費を行うこと及び災害時のブラックスタートが可能であることを前提とした上で、給電用コンセントを有し、当該給電用コンセントの災害時の利活用が可能であること（地域活用要件）が必要になります（資源エネルギー庁「事業計画策定ガイドライン（太陽光発電）」）。

(2) 全量又は常時余剰電力を売電する場合

　法人税法における収益事業とは、販売業、製造業その他の政令で定める事業で、継続して事業場を設けて行われるものをいうものとされます（法法 2 十三）。

　全量売電又は余剰電力売電であっても常時売電することで収益を得ることを目的とする事業は、社会福祉法人が行う社会福祉事業や公益事業からは独立した再生可能エネルギー発電事業として行うことになります

－ 112 －

第4節 付随的収益と課税

（再生可能エネルギー電気の利用の促進に関する特別措置法9①）。

この再生可能エネルギー発電事業は電気の供給業にあたることから、法人税法上の収益事業である製造業に該当し、法人税の課税対象となります（法令5①六）。

(3) 主として自家消費である場合の余剰電力売電

余剰電力売電も、その性格は全量売電の事業と同様、法人税法上の収益事業である製造業に該当します（法令5①六）。しかし、発電した電気を社会福祉法人の本来の事業に主に自家消費した後の余剰分を売却している場合、その性質上その事業に付随して行われる行為に含まれます（法令5①）。

したがって、保育所を経営する事業や社会福祉法人が行う医療保健業に該当する事業で行われる余剰電力売電で、これらの事業の付随行為である認められるものは、法人税法上の収益事業には該当せず、法人税の課税対象となりません（法令5①二十九、質疑応答事例／所得税 各種所得の区分と計算48）。

第2章　社会福祉法人の法人税

参　考

Q36

法法2十三

法令5①六・二十九

質疑応答事例／所得税 各種所得の区分と計算 48

再生可能エネルギー電気の利用の促進に関する特別措置法2⑤、2の2、3、9①、16①

再生可能エネルギー電気の利用の促進に関する特別措置法施行規則3一〜四の六

改正前の電気事業者による再生可能エネルギー電気の調達に関する特別措置法2⑤、3①、9①、16①

改正前の電気事業者による再生可能エネルギー電気の調達に関する特別措置法施行規則3一・二

資源エネルギー庁「事業計画策定ガイドライン（太陽光発電）」

『実例問答式 公益法人の税務（令和元年版）』若林孝三・鈴木博共著（大蔵財務協会）

第4節 付随的収益と課税

Q37 携帯電話基地局の設置場所の貸付け等

当法人は、移動体通信業者Xとの間で、携帯電話基地局（アンテナ）設置のために施設の屋上の使用を目的として、賃貸借契約を締結することとなりました。今後、当法人は、この契約に基づき屋上の使用の対価として設置料収入を得ることとなります。

この設置料収入は、法人税の課税対象となりますか。

法人税法上の収益事業である不動産貸付業に該当し、法人税の課税対象となります。

解説
（1）建物の賃貸借契約

社会福祉法人が、賃貸借契約に基づいて施設の建物の一部を他の者に使用させ、その対価を得た場合には、法人税法上の収益事業である不動産貸付業に該当します（法令5①五）。

この不動産貸付業には、建物の屋内だけでなく、店舗の一画を他の者に継続的に使用させるいわゆるケース貸し及び広告等のために建物その他の建造物の屋上、壁面等を他の者に使用させる行為が含まれます（法基通15-1-17）。

したがって、携帯電話基地局の設置場所が建物の屋上であっても、その賃貸借の対価に対しては法人税が課されることになります（質疑応答事例／法人税 収益事業12）。

（2）不動産貸付けの範囲と非課税

法人税法上の収益事業である不動産貸付業における不動産には、土地又は建物だけでなく、土地の上に存する権利や構築物も含まれます（法法2二十二・二十三）。

土地の上に存する権利とは、地上権、永小作権、地役権及び土地の賃

- 115 -

第2章　社会福祉法人の法人税

借権をいいます（民法265、270、280、601、借地借家法2一）。

構築物とは、ドック、橋、岸壁、桟橋、軌道、貯水池、坑道、煙突その他土地に定着する土木設備又は工作物をいいます（法令13二）。

したがって、次のようなものも不動産貸付業に該当します。

① 鉄道等が土地の地下を通過するための区分地上権の設定
② 高圧架空電線が土地の頭上を通過するための地役権の設定
③ 立体駐車場を設置するための土地の貸付け

しかし、上記の①及び②の対価については、社会福祉法人が行う本来の事業の用に供すべき土地の使用に制限を加えることに対する損害賠償又は補償的な性格を有するものであり、本来の事業の付随的な収入であると考えられます（法令5①）。

したがって、保育所を経営する事業や社会福祉法人が行う医療保健業に該当する事業における上記①及び②の収入は、これらの事業の付随収入であることから、法人税法上の収益事業には該当せず、法人税の課税対象となりません（法令5①二十九）。

（3）国等への貸付けの非課税

都道府県知事が社会福祉法人の土地又は建物を使用する場合のように、国又は地方公共団体に対し直接貸し付けられる不動産の貸付業は、法人税法上の収益事業に該当せず、法人税の課税対象となりません（法令5①五ホ）。

－ 116 －

第4節　付随的収益と課税

参考

Q37

　法法2二十二・二十三

　法令5①五・二十九、13二

　法基通15-1-17

　質疑応答事例/法人税 収益事業12

　民法265、270、280、601

　借地借家法2一

第2章 社会福祉法人の法人税

Q38 貸会議室・会場等

社会福祉協議会である当法人が指定管理者となっている施設において、次のような貸付けを行っており、その利用料は当法人の収益としています。このような貸室の収入も、法人税の課税対象になるのでしょうか。
① 市民が趣味の教室や交流会、制作物展示を行うための会議室の貸付け
② 市が主催する「市民の文化祭」の催物を開催するためのホールの貸付け
③ 市が給付金の申込手続きを受け付ける会場として使用するためのホールの貸付け
④ 福祉活動を行う事業者、ボランティアが相互の連絡調整を行うための会議室の貸付け

　①及び②は法人税法上の収益事業である席貸業に該当し、法人税の課税対象になります。
　③及び④は法人税法上の収益事業である席貸業に該当せず、法人税の課税対象になりません。

解説
（1）席貸業の収益事業判定
　法人税法における「席貸業」とは、料金を取って部屋や集会場を貸すことをいい、不動産貸付業にように長期にわたり継続して不動産を貸し付けるものを除きます（法基通15-1-38）。
　社会福祉法人が行う席貸業のうち、法人税法上の収益事業に該当するかどうかの判定は、**［図表1］**のとおりです（法令5①十四）。

- 118 -

第4節 付随的収益と課税

[図表1] 席貸業の収益事業判定

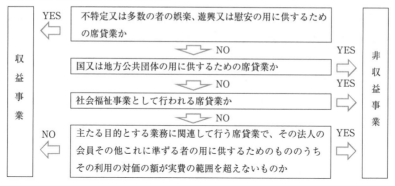

(2) 不特定又は多数の者の娯楽、遊興又は慰安の用に供するための席貸業

　興行（法人税法上の収益事業である興行業に該当しないものとされるものを含みます。）を目的として集会場、野球場、テニスコート、体育館等を利用する者に対してその貸付けを行う事業も含まれます（法基通15-1-38、15-1-53）。また、展覧会等のための席貸しも、これに含まれます（法基通15-1-38（注））。

　したがって、質問①の席貸しは、法人税法上の収益事業である席貸業に該当し、法人税の課税対象になります（法令5①十四イ）。

(3) 国又は地方公共団体の用に供するための席貸業

　国又は地方公共団体の用に供するための席貸業は、原則として法人税法上の収益事業である席貸業に該当しません（法令5①十四ロ(1)）。

　しかし、国又は地方公共団体の用に供するものであっても、不特定又は多数の者の娯楽、遊興又は慰安の用に供する場合は、法人税法上の収益事業である席貸業に該当し、法人税の課税対象になります（法令5①十四イ）。

　したがって、質問②の席貸しは、法人税法上の収益事業である席貸業

− 119 −

第2章　社会福祉法人の法人税

に該当し、法人税の課税対象になります（法令5①十四イ）。一方、質問
③の席貸しは、法人税法上の収益事業である席貸業に該当せず、法人税
の課税対象になりません（法令5①十四ロ(1)）。

（4）社会福祉事業として行われる席貸業

　社会福祉法第2条第1項に定める第一種社会福祉事業又は第二種社会
福祉事業として行われる席貸業は、法人税法上の収益事業である席貸業
に該当しません（法令5①十四ロ(2)、社会福祉法2①）。

　したがって、質問④の席貸しが、第一種社会福祉事業又は第二種社会
福祉事業に関する連絡又は助成を行う事業として行われるものであれ
ば、法人税法上の収益事業である席貸業に該当せず、法人税の課税対象
になりません（法令5①十四ロ(2)）。

（5）会員その他これに準ずる者の用に供するための席貸業

　その法人の主たる目的とする業務に関連して行う席貸業で、その法人
の会員その他これに準ずる者の用に供するためのもののうちその利用の
対価の額が実費の範囲を超えないものは、法人税法上の収益事業である
席貸業に該当せず、法人税の課税対象になりません（法令5①十四ロ
(4)）。

　この場合の「会員その他これに準ずる者」には、正会員のほか、準会
員、賛助会員等としてその社会福祉法人の業務運営に参画し、その業務
運営のための費用の一部を負担している者、その社会福祉法人が複数の
団体を構成員とする組織である場合のその間接の構成員等が含まれます
（法基通15-1-38の2）。

　また、「その利用の対価の額が実費の範囲を超えないもの」に該当す
るかどうかは、既往の実績等に照らし、その事業年度における会員その
他これに準ずる者に対する席貸しに係る収益の額と費用の額とがおおむ
ね均衡すると認められるような利用料金が設定されているかどうかによ
り判定します（法基通15-1-38の3）。

－ 120 －

第4節　付随的収益と課税

　したがって、質問④の席貸しが社会福祉事業として行われるものに該当しない場合であっても、会員その他これに準ずる者の用に供するためのもののうちその利用の対価の額が実費の範囲を超えないものは、法人税法上の収益事業である席貸業に該当せず、法人税の課税対象になりません（法令5①十四ロ(4)）。

参　考

関連Q＆A：Q28 指定管理者制度
　　　　　　Q39 演芸会、音楽会等の催物

Q38

　法令5①十四
　法基通15-1-38、15-1-38の2、15-1-38の3、15-1-53
　社会福祉法2①

- 121 -

第 2 章　社会福祉法人の法人税

Q39 演芸会、音楽会等の催物

　社会福祉協議会である当法人では、毎年、落語家や音楽家を招聘
して、地域の住民を対象に有料で演芸会や音楽会を開催し、この収
益金を当法人の所在する市内の社会福祉事業に寄附しています。
　このような興行の収入も、法人税の課税対象になるのでしょうか。

A　　原則として法人税法上の興行業に該当しますが、慈善興行
として税務署長の確認を受けた場合は法人税の課税対象にな
りません。

解説

（1）興行業の範囲

　法人税法における「興行業」とは、映画、演劇、演芸、舞踊、舞踏、
音楽、スポーツ、見せ物等の興行を行う事業をいい、その収益金の使用
目的を問いません（法令5①二十六、法基通15-1-52）。

　したがって、ご質問の演芸会や音楽会も、原則として、法人税法上の
収益事業である興行業に該当し、法人税の課税対象になります。

　なお、興行業には、自らは興行主とはならないで、他の興行主等のた
めにこれらの興行を行う事業及び興行の媒介又は取次ぎを行う事業が含
まれますが、常設の美術館、博物館、資料館、宝物館等において主とし
てその所蔵品（保管の委託を受けたものを含みます。）を観覧させる行
為は、興行業に該当しません（法基通15-1-52）。

　また、「福祉の集い」などのように無料で行われる興行は、そもそも
収益を目的とするものではないので、法人税法上の収益事業には該当し
ません。

（2）慈善興行等の非課税

　有料の興行であっても、その目的が社会福祉等の向上の資金に充てる

－ 122 －

第4節　付随的収益と課税

ためものや実費程度で運営されるような収益を目的としないものまで収益事業課税の対象にすることは予定されていません。

そこで、次に掲げる興行（これに準ずるものを含みます。）に該当することにつき納税地の所轄税務署長（国税局の調査課所管法人にあっては、所轄国税局長。以下同じ。）の確認を受けたものは、法人税法上の収益事業である興行業に該当しません（法基通15-1-53）。

① 催物に係る純益の金額の全額が教育（社会教育を含みます。）、社会福祉等のために支出されるもので、かつ、その催物に参加し又は関係するものが何らの報酬も受けない、いわゆる慈善興行

② 学生、生徒、児童その他催物に参加することを業としない者を参加者又は出演者等とする興行（その興行収入の相当部分を企業の広告宣伝のための支出に依存するものについては、これにより剰余金の生じないものに限るものとし、その他の興行については、その興行のために直接要する会場費、人件費その他の経費の額を賄う程度の低廉な入場料によるものに限ります。）

したがって、ご質問の興行において、落語家や音楽家が報酬を受け取らない、すなわちボランティアで参加するのであれば、納税地の所轄税務署長の確認を受けて、これを法人税法上の収益事業である興行業にしないことができます。

なお、慈善興行の要件を満たさないため、興行業として収益事業課税が行われる場合であっても、催物に係る純益の金額を自らの社会福祉事業に支出した場合、みなし寄附金として法人税の所得の金額の計算上、一定の金額を限度として損金の額に算入されるため、必ずしも、その純益の金額の全部に法人税が課されるわけではありません（法法37①⑤、法令73①三ロ）。

- 123 -

第 2 章　社会福祉法人の法人税

参　考

関連Q＆A：Q38 貸会議室・会場等
　　　　　　　Q50 みなし寄附金

Q39

　法法 37 ①⑤

　法令 5 ①二十六、73 ①三

　法基通 15-1-52、15-1-53

第4節　付随的収益と課税

Q40　駐車場

当法人は病院を経営しており、自動車で来院する患者のための駐車場を所有地に設置し、少額の駐車料を徴収しています。この収入は法人税の課税対象になるのでしょうか。

また、この駐車場の土地を時間貸しの専門業者に貸し付けて、その事業者が駐車場を運営する場合は、どうでしょうか。

その駐車料が、病院（医療保健業）を経営する事業の付随収入と認められる場合は、法人税の課税対象となりません。

一方、時間貸しの専門業者に貸し付けた場合は、法人税法上の収益事業である駐車場業に該当するので、法人税の課税対象となります。

解説

（1）駐車場業としての収益事業課税

法人税法における「駐車場業」とは、管理責任の有無を問わず、自動車を駐車する場所を提供して対価を得る事業をいいます（法令5①三十一）。

病院に自動車で来院する患者のための駐車場で駐車料を徴収する場合も、原則として駐車場業に該当します。

しかし、その設置目的や料金からみて、駐車場業というより医療保健業である病院の経営の付随行為と認められる場合は、社会福祉法人が行う医療保健業は法人税法上の収益事業に該当しないことから、法人税の課税対象となりません（法令5①二十九ロ）。

（2）駐車場業の範囲

法人税法における「駐車場業」には、駐車場所としての土地の貸付けも含まれます（法基通15-1-68）。

このため、駐車場の土地を時間貸しの専門業者に貸し付けることも駐

- 125 -

第2章　社会福祉法人の法人税

車場業に該当します。この場合はその事業者が管理するため、医療保健業である病院の経営の付随行為とは認められず、法人税の課税対象となります。

　なお、法人税法上の不動産貸付業のうち、国又は地方公共団体に対して直接貸し付けられる不動産の貸付業は、法人税法上の収益事業に該当しませんが、駐車場業についてはこのような取扱いはありません（法令5①五ホ）。

　したがって、例えば、社会福祉法人が、地方公共団体の行う行事のために、その所有する土地を駐車場として臨時的に使用させ対価を得た場合でも、法人税法上の収益事業である駐車場業に該当するので、法人税の課税対象となります。

参考

関連Q＆A：Q26 共済事業
Q40
　法令5①五・二十九・三十一
　法基通15-1-68
　『実例問答式 公益法人の税務（令和元年版）』若林孝三・鈴木博共著（大蔵財務協会）

－ 126 －

第4節　付随的収益と課税

Q41 広告料収入・広告協賛金

社会福祉協議会である当法人では、会報を無償で配布していますが、この会報に掲載する広告料収入が年間100万円程度あります。また、社会福祉に関する表彰、講演、研究発表を行う「福祉大会」を無料で開催していますが、会場の内外に広告を掲載することを許諾することにより、掲載企業から広告協賛金を100万円程度受領しています。
これらの収入も法人税の課税対象になるのでしょうか。

　広告料収入、広告協賛金のいずれも、法人税の課税対象にはなりません。

解説

(1) 出版に係る広告料収入

法人税法上の出版業に該当する場合であっても、学術、慈善その他公益を目的とする法人がその目的を達成するため会報を専らその会員に配布するために行うものは、収益事業とは認められないため、出版業から除かれます（法令5①十二）。

このため、社会福祉協議会が発行する会報を無償で配布することは、法人税法上の収益事業に該当しません。

広告の掲載は請負業に当たるものと考えられますが、出版業を行う公益法人等が行うその業務に係る出版物に掲載する広告の引受けは出版業の付随行為とされます（法基通15-1-6 (1)）。

したがって、会報を配布することが法人税法上の収益事業に該当しない以上、その会報に掲載する広告の引受けも収益事業に該当しません。

(2) 広告協賛金

法人税法上の興行業は、映画、演劇、演芸、舞踊、舞踏、音楽、ス

第2章　社会福祉法人の法人税

ポーツ、見せ物等の興行を行う事業をいい、表彰、講演、研究発表を行う事業を課税対象としていません（法令5①二十六、法基通15-1-52）。

　したがって、「福祉大会」は法人税法上の収益事業に該当しません。

　この福祉大会に会場の内外に広告を掲載することを許諾する行為は、請負業とはいえず、むしろ広告業といえますが、法人税法上の収益事業には広告業はありません。

　そのため、この広告を掲載することを許諾する行為は、福祉大会の付随行為となりますが、福祉大会が法人税法上の収益事業に該当しない以上、その広告協賛金も法人税の課税対象になりません（法令5①）。

参考

関連Q＆A：Q31 会費収入
Q41
　法令5①十二・二十六
　法基通15-1-6、15-1-52

=== 第5節 ===

法人税の申告（区分経理等）

Q42 法人税・地方法人税の計算

　社会福祉法人における法人税及び地方法人税（以下「法人税等」といいます。）の計算は、どのように行うのでしょうか。

A　社会福祉法人は収益事業に対してのみ課されるため、法人の損益計算を収益事業とそれ以外の事業に区分して利益額を算出したうえで申告調整を行い、法人税等の額を計算します。

解説

（1）法人税等の計算の概要

　社会福祉法人は、公益法人等であることから収益事業から生じた所得のみに法人税等が課されます（収益事業課税、法法4①、7）。

　このため、普通法人と違い、原則として次のような手順で税額を計算します。

① 収益事業区分経理表の作成

　公益法人等は、収益事業から生ずる所得に関する経理と収益事業以外の事業（以下「非収益事業」といいます。）から生ずる所得に関する経理とを区分して行わなければならないものとされています（法令6）。

　このため、社会福祉法人では、事業活動計算書と貸借対照表に基づいて、区分経理により、原則として収益事業とそれ以外事業を区分した損益計算書及び貸借対照表（以下「収益事業区分経理表」といいます。）

－ 129 －

第 2 章　社会福祉法人の法人税

を作成します（法基通 15-2-1 ）。

② 申告調整

　収益事業区分経理表の損益計算書における収益事業の当期利益に、法人税法の別段の定めにより法人の会計処理と相違することで益金又は損金の額に算入され、又は算入されない金額を法人税申告書別表四（次頁**[図表 1]** 参照）で加算又は減算して、「所得金額」を算出します（法法21、22）。これを「申告調整」といいます。

③ 税額の計算

イ　法人税額

　所得金額に **[図表 2]** の税率を乗じて「法人税額」を算出し、この税額から各種の税額控除の金額を控除して、確定法人税額を算出します（法法 66～70 の 2、措法 42 の 3 の 2 ～42 の 13）。なお、公益法人等は中間申告書を提出する義務がないので、中間申告分の法人税額はありません（法法 71）。

[図表 2] 法人税率

所得金額	税率
年 800 万円以下の金額	15%
年 800 万円を超える金額	19%

ロ　地方法人税額

　イの「法人税額」から租税特別措置法の規定による特別控除額を控除して算出した「基準法人税額」に税率 10.3％を乗じて、確定地方法人税額を算出します（地方法人税法 9、10)。

（2）法人税申告の添付書類

　法人税の確定申告書を提出する場合には、当該事業年度の貸借対照表及び損益計算書を添付しなければならないものとされています（法法 74③、法規 35 一）。

－ 130 －

第5節　法人税の申告（区分経理等）

［図表１］法人税申告書別表四

所得の金額の計算に関する明細書

| 事業年度 | ：　：ــ | 法人名 | | 別表四　令六・四・一以後終了事業年度分 |

御注意「52」の「①」欄の金額は、「②」欄の金額に「③」欄の本書の金額を加算し、これから「※」の金額を加減算した額と符合することになります。

区　　分		総　額 ①	処　　　　分		
			留　保 ②	社　外　流　出 ③	
当 期 利 益 又 は 当 期 欠 損 の 額	1	円	円	配　当	円
				その他	
加	損金経理をした法人税及び地方法人税（附帯税を除く。）	2				
	損金経理をした道府県民税及び市町村民税	3				
	損 金 経 理 を し た 納 税 充 当 金	4				
	損金経理をした附帯税（利子税を除く。）、加算金、延滞金（延納分を除く。）及び過怠税	5			その他	
	減 価 償 却 の 償 却 超 過 額	6				
	役 員 給 与 の 損 金 不 算 入 額	7			その他	
	交 際 費 等 の 損 金 不 算 入 額	8			その他	
	通 算 法 人 に 係 る 加 算 額（別表四付表「5」）	9			外※	
算		10				
	小　　　　　　計	11			外※	
減	減 価 償 却 超 過 額 の 当 期 認 容 額	12				
	納 税 充 当 金 か ら 支 出 し た 事 業 税 等 の 金 額	13				
	受 取 配 当 等 の 益 金 不 算 入 額（別表八（一）「5」）	14			※	
	外国子会社から受ける剰余金の配当等の益金不算入額（別表八（二）「26」）	15			※	
	受 贈 益 の 益 金 不 算 入 額	16			※	
	適 格 現 物 分 配 に 係 る 益 金 不 算 入 額	17			※	
	法人税等の中間納付額及び過誤納に係る還付金額	18				
	所得税額等及び欠損金の繰戻しによる還付金額等	19			※	
	通 算 法 人 に 係 る 減 算 額（別表四付表「10」）	20			※	
算		21				
	小　　　　　　計	22			外※	
	仮　　　　　　計　(1)＋(11)－(22)	23			外※	
対 象 純 支 払 利 子 等 の 損 金 不 算 入 額（別表十七（二の二）「29」又は「34」）	24			その他	
超 過 利 子 額 の 損 金 算 入 額（別表十七（二の三）「10」）	25	△		※	△
仮　　　　　計　（(23)から(25)までの計）	26			外※	
寄 附 金 の 損 金 不 算 入 額（別表十四（二）「24」又は「40」）	27			その他	
沖縄の認定法人又は国家戦略特別区域における指定法人の所得の特別控除額又は軽減対象所得の金額（別表十（一）「15」若しくは別表十二（二）「10」、又は別表十（一）「16」若しくは別表十二（二）「11」）	28			※	
法 人 税 額 か ら 控 除 さ れ る 所 得 税 額（別表六（一）「6の③」）	29			その他	
税 額 控 除 の 対 象 と な る 外 国 法 人 税 の 額（別表六（二の二）「7」）	30			その他	
分配時調整外国税相当額及び外国関係会社等に係る控除対象所得税額等相当額（別表六（五の二）「5の②」）＋（別表十七（三の六）「1」）	31			その他	
組合等損失額の損金不算入額又は組合等損失超過合計額の損金算入額（別表九（二）「10」）	32				
対外船舶運航事業者の日本船舶による収入金額に係る所得の金額の損金算入額又は益金算入額（別表十（四）「20」、「21」又は「23」）	33			※	
合　　　　　計　(26)＋(27)±(28)＋(29)＋(30)＋(31)＋(32)±(33)	34			外※	
契 約 者 配 当 の 益 金 算 入 額（別表九（一）「13」）	35				
特定目的会社等の支払配当又は特定目的信託に係る受託法人の利益の分配等の損金算入額（別表十（八）「13」、別表十（九）「11」又は別表十（十）「16」若しくは「33」）	36	△	△		
中間申告における繰戻しによる還付に係る災害損失欠損金額の益金算入額	37			※	
非適格合併又は残余財産の全部分配等による移転資産等の譲渡利益額又は譲渡損失額	38			※	
差　　　引　　　計　（(34)から(38)までの計）	39			外※	
更生欠損金又は民事再生等評価換えが行われる場合の再生等欠損金の損金算入額（別表七（三）「9」又は「21」）	40	△		※	△
通算対象欠損金額の損金算入額又は通算対象所得金額の益金算入額（別表七の二「5」又は「11」）	41			※	
当 初 配 賦 欠 損 金 控 除 額 の 益 金 算 入 額（別表七（二）付表一「23の計」）	42			※	
差　　　引　　　計　(39)＋(40)±(41)＋(42)	43			外※	
欠 損 金 等 の 当 期 控 除 額（別表七（一）「4の計」＋（別表七（四）「10」）	44	△		※	△
総　　　　　計　(43)＋(44)	45			外※	
新 鉱 床 探 鉱 費 又 は 海 外 新 鉱 床 探 鉱 費 の 特 別 控 除 額（別表十（三）「43」）	46	△		※	
農 業 経 営 基 盤 強 化 準 備 金 積 立 額 の 損 金 算 入 額（別表十二（十三）「10」）	47	△	△		
農 用 地 等 を 取 得 し た 場 合 の 圧 縮 額 の 損 金 算 入 額（別表十二（十三）「43の計」）	48	△	△		
関西国際空港用地整備準備金積立額、中部国際空港整備準備金積立額又は再投資等準備金積立額の損金算入額（別表十二（十一）「15」、別表十二（十一）「10」又は別表十二（二十四）「12」）	49	△	△		
特定事業活動として特別新事業開拓事業者の株式の取得をした場合の特別勘定繰入額の損金算入額又は特別勘定取崩額の益金算入額（別表十（六）「21」－「11」）	50			※	
残余財産の確定の日の属する事業年度に係る事業税及び特別法人事業税の損金算入額	51	△	△		
所 得 金 額 又 は 欠 損 金 額	52			外※	

－ 131 －

第2章　社会福祉法人の法人税

　公益法人等においては、確定申告書に添付する貸借対照表、損益計算書等の書類には、その公益法人等が行う収益事業以外の事業に係るこれらの書類が含まれます（法基通 15-2-14）。

　ただし、社会福祉法人においては収益事業の規模が小さいため、実務上、収益事業区分経理表を作成しないで、社会福祉法で規定する計算書類（収支計算書及び貸借対照表）と収益事業に係る損益計算書を添付する場合があります（社会福祉法 45 の 27 ②）。

　しかし、共通費用・法人本部に係る費用の配賦や内部取引がある場合は、収益事業に係る損益計算書だけでは不十分と考えられます。

　今後、電子申告の推進、義務化に伴い、収益事業課税の場合においては、損益計算書及び貸借対照表の各科目は収益事業と非収益事業に区分してそれぞれを送信することとされていることから、収益事業区分経理表を作成していることが望ましいものと考えられます。

参考

関連Q＆A：Q43 区分経理と費用等の配賦

Q42

　法法 4 ①、7、21、22、66〜71、74 ③

　法令 6

　法規 35 一

　法基通 15-2-1、15-2-14

　措法 42 の 3 の 2 〜42 の 13

　地方法人税法 9、10

　社会福祉法 45 の 27 ②

－ 132 －

第5節　法人税の申告（区分経理等）

Q43 区分経理と費用等の配賦

> 社会福祉法人が収益事業を行う場合は、収益事業と収益事業以外の事業を区分経理しなければならないとのことです。この場合、損益だけを区分すればよいのでしょうか。

A

社会福祉法人が収益事業を行う場合の区分経理は、単に収益及び費用を区分するだけでなく、資産及び負債に関しても区分する必要があります。

解説

（1）所得の区分経理

収益事業を行う法人は、収益事業から生ずる所得に関する経理と収益事業以外の事業から生ずる所得に関する経理とを区分して行わなければなりません（区分経理、法令6）。

この場合の「所得に関する経理」とは、単に収益及び費用に関する経理だけでなく、資産及び負債に関する経理を含みます（法基通15-2-1）。

このため、法人税（地方法人税を含む。以下同じ。）の申告に当たっては、原則として、事業活動計算書の収益及び費用を収益事業と非収益事業に区分した収益事業区分経理表 **[図表1]**、及び貸借対照表の資産及び負債を収益事業と非収益事業に区分した収益事業区分経理表 **[図表2]**（135頁）を作成して添付することになります。

[図表1] 収益事業区分経理表（損益計算書）

収益事業区分経理表（損益計算書）

勘定科目	収益事業	非収益事業	内部取引消去	合計
介護保険収益				
・・・				
その他の事業収益				

- 133 -

第 2 章　社会福祉法人の法人税

勘定科目	収益事業	非収益事業	内部取引消去	合計
補助金事業収益（公費） 　　受託事業収益（公費） 　・・・	××× ×××	××× ×××		××× ×××
サービス活動収益計	×××	×××		×××
人件費 　役員報酬 　・・・ 事業費 　・・・ 事務費 　・・・ 減価償却費 国庫補助金等特別積立金取崩額	××× △×××	××× △×××		××× △×××
サービス活動費用計	×××	×××		×××
サービス活動増減差額	×××	×××		×××
受取利息配当金収益 　・・・	×××	×××	△×××	×××
サービス活動外収益計	×××	×××	△×××	×××
支払利息 　・・・	×××	×××	△×××	×××
サービス活動外費用計	×××	×××		×××
サービス活動外増減差額	×××	×××		×××
経常増減差額	×××	×××		×××
施設整備等補助金収益 固定資産受贈額	×××	××× ×××		××× ×××
事業区分間繰入金収益 事業区分間固定資産移管収益 　・・・		××× ×××	△××× △×××	
特別収益計	×××	×××	△×××	×××
固定資産売却損・処分損 国庫補助金等特別積立金取崩 額（除却等） 国庫補助金等特別積立金積立額 事業区分間繰入金費用 事業区分間固定資産移管費用 　・・・	××× △××× ××× ××× ×××	××× △×××	 △××× △×××	××× △××× ×××

第5節　法人税の申告（区分経理等）

勘定科目	収益事業	非収益事業	内部取引消去	合計
特別費用計	×××	×××	△×××	×××
特別増減差額	×××	×××		×××
当期活動増減差額（当期利益）	×××	×××		×××

［図表2］収益事業区分経理表（貸借対照表）

収益事業区分経理表（貸借対照表）

勘定科目	収益事業	非収益事業	内部取引消去	合計
流動資産	×××	×××		×××
現金預金	×××	×××		×××
有価証券	×××			×××
・・・				
固定資産	×××	×××	△×××	×××
基本財産	×××	×××		×××
土地		×××		×××
建物		×××		×××
その他の固定資産		×××	△×××	
土地	×××	×××		×××
建物	×××	×××		×××
・・・				
事業区分間長期貸付金		×××	△×××	
資産の部合計			△×××	
流動負債	×××	×××		×××
事業未払金	×××	×××		×××
・・・				
固定負債	×××	×××	△×××	×××
設備資金借入金		×××		×××
・・・				
事業区分間長期借入金	×××		△×××	
負債の部合計	×××	×××	△×××	×××
基本金	×××	×××		×××
国庫補助金等特別積立金	×××	×××		×××

－ 135 －

第2章　社会福祉法人の法人税

勘定科目	収益事業	非収益事業	内部取引消去	合計
その他の積立金		×××		×××
・・・		×××		×××
次期繰越活動増減差額	×××	×××		×××
（うち当期活動増減差額）	×××	×××		×××
純資産の部合計	×××	×××		×××
負債及び純資産の部合計	×××	×××	△×××	×××

（2）税務上の区分経理と配賦

①　費用又は損失の区分経理

イ　直接費

　収益事業について直接要した費用の額又は収益事業について直接生じた損失の額は、収益事業に係る費用又は損失の額として経理します（法基通15-2-5（1））。

　また、社会福祉法人は、原則として収益事業への社会福祉事業からの資金の繰入れが認められません。

　このため、収益事業の遂行上必要な資金の全部又は一部を外部からの借入金等により賄うこととしている場合には、その借入金等に係る利子の額のうちその収益事業の遂行上通常必要と認められる部分の金額は、収益事業について直接要した費用の額とすることができます（法基通15-2-6）。

ロ　共通費の配賦

　収益事業と非収益事業とに共通する費用又は損失の額は、継続的に、資産の使用割合、従業員の従事割合、資産の帳簿価額の比、収入金額の比その他その費用又は損失の性質に応ずる合理的な基準により収益事業と非収益事業とに配賦し、これに基づいて経理します（法基通15-2-5（2））。

②　固定資産の区分経理

イ　固定資産の移管

　社会福祉法人において非収益事業の用に供していた固定資産を収益事

第5節　法人税の申告（区分経理等）

業の用に供することがあります。これにつき収益事業に属する資産として区分経理をする場合には、その収益事業の用に供することとなった時におけるその固定資産の帳簿価額によりその経理を行います（法基通15-2-2前段）。

この場合において、その固定資産に係る収益事業に区分経理した後の償却限度額の計算については、法人税法の償却方法を変更した場合等の償却限度額の例によることになります（法基通15-2-2（注））。

ただし、その区分経理に当たってあらかじめその固定資産につき評価換えを行い、その帳簿価額の増額をしたときであっても、その増額はなかったものとされます（法基通15-2-2後段、7-4-3～7-4-4の2）。

ロ　共用資産の償却費等

一の資産が収益事業の用と非収益事業の用とに共用されている場合（それぞれの事業ごとに専用されている部分が明らかな場合を除きます。）には、その資産については、収益事業に属する資産としての区分経理はしないで、その償却費その他その資産について生ずる費用の額のうち収益事業に係る部分の金額をその収益事業に係る費用として経理します（法基通15-2-5（1））。

（3）社会福祉法人会計基準の区分経理と税務との調整

①　社会福祉法人会計基準の区分経理

社会福祉法人会計基準においても、資金収支計算及び事業活動計算を行うに当たっては、人件費、水道光熱費、減価償却費等、事業区分又は拠点区分若しくはサービス区分に共通する支出及び費用については、合理的な基準に基づいて配分することとされています。その配分基準は、支出及び費用の項目ごとに、その発生に最も密接に関連する量的基準（例えば、人数、時間、面積等による基準、又はこれらの二つ以上の要素を合わせた複合基準）を選択して適用します（社会福祉法人会計基準14②、20②、会計基準局長通知7）。

なお、一度選択した配分基準は、状況の変化等により当該基準を適用

－ 137 －

第2章　社会福祉法人の法人税

することが不合理であると認められるようになった場合を除き、継続的に適用します。

また、貸借対照表については、事業区分及び拠点区分の単位で作成することから、拠点区分ごとに資産、負債及び純資産を計上します（社会福祉法人会計基準7②一・二、7の2①一）。

② 法人税法の区分経理との調整

イ　共通費用の配賦基準

法人税法の配賦基準と社会福祉法人会計基準の配分基準は、合理的なものであれば同一の基準によっても特に問題はありません。ただし、社会福祉法人会計基準の配分基準では収入金額によることは原則として認められていません。

また、法人税法の配賦基準と社会福祉法人会計基準の配分基準を別の基準によることはできますが、この場合は法人税の申告のための収益事業区分経理表は会計帳簿に基づいて作成できないので、別途、収益及び費用を集計することになります。

ロ　区分経理の単位

社会福祉法人会計基準の区分経理は事業区分、拠点区分及びサービス区分にされますが、法人税法では収益事業と非収益事業に区分されます。

このため、事業区分、拠点区分又はサービス区分ごとに、それぞれ法人税法上の収益事業と非収益事業にいずかに属することが決定できるのであれば、収益事業に属するものと非収益事業に属するものをそれぞれ集計して、収益事業区分経理表を作成することができます。

一方、事業区分、拠点区分又はサービス区分の中のそれぞれに法人税法上の収益事業と非収益事業が混在している場合は、これらを単に集計して収益事業区分経理表を作成することはできません。

この場合には、実務的には、事業区分、拠点区分又はサービス区分の中に法人税法上の収益事業に係る区分を設けて、これを集計して収益事業区分経理表を作成することになります（会計基準課長通知5(2)ア）。

－ 138 －

第5節　法人税の申告（区分経理等）

ハ　法人本部の取扱い

　社会福祉法人会計基準における法人本部は拠点区分であるかサービス区分であるかにかかわらず、法人の全体の管理を行う部門です。このため、その収益及び費用は法人税法上の収益事業と非収益事業の双方に共通するものであるため、原則として、これらを配賦する必要があります。この場合は、この配賦額を含めた収益事業区分経理表を作成することになります。

　ただし、法人本部に属する収益に法人税法上の収益事業に属するものがない場合は、法人本部の拠点区分又はサービス区分を法人税法上の非収益事業に属するものとして収益事業区分経理表を作成することは差し支えありません。

参　考

関連Q＆A：Q42 法人税・地方法人税の計算

Q43

　法令6

　法基通7-4-3～7-4-4の2、15-2-1、15-2-2、15-2-5、15-2-6

　社会福祉法人会計基準7②一・二、7の2①一、14②、20②

　会計基準局長通知7

　会計基準課長通知5(2)ア

－ 139 －

第2章 社会福祉法人の法人税

Q44 収益事業への資産の振替

当法人では、サービス付き高齢者向け住宅の建設に当たり、社会福祉事業区分に属する法人本部拠点に計上していた土地（帳簿価額5,000万円）を公益事業区分に属するこの施設の拠点区分に無償で移管しました。また、この施設の建設資金として、法人本部拠点から1億円（償還期限20年、据置期間2年）を貸し付けており、その利息として100万円を法人本部拠点に支払っています。

サービス付き高齢者向け住宅は法人税法上の収益事業に該当するとのことですが、土地の無償による移管は、法人税法上の収益事業の収益（益金）の額となるのでしょうか。

また、支払利息は、法人税法上の収益事業の費用（損金）の額となるのでしょうか。

　土地の無償により移管されたことによる収益は、益金の額に算入されません。

また、法人本部拠点に支払った支払利息は、損金の額に算入されません。

解説
（1）収益事業に属するものとして区分された資産等の処理

社会福祉法人において、固定資産を事業区分間又は拠点区分間で無償により移管（振替）した場合は、次の仕訳を行います（142頁 **[図表1]** 参照）。

【社会福祉事業区分／法人本部拠点】
事業区分間固定資産移管費用　50,000,000　／　土地　50,000,000

【公益事業区分／サービス付き高齢者向け住宅拠点】
土地　50,000,000　／　事業区分間固定資産移管収益　50,000,000

第5節　法人税の申告（区分経理等）

　このような取引は、法人の内部取引であり、たとえ収益事業に属する
ものとして区分経理した金額を、他会計振替額等の勘定科目により収益
又は費用として経理した場合であっても、その金額は益金の額又は損金
の額に算入されません（法基通15-2-3(注)、**[図表２]** 参照）。

（２）内部取引による費用

　社会福祉法人において、事業区分間又は拠点区分間で資金の貸借を行
い、その利息の支払をした場合は、次の仕訳を行います（**[図表１]** 参
照）。

【社会福祉事業区分／法人本部拠点】

事業区分間長期貸付金　100,000,000　／　現金預金　100,000,000
[事業区分間長期貸付金支出]

現金預金　1,000,000　／　受取利息配当金収益　1,000,000
　　　　　　　　　　　　　　　[受取利息配当金収入]

【公益事業区分　／　サービス付き高齢者向け住宅拠点】

現金預金　100,000,000　／　事業区分間長期借入金　100,000,000
　　　　　　　　　　　　　　　[事業区分間長期借入金収入]

支 払 利 息　1,000,000　／　現金預金　1,000,000
[支払利息支出]

　非収益事業に属する金銭その他の資産を収益事業のために使用した場
合において、これにつき収益事業から非収益事業へ賃借料、支払利子等
を支払うこととしても、その額を収益事業に係る費用又は損失として経
理することはできません（法基通15-2-5(注)）。

　したがって、収益事業区分経理表の収益事業区分において非収益事業
への支払利息が計上されている場合は、申告調整により別表四で加算す
ることになります（**[図表２]** 参照）。

－ 141 －

第 2 章　社会福祉法人の法人税

［図表 1 ］　固定資産移管と支払利息の会計処理

拠点区分事業活動計算書

		勘定科目	当年度決算（A）	前年度決算（B）	増減（A）－（B）
サービス	費用	・・・ 支払利息 ・・・	1,000,000		
		サービス活動費用計	×××	×××	×××
特別増減の部	収益	事業区分間固定資産移管収益 ・・・	50,000,000		
		特別収益計	×××		
	費用				
		特別費用計	×××	×××	×××

［図表 2 ］　申告調整

別表四　所得の金額の計算に関する明細書

区　　　分			総　　額	処　　　分		
				留　保	社　外　流　出	
				①	②	③
当期利益又は当期欠損の額		1				
加算	・・・					
	支払利息損金不算入	10	1,000,000		その他	1,000,000
	小　　　計					

- 142 -

第 5 節　法人税の申告（区分経理等）

減算	・・・					
	事業区分間固定資産移管収益の益金不算入	21	50,000,000	50,000,000		
	小　　計					

別表五（一）　利益積立金額及び資本金等の額の計算に関する明細書

Ⅰ　　利益積立金額の計算に関する明細書					
区　分	期首現在利益積立金額	当期の増減		差引翌期首現在利益積立金額	
		減	増		
	①	②	③	④	
土地	3		50,000,000		△ 50,000,000
・・・					
	24				
繰越損益金（損は赤）	25			50,000,000	50,000,000

(注)　「別表五（一）　利益積立金額及び資本金等の額の計算に関する明細書」における「差引合計額（31）」の「差引翌期首現在利益積立金額④」は、法人税法上の収益事業の課税済みの所得金額の合計額です。この事例の場合、公益法人等であることにより課税されない事業区分間固定資産移管収益が「繰越損益金（25）」に含まれているため、別表四で減算（留保）することにより、別表五（一）の「差引翌期首現在利益積立金額④」上、マイナス表示し、利益積立金額を減額します。

参 考

関連Q＆A：Q42 法人税・地方法人税の計算

Q44

法基通 15-2-3 、15-2-5

第 2 章　社会福祉法人の法人税

Q45 資金の運用益

　当法人では、法人税法上の収益事業である不動産貸付業を行って
います。この不動産貸付業の収益は毎年一定額を社会福祉事業区分
に繰り入れて使用し、余剰金は収益事業区分で積み立てて、定期預
金と債券で保有して利息を得ています。
　この受取利息も、法人税法上の収益事業の収益（益金）の額とな
るのでしょうか。

A　収益事業区分に属する資産（資金）の運用による利息等の
　　収益の額は、益金の額に算入されます。
　ただし、余剰金を非収益事業に属する資産として区分経理したとき
は、その運用による収益を収益事業の益金の額に算入しないことができ
ます。

解説

（1）収益事業に属する所得の運用益の益金算入

　収益事業に係る所得の金額は、その事業年度の益金の額からその事業
年度の損金の額を控除した金額です（法法22①）。この益金の額は、そ
の法人が行う収益事業から生じた収益の額をいい、その性質上その収益
事業に附随して行われる行為から生じる収益の額も含まれます（法基通
15-2-6）。
　したがって、ご質問の不動産貸付業の所得を預金、有価証券等に運用
する行為により生じた利息の額も、収益事業に係る所得の金額の計算
上、益金の額に算入されます。

（2）非収益事業に区分された資産の運用益の益金不算入

　収益事業から生じた所得を預金、有価証券等に運用する場合において
も、その預金、有価証券等のうち、その収益事業の運営のために通常必

- 144 -

第5節　法人税の申告（区分経理等）

要と認められる金額に見合うもの以外のものについて、非収益事業に属する資産として区分経理をしたときは、その区分経理に係る資産を運用する行為は、（1）にかかわらず、収益事業に付随して行われる行為に含めないことができます（法令5①、法基通15-1-7）。

したがって、ご質問の不動産貸付業の収益のうち、例えば、その事業に必要な運転資金以外の資金を社会福祉事業区分の法人本部拠点に繰り入れて、その拠点区分で預金、有価証券等に運用する場合は、その運用による収益は、収益事業に係る所得の金額の計算上、益金の額に算入されません。

なお、その区分経理をした金額（繰入額）については、法人税法のみなし寄附金の規定の適用があるので、その金額によってはその一部が損金不算入となり、課税されることもあります（法基通15-1-7(注)）。

参考

関連Q＆A：Q44 収益事業への資産の振替

Q45

　法法22①

　法令5①

　法基通15-1-7、15-2-6

－ 145 －

第2章　社会福祉法人の法人税

Q46 補助金等の収入

当法人では、サービス付き高齢者向け住宅の建設に当たり、整備補助金 20,000,000 円の交付を受け、これを国庫補助金等特別積立金に積み立てました（当年度において 500,000 円取崩し）。また、この施設において、衛生用品 120,000 円を購入し、「保健衛生費」に計上しましたが、この一部に相当する金額について県から物価高騰対策助成金 100,000 円の交付を受けました。

サービス付き高齢者向け住宅は、法人税法上の収益事業に該当するとのことです。これらの補助金と助成金は、法人税法上の収益事業の収益（益金）の額となるのでしょうか。

整備補助金の金額は益金の額に算入されません。物価高騰対策助成金の金額は益金の額に算入されます。

解説
(1) 社会福祉法人会計基準における補助金の会計処理
① 各種補助金の扱い

施設整備等に係る補助金、借入金元金償還補助金、借入金利息補助金及び経常経費補助金等の各種補助金については、補助の目的に応じて帰属する拠点区分を決定し、その区分で受け入れます（会計基準課長通知10、会計基準局長通知別紙3（③））。

② 国庫補助金等特別積立金への積立て

社会福祉法人が施設及び設備の整備のために国、地方公共団体等から受領した補助金、助成金、交付金等（以下「国庫補助金等」といいます。）の額を、純資産の部の国庫補助金等特別積立金に計上します（社会福祉法人会計基準6②、会計基準局長通知10(1)）。

この補助金等には、設備資金借入金の返済時期に合わせて執行される補助金等のうち、施設整備時又は設備整備時においてその受領金額が確

― 146 ―

第5節　法人税の申告（区分経理等）

実に見込まれており、実質的に施設整備事業又は設備整備事業に対する補助金等に相当するものも含まれます（会計基準局長通知10(2)）。

この国庫補助金等特別積立金の積立ては、国庫補助金等の収益額を事業活動計算書の特別収益の「施設整備等補助金収益」に計上した後、その収益に相当する額を「国庫補助金等特別積立金積立額」として特別費用に計上して行います（会計基準局長通知10、**[図表1]** 参照）。

③　国庫補助金等特別積立金の取崩し

国庫補助金等特別積立金は、施設及び設備の整備のために国又は地方公共団体等から受領した国庫補助金等に基づいて積み立てられたものであり、その国庫補助金等の目的は、社会福祉法人の資産取得のための負担を軽減し、社会福祉法人が経営する施設等のサービス提供者のコスト負担を軽減することを通して、利用者の負担を軽減することにあります。

そこで、国庫補助金等特別積立金は、毎会計年度、国庫補助金等により取得した資産の減価償却費等により事業費用として費用配分される額の国庫補助金等のその資産の取得原価に対する割合に相当する額を取り崩し、事業活動計算書のサービス活動費用に「減価償却費」の控除項目「国庫補助金等特別積立金取崩額」として計上します（会計基準局長通知9、**[図表1]** 参照）。

また、国庫補助金等特別積立金の積立ての対象となった基本財産等が廃棄され又は売却された場合には、その資産に相当する国庫補助金等特別積立金の額を取り崩し、事業活動計算書の特別費用に「固定資産売却損・処分損」の控除項目「国庫補助金等特別積立金取崩額（除却等）」として計上します（会計基準局長通知9、**[図表1]** 参照）。

- 147 -

第2章　社会福祉法人の法人税

[図表1] 国庫補助金等の会計処理

拠点区分事業活動計算書

		勘定科目	当年度決算（A）	前年度決算（B）	増減（A）−（B）
サービス	費用	・・・ 減価償却費 国庫補助金等特別 積立金取崩額	10,000,000 △500,000		
		サービス活動費用 計	×××	×××	×××
特別増減の部	収益	施設整備等補助金 収益 ・・・	20,000,000		
		特別収益計	×××		
	費用	・・・ 固定資産売却損・ 処分損	×××		
		国庫補助金等特別 積立金取崩額（除 却等）	×××		
		国庫補助金等特別 積立金積立額 ・・・	20,000,000		
		特別費用計	×××	×××	×××

（2）税務上の取扱い

① 固定資産の取得・改良のための補助金等

イ 交付時

　固定資産の取得又は改良に充てるために交付を受ける国庫補助金等（資産の譲渡又は役務の提供の対価としての実質を有するものを除きます。）の額は、たとえその固定資産が収益事業の用に供されるものである場合であっても、収益事業に係る益金の額に算入しません（法基通15-2-12(1)）。

　これは、公益法人等にとって、国、地方公共団体から交付を受けるこ

- 148 -

のような補助金等は、いわば実質的は元入金のようなものであって、これについて課税しないというのは、普通法人における資本取引について課税しないということと同じと考えられるからです。

したがって、ご質問の整備補助金の金額は、収益事業に係る所得の金額の計算上、益金の額に算入されません。

ロ　交付後の各事業年度

国庫補助金等をもって収益事業の用に供する固定資産の取得又は改良をした場合であっても、その固定資産に係る償却限度額又は譲渡損益等の計算の基礎となる取得価額は、実際の取得価額によることとされています（法基通15-2-12(注)）。すなわち、普通法人における圧縮記帳を行わないことになります。

これは公益法人等において、普通法人と同様の圧縮記帳を行うと、その圧縮記帳をした固定資産が減価償却資産であった場合は、各事業年度の減価償却費が本来の金額より少なく計上されることで、結果的に国庫補助金等について、なし崩しに課税されることになり、課税しないこととした規定と矛盾します。そこで、償却限度額は実際の取得価額を基礎として計算することで、実質的に課税が行われないこととされています。

しかし、社会福祉法人会計基準では圧縮記帳と同様の会計処理となるため、収益事業区分経理表の収益事業区分において、「国庫補助金等特別積立金取崩額」又は「国庫補助金等特別積立金取崩額（除却等）」が計上されている場合は、申告調整により別表四で減算することになります（[**図表２**] 参照）。

② 　収入・経費補填のための補助金等

収益事業に係る収入又は経費を補填するために交付を受ける補助金等の額は、収益事業に係る益金の額に算入します（法基通15-2-12(2)）。

したがって、ご質問の物価高騰対策助成金は保健衛生費の補填になっているので、その金額は、収益事業に係る所得の金額の計算上、益金の額に算入されます。

第2章　社会福祉法人の法人税

［図表２］国庫補助金等の申告調整

別表四　所得の金額の計算に関する明細書

区　　　分		総　額	処　　　分		
			留　保		社外流出
			①	②	③
当期利益又は当期欠損の額	1				
加算	・・・				
	小　　　計				
減算	・・・				
	国庫補助金等特別積立金取崩額の益金不算入	21	500,000		※	500,000
	小　　　計				

参　考

関連Q＆A：Q47 収益事業に使用している土地の受贈

Q46

法基通 15-2-12

社会福祉法人会計基準 6 ②

会計基準局長通知 9、10、別紙 3 （③）

会計基準課長通知 10

『法人税基本通達逐条解説［十一訂版］』松尾公二編著（税務研究会出版局）

第5節　法人税の申告（区分経理等）

Q47 収益事業に使用している土地の受贈

当法人は、Ａ社から賃借している土地の上に建物を所有し、その建物の一部を第三者に賃貸し、それ以外の部分を非収益事業のために使用しています。

この第三者への貸付けは、法人税法上の収益事業である不動産貸付業に該当することから、この建物の賃貸料を収益事業に係る益金の額に算入するとともに、この不動産貸付業に係る土地の賃借料を収益事業に係る損金の額に算入して法人税の申告をしてきました。

このたびＡ社から、当法人の発展のためにこの土地を贈与する旨の申出があり、当法人は、Ａ社との間でこの土地を無償で譲り受ける贈与契約（評価額 20,000,000 円）を締結しました。

当法人は従前からこの土地を不動産貸付業にも使用していましたが、この土地の贈与により生ずる受贈益は収益事業（不動産貸付業）に係る収益に該当するでしょうか。

　　　収益事業（不動産貸付業）に係る収益に該当しません。

|解　説|
(1) 社会福祉法人会計基準における固定資産受贈の会計処理

寄附物品のうち、土地など固定資産のように支払資金の増減に影響しない寄附物品については、事業活動計算書の特別収益である「固定資産受贈額」として計上し、資金収支計算書には計上しません（会計基準課長通知9(2)、**[図表1]** 参照）。

この贈与された資産の評価は、贈与の時におけるその資産の取得のために通常要する価額をもって行います（会計基準局長通知14(1)）。

- 151 -

第2章　社会福祉法人の法人税

[図表1]　固定資産受贈の会計処理

拠点区分事業活動計算書

		勘定科目	当年度決算 (A)	前年度決算 (B)	増減 (A)－(B)
特別増減の部	収益	固定資産受贈額 土地受贈額	20,000,000		
		特別収益計	×××		
	費用	・・・ ・・・			
		特別費用計	×××		

（2）税務上の取扱い

　法人税法において、不動産貸付業は収益事業に該当します（法令5①五）。また、その性質上不動産貸付業に付随して行われる行為についても収益事業に含まれます（法令5①）。

　このことから、不動産貸付業の用に供していた借地について贈与を受けることが不動産貸付業に付随して行われる行為に該当するのであれば、その受贈益は収益事業に係る収益に該当することになります。

　しかし、収益事業課税のもとでは、公益法人等が他人から贈与を受けた寄附金収入（金銭以外の現物資産の贈与を受けた場合を含みます。）などについては、原則として、課税対象とはならないと考えられます。例えば、固定資産の取得又は改良に充てるために交付を受ける補助金等については、たとえ当該固定資産が収益事業の用に供されるものである場合であっても、課税対象とはなりません（法基通15-2-12(1)）。

　また、ご質問の土地の贈与は、不動産貸付業に係る収入又は経費を補填するために受けたものではなく、建物の貸付先から収入する賃料と経済的に同じ性質のものと認められませんので、収益事業に係る収入又は経費を補填するために交付を受ける補助金等にも該当しません（法基通15-2-12(2)）。

－ 152 －

第5節　法人税の申告（区分経理等）

　したがって、この土地の受贈による評価額は、法人税法上の収益事業である不動産貸付業の益金の額には算入されません（質疑応答事例／法人税 収益事業20）。

　この場合、社会福祉法人会計基準で、収益事業区分経理表の収益事業区分において、「固定資産受贈額」として計上された金額は、申告調整により別表四で減算することになります（**[図表２]** 参照）。

[図表２] 固定資産受贈額の申告調整

別表四　所得の金額の計算に関する明細書

区　　分		総　額	処　　分		
			留　保	社外流出	
			①	②	③
当期利益又は当期欠損の額	1				
加算 ・・・					
小　　計					
減算 ・・・					
固定資産受贈額の益金不算入	21	20,000,000	20,000,000	その他	
小　　計					

別表五（一）　利益積立金額及び資本金等の額の計算に関する明細書

Ⅰ　利益積立金額の計算に関する明細書					
区　分		期首現在利益積立金額	当期の増減		差引翌期首現在利益積立金額
			減	増	
		①	②	③	④
土地	3		20,000,000		△20,000,000
・・・					
	24				
繰越損益金（損は赤）	25			20,000,000	20,000,000

（注）「別表五（一）　利益積立金額及び資本金等の額の計算に関する明細書」における「差引合計額（31）」の「差引翌期首現在利益積立金額④」は、法人税法上の収益事業の課税済みの所得金額の合計額です。この事例の場合、公益法人等であることにより課税されない固定資産受贈額が「繰越損益金（25）」に含まれているため、別表四で減算（留保）することにより、別表五（一）の「差引翌期首現在利益積立金額④」上、マイナス表示し、利益積立金額を減額します。

第 2 章　社会福祉法人の法人税

参　考

関連Q＆A：Q46 補助金等の収入
Q47
　法令 5 ①五
　法基通 15-2-12
　質疑応答事例 / 法人税 収益事業 20
　会計基準局長通知 14（1）
　会計基準課長通知 9（2）

第5節　法人税の申告（区分経理等）

Q48　収益事業に属する固定資産の処分損益

　当法人では、当年度に法人税法上の収益事業の用に供する次の所有固定資産を譲渡しました。この資産の譲渡による損益は、法人税法上の収益事業に係る損益となるのでしょうか。
① 住宅として貸し付けていた建物と土地の譲渡
　平成15年に取得…建物の譲渡損失：5,000,000円
　　　　　　　　土地の譲渡利益：10,000,000円
　　　　　　　　建物の国庫補助金等特別積立金の残額：
　　　　　　　　1,000,000円
② 駅前の時間貸し駐車場用土地の収用による譲渡
　平成2年に取得…譲渡損失：2,000,000円

　　　　当年度に譲渡した固定資産の全てについて適用することを条件に、収益事業に係る損益に含めないことができます。

解説
（1）社会福祉法人会計基準における処分損益の会計処理
① 処分損益
　固定資産の売却による利益は、事業活動計算書の特別収益である「固定資産売却益」として計上（[図表1]参照）し、売却による収入は、資金収支計算書の施設整備等による収入である「固定資産売却収入」に計上します（社会福祉法人会計基準16②、22④）。
　固定資産の売却による損失は、事業活動計算書の特別費用である「固定資産売却損・処分損」として計上（[図表1]参照）し、売却による収入は、資金収支計算書の施設整備等による収入である「固定資産売却収入」に計上します（社会福祉法人会計基準16②、22④）。
② 国庫補助金等特別積立金の取崩し
　国庫補助金等特別積立金の積立ての対象となった基本財産等が廃棄さ

― 155 ―

第2章　社会福祉法人の法人税

れ又は売却された場合には、その資産に相当する国庫補助金等特別積立
金の額を取り崩し、事業活動計算書の特別費用に「固定資産売却損・処
分損」の控除項目「国庫補助金等特別積立金取崩額（除却等）」として
計上します（会計基準局長通知9、[図表1]参照）。

[図表1]　固定資産処分の会計処理

拠点区分事業活動計算書

		勘定科目	当年度決算（A）	前年度決算（B）	増減（A）－（B）
特別増減の部	収益	固定資産売却益 　土地売却益	10,000,000		
		特別収益計	×××		
	費用	固定資産売却損・ 処分損 　土地売却損・処 　分損 　建物売却損・処 　分損 国庫補助金等特別 積立金取崩額（除 却等） 　・・・	2,000,000 5,000,000 △ 1,000,000		
		特別費用計	×××	×××	×××

（2）税務上の取扱い

①　原則

　社会福祉法人が法人税法上の収益事業に属する固定資産につき、譲
渡、除却その他の処分をした場合におけるその処分をしたことによる損
益は、原則として収益事業に係る損益となります（法基通15-2-10）。

②　収益事業からの除外

　社会福祉法人が法人税法上の収益事業に属する固定資産につき譲渡、
除却その他の処分をした場合、次に掲げる損益については、これを収益
事業に係る損益に含めないことができます。ただし、その事業年度にお

－ 156 －

第5節　法人税の申告（区分経理等）

いて2以上の固定資産の処分があるときは、その全てに係る損益に適用
しなければなりません（法基通15-2-10）。

> イ　相当期間（おおむね10年）にわたり固定資産として保有していた
> 　土地（借地権を含みます。）、建物又は構築物につき譲渡（借地権の設
> 　定等により地価が著しく低下する場合の土地等の帳簿価額の一部の損
> 　金算入の規定の適用がある借地権の設定を含みます。）、除却その他の
> 　処分をした場合における、その処分をしたことによる損益（収益事業
> 　である不動産販売業の適用がある部分を除きます。）
> ロ　イのほか、収益事業の全部又は一部を廃止してその廃止に係る事業
> 　に属する固定資産につき譲渡、除却その他の処分をした場合におけ
> 　る、その処分をしたことによる損益

　収益事業課税にあっては、非収益事業の用に供されていた固定資産の
処分による値上り益については非課税とされているところ、収益事業の
用に供されていた固定資産がたまたま値上りしたことによる利益を収益
事業の付随行為によるものとして課税することは予定していません。

　このため、上記イは、相当期間保有している固定資産については、値
上り益の獲得を目的とするものでないものとして、これを収益事業に含
めないことを認めるものです。

　ロは、既に法人税法上の収益事業が廃止されたことから、その用に供
する固定資産の処分は収益事業の付随行為と言い難く、これを収益事業
に含めないことを認めるものです。

　この場合、社会福祉法人会計基準で、収益事業区分経理表の収益事業
区分において、「固定資産売却益」又は「固定資産売却損・処分損」と
して計上された金額は、申告調整により別表四で減算又は加算すること
になります（[図表2]参照）。

　また、収益事業区分経理表の収益事業区分において計上されている
「国庫補助金等特別積立金取崩額（除却等）」は、申告調整により別表四
で減算することになります（[図表2]参照）。

- 157 -

第2章　社会福祉法人の法人税

[図表2] 固定資産処分の申告調整

別表四　所得の金額の計算に関する明細書

区　　分		総　額	処　　分		
			留　保	社外流出	
			①	②	③
当期利益又は当期欠損の額	1				
加算	・・・				
	固定資産売却損の損金不算入 10	7,000,000	7,000,000	その他	
	小　　　計				
減算	・・・				
	固定資産受売却益の益金不算入 21	10,000,000	10,000,000	※	
	国庫補助金等特別積立金取崩額の益金不算入	1,000,000		※	1,000,000
	小　　　計				

別表五（一）　利益積立金額及び資本金等の額の計算に関する明細書

区　分		期首現在利益積立金額	当期の増減		差引翌期首現在利益積立金額
			減	増	
		①	②	③	④
固定資産売却益	3		10,000,000	7,000,000	△3,000,000
・・・					
	24				
繰越損益金（損は赤）	25				

Ⅰ　利益積立金額の計算に関する明細書

（注）　「別表五（一）　利益積立金額及び資本金等の額の計算に関する明細書」における「差引合計額（31）」の「差引翌期首現在利益積立金額④」は、法人税法上の収益事業の課税済みの所得金額の合計額です。この事例の場合、公益法人等であることにより課税されない固定資産の処分損益が「繰越損益金（25）」に含まれているため、別表四で売却益を減算（留保）し、売却損を加算（留保）することにより、別表五（一）の「差引翌期首現在利益積立金額④」上、マイナス表示し、利益積立金額を減額します。

－ 158 －

第5節　法人税の申告（区分経理等）

参 考

関連Q＆A：Q46 補助金等の収入

Q48

法基通 15-2-10

社会福祉法人会計基準 16 ②、22 ④

会計基準局長通知 9

『法人税基本通達逐条解説 ［十一訂版］』松尾公二編著（税務研究会出版局）

第2章　社会福祉法人の法人税

Q49 交際費等

　当法人では、不動産貸付業等の法人税法上の収益事業を行っています。この収益事業に係る法人税における交際費等の額は、当年度は100万円でした。社会福祉法人は資本金の額又は出資金の額がないので、中小企業者に該当し、この交際費等の額は全額損金の額に算入されるのでしょうか。

　なお、当法人の当年度における資産及び純資産の状況は次のとおりです。

　当年度末日の法人全体の純資産の価額　2,500,000,000円

　当年度の法人全体の当期活動増減差額　100,000,000円

　当年度末日の法人全体の資産の価額　3,000,000,000円

　当年度末日の法人税法上の収益事業に係る資産の価額

　　　　　　　　　　　　　　　　　　　240,000,000円

A　交際費課税における資本金等の額は、公益法人等では純資産の額と収益事業に係る資産の額に基づいて計算するので、ご質問の法人は中小企業者に該当しません。

解説

（1）交際費課税

①　交際費等の損金不算入

　交際費課税とは、冗費を節約し、企業の自己資本の充実・企業体質の強化を図るという政策的見地から、法人が交際費として支出した金額の全部又は一部を損金の額に算入しない制度です。

　具体的には、法人が平成26年4月1日から令和9年3月31日までの間に開始する各事業年度において支出する交際費等の額のうち**［図表1］**の金額は、当該事業年度の所得の金額の計算上、損金の額に算入されません（措法61の4①②③）。

－ 160 －

第5節　法人税の申告（区分経理等）

　なお、社会福祉法人における期末の資本金の額又は出資金の額に相当する金額は、次の(2)で計算した金額をいいます。

[図表1] 社会福祉法人の規模と損金不算入額

社会福祉法人の規模	損金不算入額
期末の資本金の額又は出資金の額に相当する金額が1億円以下である法人（中小企業者）	次のいずれかの金額 ・交際費等の額のうち、800万円に該当事業年度の月数を乗じ、これを12で除して計算した金額（以下「定額控除限度額」といいます。）に達するまでの金額を超える部分の金額 ・交際費等のうち、接待飲食費の50％に相当する金額を超える部分の金額
期末の資本金の額又は出資金の額に相当する金額が1億円を超え、100億円以下である法人	交際費等のうち、接待飲食費の50％に相当する金額を超える部分の金額
期末の資本金の額又は出資金の額に相当する金額が100億円を超える法人	交際費等の全額

② 　交際費等

イ　交際費等の範囲

　「交際費等」とは、交際費、接待費、機密費その他の費用で、法人がその得意先、仕入先その他事業に関係ある者等に対する接待、供応、慰安、贈答その他これらに類する行為のために支出するもので、次に掲げる費用のいずれかに該当するものを除きます（措法61の4⑥、措令37の5）。

・　専ら従業員の慰安のために行われる運動会、演芸会、旅行等のために通常要する費用
・　飲食費として支出する金額をその飲食費に係る飲食その他これに類する行為に参加した者の数で除して計算した金額が10,000円以下の費用
・　カレンダー、手帳、扇子、うちわ、手拭いその他これらに類する物品を贈与するために通常要する費用

－ 161 －

第2章　社会福祉法人の法人税

・　会議に関連して、茶菓、弁当その他これらに類する飲食物を供与するために通常要する費用
・　新聞、雑誌等の出版物又は放送番組を編集するために行われる座談会その他記事の収集のために、又は放送のための取材に通常要する費用

　また、主として次に掲げるような性質を有するものは、交際費等には含まれません（措通61の4(1)-1）。

・　寄附金
・　値引き及び割戻し
・　広告宣伝費
・　福利厚生費
・　給与等

ロ　接待飲食費

　接待飲食費とは、交際費等のうち飲食その他これに類する行為のために要する費用（専ら役員若しくは従業員又はこれらの親族に対する接待等のために支出するものを除く。）であって、その旨につき財務省令で定めるところにより明らかにされているものをいいます（措法61の4⑥）。

（2）中小企業者の判定

　社会福祉法人における期末の資本金の額又は出資金の額に相当する金額は、次により計算した金額をいいます（措令37の4一・三）。

$$\left[\begin{array}{c}当年度末日\\の法人全体\\の純資産の額\end{array} - \begin{array}{c}当期活動\\増減差額\end{array}\right] \times \frac{60}{100} \times \frac{\begin{array}{c}当年度末日の収益事業\\に係る資産の価額\end{array}}{\begin{array}{c}当年度末日の法人\\全体の資産の価額\end{array}}$$

　　＝　期末の資本金の額又は出資金の額に相当する金額

　ご質問の法人について、上記の算式に当てはめて計算した期末の資本金の額又は出資金の額に相当する金額は1億円を超えるので、交際費等

－ 162 －

第5節　法人税の申告（区分経理等）

のうち、接待飲食費の50％に相当する金額を超える部分の金額は、その事業年度の所得の金額の計算上、損金の額に算入されません。

$$(2,500,000,000 \,円 - 100,000,000 \,円) \times \frac{60}{100} \times \frac{240,000,000 \,円}{3,000,000,000 \,円}$$

$$= 115,200,000 \,円$$

参　考

関連Ｑ＆Ａ：Q43 区分経理と費用等の配賦

Q49

　措法61の4①②③⑥

　措令37の4一・三、37の5

　措通61の4(1)-1

第2章 社会福祉法人の法人税

Q50 みなし寄附金

当法人では、前年度から不動産貸付業等の法人税法上の収益事業を行っています。当年度、この収益事業から非収益事業に500万円を繰り入れました。非収益事業では、この繰り入れられた金額を当面使用する予定がないため、定期預金に預け入れています。

社会福祉法人が収益事業から非収益事業のために支出した金額は、寄附金とみなして、収益事業に係る所得の金額の計算上、一定額は損金の額に算入されるそうですが、当法人ではいくら損金の額に算入されるのでしょうか。

なお、当法人の当年度における非収益事業に繰り入れた後の収益事業に係る所得の金額（法人税申告書別表四「仮計」の金額）は100万円です。

寄附金の額として300万円が損金の額に算入されます。

解説
（1）社会福祉法人における収益事業と繰入れ

社会福祉法人は、その経営する社会福祉事業に支障がない限り、その収益を社会福祉事業若しくは公益事業の経営に充てることを目的とする収益事業を行うことができます（社会福祉法26）。これに伴い、収益事業から生じた収益は、当該法人が行う社会福祉事業又は公益事業の経営に充当することとされています（社会福祉法人審査基準第1-3(3)）。

収益事業から社会福祉事業又は公益事業から資金を繰り入れる場合は、「事業区分間繰入金費用」に計上し、固定資産を振り替える場合は「事業区分間固定資産移管費用」に計上します。

- 164 -

第5節　法人税の申告（区分経理等）

（2）社会福祉法人のみなし寄附金
①　寄附金の損金不算入

　法人が支出する寄附金は対価性がないことから、事業との関連性が希薄であり、これを制限なく認めることは問題であります。

　そこで、その事業年度に支出した寄附金の額の合計額のうち政令で定める金額（以下「損金算入限度額」といいます。）を超える金額は、その事業年度の所得の金額の計算上、損金の額に算入されません（法法37①）。

　しかし、公益法人等においては、収益事業から生じた所得を非収益事業の支出に充てることが一般的であることから、その収益事業に属する資産のうちから非収益事業のために支出した金額を非収益事業に対する寄附金の額とみなすこととしています。さらにその損金算入限度額も拡大されています。この寄附金とみなした支出を「みなし寄附金」といいます（法法37⑤）。

②　寄附金の損金算入限度額

　社会福祉法人における寄附金の損金算入限度額は、次に掲げる金額のうちいずれか多い金額です（法令73①三ロ）。

イ　（法人税申告書別表四「仮計」の金額　＋　支出寄附金の額）× $\dfrac{50}{100}$

ロ　年200万円

　ご質問の法人について、上記の算式に当てはめて計算した損金算入限度額は、300万円になります。したがって、500万円のみなし寄附金の額のうち、300万円は損金の額に算入されますが、200万円は損金不算入になります。

イ　（1,000,000円　＋　5,000,000円）× $\dfrac{50}{100}$　＝　3,000,000円

ロ　2,000,000円

　　　イ　＞　ロ　　∴　3,000,000円

－ 165 －

第2章　社会福祉法人の法人税

③　みなし寄附金の範囲

イ　繰入れ後の未使用の可否

　みなし寄附金となるのは、その収益事業に属する資産のうちから非収益事業のために支出した金額とされています。そのため、単に収益事業から非収益事業に資金を繰り入れ、これを定期預金等に積み立てた場合は、みなし寄附金に該当しないとも考えられます。

　しかし、収益事業から生じた所得を預金、有価証券等に運用する場合においても、その預金、有価証券等のうち、その収益事業の運営のために通常必要と認められる金額に見合うもの以外のものについて、非収益事業に属する資産として区分経理をしたときは、その区分経理に係る資産を運用する行為は、収益事業に付随して行われる行為に含めないとされています（法基通15-1-7）。

　このことを踏まえれば、非収益事業に繰り入れられた資金を当面使用する予定がないため、定期預金等として保有しても、その繰り入れた金額もみなし寄附金の額に含まれるものと解されます。

ロ　非収益事業からの繰入れ

　収益事業に属する金銭その他の資産につき非収益事業に属するものとして区分経理をした場合においても、その一方において非収益事業から収益事業へその金銭等の額に見合う金額に相当する元入れがあったものとして経理するなど実質的に収益事業から非収益事業への金銭等の支出がなかったと認められるときは、その区分経理をした金額についてはみなし寄附金の額に該当しません（法基通15-2-4）。

　社会福祉法人会計基準においては、非収益事業から収益事業へ金銭等の繰入れは、「事業区分間繰入金収益」、「拠点区分間繰入金収益」、「事業区分間固定資産移管収益」又は「拠点区分間固定資産移管収益」として計上されるため、元入れ等の経理は行われません。

　しかし、これらの収益の額を収益事業に係る所得の計算上、益金の額に算入しない申告調整（法人税申告書別表四の加算）をした場合は、その益金不算入額に相当する金額についてはみなし寄附金の額に該当しな

－ 166 －

第5節　法人税の申告（区分経理等）

いことになります。

参　考

関連Q&A：Q44 収益事業への資産の振替
　　　　　　　Q45 資金の運用益

Q50

　法法 37 ①⑤

　法令 73 ①三

　法基通 15-1-7 、15-2-4

　社会福祉法 26

　社会福祉法人審査基準第 1-3(3)

第2章 社会福祉法人の法人税

Q51 収益事業からの寄附金（義援金）の支出

　当法人は、介護保険事業のほか不動産貸付業等の法人税法上の収益事業を経営している法人です。
　この夏、大規模な豪雨災害が全国各地で発生しました。当法人の被害はありませんでしたが、被災した他県の社会福祉法人のために寄附金50万円を支出することとしました。
　この寄附金は、法人税法上の収益事業から支出します。この支出する金額は収益事業に係る所得の計算上、損金の額に算入されるでしょうか。
　なお、当法人は、毎年度、みなし寄附金として200万円を収益事業から非収益事業に繰り入れており、当期も同様の予定です。

　この寄附金50万円に相当する金額は、損金の額に算入されません。

解説
（1）社会福祉法人が寄附金（義援金）を支出することの可否
　社会福祉法人における介護保険事業及び障害福祉サービス等事業については、これらの事業を経営する社会福祉法人外への資金の流出を認めていません（平成12.3.10付老発第188号、平成18.10.18付障発第1018003号、平成24.8.20付障発0820第8号）。措置施設及び保育所についても、その委託費（運営費）の運用は厚生労働省が定める通知の範囲に限られるため、同様に社会福祉法人外への資金の流出を認めていないと考えられます（平成16.3.12付雇児発第0312001号・社援発第0312001号・老発第0312001号、平成27.9.3付府子本第254号・雇児発0903第6号）。
　また、収益事業についても、その収益を社会福祉事業又は公益事業の経営に充てることを目的としていますから、社会福祉法人外への資金の流出を認めていないと解されます（社会福祉法26①）。

- 168 -

第5節　法人税の申告（区分経理等）

　しかし、近年、地震、台風、豪雨等の天災が頻繁に発生し、社会福祉法人の経営する施設も極めて甚大な被害を受ける事態になっています。

　このような事態に鑑み、被災に係る寄附金（義援金）の支出については、特例的に次の要件を満たすことを条件に支出を可能とする取扱いとなっています（平成28.4.28付厚生労働省事務連絡、令和2.7.14付厚生労働省事務連絡、令和6.1.12付厚生労働省事務連絡、令和6.1.12付厚生労働省・こども家庭庁事務連絡、令和6.1.12付こども家庭庁事務連絡）。

　その法人の所轄庁と以下の条件について事前に協議すること。

①　その法人の運営に支障を及ぼすような金額ではないこと。

②　その法人と特殊な関係が疑われるような者・団体等へ寄付するものでないこと。

③　法人内部の意思決定プロセスに違反するものでないか、定款に違反するものでないかの確認等を行うこと。

（2）社会福祉法人の寄附金（義援金）の税務上の取扱い

①　指定寄附金

　社会福祉法人が収益事業から次のいずれかに掲げる寄附金（以下「指定寄附金」といいます。）の額を支出した場合は、その寄附金の額は収益事業に係る所得の金額の計算上、全額損金の額に算入されます（法法37①③）。例えば、日本赤十字社に対する災害義援金がこれに当たります。

イ　国又は地方公共団体に対する寄附金（その寄附をした者がその寄附によって設けられた設備を専属的に利用することその他特別の利益がその寄附をした者に及ぶと認められるものを除きます。）の額

ロ　公益社団法人、公益財団法人その他公益を目的とする事業を行う法人又は団体に対する寄附金（その法人の設立のためにされる寄附金その他のその法人の設立前においてされる寄附金で政令で定めるものを含みます。）のうち、次に掲げる要件を満たすと認められるものとして政令で定めるところにより財務大臣が指定したものの額

－ 169 －

第2章　社会福祉法人の法人税

　（i）　広く一般に募集されること。
　（ii）　教育又は科学の振興、文化の向上、社会福祉への貢献その他公益
　　　の増進に寄与するための支出で緊急を要するものに充てられること
　　　が確実であること。

② その他の寄附金

　公共法人、公益法人等その他特別の法律により設立された法人のう
ち、教育又は科学の振興、文化の向上、社会福祉への貢献その他公益の
増進に著しく寄与するものとして政令で定めるものを「特定公益増進法
人」といいます（法法37④）。社会福祉法人はこの特定公益増進法人に
該当します。

　普通法人が特定公益増進法人に対するその法人の主たる目的である業
務に関連する寄附金（指定寄附金を除きます。）の額を支出した場合に
は、これ以外の寄附金の額とは別に特定公益増進法人に対する寄附金の
損金算入限度額が適用されますが、社会福祉法人を含む公益法人等には
この適用がありません（法法37④）。

　したがって、社会福祉法人の場合、みなし寄附金の額と外部に対する
指定寄附金以外の寄附金の額の合計額について、寄附金の損金算入限度
額を計算し適用することになります。

　ご質問の法人の寄附金の損金算入限度額は次のように200万円になり
ますから、ご質問の寄附金50万円に相当する金額は損金算入限度額を
超過しているので、収益事業に係る所得の金額の計算上、損金の額に算
入されません。

イ　$(2{,}000{,}000 \text{円} + 500{,}000 \text{円}) \times \dfrac{50}{100} = 1{,}250{,}000 \text{円}$

ロ　2,000,000 円

　　イ　＜　ロ　∴　2,000,000 円

－ 170 －

第 5 節　法人税の申告（区分経理等）

> **参考**

関連Q＆A：Q50 みなし寄附金

Q51

法法 37 ①③④

社会福祉法 26 ①

平成 12.3.10 付老発第 188 号

平成 18.10.18 付障発第 1018003 号

平成 24.8.20 付障発 0820 第 8 号

平成 16.3.12 付雇児発第 0312001 号・社援発第 0312001 号・老発第 0312001 号

平成 27.9.3 付府子本第 254 号・雇児発 0903 第 6 号

平成 28.4.28 付厚生労働省事務連絡

令和 2.7.14 付厚生労働省事務連絡

令和 6.1.12 付厚生労働省事務連絡

令和 6.1.12 付厚生労働省・こども家庭庁事務連絡

令和 6.1.12 付こども家庭庁事務連絡

第2章　社会福祉法人の法人税

Q52 損益計算書等の提出

当法人は、法人税法上の収益事業を行っていません。この場合は、税務署になんら申告等をする必要はないのでしょうか。

収入が一定規模を超える場合は、「事業活動計算書」を納税地の所轄税務署長に提出する必要があります。

解説
（1）提出義務

　公益法人等は、その事業年度につき法人税の確定申告書を提出すべき場合を除いて、その事業年度の損益計算書又は収支計算書（以下「損益計算書等」をいいます。）を、その事業年度終了の日の翌日から4か月以内に、その事業年度終了の日におけるその主たる事務所の所在地の所轄税務署長に提出しなければなりません（措法68の6）。

　ただし、その事業年度の収入金額（資産の売却による収入で臨時的なものを除きます。）の合計額が8,000万円以下の法人は、これを提出する必要はありません（措令39の37②）。

　この場合、その事業年度が12か月に満たない場合には、8,000万円にその事業年度の月数（暦に従って計算し、1月に満たない端数を生じたときは、これを1月とします。）を乗じてこれを12で除して計算した金額以下の法人とします（措令39の37②③）。

（2）損益計算書等

　損益計算書等は、その公益法人等の行う活動の内容に応じ、おおむね租税特別措置法施行規則別表第10に掲げる科目で、対価を得て行う事業に係る収益又は収入（以下「事業収益等」といいます。）については事業の種類ごとにその事業内容を示す適当な名称を付した科目に従って作成し、次に掲げる事項を記載しなければならないものとされます（措

第5節　法人税の申告（区分経理等）

規22の22①）。

① 　公益法人等の名称、主たる事務所の所在地及び法人番号

② 　代表者の氏名

③ 　当該事業年度の開始及び終了の日

④ 　その他参考となるべき事項

　ただし、公益法人等は、他の法令に基づいて作成した損益計算書等
（事業収益等が事業の種類ごとに区分されているもの又は事業収益等の
明細書が添付されているものに限ります。）をもって上記の損益計算書
等に代えることができるものとされています（措規22の22③）。

　したがって、社会福祉法人においては、事業活動計算書（法人単位事
業活動計算書、事業活動内訳表、事業区分事業活動内訳表及び拠点区分
事業活動計算書）を提出することで差し支えありません（社会福祉法人
会計基準7の2①二ロ）。

参　考

関連Q&A：Q8 計算書類等の構成

Q52

　措法68の6

　措令39の37②③

　措規22の22①③

　社会福祉法人会計基準7の2①

－ 173 －

第2章　社会福祉法人の法人税

第6節
社会福祉連携推進法人の課税関係

Q53 社会福祉連携推進法人の収益事業課税の適否

社会福祉連携推進法人には、法人税の申告義務があるのでしょうか。

A 定款の記載によって、公益法人等である非営利型法人に該当すれば、収益事業課税になります。

解説

（1）社会福祉連携推進法人に対する課税

社会福祉連携推進法人自体について、公益社団法人のような税制優遇（社会福祉連携推進業務の非課税等）の予定は現在のところありません。

社会福祉連携推進法人は一般社団法人であり、原則として法人税法上は普通法人として課税されることになります（法法2九、4、5）。

ただし、社会福祉連携推進法人の認定上、関係者への利益供与の禁止、役員の同族制限などの要件を満たしていることから、法人の意思により、剰余金の分配禁止、残余財産の帰属等に関しても法人税法上の要件を満たす定款の記載であれば、公益法人等である「非営利型法人」となることができます（法法2六・九の二、別表第2、社会福祉法125、127）。

この場合は、収益事業を行う場合に限り、収益事業に係る所得に対して法人税が課税されます（法法4、7）。

－ 174 －

第6節 社会福祉連携推進法人の課税関係

　また、社会福祉連携推進業務が公益目的事業として認められれば、公益認定を受けて公益社団法人となることもできます（公益社団法人及び公益財団法人の認定等に関する法律4、5）。

（2）非営利型法人

① 非営利徹底型の要件

　非営利型法人には「非営利徹底型」と「共益型」の二つの類型があります。社会福祉連携推進法人に適用される非営利徹底型は、その行う事業により利益を得ること又はその得た利益を分配することを目的としない法人であってその事業を運営するための組織が適正であるものとして、次に掲げる要件の全てに該当するものをいいます（法令3①）。

イ　その定款に剰余金の分配を行わない旨の定めがあること。

ロ　その定款に解散したときは、その残余財産が国若しくは地方公共団体又は次に掲げる法人に帰属する旨の定めがあること。

　(i)　公益社団法人又は公益財団法人

　(ii)　公益社団法人及び公益財団法人の認定等に関する法律第5条第17号イからトまでに掲げる法人

ハ　イ又はロの定款の定めに反する行為（イ、ロ及びニに掲げる要件の全てに該当していた期間において、剰余金の分配又は残余財産の分配若しくは引渡し以外の方法（合併による資産の移転を含みます。）により特定の個人又は団体に特別の利益を与えることを含みます。）を行うことを決定し、又は行ったことがないこと。

ニ　各理事（清算人を含みます。以下同じ。）について、その理事及びその理事の配偶者又は三親等以内の親族その他のその理事と財務省令で定める特殊の関係のある者である理事の合計数の理事の総数のうちに占める割合が、3分の1以下であること。

② みなし寄附金の不適用

　非営利型法人については収益事業課税が行われますが、社会福祉法人とは異なり、非営利型法人が収益事業に属する資産につき収益事業以外

- 175 -

第2章　社会福祉法人の法人税

の事業に属するものとして区分経理をした場合においても、その区分経理をした金額については、みなし寄附金の規定の適用はありません（法法37④⑤、法基通15-2-4（注））。

参考

関連Q＆A：Q3 社会福祉連携推進法人

　　　　　　Q50 みなし寄附金

　　　　　　Q54 公益社団法人と非営利型法人の相違

Q53

　法法2六・九・九の二、4、5、7、37④⑤、別表第2

　法令3①

　法基通15-2-4

　社会福祉法125、127

　公益社団法人及び公益財団法人の認定等に関する法律4、5

－ 176 －

第6節　社会福祉連携推進法人の課税関係

Q54 公益社団法人と非営利型法人の相違

　社会福祉連携推進法人が、公益認定を受けて公益社団法人になることのメリット・デメリットを教えてください。

A　公益社団法人になった場合は、法人税法上の収益事業となる事業であっても、公益社団法人の公益目的事業に該当するものは非課税になります。一方、指導監督は社会福祉法上の所轄庁のほかに、内閣総理大臣又は都道府県知事が加わることになります。

解説

（1）公益認定

　公益目的事業を行う一般社団法人又は一般財団法人は、行政庁の認定を受けることができます（公益社団法人及び公益財団法人の認定等に関する法律4）。

　社会福祉連携推進法人は一般社団法人であるので、社会福祉連携推進業務に係る費用が法人全体の費用の50％以上であること（公益目的事業比率）、その行う公益目的事業について、その公益目的事業に係る収入がその実施に要する適正な費用を償う額を超えないと見込まれるものであること（収支相償、令和7年4月から「中期的収支均衡」となります。）などの要件を満たしたうえで、行政庁（内閣総理大臣又は都道府県知事）に申請し、認定を受ければ公益社団法人となることができます（公益社団法人及び公益財団法人の認定等に関する法律5〜7）。

（2）公益社団法人と非営利型法人の相違

　社会福祉連携推進法人が公益社団法人となった場合は、社会福祉法上の認可・指導監督を行う所轄庁（厚生労働大臣、都道府県知事又は市長）以外に、公益認定を行う行政庁（内閣総理大臣又は都道府県知事）の指導監督を受けることになります（社会福祉法142〜146、公益社団法人

－ 177 －

第2章　社会福祉法人の法人税

及び公益財団法人の認定等に関する法律27〜29）。

　指導監督、税務上の相違は**［図表1］**のとおりです。

［図表1］社会福祉連携推進法人における公益社団法人と非営利型法人の相違

項　　目	公益社団法人	非営利型法人
指導監督	所轄庁 行政庁	所轄庁
報告	現況報告書の提出 事業計画等の提出 事業報告の提出	現況報告書の提出
法人税の課税	収益事業課税 (公益目的事業は非課税)	収益事業課税
法人税のみなし寄附金	みなし寄附金の損金算入あり （収益事業の利益額50％又は公益法人特別控除額を損金算入）	みなし寄附金なし
個人からの寄附金	寄附金控除の対象	優遇なし
法人からの寄附金	特定公益増進法人に対する寄附金	優遇なし

参考

関連Q＆A：Q3 社会福祉連携推進法人

　　　　　　Q53 社会福祉連携推進法人の収益事業課税の適否

Q54

　公益社団法人及び公益財団法人の認定等に関する法律 4 〜 7 、27〜29

　社会福祉法 142〜146

－ 178 －

第7節
電子帳簿保存法と電子取引

Q55 電子帳簿保存法の概要

電子帳簿保存法とは、どのようなものなのでしょうか。

A 電子計算機を使用して作成している国税関係帳簿書類について一定の要件の下での電磁的記録等による保存等、取引の相手先から受け取った請求書等及び自己が作成したこれらの写し等の国税関係書類のスキャン文書による保存、及び電子取引により授受した取引情報の電磁的記録による保存のルールを定めています。

解説

(1) 電子帳簿保存法の全体像

電子計算機を使用して作成する国税関係帳簿書類の保存方法等の特例に関する法律（以下「電帳法」といいます。）は、納税者の国税関係帳簿書類の保存に係る負担の軽減等を図るために、その電磁的記録等による保存等を容認することについて、納税者における国税関係帳簿書類の保存という行為が申告納税制度の基礎をなすものであることに鑑み、適正公平な課税の確保に必要な一定の要件に従った形で、電磁的記録等の保存等を行うルールを定めています（電帳法一問一答【電子計算機を使用して作成する帳簿書類関係（以下「帳簿書類関係」といいます。）】問1、[**図表1**] 参照）。

– 179 –

第2章　社会福祉法人の法人税

① 電子帳簿

　国税関係帳簿書類のうち電子計算機を使用して作成している国税関係帳簿書類については、一定の要件の下で、電磁的記録等（電磁的記録又は電子計算機出力マイクロフィルム（以下「ＣＯＭ」といいます。））による保存等（国税関係帳簿の場合には備付け及び保存をいいます。以下同じ。）が認められます（電帳法4①②、5、電帳法一問一答【帳簿書類関係】問1、[図表1～3] 参照）。

② 電子取引により授受した取引情報の電磁的記録

　法人税の保存義務者がいわゆるＥＤＩ取引やインターネットを通じた取引等の電子取引を行った場合には、電子取引により授受した取引情報（注文書、領収書等に通常記載される事項）を電磁的記録により保存しなければなりません（電帳法7、電帳法一問一答【帳簿書類関係】問1、[図表2・3] 参照）。

③ スキャン文書による保存

　取引の相手先から受け取った請求書等及び自己が作成したこれらの写し等の国税関係書類（決算関係書類を除きます。）について、書面による保存に代えて、一定の要件の下で、スキャン文書による保存が認められます（電帳法4③、電帳法一問一答【帳簿書類関係】問1、[図表1～3] 参照）。

第7節 電子帳簿保存法と電子取引

[図表1] 帳簿書類等の保存

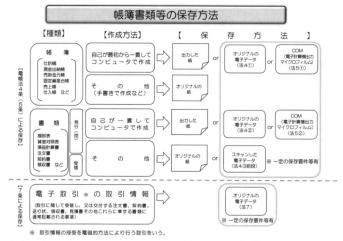

出典:国税庁ホームページ 電帳法一問一答【帳簿書類関係】問1

[図表2] 国税関係帳簿又は国税関係書類の保存方法の可否

		紙 保 存	電子データ・COM保存 (一貫して電子作成)	スキャナ保存 (紙→スキャナ)	
帳 簿		○ 原則 所法148・法法126等	特例 電帳法4① 最低限の要件:電子計算機処理システムの概要書等の備付け等	×	―
書類	受領	○ 原則 所法148・法法126等	―	◎	特例(要件充足) 電帳法4③前段 真実性・可視性の要件:タイムスタンプ等
				△	特例(要件不充足・紙原本の保存なし) 電帳法4③後段
	発行 (控)	○ 原則 所法148・法法126等	◎ 特例 電帳法4② 最低限の要件:電子計算機処理システムの概要書等の備付け等	◎	特例(要件充足) 電帳法4③前段 真実性・可視性の要件:タイムスタンプ等
				△	特例(要件不充足・紙原本の保存なし) 電帳法4③後段

○:所得税法、法人税法等で保存が義務付けられているもの
◎:電子帳簿保存法での保存が可能なもの
△:電子帳簿保存法で保存が義務付けられているもの
×:保存が認められないもの

出典:国税庁ホームページ 電帳法一問一答【帳簿書類関係】問1

- 181 -

第２章　社会福祉法人の法人税

［図表３］帳簿書類の形態別保存の可否一覧（法人税関係）

○　帳簿書類の形態別保存の可否一覧（法人税関係）

区分	形態			1年目	2年目	3年目	4年目	5年目	6年目	7年目	備考
帳簿			紙	◎	◎	◎	◎	◎	◎	◎	
			電磁的記録	◎	◎	◎	◎	◎	◎	◎	電子帳簿保存法5①
	マイクロフィルム		COM	◎	◎	◎	◎	◎	◎	◎	電子帳簿保存法5①③（令和4年1月1日より前に備付けを開始したものを除く）において現に令和3年度税制改正前電帳法4①の承認を受けているものであって、5③により保存が行われるものについては税務署長の承認が必要） 法人税法施行規則第8条の10第3項及び第59条第3項に規定する保存の方法（平成24年財務省告示第28号）等
	スキャン文書		速やかに入力	×	×	×	×	×	×	×	
			業務サイクル後速やかに入力	×	×	×	×	×	×	×	
			適時に入力	×	×	×	×	×	×	×	
書類	注文書・請求書・契約書・領収書など	相手方発行分	紙	◎	◎	◎	◎	◎	◎	◎	
			電磁的記録	—	—	—	—	—	—	—	
		マイクロフィルム	COM	—	—	—	—	—	—	—	
			撮影	×	×	×	△	△	◎	◎	法人税法施行規則第8条の3の10第3項及び第59条第3項に規定する保存の方法（平成24年財務省告示第26号）等
			電子的取引のデータ	◎	◎	◎	◎	◎	◎	◎	電子帳簿保存法4③・データにより保存しなければならない
		スキャン文書	速やかに入力	◎	◎	◎	◎	◎	◎	◎	電子帳簿保存法4③
			業務サイクル後速やかに入力	◎	◎	◎	◎	◎	◎	◎	
			適時に入力	△	△	△	△	△	△	△	
		自己発行分（写し）	紙	◎	◎	◎	◎	◎	◎	◎	
			電磁的記録	◎	◎	◎	◎	◎	◎	◎	電子帳簿保存法4②
		マイクロフィルム	COM	◎	◎	◎	◎	◎	◎	◎	電子帳簿保存法5①③（令和4年1月1日より前に保存が行われたもの又は同日において現に令和3年度税制改正前電帳法4①の承認を受けているものであって、5③により保存が行われるものについては税務署長の承認が必要） 法人税法施行規則第8条の10第3項及び第59条第3項に規定する保存の方法（平成24年財務省告示第26号）等
			撮影	×	×	×	△	△	◎	◎	
			電子的取引のデータ	◎	◎	◎	◎	◎	◎	◎	電子帳簿保存法7条・データにより保存しなければならない
		スキャン文書	速やかに入力	◎	◎	◎	◎	◎	◎	◎	電子帳簿保存法4③
			業務サイクル後速やかに入力	◎	◎	◎	◎	◎	◎	◎	
			適時に入力	△	△	△	△	△	△	△	
	棚卸表貸借対照表損益計算書など		紙	◎	◎	◎	◎	◎	◎	◎	
			電磁的記録	◎	◎	◎	◎	◎	◎	◎	電子帳簿保存法4②
	マイクロフィルム		COM	◎	◎	◎	◎	◎	◎	◎	電子帳簿保存法5①③（令和4年1月1日より前に保存が行われたもの又は同日において現に令和3年度税制改正前電帳法4①の承認を受けているものであって、5③により保存が行われるものについては税務署長の承認が必要） 法人税法施行規則第8条の10第3項及び第59条第3項に規定する保存の方法（平成24年財務省告示第26号）等
			撮影	×	×	×	×	×	◎	◎	
	スキャン文書		速やかに入力	×	×	×	×	×	×	×	
			業務サイクル後速やかに入力	×	×	×	×	×	×	×	
			適時に入力	×	×	×	×	×	×	×	

(注)　表中の「◎」、「○」、「△」、「×」についてはそれぞれ以下のことを示す。
「◎」は該当の帳簿又は書類の全てについて該当の形態で保存ができること。
「○」は該当の書類のうち資金や物の流れに直結・連動する書類（契約書、領収書等）について該当の形態で保存ができること。
「△」は該当の書類のうち資金や物の流れに直結・連動しない書類（見積書、注文書、契約の申込書（定型的約款のあるもの）、検収書等）について該当の形態で保存ができること。
「×」は該当の帳簿又は書類につき該当の形態での保存ができないこと。

出典：国税庁ホームページ　電帳法一問一答【帳簿書類関係】問1

(2)　電磁的記録

　「電磁的記録」とは、情報（データ）それ自体あるいは記録に用いられる媒体のことではなく、一定の媒体上にて使用し得る（一定の順序によって読みだすことができる）情報が記録・保存された状態にあるものをいいます（電帳法２三、電帳通4-1、電帳法一問一答【帳簿書類関係】問２）。

　具体的には、情報がハードディスク、コンパクトディスク、ＤＶＤ、磁気テープ、クラウド（ストレージ）サービス等に記録・保存された状態にあるものをいいます。

－ 182 －

第7節　電子帳簿保存法と電子取引

参考

関連Q＆A：Q56 電子取引のデータ保存制度

Q55

電帳法2三、4①〜③、5、7

電帳通4-1

電帳法一問一答【帳簿書類関係】問1、問2

第 2 章　社会福祉法人の法人税

Q56 電子取引のデータ保存制度

電子取引のデータ保存制度は、どのような内容となっているので
しょうか。

A 　所得税（源泉徴収に係る所得税を除きます。）及び法人税の
保存義務者が取引情報（注文書、領収書等に通常記載される
事項）を電磁的方式により授受する取引（電子取引）を行った場合に
は、その取引情報を電磁的記録により保存しなければならないという制
度です。

解説

（1）　制度の趣旨

　所得税法及び法人税法では、取引に関して相手方から受け取った注文
書、領収書等や相手方に交付したこれらの書類の写しの保存義務が定め
られています。

　このうち、同様の取引情報を電子取引により授受した場合には、その
取引情報に係る電磁的記録を一定の方法により保存しなければならない
こととするものです（電帳法 7、電帳法一問一答【電子取引関係】問 1）。

（2）　電子取引の意義

　「電子取引」とは、取引情報の授受を電磁的方式により行う取引をい
います（電帳法 2 五）。

　なお、この「取引情報」とは、取引に関して受領し、又は交付する注
文書、契約書、送り状、領収書、見積書その他これらに準ずる書類に通
常記載される事項をいいます。

　具体的には、いわゆるＥＤＩ取引、インターネット等による取引、電
子メールにより取引情報を授受する取引（添付ファイルによる場合を含
みます。）、ペーパーレス化されたＦＡＸ機能を持つ複合機を利用した取

－ 184 －

第7節　電子帳簿保存法と電子取引

引、インターネット上にサイトを設け、当該サイトを通じて取引情報を授受する取引等をいいます（電帳法一問一答【電子取引関係】問2）。

参考

関連Q＆A：Q57 電子取引の例と保存
　　　　　　　Q58 電子データの保存要件（原則）
　　　　　　　Q59 電子データの保存要件（特例）

Q56

電帳法2五、7

電帳法一問一答【電子取引関係】問1、問2

第2章　社会福祉法人の法人税

Q57 電子取引の例と保存

　当法人は、以下のような方法により仕入や経費の精算を行っています。

　これらのデータを保存しておけば出力した書面等の保存は必要ありませんか。

① 電子メールにより請求書や領収書等のデータ（PDFファイル等）を受領

② インターネットのホームページからダウンロードした請求書や領収書等のデータ（PDFファイル等）又はホームページ上に表示される請求書や領収書等のスクリーンショットを利用

③ 電子請求書や電子領収書の授受に係るクラウドサービスを利用

④ クレジットカードの利用明細データ、交通系ICカードによる支払データを利用

⑤ スマートフォンアプリによる決済データ等を活用したクラウドサービスを利用

⑥ 特定の取引に係るEDIシステムを利用

⑦ ペーパーレス化されたFAX機能を持つ複合機を利用

⑧ 請求書や領収書等のデータをDVD等の記録媒体を介して受領

A　ご質問の①～⑧は、いずれも「電子取引」（電帳法2五）に該当すると考えられます。したがって、所定の方法により取引情報（請求書や領収書等に通常記載される日付、取引先、金額等の情報）に係るデータを保存しておけば、出力した書面等の保存は必要ありません。

－ 186 －

第7節　電子帳簿保存法と電子取引

解説

(1)　電子取引の例と保存

①　電子メール

　電子メールにより受領した請求書や領収書等のデータ（ＰＤＦファイル等）は、一般的に受領者側におけるデータの訂正削除が可能と考えますので、受領したデータに電帳法規則第4条第1項第1号のタイムスタンプの付与が行われていない場合には、受領者側でタイムスタンプを付与すること又は同項第4号に定める事務処理規程に基づき、適切にデータを管理することが必要です。また、対象となるデータは検索できる状態で保存することが必要ですので、そのデータが添付された電子メールについて、そのメールソフト上で閲覧できるだけでは十分とはいえません（電帳法一問一答【電子取引関係】問4）。

　なお、取引情報とは、取引に関して受領し、又は交付する注文書、領収書等に通常記載される事項をいうことから、電子メールにおいて授受される情報の全てが取引情報に該当するものではありません（電帳法2五）。したがって、そのような取引情報の含まれていない電子メールを保存する必要はありません（電帳法一問一答【電子取引関係】問5）。

②　ホームページからのダウンロード等

　インターネットのホームページからダウンロードした請求書や領収書等のデータ（ＰＤＦファイル等）又はホームページ上に表示される請求書や領収書等のスクリーンショットを利用して受領したものは、一般的に受領者側におけるデータの訂正削除が可能と考えますので、受領したデータに電帳法規則第4条第1項第1号のタイムスタンプの付与が行われていない場合には、受領者側でタイムスタンプを付与すること又は同項第4号に定める事務処理規程に基づき、適切にデータを管理することが必要です（電帳法一問一答【電子取引関係】問4）。

③　電子請求書や電子領収書の授受に係るクラウドサービス

　電子請求書や電子領収書の授受に係るクラウドサービスを利用する場合は、取引情報（請求書や領収書等に通常記載される日付、取引先、金

- 187 -

第2章　社会福祉法人の法人税

額等の情報）に係るデータについて、訂正削除の記録が残るシステム又は訂正削除ができないシステムを利用して授受及び保存をしていれば、電子取引の保存に係る要件を満たすと考えられます。他方、例えば、クラウド上で一時的に保存されたデータをダウンロードして保存するようなシステムの場合には、①②と同様の点に留意する必要があります（電帳法一問一答【電子取引関係】問4、問6）。

④　クレジットカードの利用明細データ等

　法人税の保存義務者が、その事業に関連するクレジットカードの利用明細データ、交通系ICカードによる支払データを受領した場合のように、個々の取引を集約した取引書類のデータを授受したときには、クレジットカードの利用明細データ自体も電子取引の取引情報に該当することから、その電磁的記録の保存が必要です。

　また、その利用明細データに含まれている個々の取引についても、請求書・領収書等データ（取引情報）を電磁的に授受している場合には、クレジットカードの利用明細データ等とは別途、その保存が必要となります（電帳法一問一答【電子取引関係】問4）。

⑤　スマートフォンアプリによる決済データ等

　いわゆるスマホアプリによる決済を行い、この際にアプリ提供事業者から電磁的方式により利用明細等を受領する行為は、電子取引に該当します。そのため、当該利用明細等に係る取引データについて保存する必要があります（電帳法一問一答【電子取引関係】問7）。

　また、その利用明細データに含まれている個々の取引についても、請求書・領収書等データ（取引情報）を電磁的に授受している場合には、その利用明細データ等とは別途、その保存が必要となります（電帳法一問一答【電子取引関係】問4）。

⑥　特定の取引に係るEDIシステム

　特定の取引に係るEDIシステムを利用する場合は、取引情報（請求書や領収書等に通常記載される日付、取引先、金額等の情報）に係るデータについて、訂正削除の記録が残るシステム又は訂正削除ができな

第7節　電子帳簿保存法と電子取引

いシステムを利用して授受及び保存をしていれば、電子取引の保存に係る要件を満たすと考えられます。他方、例えば、クラウド上で一時的に保存されたデータをダウンロードして保存するようなシステムの場合には、①②と同様の点に留意する必要があります（電帳法一問一答【電子取引関係】問4）。

　なお、インターネットバンキングを利用した振込等もEDIシステムを利用した電子取引に該当しますので、上記と同様の保存が必要になります（電帳法一問一答【電子取引関係】問9）。

⑦　ペーパーレス化されたFAX機能を持つ複合機

　ペーパーレス化されたFAX機能を持つ複合機を利用して受領したものは、一般的に受領者側におけるデータの訂正削除が可能と考えますので、受領したデータに電帳法規則第4条第1項第1号のタイムスタンプの付与が行われていない場合には、受領者側でタイムスタンプを付与すること又は同項第4号に定める事務処理規程に基づき、適切にデータを管理することが必要です（電帳法一問一答【電子取引関係】問4）。

⑧　DVD等の記録媒体

　請求書や領収書等のデータをDVD等の記録媒体を介して受領したものは、一般的に受領者側におけるデータの訂正削除が可能と考えますので、受領したデータに電帳法規則第4条第1項第1号のタイムスタンプの付与が行われていない場合には、受領者側でタイムスタンプを付与すること又は同項第4号に定める事務処理規程に基づき、適切にデータを管理することが必要です（電帳法一問一答【電子取引関係】問4）。

(2)　決済取引以外の電子データ

① 　雇用契約書

　職員の雇用に際して相手方に交付する「労働条件通知書」や相手方との間で取り交わす「雇用契約書」には、通常、契約期間、賃金、支払方法等に関する事項等が記載されており、電帳法に規定する取引情報に該当します。その取引情報の授受を電子メールなどの電磁的方式により行

－ 189 －

第2章　社会福祉法人の法人税

う場合には電子取引に該当しますので、その電子取引データを保存する
必要があります（電帳法2五、電帳法一問一答【電子取引関係】問2-2）。

② **金融機関のオンライン上の通帳や入出金明細等**

　インターネットバンキングを利用した振込等に係る取引年月日・金
額・振込先名等が記載されたデータについては、金融機関のオンライン
上の通帳や入出金明細等（以下「オンライン上の通帳等」といいます。）
による保存も可能です。この場合において、1件の振込等において振込
先が複数あるときは、各振込先・振込金額を確認できる書類等の保存が
必要です。

　なお、オンライン上の通帳等による保存の場合、オンライン上の通帳
等の確認が随時可能な状態であるときは、必ずしもオンライン上の通帳
等をダウンロードして保存していなくても差し支えありません（電帳法
一問一答【電子取引関係】問9-2）。

③ **e-Tax によるダイレクト納付等の電子納税**

　e-Tax でダイレクト納付等の電子納税を行った場合に納税者のメッ
セージボックスに格納される受信通知（納付区分番号通知、納付完了通
知）は、電子帳簿保存法が規定する電子取引の取引情報に当たらないた
め、保存義務はありません（電帳法一問一答【電子取引関係】問8）。

参考

関連Q＆A：Q56 電子取引のデータ保存制度
　　　　　　　Q58 電子データの保存要件（原則）

Q57

　電帳法2五

　電帳規4①一・四

　電帳法一問一答【電子取引関係】問2-2、問4〜問9-2

－ 190 －

第7節　電子帳簿保存法と電子取引

Q58 電子データの保存要件（原則）

　電子取引の取引情報に係る電磁的記録の保存等を行う場合には、どのような要件を満たさなければならないのでしょうか。

A　電子取引の取引情報に係る電磁的記録の保存等に当たっては、真実性や可視性を確保するための要件を満たす必要があります。ただし、法人の規模や対応事情に応じて、猶予措置等が設けられています。

解説

（1）　保存要件

　電子取引の取引情報に係る電磁的記録の保存等に当たっては、真実性や可視性を確保するための要件を満たす必要があります（電帳規2②一イ・二・⑥五・六、4①、電帳法一問一答【電子取引関係】問15、**[図表1]**参照）。

－ 191 －

第2章　社会福祉法人の法人税

[図表1] 電子取引の取引情報に係る電磁的記録の保存等を行う場合の要件の
　　　　概要

要　件
①　電子計算機処理システムの概要を記載した書類の備付け（自社開発のプログラムを使用する場合に限ります。）（電帳規2②一イ・⑥六、4①）
②　見読可能装置の備付け等（電帳規2②二、4①） 　　※　ディスプレイやプリンタ等の性能や設置台数等は、要件とされていません（電帳法一問一答【電子取引関係】問17）。
③　検索機能の確保（電帳規2⑥五、4①） 　　※　変更前のシステムを用いること等により検索機能が確保されているのであれば、現在使用しているシステムにより検索できなくても差し支えありません（電帳法一問一答【電子取引関係】問21）。 　　※　保存されている電磁的記録は、原則として一課税期間を通じて検索をすることができる必要があります（電帳法一問一答【電子取引関係】問22）。
④　次のいずれかの措置を行う（電帳規4①） 　一　タイムスタンプが付された後の授受 　二　速やかに（又はその業務の処理に係る通常の期間を経過した後、速やかに）タイムスタンプを付します。 　　※　括弧書の取扱いは、取引情報の授受から当該記録事項にタイムスタンプを付すまでの各事務の処理に関する規程を定めている場合に限ります。 　三　データの訂正削除を行った場合にその記録が残るシステム又は訂正削除ができないシステムを利用して、授受及び保存を行います。 　四　訂正削除の防止に関する事務処理規程を策定、運用、備付け

(2)　保存方法

①　保存方法の例示

　電子取引を行った場合には、取引情報を保存することとなりますが、例えば [図表2] に掲げる電子取引の種類に応じて保存することが認められます。

　ただし、これらのデータを保存するサーバ等は可視性及び真実性の要件を満たす必要があります（電帳法一問一答【電子取引関係】問32）。

－ 192 －

第7節　電子帳簿保存法と電子取引

［図表2］　電子データの保存方法

電子取引の種類、形式と保存方法
①　電子メールに請求書等が添付 　　・請求書等が添付された電子メールそのもの（電子メール本文に取引情報が記載されたものを含みます。）をサーバ等（運用委託しているものを含みます。以下同じです。）自社システムに保存 　　・添付された請求書等をサーバ等に保存
②　発行者のウェブサイトで領収書等をダウンロード 　　□ＰＤＦ等をダウンロードできる 　　・ウェブサイトに領収書等を保存 　　・ウェブサイトから領収書等をダウンロードしてサーバ等に保存 　　□ＨＴＭＬデータで表示される 　　・ウェブサイト上に領収書を保存 　　・ウェブサイト上に表示される領収書をスクリーンショットし、サーバ等に保存 　　・ウェブサイト上に表示されたＨＴＭＬデータを領収書の形式に変換（ＰＤＦ等）し、サーバ等に保存 ③　第三者等が管理するクラウドサービスを利用し領収書等を授受 　　・クラウドサービスに領収書等を保存 　　・クラウドサービスから領収書等をダウンロードして、サーバ等に保存
④　従業員がスマートフォン等のアプリを利用して経費を立て替え 　　・従業員のスマートフォン等に表示される領収書データ（スクリーンショットによる領収書の画像データも可）を電子メールにより送信させて、自社システムに保存

②　電子データの保存媒体・場所

イ　外部記憶媒体

　ハードディスク、コンパクトディスク、ＤＶＤ、磁気テープ等記憶媒体の種類にかかわらず保存要件は同じであり、外部記憶媒体に限った要件はありません（電帳法一問一答【電子取引関係】問20）。

ロ　クラウドサービス

　クラウドサービスを利用する場合や、サーバを海外に置いている場合であっても、保存場所において電磁的記録をディスプレイの画面及び書面に、電帳法規則第2条第2項第2号に規定する状態で速やかに出力することができるときは、その電磁的記録は保存場所に保存等がされているものとして取り扱われます（電帳法一問一答【電子取引関係】問25）。

－ 193 －

第2章　社会福祉法人の法人税

(3)　検索機能の要件

　電子取引の取引情報に係る電磁的記録の保存に当たり、次の要件を満たす検索機能を確保する必要があります（電帳規2⑥五、電帳法一問一答【電子取引関係】問42）。

イ　取引年月日その他の日付、取引金額及び取引先を検索の条件として設定することができること。

ロ　日付又は金額に係る記録項目については、その範囲を指定して条件を設定することができること。

ハ　二以上の任意の記録項目を組み合わせて条件を設定することができること（注）。

　（注）「A又はB」の組合せは必要なく、段階的な検索ができるものも要件を満たすこととなります（電帳法一問一答【電子取引関係】問43）。

(4)　タイムスタンプの付与期限

①　原則

　おおむね7営業日以内に付与すれば速やかにタイムスタンプを付与しているものとして取り扱うこととされています（電帳通7-4、電帳法一問一答【電子取引関係】問55）。

　また、おおむね7営業日でタイムスタンプを付与できないような特別な事由が存在する場合には、その事由が解消した後直ちに付与することによって、「速やかに」タイムスタンプを付すことの目的は達せられるとされます。

②　事務処理規程を定めている場合

　「業務の処理に係る通常の期間を経過した後、速やかに行う」とは、最長2か月の業務処理サイクルであれば「その業務の処理に係る通常の期間」として取り扱うことから、電子取引の取引情報に係る電磁的記録を授受してから最長2か月とおおむね7営業日以内にタイムスタンプを付与すればよいこととなります（電帳通4-18、電帳法一問一答【電子取引関係】問56）。

　ただし、この取扱いは取引情報の授受からその記録事項にタイムス

－ 194 －

第7節　電子帳簿保存法と電子取引

タンプを付すまでの各事務の処理に関する規程を定めている場合に限ります。

参考

関連Q＆A：Q56 電子取引のデータ保存制度

　　　　　　　Q59 電子データの保存要件（特例）

Q58

　電帳規2②一イ・二・⑥五・六、4①

　電帳通 4-18、7-4

　電帳法一問一答【電子取引関係】問 15、問 17、問 20、問 21、問 22、問 25、問 32、問 42、問 43、問 55、問 56

第2章 社会福祉法人の法人税

Q59 電子データの保存要件（特例）

電子取引の取引情報に係る電磁的記録を保存する際の要件のうち、検索機能の確保の要件は必ず確保しなければならないのでしょうか。

法人の規模や対応事情に応じて、一定の措置を条件に検索機能の確保の要件の全部又は一部を不要することが認められます。

解説
(1) 小規模事業者等
① 検索機能の不要の要件
　税務職員による質問検査権に基づく電磁的記録の提示等の求め（以下「ダウンロードの求め」といいます。）に応じることができるようにしている場合には、判定期間に係る基準期間の売上高が5,000万円以下の事業者又は電磁的記録を出力した書面を取引年月日その他の日付及び取引先ごとに整理されたものを提示・提出できるようにしている事業者については検索機能の確保の要件のすべてが不要です（電帳法4①、電帳法一問一答【電子取引関係】問43）。
② 判定期間に係る基準期間の売上高が5,000万円以下の判断
　イ　基準期間
　電子取引が行われた日の属する事業年度の前々事業年度の売上高が、5,000万円を超えるかどうかで判断します（電帳法一問一答【電子取引関係】問45）。
　このため、判定期間に係る基準期間がない新設法人の初年度、翌年度の課税期間などについては、検索機能の確保が不要となります。
　ロ　売上高
　基準期間における売上高については、消費税及び地方消費税の額を除いた税抜金額で判断します。なお、基準期間における売上高は、消費税

第7節　電子帳簿保存法と電子取引

法上の基準期間における課税売上高と異なり、同法における非課税売上額が含まれます。

　具体的には、「一般的に売上高、売上収入、営業収入等として計上される営業活動から生ずる収益」をいい、いわゆる営業外収益や特別利益は含まれませんので、例えば、一時的に保有する資産の売却額は含まれません。

(2)　ダウンロードの求めに応じる事業者
①　ダウンロードの求めのみに応じる場合

　検索機能のうち、「取引年月日その他の日付、取引金額及び取引先を検索の条件として設定することができること」の要件のみ満たせば足ります。

②　一定の形式で整理した書面の提示を行う場合

　ダウンロードの求めに応じたうえで、次のいずれかの方法により整理し、税務調査の際に遅滞なく提示又は提出（以下「提示等」といいます。）できる場合は、検索機能の確保の要件のすべてが不要です（電帳通7-3、電帳法一問一答【電子取引関係】問46）。

イ　課税期間ごとに、取引年月日その他の日付の順にまとめた上で、取引先ごとに整理する方法

ロ　課税期間ごとに、取引先ごとにまとめた上で、取引年月日その他の日付の順に整理する方法

ハ　書類の種類ごとに、イ又はロと同様の方法により整理する方法

　なお、その授受したデータの様態に応じて、検索機能を確保した電子データ保存と、出力した書面により管理している電子データ保存とが混在しても、税務調査等の際に提示等を求められたものを遅滞なく提示等できる限りにおいては差し支えありません。

③　猶予措置
イ　検索機能の不要の要件

　税務署長が相当の理由があると認め、かつ、保存義務者が税務調査等

－ 197 －

第2章　社会福祉法人の法人税

の際に、税務職員からの求めに応じ、その電子データ及び出力書面の提示等をすることができる場合には、検索機能の確保の要件のすべてが不要です（電帳法一問一答【電子取引関係】問60-2）。

　この場合、事前の申請・届出は必要なく、仮に税務調査等の際に、税務職員から確認等があった場合には、各事業者における対応状況や今後の見通しなどを適宜知らせれば足ります（電帳規4③、電帳法一問一答【電子取引関係】問62）。

ロ　相当の理由

　猶予措置の「相当の理由」とは、例えば、その電磁的記録そのものの保存は可能であるものの、保存時に満たすべき要件に従って保存するためのシステム等や社内のワークフローの整備が間に合わない等といった、自己の責めに帰さないとは言い難いような事情も含め、要件に従って電磁的記録の保存を行うための環境が整っていない事情がある場合をいいます（電帳通7-12、電帳法一問一答【電子取引関係】問63）。

ハ　相当の理由がなくなる場合

　保存時に満たすべき要件に従って保存するためのシステム等や社内のワークフローの整備が間に合わない等といった事情が解消された後に行う電子取引データの保存については、「要件に従って保存することができなかったことについて相当の理由がある」とは認められず、事情が解消された後に行う電子取引については、保存時に満たすべき要件に従った電子データの保存ができるよう準備しておく必要があります（電帳法一問一答【電子取引関係】問62）。

　特段の事情なくその後のシステム更改によって検索要件を満たすことができなくなった場合や書類の保存スペースの関係から電磁的記録を出力した書面を破棄した場合については、「要件に従って保存することができなかったことについて相当の理由がある」と認められません（電帳法一問一答【電子取引関係】問63、64）。

第 7 節　電子帳簿保存法と電子取引

参考

関連Q＆A：Q56 電子取引のデータ保存制度

Q58 電子データの保存要件（原則）

Q59

電帳法 4 ①

電帳規 4

電帳通 7-3、7-12

電帳法一問一答【電子取引関係】問 43、問 45、問 46、問 60-2、問 62、問 63、問 64

第2章　社会福祉法人の法人税

Q60 社会福祉法人における適用関係

　当社会福祉法人は法人税法上の収益事業を行っており、青色申告
の承認を受けて、法人税の申告をしています。電子取引の取引情報
に係る電磁的記録については、収益事業に係る取引に関するものだ
けを保存しておけばいいのでしょうか。それとも、収益事業を含む
全ての事業の取引に関する電子取引の取引情報に係る電磁的記録を
保存しなければならないのでしょうか。

　また、青色申告法人以外の社会福祉法人である場合はどうなるで
しょうか。

A　　社会福祉法人が青色申告法人である場合、収益事業を含む
全ての事業の取引に関する電子取引の取引情報に係る電磁的
記録を保存する必要があります。他方、青色申告法人以外の社会福祉法
人である場合、収益事業に関する電子取引の取引情報に係る電磁的記録
の保存をすれば足りることになります。

解説

(1)　青色申告法人

　電子取引の取引情報に係る電磁的記録の保存では、法人税に係る保存
義務者は電子取引を行った場合には、一定の要件に従って、その電子取
引の取引情報に係る電磁的記録を保存しなければならないこととされて
います。

　この場合の「電子取引」とは、取引情報（取引に関して受領し、又は
交付する注文書、契約書、送り状、領収書、見積書その他これらに準ず
る書類に通常記載される事項をいいます。）の授受を電磁的方式により
行う取引をいうこととされ、この「取引情報」については、収益事業に
係る事項に限られていません（電帳法2五）。

　社会福祉法人を含む公益法人等が青色申告法人である場合、仕訳帳、

－ 200 －

第7節　電子帳簿保存法と電子取引

総勘定元帳その他必要な帳簿等、また、棚卸表、貸借対照表及び損益計算書並びに決算に関して作成されたその他の書類、さらに、取引に関して、相手方から受け取った注文書、契約書、送り状、領収書、見積書その他これらに準ずる書類及び相手方に交付したこれらの書類の写しを保存しなければならないこととされ、公益法人等が青色申告法人以外の法人である場合の定めとは異なり、「収益事業に係る取引に関して」とされていないことから、収益事業を含む全ての事業の取引に関する書類を保存しなければならないこととされています（法法126①、法規59①）。

　電子帳簿保存法に基づく電子取引の取引情報に係る電磁的記録の保存については、電子帳簿保存法が国税関係帳簿書類の保存方法等について所得税法、法人税法その他の国税に関する法律の特例を定めるものであることを勘案し、公益法人等が青色申告法人である場合においては、上記の帳簿書類の保存と同様、収益事業を含む全ての事業の取引に関する帳簿書類を保存する必要があるとともに、その公益法人等が取引情報の授受を電磁的方式により行った場合には、一定の要件に従って、収益事業を含む全ての事業の取引に関する電子取引の取引情報に係る電磁的記録を保存しなければならないこととなります（電帳法一問一答【電子取引関係】問69）。

(2)　青色申告法人以外の法人

　社会福祉法人を含む公益法人等に係る帳簿書類の保存については、公益法人等が青色申告法人以外の法人である場合、現金出納帳その他必要な帳簿、また、収益事業に係る取引に関して、相手方から受け取った注文書、契約書、送り状、領収書、見積書その他これらに準ずる書類及び相手方に交付したこれらの書類の写し、さらに、棚卸表、貸借対照表及び損益計算書並びに決算に関して作成されたその他の書類を保存しなければならないこととされています（法法150の2①、法規66①、67①②）。

　したがって、公益法人等が青色申告法人以外の法人である場合においては、一定の要件に従って、収益事業に関する電子取引の取引情報に係

－ 201 －

第 2 章　社会福祉法人の法人税

る電磁的記録の保存をすれば足りることになります（電帳法一問一答【電子取引関係】問 69）。

参考

関連Q＆A：Q56 電子取引のデータ保存制度
Q60
電帳法 2 五
法法 126 ①、150 の 2 ①
法規 59 ①、66 ①、67 ①②
電帳法一問一答【電子取引関係】問 69

第3章

社会福祉法人の消費税

第3章 社会福祉法人の消費税

第1節 消費税の基本事項

Q61 消費税の概要と計算

消費税の概要と税額の計算の方法を教えてください。

 消費税（地方消費税を含みます。以下同じ。）は間接税ですので、申告・納付は課税事業者が行います。

解説
（1）納税義務者
　消費税は間接税であり、最終的な税の負担者は一般消費者ですが、原則として、その納税義務者は資産の譲渡、貸付けや役務の提供及び特定課税仕入れを行う「課税事業者」（法人及び個人事業者）になります（消法5）。

（2）消費税率と軽減税率制度
　消費税は令和元年（2019年）10月に標準税率が10％に引き上げられ、同時に飲食料品等に軽減税率制度（税率8％）が導入されました。この軽減税率の対象となるのは、酒類及び外食を除く「飲食料品」と定期購読契約が締結された週2回以上発行される「新聞」です（消去2①九の二、29二、別表第1）。
　なお、社会保障の安定財源の確保等を図る税制の抜本的な改革を行うための消費税法の一部を改正する等の法律（以下「消費税改正法」とい

- 204 -

第 1 節　消費税の基本事項

います。）の経過措置による資産の譲渡等については、旧税率（8％）が
適用されます（消法 29、消費税改正法附則 16、**[図表 1]** 参照）。

[図表 1] 税率

適用区分	令和元年 9 月末まで	令和元年 10 月 1 日以降	
		標準税率	軽減税率
消費税率	6.3%	7.8%	6.24%
地方 消費税率	1.7% （消費税額の 17/63）	2.2% （消費税額の 22/78）	1.76% （消費税額の 22/78）
合計税率	8.0%	10.0%	8.0%

（注）　平成元年 4 月から平成 9 年 3 月まで　消費税率　3%（一部　4.5%、6%）
　　　平成 9 年 4 月から平成 26 年 3 月まで　消費税率　4% 地方消費税率　1%　合計税率
　　　5%

（3）消費税・地方消費税の計算の概要

　法人である課税事業者の消費税及び地方消費税の確定申告の納税額
は、特定課税仕入れ及び課税貨物に係る消費税を除き、原則として、次
のように計算します。

①　消費税の課税標準額と消費税額

　その課税期間の課税資産の譲渡等の対価の額が消費税の課税標準額に
なります（消法 28 ①、45 ①一、消費税改正法附則 1）。この課税資産の譲
渡等の対価の額を消費税の適用税率の異なるごとに区分して、税率を乗
じて計算した税額を合計して「消費税額」を計算します（消法 29、45 ①
二）。

②　消費税の税額控除と差引税額等

　消費税の適用税率の異なるごとに区分して計算した次に掲げる金額の
合計額を、消費税の課税標準額に対する消費税額から控除して、「控除
不足還付税額」又は「差引税額」を計算します（消法 45 ①三～五）。
イ　国内において行う課税仕入れについて、その課税期間中に国内にお
　いて行った課税仕入れに係る消費税額又は一定の調整をした税額の合

－ 205 －

第3章　社会福祉法人の消費税

計額（消法 30～37 の 2）。

ロ　国内において行った課税資産の譲渡等につき、売上げに係る対価の
返還等をした場合には、その課税期間中の売上げに係る対価の返還等
の金額に係る消費税額の合計額（消法 38）。

ハ　国内において課税資産の譲渡等を行った場合において、その課税資
産の譲渡等の相手方に対する債権につき、貸倒れの事実が生じたた
め、貸倒れとなったときは、その課税期間中の貸倒れに係る消費税額
の合計額（消法 39）。

③　消費税の納付税額又は中間納付還付税額

その課税期間につき中間申告書を提出している場合には、差引税額か
ら中間納付額を控除して、「納付税額」又は「中間納付還付税額」を計
算します（消法 45①六・七）。

④　地方消費税の課税標準額

消費税の「控除不足還付税額」又は「差引税額」が地方消費税の課税
標準額になります（地法 72 の 82、72 の 88、地規 7 の 2 の 5①三）。

⑤　地方消費税の譲渡割額

地方消費税の課税標準額を地方消費税の適用税率の異なるごとに区分
して、税率を乗じて計算した税額を合計して「譲渡割額」を計算します
（地法 72 の 83、地規 7 の 2 の 5①四）。

⑥　地方消費税の納付譲渡割額又は中間納付還付譲渡割額

その課税期間につき中間申告書を提出している場合には、譲渡割額か
ら中間納付額を控除又は加算して、「納付譲渡割額」又は「中間納付還
付譲渡割額」を計算します（地法 72 の 88、地規 7 の 2 の 5①五～七）。

－ 206 －

第1節　消費税の基本事項

参　考

関連Q＆A：Q62 課税の対象（課税売上げ・非課税売上げ）

Q61

　消法 2 ①九の二、5、28 ①、29、30〜38、39、45 ①、別表第 1

　消費税改正法附則 1、16

　地法 72 の 82、72 の 83、72 の 88

　地規 7 の 2 の 5 ①

第3章　社会福祉法人の消費税

Q62 課税の対象（課税売上げ・非課税売上げ）

　社会福祉法人が行う事業のうち、どのような取引に消費税は課税されるのでしょうか。

A　次の取引で、非課税となるもの以外に消費税は課されます。
・　国内において事業者が行った資産の譲渡等（特定資産の譲渡等に該当するものを除きます。）
・　特定仕入れ
・　保税地域から引き取られる外国貨物

解 説

（1）課税売上げ

　課税される資産の譲渡等（以下「課税売上げ」といいます。）とは、次の四つの要件を全て満たすもの（以下「資産の譲渡等」といいます。）で、「非課税売上げ」以外のものをいいます（消法2①八・九、4①、**[図表1]** 参照）。

① 　国内で行う取引であること。

② 　事業として行う取引であること。

　　法人が行う資産の譲渡及び貸付け並びに役務の提供は、その全てが「事業として」に該当します（消基通5-1-1）。

③ 　対価を得て行う取引であること。

　　資産の譲渡及び貸付け並びに役務の提供に対して反対給付を受けることをいいますから、無償による資産の譲渡及び貸付け並びに役務の提供は、資産の譲渡等に該当しません（消基通5-1-2）。

　　ただし、法人が資産をその役員に対して贈与した場合におけるその贈与は、事業として対価を得て行われた資産の譲渡とみなされます（消法4⑤二）。

④ 　資産の譲渡、資産の貸付け、役務の提供であること。

－ 208 －

「資産」とは、取引の対象となる一切の資産をいいますから、棚卸資産又は固定資産のような有形資産のほか、権利その他の無形資産が含まれます（消基通5-1-3）。

[図表1] 課税資産の譲渡等（課税売上げ）

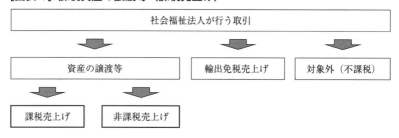

（2）非課税売上げ

資産の譲渡等には該当しますが、資本財や支払手段の譲渡等の消費税の性格になじまないもの及び社会政策上の理由により、次頁**[図表2]**に掲げる資産の譲渡等（以下「非課税売上げ」といいます。）は、非課税とされます（消法6①、別表第2）。

（3）輸出免税売上げ

免税事業者以外の事業者が国内において行う課税資産の譲渡等のうち、本邦からの輸出として行われる資産の譲渡又は貸付けその他一定のものに該当するもの（以下「輸出免税売上げ」といいます。）については、消費税が免除されます（消法7①）。

（4）特定仕入れ・課税貨物
① 特定仕入れ

事業として他の者から受けた特定資産の譲渡等をいいます（消法2①八の二～八の五、4①、次頁**[図表3]**参照）。

第3章　社会福祉法人の消費税

[図表2] 非課税売上げ

号	資本財・支払手段の譲渡等による非課税	号	社会政策上の理由による非課税
1	土地（土地の上に存する権利を含む。）の譲渡及び貸付け	6	社会保険医療等に係る資産の譲渡等
2	有価証券等の譲渡	7	介護保険サービス等に係る資産の譲渡等、社会福祉事業等に係る資産の譲渡等
3	利子、保証料、合同運用信託等に係る信託報酬、保険料	8	助産に係る資産の譲渡等
4	郵便切手、印紙等、証紙、物品切手等の譲渡	9	埋葬料、火葬料
5	行政・司法手数料等、外国為替手数料	10	身体障害者用物品の譲渡等
		11	学校に係る授業料、入学金、施設設備費等
		12	教科用図書の譲渡
		13	住宅の貸付け

(注) 各号とも非課税の対象とならない資産の譲渡等があります。

[図表3] 特定仕入れ

特定資産の譲渡等	
事業者向け電気通信利用役務の提供 　国外事業者が行う電気通信利用役務の提供のうち、その電気通信利用役務の提供に係る役務の性質又はその役務の提供に係る取引条件等からその役務の提供を受ける者が通常事業者に限られるもの	特定役務の提供 　資産の譲渡等のうち、国外事業者が行う演劇その他の役務の提供で、電気通信利用役務の提供に該当するものを除く

(注)　電気通信利用役務の提供
　　資産の譲渡等のうち、電気通信回線（いわゆるインターネット）を介して行われる著作物の提供又はその著作物の利用の許諾に係る取引その他の電気通信回線を介して行われる役務の提供（電話、電信その他の通信設備を用いて他人の通信を媒介する役務の提供を除きます。）であって、他の資産の譲渡等の結果の通知その他の他の資産の譲渡等に付随して行われる役務の提供以外のものをいいます。

- 210 -

第1節　消費税の基本事項

② **課税貨物**

　関税法に規定する保税地域から引き取られる同法に規定する外国貨物
（同法に規定する信書を除きます。）のうち、次に掲げるもの以外のもの
をいいます（消法2①二・十・十一、4②、6②、別表第2の2）。

- ・　有価証券等
- ・　郵便切手類
- ・　印紙
- ・　証紙
- ・　物品切手等
- ・　身体障害者用物品
- ・　教科用図書

参　考

関連Q＆A：Q61 消費税の概要と計算
Q62

　消法2①二・八～九、十・十一、4①②⑤二、6①②、7①、別表第2、
　別表第2の2

　消基通5-1-1、5-1-2、5-1-3

第3章 社会福祉法人の消費税

Q63 申告単位

当法人は、法人税法上の収益事業に該当する事業も行っていることから、収益事業と非収益事業について区分経理し、法人税の申告を行っています。このように会計単位を別々にしている場合には、消費税も収益事業の会計単位についてのみ申告すればよいのでしょうか。

また、非収益事業の会計単位についても申告の必要がある場合、それぞれ会計単位ごとに消費税の申告をすればよいのでしょうか。

収益事業及び非収益事業において行った課税資産の譲渡等について、合わせて法人全体で申告をする必要があります。

[解説]
（1）消費税の申告単位

公益法人等の非収益事業から生じた所得には、法人税は課税されません。一方、消費税においては、非収益事業に属する資産の譲渡等を行った場合であっても、それが国内における課税資産の譲渡等である限り、事業者である公益法人等が行ったものですから、課税の対象となります（消法4①）。

また、消費税は国内において課税資産の譲渡等を行った事業者を納税義務者としていますが、基準期間における課税売上高が1,000万円以下の場合には、原則として、その課税期間の納税義務は免除されます。この基準期間における課税売上高も、事業者を単位として判定することとされています（消法9①）。

さらに、消費税の申告も、事業者を単位として行うこととされています（消法42、45）。

国若しくは地方公共団体が一般会計に係る業務として行う事業又は国若しくは地方公共団体が特別会計を設けて行う事業については、その一般会計又は特別会計ごとに一の法人が行う事業とみなして申告します

- 212 -

第1節　消費税の基本事項

（消法60①）。しかし、このような取扱いは公益法人等には適用されません から、収益事業と非収益事業について各別に申告することは認められません（質疑応答事例／消費税 国等に対する特例1）。

　したがって、社会福祉法人のその課税期間の基準期間における課税売上高が1,000万円を超える場合には、その課税期間中に収益事業及び非収益事業において行った課税資産の譲渡等について、合わせて法人全体で申告をする必要があります。

参　考

関連Q＆A：Q64 課税事業者・免税事業者
Q63
　消法4①、9①、42、45、60①
　質疑応答事例／消費税 国等に対する特例1

－ 213 －

第 3 章　社会福祉法人の消費税

Q64 課税事業者・免税事業者

当法人は、就労支援事業を行う社会福祉法人です。当年度の課税売上高の見込額は 1,500 万円です。ただし、前々年度及び前年度の課税売上高がいずれも 500 万円以下でした。

なお、翌年度に就労支援事業のための設備投資を 5,000 万円で行う予定になっています。

当法人は当年度、消費税の申告・納付をしなければならないのでしょうか。

A　前々年度（当年度の基準期間）及び前年度（翌年度の基準期間）の課税売上高が 1,000 万円以下であるので免税事業者となり、当年度は消費税の申告・納付は必要ありません。ただし、消費税の還付を受けるため、当年度に消費税課税事業者選択届出書を提出して、翌年度から課税事業者になることができます。

解説

（1）免税事業者

①　納税義務の免除

その課税期間に係る基準期間における課税売上高が 1,000 万円以下である事業者については、その課税期間中に国内において行った課税資産の譲渡等及び特定課税仕入れにつき、消費税を納める義務が免除されます（消法 9 ①）。

なお、基準期間とは、法人のその事業年度の前々事業年度をいい、その前々事業年度が 1 年未満である場合はその事業年度開始の日の 2 年前の日の前日から同日以後 1 年を経過する日までの間に開始した各事業年度を合わせた期間をいいます（消法 2 ①十四）。

②　基準期間における課税売上高

基準期間における課税売上高は、基準期間が 1 年の場合、基準期間中

- 214 -

第1節　消費税の基本事項

に国内において行った課税資産の譲渡等の対価の額の合計額から同期間
中に行った売上げに係る対価の返還等の税抜き金額を控除した金額をい
います（消法9②一）。

基準期間が1年以下の場合、次により計算した金額をいいます（消法
9②二）。

〔計算式〕

$$\left[\begin{array}{c}\text{基準期間中に国内におい}\\\text{て行った課税資産の譲渡}\\\text{等の対価の額の合計額}\end{array} - \begin{array}{c}\text{基準期間における売上}\\\text{げに係る税抜対価の返}\\\text{還等の金額の合計額}\end{array}\right] \times \frac{12}{\text{基準期間に含まれる事}\atop\text{業年度の月数の合計数}}$$

（注）　月数は、暦に従って計算し、一月に満たない端数を生じたときは、これを一月としま
す（消法9③）。

なお、基準期間である課税期間において免税事業者であった事業者
が、その基準期間である課税期間中に国内において行った課税資産の譲
渡等については消費税等が課されていません。したがって、その事業者
の基準期間における課税売上高の算定にあたっては、免税事業者であっ
た基準期間となる課税期間の課税資産の譲渡等の対価の額、すなわち、
その課税売上金額がそのまま基準期間の課税売上高となることになりま
す（消基通1-4-5）。

（2）課税事業者の選択と取りやめ

①　選択

その事業者が消費税課税事業者選択届出書を納税地の所轄税務署長に
提出した場合には、その提出をした日の属する課税期間の翌課税期間以
後の課税期間は、その課税期間の基準期間における課税売上高が1,000
万円以下であっても、課税事業者になります（消法9④）。

②　選択の取りやめと制限

イ　原則

消費税課税事業者選択届出書を提出した社会福祉法人は、①の翌課税
期間の初日から2年を経過する日の属する課税期間の初日以後でなけれ

－ 215 －

第3章　社会福祉法人の消費税

ば、消費税課税事業者選択不適用届出書を提出することができません（消法9⑤⑥）。すなわち、課税事業者になってから2年間は免税事業者になることができません（[**図表1**] 参照）。

[**図表1**] 原則的な選択の取りやめと制限

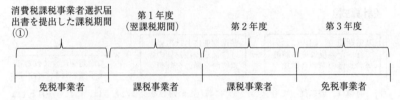

ロ　調整対象固定資産の仕入れ等による制限

　消費税課税事業者選択届出書を提出した社会福祉法人は、①の翌課税期間の初日からから同日以後2年を経過する日までの間に開始した各課税期間（簡易課税制度の適用を受ける課税期間を除きます。）中に国内における調整対象固定資産の課税仕入れ又は調整対象固定資産に該当する課税貨物の保税地域からの引取り（以下「調整対象固定資産の仕入れ等」といいます。）を行った場合には、その調整対象固定資産の仕入れ等の日の属する課税期間の初日から3年を経過する日の属する課税期間の初日以後でなければ、消費税課税事業者選択不適用届出書を提出することができません（消法9⑦）。すなわち、調整対象固定資産の仕入れ等の日の属する課税期間の初日から3年間免税事業者になることができません（消法9⑦）。

　なお、調整対象固定資産とは、棚卸資産以外の建物、構築物、機械及び装置、船舶、航空機、車両及び運搬具、工具、器具及び備品、鉱業権その他の資産で、その税抜きの取得価額が、一の取引の単位につき100万円以上のものをいいます（消法2①十六、消令5、[**図表2**] 参照）。

第1節　消費税の基本事項

[図表2] 調整対象固定資産の仕入れ等による制限

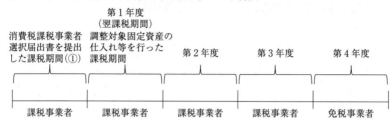

参考

関連Q＆A： Q65　課税事業者の判定（特定期間）
　　　　　　Q66　課税事業者の判定（合併）
　　　　　　Q67　課税事業者の判定（高額特定資産の取得）
　　　　　　Q103　簡易課税制度の適用

Q64

　消法2①十四・十六、4①、9①〜⑦
　消令5
　消基通1-4-5

第3章　社会福祉法人の消費税

Q65 課税事業者の判定（特定期間）

当法人は、就労支援事業を行う社会福祉法人です。前年度の4月に他の特定非営利活動法人から事業を引き継いだため、前年度の課税売上高は2,500万円（9月までの課税資産の譲渡等の対価の額の合計額1,200万円、給与等支払額6,000万円）でした。

消費税の納税義務者になるのは前々年度の課税売上高が1,000万円を超える場合ということですから、当法人は翌年度から消費税の申告・納付をすればいいのでしょうか。

A 　前年度の4月から9月までの期間（特定期間）の課税売上高が1,000万円を超えているので、当年度から消費税の納税義務者になります。

解説

（1）免税事業者判定の特例

① 特定期間の課税売上高による免除の特例

イ　免除の特例

法人のその事業年度の基準期間における課税売上高が1,000万円以下である場合においても、その事業年度に係る特定期間における課税売上高が1,000万円を超えるときは、その法人のその事業年度における課税資産の譲渡等及び特定課税仕入れについては、消費税は免除されず、課税事業者になります（消法9の2①）。

ロ　特定期間

その法人の前事業年度の月数に応じて、次に掲げる期間になります。

(i) その事業年度の前事業年度が8か月以上である場合：その前事業年度開始の日以後6か月の期間（消法9の2④二、**[図表1]** 参照）

－ 218 －

第1節　消費税の基本事項

[図表1] 前事業年度が8か月以上である場合

a．事業年度が1年

b．事業年度が法人の設立1期目が8か月以上の場合

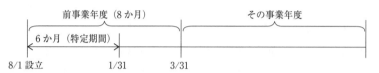

(ⅱ) 新たに設立された法人でその事業年度の前事業年度が8か月未満である場合：その事業年度の前事業年度設立以後6か月の期間（その前事業年度が7か月以下の場合には、当該期間が6か月以上であっても特定期間には該当しません）（消法9の2④三、⑤、消令20の6①一、[図表2]参照）

[図表2] 前事業年度が8か月以下である場合

a．月の途中で設立した場合で前事業年度（7か月半）の決算期末が月の末日のとき

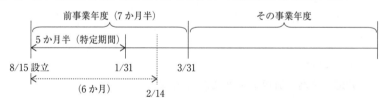

※　法人設立の日から6か月後は2月14日となりますが、前事業年度の決算期末が月末であるため、6か月後（2月14日）の前月の末日である1月31日が特定期間の末日となります。したがって、前事業年度の8月15日から1月31日までの期間が特定期間となり、その期間の課税売上高（又は給与等支払額）で判定することとなります（質疑応答事例／消費税 納税義務者3、4、5）。

ハ　特定期間の課税売上高

特定期間における課税売上高とは、次のいずれか金額をいいます。
（ⅰ）特定期間中に国内において行った課税資産の譲渡等の対価の額の合

第3章　社会福祉法人の消費税

計額から、特定期間中に行った売上げに係る税抜対価の返還等の金額
を控除した残額（消法9の2②）

(ii)　特定期間中に支払った給与等支払額：法人が特定期間中に支払った
所得税法施行規則第100条第1項第1号に規定する給与等の金額の合
計額をいいます（消法9の2③、消規11の2）。具体的には所得税の課
税対象とされる給与、賞与等が該当し、所得税が非課税とされる通勤
手当、旅費等は該当せず、未払額は含まれません（消基通1-5-23）。

ご質問の法人の場合、前年度の4月から9月までの課税資産の譲渡等
の対価の額の合計額は1,200万円、給与等支払額は6,000万円で、いず
れも1,000万円を超えているので、当年度から消費税の納税義務者にな
ります。

参 考

関連Q＆A：Q62 課税の対象（課税売上げ・非課税売上げ）
　　　　　　　Q64 課税事業者・免税事業者
　　　　　　　Q103 簡易課税制度の適用

Q65

消法9の2①～④

消令20の6①一

消規11の2

消基通1-5-23

質疑応答事例／消費税 納税義務者3、4、5

第1節　消費税の基本事項

Q66 課税事業者の判定（合併）

　当法人は、就労支援事業を行う社会福祉法人です。当法人は前年4月に他の社会福祉法人を吸収合併しました。存続法人である当法人の当年度の基準期間の課税売上高は500万円で、消滅法人である他の社会福祉法人の上記の基準期間に対応する期間の課税売上高は700万円でした。

　この場合、当法人は当年度の消費税の申告・納付はしなくてもよいのでしょうか。

A 　基準期間とこれに対応する期間の課税売上高の合計額が1,000万円を超えているので、当年度は消費税の納税義務者になります。

解説

（1）合併があった場合の納税義務の免除の特例

　社会福祉法人の次頁［**図表1**］に掲げる合併において、それぞれに掲げる事実に該当する場合は、それぞれに掲げる期間における課税資産の譲渡等及び特定課税仕入れについては、消費税は免除されず、課税事業者になります（消法11）。

－ 221 －

第3章　社会福祉法人の消費税

［図表1］合併があった場合の納税義務の免除の特例

合併の種類	事　　実	期　　間
吸収合併	被合併法人の合併法人のその合併があった日の属する事業年度の基準期間に対応する期間における課税売上高が1,000万円を超えること	その合併法人のその事業年度のその合併があった日からその合併があった日の属する事業年度終了の日までの間⇒［図表2］
	合併法人のその事業年度の基準期間の初日の翌日からその事業年度開始の日の前日までの間に合併があった場合において、その合併法人のその事業年度の基準期間における課税売上高と被合併法人のその合併法人のその事業年度の基準期間に対応する期間における課税売上高（被合併法人が二以上ある場合には、各被合併法人に係る当該金額の合計額）との合計額が1,000万円を超えるとき	その合併法人のその事業年度⇒［図表3］
新設合併	被合併法人の合併法人のその合併があった日の属する事業年度の基準期間に対応する期間における課税売上高のいずれかが1,000万円を超えるとき	その合併法人のその合併があった日の属する事業年度⇒［図表4］
	合併法人のその事業年度開始の日の二年前の日からその事業年度開始の日の前日までの間に合併があった場合において、その合併法人の当該事業年度の基準期間における課税売上高と各被合併法人のその合併法人のその事業年度の基準期間に対応する期間における課税売上高の合計額との合計額が1,000万円を超えるとき	その合併法人のその事業年度⇒［図表5］

（注）すべての社会福祉法人の会計年度は、4月1日に始まり翌年3月31日に終わるものとされています（社会福祉法45の23②）。このため、事業年度は1年であり基準期間も1年であることから、事業年度が1年に満たないことによる月数による調整計算は不要ですが、合併の日前から3年以内に設立された法人が消滅法人である場合等は、月数による調整計算が必要になります（消令22）。

－ 222 －

第1節　消費税の基本事項

[図表2] 吸収合併の合併年度

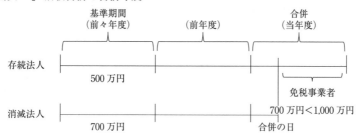

[図表3] 吸収合併の合併年度後の年度

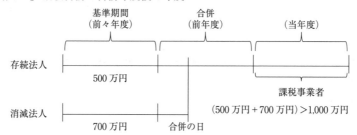

[図表4] 新設合併の合併年度

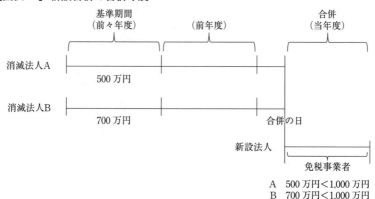

第3章　社会福祉法人の消費税

[図表５] 新設合併の合併年度後の年度

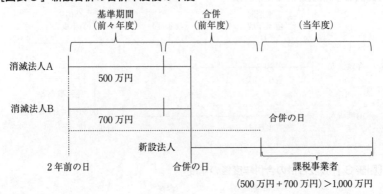

参考

Q66
　消法11
　消令22
　社会福祉法45の23②

第1節　消費税の基本事項

Q67 課税事業者の判定（高額特定資産の取得）

　当法人は就労支援事業を行う社会福祉法人です。前年度（X2年）に施設整備による消費税の還付を受けるため、前々年度（X1年）に消費税課税事業者選択届出書を提出し、前年度から課税事業者となりました。また、当年度（X3年）において就労支援事業の用に供する機械設備（固定資産）一式を1,500万円で購入しました。

　消費税課税事業者選択届出書を提出して課税事業者になってからは、2年間免税事業者になることができないということですから、当年度に消費税課税事業者選択不適用届出書を提出し、翌年度（X4年）から免税事業者になるということでよろしいでしょうか。

A　当年度（X3年）において一式1,000万円以上の固定資産を取得しているので、X6年以降でなければ免税事業者になることができません。

解説

（1）高額特定資産を取得した場合等の納税義務の免除の特例

　免税事業者でない社会福祉法人が、簡易課税制度の適用を受けない課税期間中に国内における次頁**［図表1］**の高額特定資産又は自己建設高額特定資産の課税仕入れ又は高額特定資産に該当する課税貨物の保税地域からの引取り（以下「高額特定資産の仕入れ等」といいます。）を行った場合には、その**［図表1］**の高額特定資産の仕入れ等の日の属する課税期間の翌課税期間からその高額特定資産の仕入れ等の日の属する課税期間（自己建設高額特定資産にあっては、その自己建設高額特定資産の建設等が完了した日の属する課税期間）の初日以後3年を経過する日の属する課税期間までの各課税期間における課税資産の譲渡等及び特定課税仕入れについては、消費税は免除されず、課税事業者になります（消法9①、12の4①、30①、37、消令25の5①②、25の6）。

－ 225 －

第3章　社会福祉法人の消費税

[図表1]　高額特定資産の仕入れ等による制限

資　　産		仕入れ等の日
自己建設高額特定資産を除く高額特定資産 　右の棚卸資産及び調整対象固定資産（以下「対象資産」といいます。）	その対象資産の一の取引の単位に係る課税仕入れに係る税抜きの支払対価の額、特定課税仕入れに係る支払対価の額又は保税地域から引き取られるこれらの資産の課税標準である金額が1,000万円以上のもの	・国内において課税仕入れを行った場合　その課税仕入れを行った日 ・国内において特定課税仕入れを行った場合　その特定課税仕入れを行った日 ・保税地域から引き取る課税貨物につき申告書を提出した場合　その申告に係る課税貨物を引き取った日
自己建設高額特定資産 　右の他の者との契約に基づき、又はその事業者の対象資産として自ら建設、製作又は製造（以下「建設等」といいます。）をしたもの（以下「自己建設資産」といいます。）	その自己建設資産の建設等に要した課税仕入れに係る税抜きの支払対価の額、特定課税仕入れに係る支払対価の額及び保税地域から引き取られる課税貨物の課税標準である金額（その自己建設資産の建設等のために要した原材料費及び経費に係るものに限り、免税事業者である課税期間又は簡易課税制度の適用を受ける課税期間中に国内において行った課税仕入れ及び保税地域から引き取った課税貨物に係るものを除きます。）の合計額が1,000万円以上のもの	その自己建設高額特定資産の仕入れを行った場合に該当することとなった日

　したがって、ご質問の場合、高額特定資産の仕入れ等を行った当年度（X3年）の初日以後3年を経過する日の属する課税期間までの各課税期間（X3年～X5年）は課税事業者になります（**[図表2]**参照）。

　なお、翌年度（X4年）又は翌々年度（X5年）に高額特定資産等の仕入れ等を行った場合は、さらにその仕入れ等の日の属する年度を含めて3年間課税事業者になり、免税事業者になることができません。

－ 226 －

［図表2］高額特定資産等の仕入れ等による制限（事例のケース）

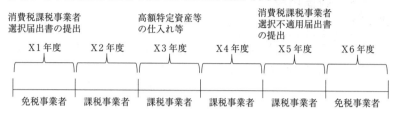

参考

関連Q&A：Q64 課税事業者・免税事業者
　　　　　　Q103 簡易課税制度の適用

Q67

消法9①、12の4①、30①、37
消令25の5①②、25の6

第3章　社会福祉法人の消費税

Q68 経過措置

　令和元年10月の税率変更以後の取引は、全て新税率（10%）を適用することになるのでしょうか。

A　令和元年10月1日以後の取引については、原則として、新税率（10%）が適用されることとなりますが、こうした原則を厳格に適用することが明らかに困難と認められる取引については、経過措置が設けられており、旧税率（8%）を適用することとされています。

解 説

　社会福祉法人が行う取引で、経過措置の対象のなるものとその適用関係は **[図表1]** のとおりです（消費税改正法附則5、16①）。

　なお、経過措置の各規定により、旧税率（8%）が適用される令和元年10月1日（31年施行日）以後に事業者が行う資産の譲渡等及び課税仕入れについては、必ず経過措置を適用することとなります。すなわち、選択適用はできません。

参 考

関連Q＆A：Q61 消費税の概要と計算
Q68
　消費税改正法附則5、16①

－ 228 －

［図表1］ 主な経過措置

内容	適用関係
① **旅客運賃等** 　31年施行日以後に行う旅客運送の対価や映画・演劇を催す場所、競馬場、競輪場、美術館、遊園地等への入場料金等のうち、26年施行日（平成26年4月1日）から31年施行日の前日までの間に領収しているもの	26年施行日（H26.4.1）／対価受領 ▲ ── 31年施行日（H31.10.1）／入場等 ▲
② **電気料金等** 　継続供給契約に基づき、31年施行日前から継続して供給している電気、ガス、水道、電話、灯油に係る料金等で、31年施行日から平成31年（2019年）10月31日までの間に料金の支払を受ける権利が確定するもの	H31.10.31 権利確定 ■／継続供給 ▲
③ **請負工事等** 　26年指定日（平成25年10月1日）から31年指定日（平成31年（2019年）4月1日）の前日までの間に締結した工事（製造を含みます。）に係る請負契約（一定の要件に該当する測量、設計及びソフトウェアの開発等に係る請負契約を含みます。）に基づき、31年施行日以後に課税資産の譲渡等を行う場合における、当該課税資産の譲渡等	26年指定日（H25.10.1）／契約 ● ── 31年指定日（H31.4.1）／譲渡等 ▲
④ **資産の貸付け** 　26年指定日から31年指定日の前日までの間に締結した資産の貸付けに係る契約に基づき、31年施行日前から同日以後引き続き貸付けを行っている場合（一定の要件に該当するものに限ります。）における、31年施行日以後に行う当該資産の貸付け	契約 ●／貸付け ▲ ──→
⑤ **指定役務の提供** 　26年指定日から31年指定日の前日までの間に締結した役務の提供に係る契約で当該契約の性質上役務の提供の時期をあらかじめ定めることができないもので、当該役務の提供に先立って対価の全部又は一部が分割で支払われる契約（割賦販売法に規定する前払式特定取引に係る契約のうち、指定役務の提供※に係るものをいいます。）に基づき、31年施行日以後に当該役務の提供を行う場合において、当該役務の内容が一定の要件に該当する役務の提供 ※　「指定役務の提供」とは、冠婚葬祭のための施設の提供その他の便益の提供に係る役務の提供をいいます。	契約 ●── 指定役務 ▲
⑥ **予約販売に係る書籍等** 　31年施行日前に締結した不特定多数の者に対する定期継続供給契約に基づき譲渡する書籍その他の物品に係る対価を31年施行日前に領収している場合で、その譲渡が31年施行日以後に行われるもの（軽減対象資産の譲渡等を除きます。）	契約 ●／対価受領 ▲／定期供給 ▲▲▲
⑦ **特定新聞** 　不特定多数の者に週、月その他の一定の期間を周期として定期的に発行される新聞で、発行者が指定する発売日が31年施行日前であるもののうち、その譲渡が31年施行日以後に行われるもの（軽減対象資産の譲渡等を除きます。）	指定発売日 ▲／譲渡 ▲
⑧ **通信販売** 　通信販売の方法により商品を販売する事業者が、31年指定日前にその販売価格等の条件を提示し、又は提示する準備を完了した場合において、31年施行日前に申込みを受け、提示した条件に従って31年施行日以後に行われる商品の販売（軽減対象資産の譲渡等を除きます。）	31年指定日（H31.4.1）／条件提示 ■ ── 申込 ●── 譲渡 ▲
⑨ **有料老人ホーム** 　26年指定日から31年指定日の前日までの間に締結した有料老人ホームに係る終身入居契約（入居期間中の介護料金が入居一時金として支払われるなど一定の要件を満たすものに限ります。）に基づき、31年施行日前から同日以後引き続き介護に係る役務の提供を行っている場合における、31年施行日以後に行われる当該入居一時金に対応する役務の提供	26年指定日（H25.10.1）／契約 ●／介護サービス ▲ ──→
⑩ **特定家庭用機器再商品化法（家電リサイクル法）に規定する再商品化等** 　家電リサイクル法に規定する製造業者等が、同法に規定する特定家庭用機器廃棄物の再商品化等に係る対価を31年施行日前に領収している場合（同法の規定に基づき小売業者が領収している場合も含みます。）で、当該対価の領収に係る再商品化等が31年施行日以後に行われるもの	対価受領 ▲／再商品化等 ▲

※　上記以外にも、「リース譲渡に係る資産の譲渡等の時期の特例を受ける場合における税率等に関する経過措置」などの経過措置が設けられています。

– 229 –

第3章 社会福祉法人の消費税

第2節
社会福祉事業・公益事業の課税・非課税の判定

Q69 介護保険事業

当法人は、特別養護老人ホームと介護老人保健施設を中心に介護保険事業を行っています。また、このたび、介護予防・日常生活支援総合事業と市町村特別給付で行う配食サービスも開始しました。
　これらの事業について、消費税は非課税になると考えていいでしょうか。

　介護保険事業に係る資産の譲渡等の大部分は消費税が非課税になりますが、一部の収入については消費税が課税されます。

解説

(1) 勘定科目と介護保険事業の課税・非課税

　社会福祉法人会計基準における事業活動計算書の介護保険事業収益と介護保険法の規定に基づくサービスに係る資産の譲渡等についての消費税の課税・非課税の関係は、**[図表1]** のとおりです（消法6、別表第2七イ、消令14の2、平成12年大蔵省告示第27号、平成12年厚生省告示第126号、平成27年厚生労働省告示第231号、消基通6-7-1、平成11年厚生省令第37号、平成11年厚生省令第38号、平成11年厚生省令第39号、平成11年厚生省令第40号、平成11年厚生省令第41号、平成18年厚生労働省令第34号、平成18年厚生労働省令第35号、平成18年厚生労働省令第36号、

第2節　社会福祉事業・公益事業の課税・非課税の判定

平成18年厚生労働省令第37号、平成30年厚生労働省令第5号、平成12.3.30付老企第52号、平成12.3.30付老企第54号、会計基準課長通知別添3-2)。

[図表1] 介護保険サービスにおける非課税・課税取引

※　図表1では、介護保険サービスで使われる勘定科目［大区分］介護保険事業収益のうち、中区分・小区分に該当する勘定科目を下記のとおり略記しています。
【施設／○○収益】……　［中区分］施設介護料収益／［小区分］○○収益
【居宅／○○収益】……　　［中区分］居宅介護料収益／［小区分］○○収益
【地域／○○収益】……　　［中区分］地域密着型介護料収益／［小区分］○○収益
【支援／○○収益】……　　［中区分］居宅介護支援介護料収益／［小区分］○○収益
【総合／○○収益】……　　［中区分］介護予防・日常生活支援総合事業費収益／［小区分］
　　　　　　　　　　　　　　○○収益
【利用／○○収益】……　　［中区分］利用者等利用料収益／［小区分］○○収益
【その他／○○収益】……　［中区分］その他の事業収益／［小区分］○○収益

事業	国保連・市町村	利用者負担
	【勘定科目】	
	①非課税／②課税／③不課税 注1	
・介護老人福祉施設(特別養護老人ホーム) ・介護老人保健施設 ・介護医療院	【施設／介護報酬収益】 　①サービス費代理受領分 【施設／利用者負担金収益(公費)】 　①他法による公費負担分 【利用／食費収益(公費)】 　①他法による食費公費負担分 【利用／食費収益(特定)】 　①補足給付の食費分 【利用／居住費収益(公費)】 　①他法による居住費公費負担分 【利用／居住費収益(特定)】 　①補足給付の居住費分 【その他／補助金事業収益(公費)】 　③社会福祉法人による軽減助成金(介護老人福祉施設のみ)	【施設／利用者負担金収益(一般)】 　①サービス費利用者負担分 【利用／食費収益(一般)】 　①通常の食事の提供費用 【利用／居住費収益(一般)】 　①居住費 【利用／施設サービス利用料収益】 　①理美容料 　①日常生活費等 　②特別の居室等の提供費用 　②特別な食事の提供費用
・短期入所生活介護 ・短期入所療養介護	【居宅／介護報酬収益】 　①サービス費代理受領分 【居宅／介護負担金収益(公費)】 　①他法による公費負担分 【利用／食費収益(公費)】 　①他法による食費公費負担分 【利用／食費収益(特定)】	【居宅／介護負担金収益(一般)】 　①サービス費利用者負担分 【利用／食費収益(一般)】 　①通常の食事の提供費用 【利用／居住費収益(一般)】 　①滞在費 【利用／居宅介護サービス利用

- 231 -

第3章　社会福祉法人の消費税

事業	国保連・市町村	利用者負担
	【勘定科目】	
	①非課税／②課税／③不課税 ^{注1}	
	①補足給付の食費分 【利用／居住費収益(公費)】 　①他法による滞在費公費負担分 【利用／居住費収益(特定)】 　①補足給付の滞在費分 【その他／補助金事業収益(公費)】 　③社会福祉法人による軽減助成金	料収益】 　①理美容料 　①日常生活費等 　②<u>特別の居室等の提供費用</u> 　②<u>特別な食事の提供費用</u>
・訪問介護 ・訪問看護 ・訪問リハビリテーション	【居宅／介護報酬収益】 　①サービス費代理受領分 【居宅／介護負担金収益(公費)】 　①他法による公費負担分 【その他／補助金事業収益(公費)】 　③社会福祉法人による軽減助成金(訪問介護のみ)	【居宅／介護負担金収益(一般)】 　①サービス費利用者負担分 【利用／居宅介護サービス利用料収益】 　②<u>交通費(通常の事業の実施地域以外で行う場合にのみ徴収可能)</u>
・訪問入浴介護	【居宅／介護報酬収益】 　①サービス費代理受領分 【居宅／介護負担金収益(公費)】 　①他法による公費負担分	【居宅／介護負担金収益(一般)】 　①サービス費利用者負担分 【利用／居宅介護サービス利用料収益】 　②<u>交通費(通常の事業の実施地域以外で行う場合にのみ徴収可能)</u> 　②特別な浴槽水等の提供費用
・居宅療養管理指導	【居宅／介護報酬収益】 　①サービス費代理受領分 【居宅／介護負担金収益(公費)】 　①他法による公費負担分	【居宅／介護負担金収益(一般)】 　①サービス費利用者負担分 【利用／居宅介護サービス利用料収益】 　②<u>交通費</u>
・通所介護 ・通所リハビリテーション	【居宅／介護報酬収益】 　①サービス費代理受領分 【居宅／介護負担金収益(公費)】 　①他法による公費負担分 【利用／食費収益(公費)】 　①他法による食費公費負担分 【その他／補助金事業収益(公費)】	【居宅／介護負担金収益(一般)】 　①サービス費利用者負担分 【利用／食費収益(一般)】 　①食材料費 【利用／居宅介護サービス利用料収益】 　①時間延長利用料 　①おむつ代

- 232 -

第2節　社会福祉事業・公益事業の課税・非課税の判定

事業	国保連・市町村	利用者負担
	【勘定科目】	
	①非課税／②課税／③不課税 ^{注1}	
	③社会福祉法人による軽減助成金(通所介護のみ)	①日常生活費等 ②送迎費用(通常の事業の実施地域以外で行う場合にのみ徴収可能)
・特定施設入居者生活介護^{注2}	【居宅／介護報酬収益】 　①サービス費代理受領分 【居宅／介護負担金収益(公費)】 　①他法による公費負担分	【居宅／介護負担金収益(一般)】 　①サービス費利用者負担分 【利用／居宅介護サービス利用料収益】 　①おむつ代 　①日常生活費等 　②介護等の日常生活上の便宜に要する次の費用 　　i) 人員配置が手厚い場合の介護サービス利用料 　　ii) 個別的な選択による次の介護サービス利用料 　　　・個別的な外出介助 　　　・個別的な買い物等の代行 　　　・標準的な回数を超えた入浴を行った場合の介助
・介護予防短期入所生活介護 ・介護予防短期入所療養介護	【居宅／介護予防報酬収益】 　①サービス費代理受領分 【居宅／介護予防負担金収益(公費)】 　①他法による公費負担分 【利用／食費収益(公費)】 　①他法による食費公費負担分 【利用／食費収益(特定)】 　①補足給付の食費分 【利用／居住費収益(公費)】 　①他法による滞在費公費負担分 【利用／居住費収益(特定)】 　①補足給付の滞在費分 【その他／補助金事業収益(公費)】 　③社会福祉法人による軽減助成金	【居宅／介護予防負担金収益(一般)】 　①サービス費利用者負担分 【利用／食費収益(一般)】 　①通常の食事の提供費用 【利用／居住費収益(一般)】 　①滞在費 【利用／居宅介護サービス利用料収益】 　①理美容料 　①日常生活費等 　②特別の居室等の提供費用 　②特別な食事の提供費用

- 233 -

第3章　社会福祉法人の消費税

事業	国保連・市町村	利用者負担
	【勘定科目】	
	①非課税／②課税／③不課税 注1	
・介護予防訪問看護 ・介護予防訪問リハビリテーション	【居宅／介護予防報酬収益】 　①サービス費代理受領分 【居宅／介護予防負担金収益（公費）】 　①他法による公費負担分	【居宅／介護予防負担金収益（一般）】 　①サービス費利用者負担分 【利用／居宅介護サービス利用料収益】 　②交通費（通常の事業の実施地域以外で行う場合にのみ徴収可能）
・介護予防訪問入浴介護	【居宅／介護予防報酬収益】 　①サービス費代理受領分 【居宅／介護予防負担金収益（公費）】 　①他法による公費負担分	【居宅／介護予防負担金収益（一般）】 　①サービス費利用者負担分 【利用／居宅介護サービス利用料収益】 　②交通費（通常の事業の実施地域以外で行う場合にのみ徴収可能） 　②特別な浴槽水等の提供費用
・介護予防居宅療養管理指導	【居宅／介護予防報酬収益】 　①サービス費代理受領分 【居宅／介護予防負担金収益（公費）】 　①他法による公費負担分	【居宅／介護予防負担金収益（一般）】 　①サービス費利用者負担分 【利用／居宅介護サービス利用料収益】 　②交通費
・介護予防通所リハビリテーション	【居宅／介護予防報酬収益】 　①サービス費代理受領分 【居宅／介護予防負担金収益（公費）】 　①他法による公費負担分 【利用／食費収益（公費）】 　①他法による食費公費負担分	【居宅／介護予防負担金収益（一般）】 　①サービス費利用者負担分 【利用／食費収益（一般）】 　①食材料費 【利用／居宅介護サービス利用料収益】 　①時間延長利用料 　①おむつ代 　①日常生活費等 　②送迎費用（通常の事業の実施地域以外で行う場合にのみ徴収可能）
・介護予防特定施設入居者生活介	【居宅／介護予防報酬収益】 　①サービス費代理受領分 【居宅／介護予防負担金収益（公	【居宅／介護予防負担金収益（一般）】 　①サービス費利用者負担分

－ 234 －

第2節　社会福祉事業・公益事業の課税・非課税の判定

事業	国保連・市町村	利用者負担
	【勘定科目】	
	①非課税／②課税／③不課税 注1	
護注2	費)】 　①他法による公費負担分	【利用／居宅介護サービス利用料収益】 　①おむつ代 　①日常生活費等 　②介護等の日常生活上の便宜に要する次の費用 　ⅰ）人員配置が手厚い場合の介護サービス利用料 　ⅱ）個別的な選択による次の介護サービス利用料 　・個別的な外出介助 　・個別的な買い物等の代行 　・標準的な回数を超えた入浴を行った場合の介助
・地域密着型介護老人福祉施設入所者生活介護	【地域／介護報酬収益】 　①サービス費代理受領分 【地域／利用者負担金収益(公費)】 　①他法による公費負担分 【利用／食費収益(公費)】 　①他法による食費公費負担分 【利用／食費収益(特定)】 　①補足給付の食費分 【利用／居住費収益(公費)】 　①他法による居住費公費負担分 【利用／居住費収益(特定)】 　①補足給付の居住費分 【その他／補助金事業収益(公費)】 　③社会福祉法人による軽減助成金(介護老人福祉施設のみ)	【地域／利用者負担金収益(一般)】 　①サービス費利用者負担分 【利用／食費収益(一般)】 　①通常の食事の提供費用 【利用／居住費収益(一般)】 　①居住費 【利用／地域密着型介護サービス利用料収益】 　①理美容料 　①日常生活費等 　②特別の居室の提供費用 　②特別な食事の提供費用
・定期巡回・随時対応型訪問介護看護 ・夜間対応型	【地域／介護報酬収益】 　①サービス費代理受領分 【地域／利用者負担金収益(公費)】 　①他法による公費負担分	【地域／利用者負担金収益(一般)】 　①サービス費利用者負担分 【利用／地域密着型介護サービス利用料収益】

－ 235 －

第3章　社会福祉法人の消費税

事業	国保連・市町村	利用者負担
	【勘定科目】	
	①非課税／②課税／③不課税 ^{注1}	
訪問介護	【その他／補助金事業収益(公費)】 　③社会福祉法人による軽減助成金	②交通費(通常の事業の実施地域以外で行う場合にのみ徴収可能)
・認知症対応型通所介護 ・地域密着型通所介護	【地域／介護報酬収益】 　①サービス費代理受領分 【地域／介護負担金収益(公費)】 　①他法による公費負担分 【利用／食費収益(公費)】 　①他法による食費公費負担分 【その他／補助金事業収益(公費)】 　③社会福祉法人による軽減助成金	【地域／介護負担金収益(一般)】 　①サービス費利用者負担分 【利用／食費収益(一般)】 　①食材料費 【利用／地域密着型介護サービス利用料収益】 　①時間延長利用料 　①おむつ代 　①日常生活費等 　②送迎費用(通常の事業の実施地域以外で行う場合にのみ徴収可能)
・認知症対応型共同生活介護	【地域／介護報酬収益】 　①サービス費代理受領分 【地域／介護負担金収益(公費)】 　①他法による公費負担分	【地域／介護負担金収益(一般)】 　①サービス費利用者負担分 【利用／食費収益(一般)】 　①食材料費 【利用／地域密着型介護サービス利用料収益】 　①理美容料 　①おむつ代 　①日常生活費等 【利用／居住費収益(一般)】 　①家賃
・地域密着型特定施設入居者生活介護^{注2}	【地域／介護報酬収益】 　①サービス費代理受領分 【地域／介護負担金収益(公費)】 　①他法による公費負担分	【地域／介護予防負担金収益(一般)】 　①サービス費利用者負担分 【利用／地域密着型介護サービス利用料収益】 　①おむつ代 　①日常生活費等 　②介護等の日常生活上の便宜に要する次の費用 　ⅰ)人員配置が手厚い場合の介護サービス利用料 　ⅱ)個別的な選択による次の介護サービス利用料

－ 236 －

第2節　社会福祉事業・公益事業の課税・非課税の判定

事業	国保連・市町村	利用者負担
	【勘定科目】	
	①非課税／②課税／③不課税 ^{注1}	
		・<u>個別的な外出介助</u> ・<u>個別的な買い物等の代行</u> ・<u>標準的な回数を超えた入浴を行った場合の介助</u>
・小規模多機能型居宅介護 ・看護小規模多機能型居宅介護(複合型サービス事業)	【地域／介護報酬収益】 　①サービス費代理受領分 【地域／介護負担金収益(公費)】 　①他法による公費負担分 【利用／食費収益(公費)】 　①他法による食費公費負担分 【利用／居住費収益(公費)】 　①他法による宿泊費公費負担分 【その他／補助金事業収益(公費)】 　③社会福祉法人による軽減助成金	【地域／介護負担金収益(一般)】 　①サービス費利用者負担分 【利用／食費収益(一般)】 　①食事の提供費用 【利用／居住費収益(一般)】 　①宿泊費 【利用／地域密着型介護サービス利用料収益】 　②<u>交通費(通常の事業の実施地域以外で行う場合にのみ徴収可能)</u> 　②<u>送迎費用(通常の事業の実施地域以外で行う場合にのみ徴収可能)</u> 　①おむつ代 　①日常生活費等
・介護予防認知症対応型共同生活介護	【地域／介護予防報酬収益】 　①サービス費代理受領分 【地域／介護予防負担金収益(公費)】 　①他法による公費負担分	【地域／介護予防負担金収益(一般)】 　①サービス費利用者負担分 【利用／食費収益(一般)】 　①食材料費 【利用／地域密着型介護サービス利用料収益】 　①理美容料 　①おむつ代 　①日常生活費等 【利用／居住費収益(一般)】 　①家賃
・介護予防小規模多機能型居宅介護	【地域／介護予防報酬収益】 　①サービス費代理受領分 【地域／介護予防負担金収益(公費)】 　①他法による公費負担分 【利用／食費収益(公費)】	【地域／介護予防負担金収益(一般)】 　①サービス費利用者負担分 【利用／食費収益(一般)】 　①食事の提供費用 【利用／居住費収益(一般)】

第3章　社会福祉法人の消費税

事業	国保連・市町村	利用者負担
	【勘定科目】	
	①非課税／②課税／③不課税 ^{注1}	
	①他法による食費公費負担分 【利用／居住費収益(公費)】 ①他法による宿泊費公費負担分 【その他／補助金事業収益(公費)】 ③社会福祉法人による軽減助成金	①宿泊費 【利用／地域密着型介護サービス利用料収益】 ②<u>交通費(通常の事業の実施地域以外で行う場合にのみ徴収可能)</u> ②<u>送迎費用(通常の事業の実施地域以外で行う場合にのみ徴収可能)</u> ①おむつ代 ①日常生活費等
・居宅介護支援	【支援／居宅介護支援介護料収益】 ①サービス費代理受領分 ①他法による公費負担分	【利用／居宅介護サービス利用料収益】 ②<u>交通費(通常の事業の実施地域以外で行う場合にのみ徴収可能)</u>
・介護予防支援	【支援／介護予防支援介護料収益】 ①サービス費代理受領分 ①他法による公費負担分	【利用／居宅介護サービス利用料収益】 ②<u>交通費(通常の事業の実施地域以外で行う場合にのみ徴収可能)</u>
・第1号訪問事業 ・第1号介護予防支援事業	【総合／事業費収益】 ①サービス費代理受領分 【総合／事業負担金収益(公費)】 ①他法による公費負担分 【その他／補助金事業収益(公費)】 ③社会福祉法人による軽減助成金	【総合／事業負担金収益(一般)】 ①サービス費利用者負担分 【利用／介護予防・日常生活支援総合事業利用料収益】 ②<u>交通費(通常の事業の実施地域以外で行う場合にのみ徴収可能)</u>
・第1号通所事業 ・第1号生活支援事業	【総合／事業費収益】 ①サービス費代理受領分 【総合／事業負担金収益(公費)】 ①他法による公費負担分 【利用／食費収益(公費)】 ①他法による食費公費負担分 【利用／居住費収益(公費)】 ①他法による宿泊費公費負担分 【その他／補助金事業収益(公	【総合／事業負担金収益(一般)】 ①サービス費利用者負担分 【利用／食費収益(一般)】 ①食事の提供費用 【利用／居住費収益(一般)】 ①宿泊費 【利用／介護予防・日常生活支援総合事業利用料収益】 ②<u>交通費(通常の事業の実施地域以外で行う場合にのみ</u>

－ 238 －

第2節　社会福祉事業・公益事業の課税・非課税の判定

事業	国保連・市町村	利用者負担
	【勘定科目】	
	①非課税／②課税／③不課税 注1	
	費)】 　③社会福祉法人による軽減助成金	徴収可能) 　②送迎費用(通常の事業の実施地域以外で行う場合にのみ徴収可能) 　①おむつ代 　①日常生活費等
・市町村特別給付のうち配食サービス	【その他／補助金事業収益(公費)】 　①サービス費代理受領分	【その他／補助金事業収益(一般)】 　①サービス費利用者負担分 　②食事が給付対象外の場合の食事料
・市町村特別給付のうち配食サービス以外のサービス(移送サービス、寝具洗濯消毒乾燥サービス等)	【その他／補助金事業収益(公費)】 　②サービス費代理受領分	【その他／補助金事業収益(一般)】 　②サービス費利用者負担分

(注1)　社会福祉法人による軽減に伴う助成金は不課税ですが、一部は特定収入に該当します。

(注2)　居住費及び食費については、老人福祉事業である特定施設（養護老人ホーム、軽費老人ホーム、有料老人ホーム等）の種類に応じて課税・非課税を判定します。

（2）介護サービス等の課税判定の留意事項

①　支給限度額を超えて提供する指定居宅サービス

　非課税となる介護保険に係る資産の譲渡等に規定する「居宅介護サービス費の支給に係る居宅サービス」及び「施設介護サービス費の支給に係る施設サービス」には、介護保険法の規定により要介護被保険者に対して支給されるこれらの介護サービス費に対応する部分の居宅サービス及び施設サービスのみが該当するのではなく、同法に規定する居宅サービス及び施設サービスとして提供されるサービスの全部が該当します

－ 239 －

第3章　社会福祉法人の消費税

（消基通6-7-2）。

　したがって、居宅介護サービス費等に係る支給限度額を超えて指定居宅サービス事業者が提供する指定居宅サービスも非課税となります（消基通6-7-2(1)）。

② 日常生活費等

　①のとおり、介護保険法に規定する居宅サービス及び施設サービスとして提供されるサービスの全部が該当するので、介護保険給付の対象から除かれる日常生活に要する費用として、介護保険法施行規則第61条又は同規則第79条に定める費用に係る資産の譲渡等も非課税となります（消基通6-7-2(2)）。

　具体的には、次に掲げる費用が日常生活に要する費用（日常生活費等）とされます（平成12.3.30付老企第54号）。

　なお、有料老人ホームにおいて特定施設入所者生活介護を行う場合、日常生活費について、特定施設入所者生活介護に含まれないサービスの費用と区分せず徴収している場合又は区分徴収していても経理上区分されていない場合には、日常生活費を含む徴収額全体が課税となります（平成12.2.28付老振第13号）。

イ　利用者の希望によって、身の回り品として日常生活に必要なものを事業者が提供する場合に係る費用（歯ブラシや化粧品等の個人用の日用品等）

ロ　利用者の希望によって、教養娯楽として日常生活に必要なものを事業者が提供する場合に係る費用（クラブ活動や行事における材料費等）

ハ　施設サービスにおける次の費用

・　健康管理費（インフルエンザ予防接種に係る費用等）

・　預り金の出納管理に係る費用

・　私物の洗濯代

　ただし、次に掲げる費用はサービス提供とは関係のない費用として徴収されるので、消費税は課税されます（平成12.3.30付老企第54号）。

－ 240 －

第2節　社会福祉事業・公益事業の課税・非課税の判定

- 　個別に外部のクリーニング店に取り継ぐ場合のクリーニング代
- 　個人の嗜好に基づくいわゆる「贅沢品」
- 　個人専用の家電製品の電気代
- 　コインランドリー料金
- 　クラブ活動や行事であっても、一般的に想定されるサービスの提供の範囲を超えるもの（利用者の趣味的活動に関し事業者等が提供する材料等や、希望者を募り実施する旅行等）

なお、介護福祉施設サービス、介護保健施設サービス及び介護医療院サービスの入所者等並びに短期入所生活介護及び短期入所療養介護の利用者のおむつに係る費用については、保険給付の対象とされていることから、おむつ代を始め、おむつカバー代及びこれらに係る洗濯代等おむつに係る費用は一切徴収できません（平成12.4.11付老振第25号・老健第94号）。

③　委託業務

市町村が指定居宅介護支援事業者等に認定調査を委託する場合に、指定居宅介護支援事業者等が市町村より収受する委託料は消費税の課税対象となります（平成12.8.9付厚生省老人保健福祉局介護保険課事務連絡）。

また、被保険者の主治医が、要介護認定等における主治医意見書記載に係る対価として市町村より収受する費用（主治の医師がなく、主訴等もない被保険者に係る医師の意見書記載に係る対価（初診料相当分及び検査を必要とする場合の検査費用）を含みます。）についても、消費税の課税対象となります（平成12.8.9付厚生省老人保健福祉局介護保険課事務連絡）。

第 3 章　社会福祉法人の消費税

参　考

関連Q＆A：Q14 介護保険事業

　　　　　　　Q15 介護予防・日常生活支援総合事業

　　　　　　　Q70 福祉用具の取扱い

　　　　　　　Q72 老人福祉事業

　　　　　　　Q81 受託事業（社会福祉類似事業）

　　　　　　　Q82 受託事業の再委託

Q69

消法 6、別表第 2 七イ

消令 14 の 2

平成 12 年大蔵省告示第 27 号、平成 12 年厚生省告示第 126 号、平成
27 年厚生労働省告示第 231 号

消基通 6-7-1、6-7-2

平成 11 年厚生省令第 37 号、平成 11 年厚生省令第 38 号、平成 11 年
厚生省令第 39 号、平成 11 年厚生省令第 40 号、平成 11 年厚生省令第
41 号、平成 18 年厚生労働省令第 34 号、平成 18 年厚生労働省令第 35
号、平成 18 年厚生労働省令第 36 号、平成 18 年厚生労働省令第 37
号、平成 30 年厚生労働省令第 5 号

平成 12.2.28 付老振第 13 号、平成 12.3.30 付老企第 52 号、平成 12.3.30
付老企第 54 号、平成 12.4.11 付老振第 25 号・老健第 94 号

平成 12.8.9 付厚生省老人保健福祉局介護保険課事務連絡

会計基準課長通知別添 3-2

－ 242 －

第2節　社会福祉事業・公益事業の課税・非課税の判定

Q70 福祉用具の取扱い

　当法人は、介護保険の福祉用具貸与のほか、介護用品の販売も行っています。

　介護保険に係る収益については、消費税は非課税になるということですので、これらの事業に関しても非課税になると考えてもよいでしょうか。

A　介護保険事業に係る資産の譲渡等であっても、福祉用具貸与や販売については身体障害者用物品に該当するもののみ、消費税が非課税になります。

解説

（1）介護保険の福祉用具貸与等における課税・非課税

① 貸与物品の課税・非課税

　介護保険法の規定により居宅要介護者又は居宅要支援者が福祉用具の貸与を受けた場合に、その貸与に要した費用の一部が介護保険により支給されるときであっても、その貸付けは非課税となる介護保険に係る資産の譲渡等に該当しません。ただし、その福祉用具が身体障害者用物品に該当するときは非課税となります（消基通6-7-3、平成12.2.28付老振第14号）。

　介護保険の福祉用具貸与及び介護予防福祉用具貸与における貸与物品の課税・非課税の区別は次頁 **［図表1］** のとおりになります（消法6、別表第2十、平成11年厚生省告示第93号）。

- 243 -

第3章　社会福祉法人の消費税

[図表1] 福祉用具貸与における課税・非課税

介護保険の対象となる 福祉用具貸与の種目	課税・非課税の別
車いす	非課税
車いす付属品	課税（車いすと一体に貸与される場合は非課税）
特殊寝台	非課税
特殊寝台付属品	課税（特殊寝台と一体に貸与される場合は非課税）
床ずれ防止用具	課税
体位変換器	非課税
手すり	課税
スロープ	課税
歩行器	非課税
歩行補助つえ	非課税
認知症老人徘徊感知機器	課税
移動用リフト（つり具部分を除く）	非課税（「つり具部分」は福祉用具販売により課税）
自動排泄処理装置	非課税

② 搬入搬出費の取扱い

　介護保険の福祉用具貸与では、福祉用具の搬出入に要する費用は、現に指定福祉用具貸与に要した費用（貸与価格）に含まれることとされています。そのため、貸与する福祉用具が身体障害者用物品に該当するときは、貸与価格全体が非課税となります。

　なお、福祉用具貸与の特別地域加算は、貸与価格とは別に交通費の実費を評価するもので、搬出入という個別のサービスに係る費用であることから、身体障害者用物品に該当する福祉用具に係るものであっても消費税は課税となります（平成12.2.28付老振第14号）。

－ 244 －

第2節　社会福祉事業・公益事業の課税・非課税の判定

（2）介護保険の福祉用具販売における課税・非課税

　介護保険における特定福祉用具販売による対象物品は、いずれも身体障害者用物品に該当しないので、その譲渡には消費税が課税されます（消法6、別表第2十、平成11年厚生省告示第94号）。

① 腰掛便座
② 自動排泄処理装置の交換可能部品
③ 排泄予測支援機器
④ 入浴補助用具
⑤ 簡易浴槽
⑥ 移動用リフトのつり具の部分

参考

関連Ｑ＆Ａ：Q69 介護保険事業
　　　　　　：Q77 身体障害者用物品

Q70

　消法6、別表第2十

　消基通6-7-3

　平成11年厚生省告示第93号、平成11年厚生省告示第94号

　平成12.2.28付老振第14号

- 245 -

第3章 社会福祉法人の消費税

包括的支援事業

社会福祉協議会である当法人は、訪問看護等の介護保険事業を経営しています。このたび、市より介護保険法第115条の45第2項に規定する「権利擁護業務」及び「生活支援体制整備事業」を委託されました。

これらの事業に関する委託料は、消費税は非課税になると考えてもよいでしょうか。

A 生活支援体制整備事業については消費税が非課税になりますが、権利擁護業務については、この事業を単独で受託した場合は課税になります。

解説

(1) 包括的支援事業

市町村は、介護保険法に基づき、介護予防・日常生活支援総合事業のほか、被保険者が要介護状態等となることを予防するとともに、要介護状態等となった場合においても、可能な限り、地域において自立した日常生活を営むことができるよう支援するため、地域支援事業として、次に掲げる包括的支援事業を行います（介護保険法115の45②）。

A 総合相談支援業務

被保険者の心身の状況、その居宅における生活の実態その他の必要な実情の把握、保健医療、公衆衛生、社会福祉その他の関連施策に関する総合的な情報の提供、関係機関との連絡調整その他の被保険者の保健医療の向上及び福祉の増進を図るための総合的な支援を行う事業

B 権利擁護業務

被保険者に対する虐待の防止及びその早期発見のための事業その他の被保険者の権利擁護のため必要な援助を行う事業

- 246 -

第2節　社会福祉事業・公益事業の課税・非課税の判定

C　包括的・継続的ケアマネジメント支援業務

保健医療及び福祉に関する専門的知識を有する者による被保険者の居宅サービス計画、施設サービス計画及び介護予防サービス計画の検証、その心身の状況、介護給付等対象サービスの利用状況その他の状況に関する定期的な協議その他の取組を通じ、当該被保険者が地域において自立した日常生活を営むことができるよう、包括的かつ継続的な支援を行う事業

D　在宅医療・介護連携推進事業

医療に関する専門的知識を有する者が、介護サービス事業者、居宅における医療を提供する医療機関その他の関係者の連携を推進するものとして厚生労働省令で定める事業（包括的・継続的ケアマネジメント支援業務を除く。）

E　生活支援体制整備事業

被保険者の地域における自立した日常生活の支援及び要介護状態等となることの予防又は要介護状態等の軽減若しくは悪化の防止に係る体制の整備その他のこれらを促進する事業

F　認知症総合支援事業

保健医療及び福祉に関する専門的知識を有する者による認知症の早期における症状の悪化の防止のための支援その他の認知症である又はその疑いのある被保険者に対する総合的な支援を行う事業

G　地域ケア会議

市町村は、老人介護支援センターの設置者その他の厚生労働省令で定める者に対し、包括的支援事業の実施に係る方針を示して、その包括的支援事業を委託することができます（介護保険法115の47①）。ただし、A〜Cについては全てにつき一括して行わなければなりません（介護保険法115の47②）。

（2）包括的支援事業における課税・非課税

包括的支援事業として行われる資産の譲渡等のうち、次頁 **[図表1]**

－ 247 －

第3章　社会福祉法人の消費税

に掲げるものは消費税が非課税になります（消令14の3五、平成18年厚
生労働省告示第311号、平成18.6.9付老発第0609001号）。

［図表1］包括的支援事業の非課税

	非課税	包括的支援事業
①	地域の老人の福祉に関する各般の問題につき、老人、その者を現に養護する者（以下「養護者」といいます。）、地域住民その他の者からの相談に応じ、介護保険法第24条第2項に規定する介護給付等対象サービス（以下「介護給付等対象サービス」といいます。）その他の保健医療サービス又は福祉サービス、権利擁護のための必要な援助等の利用に必要な助言を行う事業	ABC
②	地域における保健医療、福祉の関係者その他の者との連携体制の構築及びその連携体制の活用、居宅への訪問等の方法による主として居宅において介護を受ける老人（以下「介護を受ける老人」といいます。）に係る状況の把握を行う事業	A
③	介護給付等対象サービスその他の保健医療サービス又は福祉サービス、権利擁護のための必要な援助等を利用できるよう、介護を受ける老人又は養護者と市町村、老人居宅生活支援事業を行う者、老人福祉施設、医療施設、老人クラブその他老人の福祉を増進することを目的とする事業を行う者等との連絡調整を行う事業	C
④	介護を受ける老人が要介護状態又は要支援状態（以下「要介護状態等」といいます。）となることを予防するため、その心身の状況、その置かれている環境その他の状況に応じて、その選択に基づき、介護予防に関する事業その他の適切な事業が包括的かつ効率的に提供されるよう必要な援助を行う事業（介護予防・日常生活支援総合事業に係る事業を除きます。）	C
⑤	介護支援専門員への支援、介護給付等対象サービスその他の保健医療サービス又は福祉サービス等の連携体制の確保等により、介護を受ける老人が地域において自立した日常生活を営むことができるよう、包括的かつ継続的な支援を行う事業	C
⑥	医療に関する専門的知識を有する者が、介護サービス事業者、居宅における医療を提供する医療機関その他の関係者の連携を推進するものとして、（1）Dに掲げる事業を行う事業（②に掲げる事業を除きます。）	D

－ 248 －

第2節　社会福祉事業・公益事業の課税・非課税の判定

	非課税	包括的支援事業
⑦	介護を受ける老人の地域における自立した日常生活の支援及び要介護状態等となることの予防又は要介護状態等の軽減若しくは悪化の防止に係る体制の整備その他のこれらを促進する事業	E
⑧	保健医療及び福祉に関する専門的知識を有する者による認知症の早期における症状の悪化の防止のための支援その他の認知症である又はその疑いのある介護を受ける老人に対する総合的な支援を行う事業	F

（注）図中 A〜F は、(1) で掲げた包括的支援事業を指します。

　ご質問の場合、「権利擁護業務」は、「総合相談支援業務」、「包括的・継続的ケアマネジメント支援業務」とともに一括して委託されなければ、包括的支援事業に該当しないことから、課税になります。

　「生活支援体制整備事業」については、単独で委託された場合でも包括的支援事業に該当することから、消費税は非課税になります。

（3）地域包括支援センターの設置者が総合相談支援事業の一部を委託する場合

　令和6年4月1日以降、総合相談支援事業の一部委託を受けた者が当該一部委託を受けた事業を行い、その対価として地域包括支援センターから委託手数料等を受領する場合における、当該一部委託に係る事業として行う資産の譲渡等は、社会福祉事業に類する事業として行われるものに該当することから、消費税が非課税となります（消法別表第2七ハ、消令14の3五、平成18年厚生労働省告示311号、令和6.4.26付老認発0426第1号）。

－ 249 －

第 3 章　社会福祉法人の消費税

参　考

関連Q＆A：Q69 介護保険事業

Q71

消法別表第 2 七ハ

消令 14 の 3 五

平成 18 年厚生労働省告示第 311 号

介護保険法 115 の 45 ②、115 の 47 ①②

平成 18.6.9 付老発第 0609001 号

令和 6.4.26 付老認発 0426 第 1 号

『消費税 医療・介護・福祉における実務［第 3 版］』齋藤文雄著（大蔵財務協会）

第2節　社会福祉事業・公益事業の課税・非課税の判定

Q72 老人福祉事業

当法人は、社会福祉事業として養護老人ホームと軽費老人ホーム（ケアハウス）を経営しており、公益事業として介護付き有料老人ホームと有料老人ホームでないサービス付き高齢者向け住宅を経営しています。

これらの事業に係る収入には、消費税は課されるのでしょうか。

A 社会福祉事業として養護老人ホームと軽費老人ホームを経営する事業に係る資産の譲渡等については、消費税は非課税になります。

一方、介護付き有料老人ホームとサービス付き高齢者向け住宅については、住宅の貸付けと介護保険サービスの一部に係る資産の譲渡等は消費税が非課税になりますが、それ以外の部分は消費税が課されます。

解説

（1）老人福祉事業における施設

① 養護老人ホーム

養護老人ホームは、65歳以上の者であって、環境上の理由及び経済的理由により居宅において養護を受けることが困難なものを措置により入所させ、養護するとともに、その者が自立した日常生活を営み、社会的活動に参加するために必要な指導及び訓練その他の援助を行うことを目的とする施設です（老人福祉法20の4）。

② 軽費老人ホーム

Q17（1）（49頁）を参照。

③ 介護付き有料老人ホーム

Q18（1）①（52頁）を参照。

④ サービス付き高齢者向け住宅

Q18（1）②（53頁）を参照。

－ 251 －

第3章　社会福祉法人の消費税

（2）勘定科目と消費税の課税・非課税

　養護老人ホーム又は軽費老人ホームを経営する事業は、第一種社会福祉事業に該当し、その事業に係る資産の譲渡等については消費税が非課税になります（消法6①、別表第2七ロ、消基通6-7-5(1)ハ、社会福祉法2②三）。

　有料老人ホームとサービス付き高齢者向け住宅を経営する事業は公益事業であるため、社会福祉事業に係る資産の譲渡等として非課税にはなりませんが、住宅の貸付けに係る資産の譲渡等については消費税が非課税になります（消法6①、別表第2十三、消基通6-7-5(1)ハ、社会福祉法2②三）。

　また、これらの施設を特定施設として指定を受けて介護保険の「特定施設入居者生活介護（介護予防特定施設入居者生活介護及び地域密着型特定施設入居者生活介護を含みます。）」を行う場合、その介護サービス等に係る資産の譲渡等は、政令で定めるものを除き、消費税が非課税になります（消法6①、別表第2七イ、消基通6-7-1(1)ヌ・(4)ト・(7)・(15)イハ、介護保険法8⑪㉑、8の2⑨、**Q69**参照）。

　社会福祉法人会計基準における老人福祉事業収益の勘定科目とこの事業に係る資産の譲渡等についての消費税の課税・非課税は、**［図表1］**のとおりです（会計基準課長通知別添3-2）。

［図表1］老人福祉事業収益における非課税・課税取引

勘定科目	地方公共団体	入所者
	①非課税／②課税／③不課税	
措置事業収益	（養護老人ホーム）	
事務費収益	①措置費支弁額中の人件費及び管理費に係る受取事務費	
事業費収益	①措置費支弁額中の入所者の処遇に必要な一般生活費等に係る受取事業費	

－ 252 －

第2節　社会福祉事業・公益事業の課税・非課税の判定

勘定科目	地方公共団体	入所者
	①非課税／②課税／③不課税	
その他の利用料収益	①日常生活費等	
その他の事業収益	③運営補助金（法外援護費）	
運営事業収益	（軽費老人ホーム）	
管理費収益		①管理費（居住に要する費用）
その他の利用料収益		①一般生活費 ①事務費負担金 ①個別の光熱水費 ②介護保険適用者以外の入所者に対するおむつ代 ②個人の嗜好に基づくいわゆる「贅沢品」 ②入所者の選択により個別に提供されるサービス費用
補助金事業収益（公費）	③事務費助成金	
補助金事業収益（一般）	③民間補助金	
その他の事業収益	②インフルエンザ予防接種等の委託料	
その他の事業収益	（有料老人ホーム・サービス付き高齢者向け住宅）	
管理費収益		①管理費（居住に要する費用）
その他の利用料収益		①共用部分及び居室ごとに検針しない光熱水費の負担額 ②居室ごとに検針する光熱水費 ②食事の提供に要する費用 ②介護保険適用者以外の入居者に対するおむつ代 ②個人の嗜好に基づくいわゆる「贅沢品」 ②入居者の選択により個別に提供されるサービ

- 253 -

第3章　社会福祉法人の消費税

勘定科目	地方公共団体	入所者
	①非課税／②課税／③不課税	
その他の事業収益		ス費用
	③運営助成金	
	②見守り・安否確認業務の委託料	

参考

関連Q&A：Q17 軽費老人ホーム

　　　　　　Q18 有料老人ホーム・サービス付き高齢者向け住宅

　　　　　　Q69 介護保険事業

　　　　　　Q81 受託事業（社会福祉類似事業）

Q72

消法6①、別表第2七イ・ロ・十三

消基通6-7-1、6-7-5

老人福祉法20の4

社会福祉法2②三

介護保険法8⑪㉑、8の2⑨

会計基準課長通知別添3-2

第2節　社会福祉事業・公益事業の課税・非課税の判定

Q73 児童福祉事業

　当法人は、乳児院と児童養護施設を経営するほか、地域社会への貢献のために学童保育とファミリー・サポートセンター事業も行っており、このたび子育て短期支援事業も開始することになりました。
　これらの事業に係る収入には、消費税は課されるのでしょうか。

　　いずれの事業も社会福祉事業に該当することから、消費税は非課税になります。

解説
（1）児童福祉事業における施設
① 助産施設
　保健上必要があるにもかかわらず、経済的理由により、入院助産を受けることができない妊産婦を入所させて、助産を受けさせることを目的とする施設です（児童福祉法36）。
② 乳児院
　乳児（保健上、安定した生活環境の確保その他の理由により特に必要のある場合には、幼児を含みます。）を入院させて、これを養育し、あわせて退院した者について相談その他の援助を行うことを目的とする施設です（児童福祉法37）。
③ 母子生活支援施設
　配偶者のない女子又はこれに準ずる事情にある女子及びその者の監護すべき児童を入所させて、これらの者を保護するとともに、これらの者の自立の促進のためにその生活を支援し、あわせて退所した者について相談その他の援助を行うことを目的とする施設です（児童福祉法38）。
④ 児童厚生施設
　児童遊園、児童館等児童に健全な遊びを与えて、その健康を増進し、又は情操をゆたかにすることを目的とする施設です（児童福祉法40）。

第3章　社会福祉法人の消費税

⑤　児童養護施設

　保護者のない児童（乳児を除きます。ただし、安定した生活環境の確保その他の理由により特に必要のある場合には、乳児を含みます。）、虐待されている児童その他環境上養護を要する児童を入所させて、これを養護し、あわせて退所した者に対する相談その他の自立のための援助を行うことを目的とする施設です（児童福祉法41）。

⑥　児童心理治療施設

　家庭環境、学校における交友関係その他の環境上の理由により社会生活への適応が困難となった児童を、短期間、入所させ、又は保護者の下から通わせて、社会生活に適応するために必要な心理に関する治療及び生活指導を主として行い、あわせて退所した者について相談その他の援助を行うことを目的とする施設です（児童福祉法43の2）。

⑦　児童自立支援施設

　不良行為をなし、又はなすおそれのある児童及び家庭環境その他の環境上の理由により生活指導等を要する児童を入所させ、又は保護者の下から通わせて、個々の児童の状況に応じて必要な指導を行い、その自立を支援し、あわせて退所した者について相談その他の援助を行うことを目的とする施設です（児童福祉法44）。

⑧　児童家庭支援センター

　地域の児童の福祉に関する各般の問題につき、児童に関する家庭その他からの相談のうち、専門的な知識及び技術を必要とするものに応じ、必要な助言を行うとともに、市町村の求めに応じ、技術的助言その他必要な援助を行うほか、指導を行い、あわせて児童相談所、児童福祉施設等との連絡調整その他援助を総合的に行うことを目的とする施設です（児童福祉法44の2）。

⑨　里親支援センター

　里親支援事業を行うほか、里親及び里親に養育される児童並びに里親になろうとする者について相談その他の援助を行うことを目的とする施設です（児童福祉法44の3）。

－ 256 －

第2節　社会福祉事業・公益事業の課税・非課税の判定

（2）児童福祉事業における事業
①　児童自立生活援助事業（自立支援ホーム）

　義務教育を終了した児童又は児童以外の満20歳に満たない者であって、措置解除者等であるもの等に対しこれらの者が共同生活を営むべき住居における相談その他の日常生活上の援助及び生活指導並びに就業の支援（以下「児童自立生活援助」といいます。）を行い、あわせて児童自立生活援助の実施を解除された者に対し相談その他の援助を行う事業をいいます（児童福祉法6の3①）。

②　放課後児童健全育成事業（学童保育）

　小学校に就学している児童であって、その保護者が労働等により昼間家庭にいないものに、授業の終了後に児童厚生施設等の施設を利用して適切な遊び及び生活の場を与えて、その健全な育成を図る事業をいいます（児童福祉法6の3②）。

③　子育て短期支援事業（ショートステイ事業）

　保護者の疾病その他の理由により家庭において養育を受けることが一時的に困難となった児童について、内閣府令で定めるところにより、児童養護施設その他の内閣府令で定める施設に入所させ、その者につき必要な保護その他の支援を行う事業をいいます（児童福祉法6の3③）。

④　乳児家庭全戸訪問事業（こんにちは赤ちゃん事業）

　一の市町村の区域内における原則として全ての乳児のいる家庭を訪問することにより、内閣府令で定めるところにより、子育てに関する情報の提供並びに乳児及びその保護者の心身の状況及び養育環境の把握を行うほか、養育についての相談に応じ、助言その他の援助を行う事業をいいます（児童福祉法6の3④）。

⑤　養育支援訪問事業

　内閣府令で定めるところにより、乳児家庭全戸訪問事業の実施その他により把握した保護者の養育を支援することが特に必要と認められる児童（要保護児童に該当するものを除きます。以下「要支援児童」といいます。）若しくは保護者に監護させることが不適当であると認められる

－ 257 －

第3章　社会福祉法人の消費税

児童及びその保護者又は出産後の養育について出産前において支援を行うことが特に必要と認められる妊婦（以下「要支援児童等」といいます。）に対し、その養育が適切に行われるよう、その要支援児童等の居宅において、養育に関する相談、指導、助言その他必要な支援を行う事業をいいます（児童福祉法6の3⑤）。

⑥　小規模住居型児童養育事業（ファミリーホーム）

措置に係る児童について、内閣府令で定めるところにより、保護者のない児童又は保護者に監護させることが不適当であると認められる児童の養育に関し相当の経験を有する者その他の内閣府令で定める者（里親を除きます。）の住居において養育を行う事業をいいます（児童福祉法6の3⑧）。

⑦　子育て援助活動支援事業（ファミリー・サポートセンター事業）

内閣府令で定めるところにより、次に掲げる援助のいずれか又は全てを受けることを希望する者とその援助を行うことを希望する者（個人に限ります。以下「援助希望者」といいます。）との連絡及び調整並びに援助希望者への講習の実施その他の必要な支援を行う事業をいいます（児童福祉法6の3⑭）。

・　児童を一時的に預かり、必要な保護（宿泊を伴って行うものを含みます。）を行うこと。

・　児童が円滑に外出することができるよう、その移動を支援すること。

⑧　親子再統合支援事業

内閣府令で定めるところにより、親子の再統合を図ることが必要と認められる児童及びその保護者に対して、児童虐待の防止等に関する法律第2条に規定する児童虐待の防止に資する情報の提供、相談及び助言その他の必要な支援を行う事業をいいます（児童福祉法6の3⑮）。

⑨　社会的養護自立支援拠点事業

内閣府令で定めるところにより、措置解除者等又はこれに類する者が相互の交流を行う場所を開設し、これらの者に対する情報の提供、相談

－ 258 －

第2節　社会福祉事業・公益事業の課税・非課税の判定

及び助言並びにこれらの者の支援に関連する関係機関との連絡調整その他の必要な支援を行う事業をいいます（児童福祉法6の3⑯）。

⑩　意見表明等支援事業

　児童福祉法第33条の3の3に規定する意見聴取等措置の対象となる児童の同条各号に規定する措置を行うことに係る意見又は意向及び児童を小規模住居型児童養育事業を行う者若しくは里親に委託し、又は乳児院等の施設に入所させる措置その他の措置が採られている児童その他の者の当該措置における処遇に係る意見又は意向について、児童の福祉に関し知識又は経験を有する者が、意見聴取その他これらの者の状況に応じた適切な方法により把握するとともに、これらの意見又は意向を勘案して児童相談所、都道府県その他の関係機関との連絡調整その他の必要な支援を行う事業をいいます（児童福祉法6の3⑰）。

⑪　妊産婦等生活援助事業

　家庭生活に支障が生じている特定妊婦その他これに類する者及びその者の監護すべき児童を、生活すべき住居に入居させ、又は当該事業に係る事業所その他の場所に通わせ、食事の提供その他日常生活を営むのに必要な便宜の供与、児童の養育に係る相談及び助言、母子生活支援施設その他の関係機関との連絡調整、民法第817条の2第1項に規定する特別養子縁組に係る情報の提供その他の必要な支援を行う事業をいいます（児童福祉法6の3⑱）。

⑫　子育て世帯訪問支援事業

　内閣府令で定めるところにより、要支援児童の保護者その他の内閣府令で定める者に対し、その居宅において、子育てに関する情報の提供並びに家事及び養育に係る援助その他の必要な支援を行う事業をいいます（児童福祉法6の3⑲）。

⑬　児童育成支援拠点事業

　養育環境等に関する課題を抱える児童について、当該児童に生活の場を与えるための場所を開設し、情報の提供、相談及び関係機関との連絡調整を行うとともに、必要に応じて当該児童の保護者に対し、情報の提

－ 259 －

第3章　社会福祉法人の消費税

供、相談及び助言その他の必要な支援を行う事業をいいます（児童福祉
法6の3⑳）。

⑭　親子関係形成支援事業

　内閣府令で定めるところにより、親子間における適切な関係性の構築
を目的として、児童及びその保護者に対し、当該児童の心身の発達の状
況等に応じた情報の提供、相談及び助言その他の必要な支援を行う事業
をいいます（児童福祉法6の3㉑）。

（3）　勘定科目と消費税の課税・非課税

　（1）の施設を経営する事業及び（2）の事業は、いずれも社会福祉事
業に該当し、これらの事業に係る資産の譲渡等については消費税が非課
税になります（消法6①、別表第2七ロ、消基通6-7-5(1)ロ、(2)ハ、社会
福祉法2②二）。

　社会福祉法人会計基準における児童福祉事業収益の勘定科目とこの事
業に係る資産の譲渡等についての消費税の課税・非課税は、**[図表1]**
のとおりです（会計基準課長通知別添3-2）。

- 260 -

第2節　社会福祉事業・公益事業の課税・非課税の判定

［図表1］児童福祉事業収益における非課税・課税取引

勘定科目	地方公共団体	利用者
	①非課税／②課税／③不課税	
措置事業収益	（乳児院、児童養護施設、児童心理治療施設、児童自立支援施設）	
事務費収益	①措置費支弁額中の人件費及び管理費に係る受取事務費	
事業費収益	①措置費支弁額中の入所者の処遇に必要な一般生活費等に係る受取事業費	
私的契約利用料収益		
その他の事業収益	（措置施設、児童厚生施設、児童家庭支援センター、里親支援センター、児童自立生活援助事業、放課後児童健全育成事業、子育て短期支援事業、乳児家庭全戸訪問事業、養育支援訪問事業、小規模住居型児童養育事業、子育て援助活動支援事業、親子再統合支援事業、社会的養護自立支援拠点事業、意見表明等支援事業、妊産婦等生活援助事業、子育て世帯訪問支援事業、児童育成支援拠点事業、親子関係形成支援事業）	
補助金事業収益（公費）	③運営補助金	
補助金事業収益（一般）		①事業に係る利用料
受託事業収益（公費）	①事業に係る委託料	
受託事業収益（一般）		①事業に係る利用料

− 261 −

第3章　社会福祉法人の消費税

参 考

関連Q＆A：Q12 児童福祉事業
　　　　　　　Q13 措置施設
　　　　　　　Q81 受託事業（社会福祉類似事業）
　　　　　　　Q82 受託事業の再委託

Q73

消法6①、別表第2七ロ

消基通6-7-5（1）ロ、（2）ハ

児童福祉法6の3①～⑤⑧⑭～㉑、36、37、38、40、41、43の2、
44、44の2、44の3

社会福祉法2②二

会計基準課長通知別添3-2

第2節　社会福祉事業・公益事業の課税・非課税の判定

Q74 保育事業・企業主導型保育事業

　当法人は、保育所と幼保連携型認定こども園を経営しており、こ
れらの園で一時預かり事業（一時保育）と病児保育事業を行ってい
ます。また、運営事業者として企業主導型保育事業を行い、他の企
業が設置した企業主導型保育事業の保育施設や事業所内保育所の運
営の委託を受けています。
　これらの事業に係る収入には、消費税は課されるのでしょうか。

A　　保育所、幼保連携型認定こども園、一時預かり事業及び病
児保育事業は社会福祉事業に該当するため、消費税は非課税
になります。
　一方、企業主導型保育事業については、その施設が地方公共団体の証
明を受けた認可外保育施設であるときに限り、消費税は非課税になりま
す。
　また、他の企業から委託を受けて保育施設を運営する場合の委託料等
については、消費税が課税されます。

解説

（1）保育事業における施設

① 保育所

　保育を必要とする乳児・幼児を日々保護者の下から通わせて保育を行
うことを目的とする施設であって、利用定員が20人以上であるものに
限り、幼保連携型認定こども園を除くものをいいます（児童福祉法39
①）。

② 幼保連携型認定こども園

　義務教育及びその後の教育の基礎を培うものとしての満3歳以上の幼
児に対する教育及び保育を必要とする乳児・幼児に対する保育を一体的
に行い、これらの乳児又は幼児の健やかな成長が図られるよう適当な環

- 263 -

第3章 社会福祉法人の消費税

境を与えて、その心身の発達を助長することを目的とする施設をいいます（児童福祉法39の2①）。

③ 保育所型認定こども園

保育所又は保育機能施設で都道府県、指定都市又は中核市の条例で定める要件に適合している旨の都道府県知事等の認定を受けたものをいいます（就学前の子どもに関する教育、保育等の総合的な提供の推進に関する法律3①）。

④ 地域子育て支援拠点事業

内閣府令で定めるところにより、乳児又は幼児及びその保護者が相互の交流を行う場所を開設し、子育てについての相談、情報の提供、助言その他の援助を行う事業をいいます（児童福祉法6の3⑥）。

⑤ 一時預かり事業

家庭において保育を受けることが一時的に困難となった乳児又は幼児、子育てに係る保護者の負担を軽減するため、保育所等において一時的に預かることが望ましいと認められる乳児又は幼児について、内閣府令で定めるところにより、主として昼間において、保育所、認定こども園その他の場所において、一時的に預かり、必要な保護を行う事業をいいます（児童福祉法6の3⑦）。

⑥ 小規模保育事業

次に掲げる事業をいいます（児童福祉法6の3⑩）。

イ 保育を必要とする乳児・幼児であって満3歳未満のものについて、その保育を必要とする乳児・幼児を保育することを目的とする施設（利用定員が6人以上19人以下であるものに限ります。）において、保育を行う事業

ロ 満3歳以上の幼児に係る保育の体制の整備の状況その他の地域の事情を勘案して、保育が必要と認められる児童であって満3歳以上のものについて、イに規定する施設において、保育を行う事業

⑦ 病児保育事業

保育を必要とする乳児・幼児又は保護者の労働若しくは疾病その他の

- 264 -

第2節　社会福祉事業・公益事業の課税・非課税の判定

事由により家庭において保育を受けることが困難となった小学校に就学している児童であって、疾病にかかっているものについて、保育所、認定こども園、病院、診療所その他内閣府令で定める施設において保育を行う事業をいいます（児童福祉法6の3⑬）。

⑧　地域型保育事業

　次に掲げる事業をいいます（子ども・子育て支援法7⑤）。

イ　家庭的保育事業：次に掲げる事業をいいます（子ども・子育て支援法7⑥、児童福祉法6の3⑨）。

（i）　保育を必要とする乳児・幼児であって満3歳未満のものについて、家庭的保育者の居宅その他の場所（その保育を必要とする乳児・幼児の居宅を除きます。）において、家庭的保育者による保育を行う事業（利用定員が5人以下であるものに限ります。以下同じ。）

（ii）　満3歳以上の幼児に係る保育の体制の整備の状況その他の地域の事情を勘案して、保育が必要と認められる児童であって満3歳以上のものについて、家庭的保育者の居宅その他の場所（その保育が必要と認められる児童の居宅を除きます。）において、家庭的保育者による保育を行う事業

ロ　小規模保育事業：⑥と同様の事業をいいます（子ども・子育て支援法7⑦、児童福祉法6の3⑩）。

ハ　居宅訪問型保育事業：次に掲げる事業をいいます（子ども・子育て支援法7⑧、児童福祉法6の3⑪）。

（i）　保育を必要とする乳児・幼児であって満3歳未満のものについて、その保育を必要とする乳児・幼児の居宅において家庭的保育者による保育を行う事業

（ii）　満3歳以上の幼児に係る保育の体制の整備の状況その他の地域の事情を勘案して、保育が必要と認められる児童であって満3歳以上のものについて、その保育が必要と認められる児童の居宅において家庭的保育者による保育を行う事業

－ 265 －

第3章　社会福祉法人の消費税

ニ　事業所内保育事業：次に掲げる事業をいいます（子ども・子育て支
　援法7⑨、児童福祉法6の3⑫）。

　(i)　保育を必要とする乳児・幼児（以下「乳児等」といいます。）で
　　あって満3歳未満のものについて、次に掲げる施設において、保育
　　を行う事業

　　・　事業主がその雇用する労働者の監護する乳児等及びその他の乳
　　　児等を保育するために自ら設置する施設又は事業主から委託を受
　　　けてその事業主が雇用する労働者の監護する乳児等及びその他の
　　　乳児等の保育を実施する施設

　　・　事業主団体がその構成員である事業主の雇用する労働者の監護
　　　する乳児等及びその他の乳児等を保育するために自ら設置する施
　　　設又は事業主団体から委託を受けてその構成員である事業主の雇
　　　用する労働者の監護する乳児等及びその他の乳児等の保育を実施
　　　する施設

　　・　地方公務員等共済組合法の規定に基づく共済組合その他の内閣
　　　府令で定める組合（以下「共済組合等」といいます。）がその共
　　　済組合等の構成員の監護する乳児等及びその他の乳児等を保育す
　　　るために自ら設置する施設又は共済組合等から委託を受けてその
　　　共済組合等の構成員の監護する乳児等及びその他の乳児等の保育
　　　を実施する施設

　(ii)　満3歳以上の幼児に係る保育の体制の整備の状況その他の地域の
　　事情を勘案して、保育が必要と認められる児童であって満3歳以上
　　のものについて、(i)の施設において、保育を行う事業

⑨　**企業主導型保育事業**
　Q22（1）（64頁）を参照。

（2）消費税の課税・非課税

①　**社会福祉事業**

　（1）①～③の施設を経営する事業及び④～⑦の事業は、いずれも社

－ 266 －

会福祉事業に該当し、これらの事業に係る資産の譲渡等については消費税が非課税になります（消法6①、別表第2七ロ、消基通6-7-5(2)ハ・ニ、社会福祉法2③二・二の二）。

② 地域型保育事業

地域型保育事業は小規模保育事業を除いて、社会福祉事業には該当しませんが、これらの事業において、子ども・子育て支援法の規定に基づく地域型保育給付費又は特例地域型保育給付費の支給に係る事業として行われる資産の譲渡等は非課税になります（消法6①、別表第2七ハ、消令14の3六）。

③ 企業主導型保育事業

企業主導型保育事業については、認可外保育施設の届出を行っている施設が、当該施設において乳児又は幼児を保育する業務として行われる資産の譲渡等厚生労働大臣が定めた児童福祉施設の設備及び運営に関する基準に準じた基準に従い、条例により定める要件を満たし、一定の水準を満たすものとして地方公共団体の証明を受けた認可外保育施設である場合に限り、利用者等から利用料等の資産の譲渡等は非課税になります（消法6①、別表第2七ハ、消令14の3一、平成17年厚生労働省告示第128号、消基通6-7-7の2(1)）。

④ 企業内保育施設等の運営受託

事業所内保育、企業委託型保育サービス又は企業主導型保育事業を実施する認可外保育施設の運営の委託を受けて行う事業は、社会福祉事業ではなく公益事業に該当します（平成3.11.12付児発第946号）。

したがって、その委託を受けた施設が③の証明を受けた認可外保育施設であっても、委託料等の資産の譲渡等には、消費税が課税されます。

⑤ 非課税の対象となる利用料

保育所や認定こども園、地方公共団体の証明を受けた認可外保育施設である企業主導型保育事業における保育サービスに係る料金等（利用料）は非課税となりますが、具体的には次に掲げるものを対価とする資産の譲渡等が該当します（平成17.3.31付雇児保発第0331003号）。

第3章　社会福祉法人の消費税

- 保育料（延長保育、一時保育、病後児保育に係るものを含みます。）
- 保育を受けるために必要な送迎料（保育所や認定こども園、地方公共団体、企業主導型保育事業においては、予約料、年会費、入園料（入会金・登録料）の徴収は認められていません。）
- 給食費、おやつ代、施設に備え付ける教材を購入するために徴収する教材費、傷害・賠償保険料の負担金等のように通常保育料として領収される料金等については、これらが保育料とは別の名目で領収される場合であっても、保育に必要不可欠なもの

他方、例えば、その施設において施設利用者に対して販売する教材等の販売代金のほか次に掲げるような料金等を対価とする資産の譲渡等はこれに該当しないため、消費税が課税されます。

- 施設利用者の選択により付加的にサービスを受けるためのクリーニング代、オムツサービス代、スイミングスクール等の習い事の講習料等
- バザー収入

なお、施設運営者自らが行う取引ではない金銭の受取（例えば、施設運営者が、施設利用者の求める教材等について、当該教材等の販売業者への注文や施設利用者からの代金の集金を代行して行う場合における代金の受取など）を行う場合には、施設運営者においては「預り金」として経理しておくなど、施設の収入である保育料等とは区分して、収入以外の金銭の受取であることが明らかとなるよう経理を行う必要があります。

（3）勘定科目と課税・非課税

社会福祉法人会計基準における保育事業収益の勘定科目とこの事業に係る資産の譲渡等についての消費税の課税・非課税は、**[図表 1]** のとおりです（会計基準課長通知別添 3-2）。

- 268 -

第2節　社会福祉事業・公益事業の課税・非課税の判定

［図表1］保育事業収益における非課税・課税取引

勘定科目	地方公共団体等	利用者
	①非課税／②課税／③不課税	
施設型給付費収益	（幼保連携型認定こども園、保育所型認定こども園）	
施設型給付費収益	①施設型給付費の代理受領分	
利用者負担金収益		①利用者等からの利用者負担金（保育料）
特例施設型給付費収益（注）	（幼保連携型認定こども園、保育所型認定こども園）	
特例施設型給付費収益	①特例施設型給付費の代理受領分	
利用者負担金収益		①利用者等からの利用者負担金（保育料）
地域型保育給付費収益	（地域型保育事業）	
地域型保育給付費収益	①地域型保育給付費の代理受領分	
利用者負担金収益		①利用者等からの利用者負担金（保育料）
特例地域型保育給付費収益（注）	（地域型保育事業）	
特例地域型保育給付費収益	①地域型保育給付費の代理受領分	
利用者負担金収益		①利用者等からの利用者負担金（保育料）
委託費収益	①私立認可保育所における保育の実施等に関する運営費	
利用者等利用料収益	（幼保連携型認定こども園、保育所型認定こども園、地域型保育事業、保育所）	
利用者等利用料収益（公費）	①実費徴収額（保護者が支払うべき日用品、文房具等の購入に要する費用又は行事への参加に要する費用等）にかかる補足給付分	

－ 269 －

第3章　社会福祉法人の消費税

勘定科目	地方公共団体等	利用者
	①非課税／②課税／③不課税	
利用者等利用料収益（一般）		①実費徴収額（保護者が支払うべき日用品、文房具等の購入に要する費用又は行事への参加に要する費用、送迎料等）
その他の利用料収益		①特定負担額（教育・保育の質の向上を図る上で特に必要であると認められる対価：上乗せサービス）
私的契約利用料収益		①私的契約児の利用料 ②施設利用者の選択により付加的にサービスを受けるための料金
その他の事業収益	（幼保連携型認定こども園、保育所型認定こども園、地域型保育事業、保育所、企業主導型保育事業、企業保育施設受託）	
補助金事業収益（公費）	③運営補助金 ③一時保育、延長保育、病（後）児保育等に係る補助金 ③企業主導型保育事業に係る運営費助成金	
補助金事業収益（一般）		①一時保育、延長保育、病（後）児保育等に係る利用料 ①証明施設である認可外保育施設の利用料 ②証明施設でない認可外保育施設の利用料
受託事業収益（公費）	①認定こども園、保育所等で行う事業に係る委託料	
受託事業収益（一般）		①認定こども園、保育所等の経営に係る委託事業の利用料

- 270 -

第2節　社会福祉事業・公益事業の課税・非課税の判定

勘定科目	地方公共団体等	利用者
	①非課税／②課税／③不課税	
その他の事業収益	②企業保育施設受託に係る委託料	②企業保育施設受託に係る利用料

（注）「特例給付」は、基準該当サービス事業者が提供した場合又は支給認定を受けていない児童に指定事業者がサービスを提供した場合に受ける給付をいいます。

参　考

関連Q＆A：Q12 児童福祉事業

　　　　　　　Q22 企業主導型保育事業

　　　　　　　Q73 児童福祉事業

Q74

消法6①、別表第2七ロ・ハ

消令14の3一・六

平成17年厚生労働省告示第128号

消基通6-7-5(2)、6-7-7の2(1)

平成17.3.31付雇児保発第0331003号

就学前の子どもに関する教育、保育等の総合的な提供の推進に関する法律3①

児童福祉法6の3⑥⑦⑨～⑬、39①、39の2①

子ども・子育て支援法7⑤～⑨

社会福祉法2③二・二の二

平成3.11.12付児発第946号

会計基準課長通知別添3-2

第3章　社会福祉法人の消費税

Q75 障害福祉サービス事業等

　当法人は障害者支援施設を経営しており、そのほかにもさまざまな障害福祉サービス事業を行っています。これに伴い、通常実施地域以外にサービスを提供することによる交通費や送迎費用も、利用料として収受しています。

　これらの事業について、消費税は非課税になると考えていいでしょうか。

A　これらの事業は社会福祉事業に該当し、その事業に係る資産の譲渡等は原則として消費税が非課税になります。ただし、生産活動としての作業に基づき行われる資産の譲渡等については消費税が課税されます。

解説

（1）障害福祉サービス事業等の種類

①　障害者支援施設

　障害者につき、施設入所支援を行うとともに、施設入所支援以外の次の施設障害福祉サービスを行う施設で、独立行政法人国立重度知的障害者総合施設のぞみの園及び児童福祉施設を除くものをいいます（障害者総合支援法5①⑩⑪、障害者総合支援法施行規則1、1の2）。

・　生活介護
・　自立訓練
・　就労移行支援
・　就労継続支援B型

②　障害福祉サービス事業

　次に掲げる障害福祉サービスのうち、施設障害福祉サービスを除くものを行う事業をいいます（障害者総合支援法5①〜⑩）。なお、障害福祉サービスには介護給付費と訓練等給付費の給付を受けるものに区分され

- 272 -

ています（障害者総合支援法28、**[図表 1]**参照）。

[図表 1] 障害福祉サービス

介護給付費の給付サービス	訓練等給付費の給付サービス
・　居宅介護 ・　重度訪問介護 ・　同行援護 ・　行動援護 ・　療養介護（医療に係るものを除く。） ・　生活介護 ・　短期入所 ・　重度障害者等包括支援 ・　施設入所支援	・　自立訓練（機能訓練・生活訓練） ・　就労選択支援（注） ・　就労移行支援 ・　就労継続支援 ・　就労定着支援 ・　自立生活援助 ・　共同生活援助

(注)　令和 7 年 10 月施行予定（改正後の障害者総合支援法 5 ⑬）

③　**相談支援事業**

Q19（2）（56 頁）を参照。

④　**地域活動支援センター**

　障害者等を通わせ、創作的活動又は生産活動の機会の提供、社会との交流の促進その他の厚生労働省令で定める便宜を供与する施設をいいます（障害者総合支援法 5 ㉗）。

⑤　**福祉ホーム**

　現に住居を求めている障害者につき、低額な料金で、居室その他の設備を利用させるとともに、日常生活に必要な便宜を供与する施設をいいます（障害者総合支援法 5 ㉘）。

⑥　**移動支援事業**

　屋外での移動が困難な障害者等について、外出のための支援を行うことにより、地域における自立生活及び社会参加を促すことを目的とする事業をいい、地域生活支援事業として行われます（社会福祉法 2 ③四の二、平成 18.8.1 付障発第 0801002 号）。

⑦　**障害児入所施設・児童発達支援センター**

イ　**障害児入所施設**

　障害児を入所させて、次に掲げる支援を行うことを目的とする施設を

第3章　社会福祉法人の消費税

いいます（児童福祉法42）。

・　福祉型障害児入所施設　保護、日常生活の指導及び独立自活に必要
　な知識技能の付与

・　医療型障害児入所施設　保護、日常生活の指導、独立自活に必要な
　知識技能の付与及び治療

ロ　児童発達支援センター

　地域の障害児の健全な発達において中核的な役割を担う機関として、
障害児を日々保護者の下から通わせて、高度の専門的な知識及び技術を
必要とする児童発達支援を提供し、あわせて障害児の家族、指定障害児
通所支援事業者その他の関係者に対し、相談、専門的な助言その他の必
要な援助を目的とする施設をいいます（児童福祉法43）。

⑧　障害児通所支援事業

　次に掲げる障害児通所支援を行う事業をいいます（児童福祉法6の2
の2①）。

イ　児童発達支援

　障害児につき、児童発達支援センターその他の内閣府令で定める施設
に通わせ、日常生活における基本的な動作及び知識技能の習得並びに集
団生活への適応のための支援その他の内閣府令で定める便宜を供与し、
又はこれに併せて児童発達支援センターにおいて治療を行うことをいい
ます（児童福祉法6の2の2②）。

ロ　放課後等デイサービス

　学校（幼稚園及び大学を除きます。）又は専修学校等に就学している
障害児につき、授業の終了後又は休業日に児童発達支援センターその他
の内閣府令で定める施設に通わせ、生活能力の向上のために必要な支
援、社会との交流の促進その他の便宜を供与することをいいます（児童
福祉法6の2の2③）。

ハ　居宅訪問型児童発達支援

　重度の障害の状態その他これに準ずるものとして内閣府令で定める状
態にある障害児であって、児童発達支援又は放課後等デイサービスを受

－ 274 －

第2節　社会福祉事業・公益事業の課税・非課税の判定

けるために外出することが著しく困難なものにつき、その障害児の居宅を訪問し、日常生活における基本的な動作及び知識技能の習得並びに生活能力の向上のために必要な支援その他の内閣府令で定める便宜を供与することをいいます（児童福祉法6の2の2④）。

二　保育所等訪問支援

保育所その他の児童が集団生活を営む施設として内閣府令で定めるものに通う障害児又は乳児院その他の児童が集団生活を営む施設として内閣府令で定めるものに入所する障害児につき、その施設を訪問し、その施設における障害児以外の児童との集団生活への適応のための専門的な支援その他の便宜を供与することをいいます（児童福祉法6の2の2⑤）。

⑨　障害児相談支援事業

障害児支援利用援助及び継続障害児支援利用援助を行う事業をいいます（児童福祉法6の2の2⑥〜⑧）。

（2）障害福祉サービス事業等の課税・非課税

①　社会福祉事業

（1）の事業は、いずれも社会福祉事業に該当し、これらの事業に係る資産の譲渡等については消費税が非課税になります（消法6①、別表第2七ロ、消基通6-7-5(1)ニ・(2)チ、社会福祉法2②四・③四の二）。

また、居宅介護や生活介護において、通常の実施地域以外でサービスの提供を行う場合に利用者から収受した交通費や送迎費用についても、介護保険事業とは異なり、これらに課税する規定はないので、非課税になります。

ただし、「障害者の日常生活及び社会生活を総合的に支援するための法律に基づく指定障害福祉サービスの事業等の人員、設備及び運営に関する基準」等において徴収が認められている「その他の日常生活費」と区別されるべき次に掲げる費用等は、社会福祉事業に係る資産の譲渡等とはいえないことから、消費税が課税されます（平成18.12.6付障発第1206002号）。

- 275 -

第3章　社会福祉法人の消費税

- ・　預り金の出納管理に係る費用
- ・　利用者個人の希望による嗜好品、贅沢品の購入に係る費用
- ・　障害者支援施設における入退所時の送迎に係る費用

② **就労支援事業**

　①の事業に係る資産の譲渡等であっても、障害者支援施設、生活介護、就労移行支援又は就労継続支援又は地域活動支援センターを経営する事業において生産活動としての作業に基づき行われる資産の譲渡等については、消費税が課税されます（別表第2七ロ、消基通6-7-5(1)ニ・(2)チ）。

（3）勘定科目と課税・非課税

　社会福祉法人会計基準における障害福祉サービス事業等収益の勘定科目とこの事業に係る資産の譲渡等についての消費税の課税・非課税は、**[図表2]** のとおりです（消法6、別表第2七ロ、消基通6-7-5(1)ニ・(2)チ、平成18年厚生労働省令第171号、平成18年厚生労働省令第172号、平成18年厚生労働省令第174号、平成18年厚生労働省令第175号、平成18年厚生労働省令第176号、平成18年厚生労働省令第177号、平成24年厚生労働省令第27号、平成24年厚生労働省令第28号、平成24年厚生労働省令第29号、会計基準課長通知別添3-2)。

第2節　社会福祉事業・公益事業の課税・非課税の判定

［図表2］障害福祉サービス事業等収益における非課税・課税取引

勘定科目	地方公共団体	利用者
	①非課税／②課税／③不課税	
自立支援給付費収益	（障害者支援施設、障害福祉サービス事業、相談支援事業）	
介護給付費収益	①居宅介護、重度訪問介護、同行援護、行動援護、療養介護、生活介護、短期入所、重度障害者等包括支援、施設入所支援における介護給付費の代理受領分	
特例介護給付費収益（注）		①上記サービスにおける特例介護給付費の受領分
訓練等給付費収益	①自立訓練、就労移行支援、就労継続支援、就労定着支援、自立生活援助、共同生活援助における訓練等給付費の代理受領分	
特例訓練等給付費収益（注）		①上記サービスにおける特例訓練費等給付費の受領分
地域相談支援給付費収益	①一般相談支援事業における地域相談支援給付費の代理受領分	
特例地域相談支援給付費収益（注）		①上記サービスにおける特例地域相談支援給付費の受領分
計画相談支援給付費収益	①特定相談支援事業における計画相談支援給付費の代理受領分	
特例計画相談支援給付費収益（注）		①上記サービスにおける特例計画支援給付費の受領分

－ 277 －

第3章　社会福祉法人の消費税

勘定科目	地方公共団体	利用者
	①非課税／②課税／③不課税	
障害児施設給付費収益	（障害児入所施設、児童発達支援センター、障害者通所支援事業、障害児相談支援事業）	
障害児通所給付費収益	①児童発達支援センター、障害者通所支援事業における障害児通所給付費の代理受領分	
特例障害児通所給付費収益（注）		①上記サービスにおける特例障害児通所給付費の受領分
障害児入所給付費収益	①障害児入所施設における障害児入所給付費の代理受領分	
障害児相談支援給付費収益	①障害児相談支援事業における障害児相談支援給付費の代理受領分	
特例障害児相談支援給付費収益（注）		①上記サービスにおける特例障害児相談支援給付費の受領分
利用者負担金収益		①利用者本人（障害児においては、その保護者）の負担金
補足給付費収益	（施設入所支援、重度障害者等包括支援、共同生活援助、障害児入所施設）	
特定障害者特別給付費収益	①施設入所支援、重度障害者等包括支援、共同生活援助における特定障害者特別給付費の代理受領分	
特例特定障害者特別給付費収益（注）	①上記サービスにおける特例特定障害者特別給付費の代理受領分	
特定入所障害児食費等給付費収益	①障害児入所施設における特定入所障害児食費等給付費の代理受領分	
特定費用収益		①施設入所支援、短期入所、生活介護、自立訓

- 278 -

第2節　社会福祉事業・公益事業の課税・非課税の判定

勘定科目	地方公共団体	利用者
	①非課税／②課税／③不課税	
		練、就労移行支援、就労継続支援、障害児入所施設、障害児通所支援における食費 ①共同生活援助における食材料費 ①施設入所支援、障害児入所施設、共同生活援助における光熱水費 ①施設入所支援における特別な居室の提供費用 ①施設入所支援、障害児入所施設、共同生活援助における日用品費 ①施設入所支援における被服費 ①生活介護における創作的活動に係る材料費 ①交通費（通常の事業の実施地域以外で行う場合にのみ徴収可能） ①共同生活援助における家賃
その他の事業収益	（障害者支援施設、障害福祉サービス事業、相談支援事業、地域活動支援センター、福祉ホーム、移動支援事業、障害児入所施設、児童発達支援センター、障害者通所支援事業、障害児相談支援事業）	
補助金事業収益（公費）	③運営補助金	
補助金事業収益（一般）		
受託事業収益（公費）	①地域活動支援センター、福祉ホーム、移動支援の委託料	
受託事業収益（一般）		①地域活動支援センター、福祉ホーム、移動支援の利用料
その他の事業収益		②預り金の出納管理に係る費用 ②利用者個人の希望による嗜好品、贅沢品の購

- 279 -

第3章　社会福祉法人の消費税

勘定科目	地方公共団体	利用者
	①非課税／②課税／③不課税	
		入に係る費用 ②障害者支援施設における入退所時の送迎に係る費用

(注)　「特例給付」は、基準該当サービス事業者が提供した場合、支給認定を受けていない障害者又は給付決定を受けていない障害児に指定事業者がサービスを提供した場合に受ける給付をいいます。

参考

関連Q＆A：Q19 障害福祉サービス事業等

　　　　　　Q76 就労支援事業

Q75

消法6①、別表第2七ロ

消基通6-7-5

障害者総合支援法5①〜⑪㉗㉘、28

障害者総合支援法施行規則1、1の2

児童福祉法6の2の2①〜⑧、42、43

社会福祉法2②四・③四の二

平成18年厚生労働省令第171号、平成18年厚生労働省令第172号、平成18年厚生労働省令第174号、平成18年厚生労働省令第175号、平成18年厚生労働省令第176号、平成18年厚生労働省令第177号、平成24年厚生労働省令第27号、平成24年厚生労働省令第28号、平成24年厚生労働省令第29号

平成18.8.1付障発第0801002号、平成18.12.6付障発第1206002号

会計基準課長通知別添3-2

第2節　社会福祉事業・公益事業の課税・非課税の判定

$Q76$ 就労支援事業

当法人は、多機能型による指定生活介護事業所、指定自立訓練（生活訓練）事業所及び指定就労継続支援B型事業所を経営しています。これらの事業所では、利用者が作業を行って得た収益から費用を差し引いた額を利用者に工賃として支払っています。

これらの事業のうち、給付費については消費税が非課税になりますが、作業による収益も非課税になるのでしょうか。

A 指定生活介護事業所及び指定就労継続支援B型事業所における生産活動としての作業に基づき行われる資産の譲渡等については、消費税が課税されます。

一方、指定自立訓練（生活訓練）事業所における作業に基づき行われる資産の譲渡等については、非課税になります。

解説

（1）多機能型事業所

次に掲げる事業所については、これらのうち複数の事業を一体的に行うことで、事業所に置くべき従業者又はサービス管理責任者の員数を緩和することができ、サービスの提供に支障を来さないよう配慮しつつ、一体的に事業を行う他の事業の設備を兼用することができます（平成18年厚生労働省令第171号）。

- ・　指定生活介護事業所
- ・　指定自立訓練（生活訓練）事業所
- ・　指定就労継続支援A型事業所
- ・　指定児童発達支援事業所
- ・　指定放課後等デイサービス事業所
- ・　指定自立訓練（機能訓練）事業所
- ・　指定就労移行支援事業所

－ 281 －

第3章　社会福祉法人の消費税

・　指定就労継続支援 B 型事業所
・　指定医療型児童発達支援事業所

（2）就労支援事業の課税

①　就労支援事業

　社会福祉法人会計基準において、就労支援事業については、就労支援事業に関する附属明細書を作成する必要があります。この就労支援事業の範囲は、次のとおりです（会計基準局長通知 26(2)エ(ア)）。

・　就労移行支援（障害者総合支援法 5 ⑬）
・　就労継続支援 A 型（障害者総合支援法施行規則 6 の 10 一）
・　就労継続支援 B 型（障害者総合支援法施行規則 6 の 10 二）
・　生産活動を実施する生活介護（障害者総合支援法 5 ⑦）

　これらの事業においては、生産活動が行われます。

②　生産活動

　生産活動とは、下記③に掲げる事業において行われる身体上若しくは精神上又は世帯の事情等により、就業能力の限られている者（以下「要援護者」といいます。）の「自立」、「自活」及び「社会復帰」のための訓練、職業供与等の活動において行われる物品の販売、サービスの提供その他の資産の譲渡等をいいます（消基通 6-7-6(1)）。

　なお、③に掲げる事業では、このような生産活動のほか、要援護者に対する養護又は援護及び要援護者に対する給食又は入浴等の便宜供与等も行われていますが、これらの便宜供与等は生産活動には該当しません。

③　「生産活動」が行われる事業

　「生産活動」が行われる事業とは、要援護者に対して、就労又は技能の習得のために必要な訓練の提供や職業の供与等を行い、要援護者の自立を助長し、自活させることを目的とする次に掲げる事業をいいます（消基通 6-7-6(2)）。

・　生活介護、就労移行支援又は就労継続支援を行う事業（障害者総合支援法 5 ⑦⑬⑭）

－ 282 －

第2節　社会福祉事業・公益事業の課税・非課税の判定

- 障害者支援施設（社会福祉法2②四）
- 授産施設（社会福祉法2②七）
- 認定生活困窮者就労訓練事業（社会福祉法2③一の二）
- 地域活動支援センターを経営する事業（社会福祉法2③四の二）

④　消費税の課税と趣旨

　就労支援事業については、障害者総合支援法に基づく指定障害福祉サービスの事業等の人員、設備及び運営に関する基準において「生産活動に従事している者に、生産活動に係る事業の収入から生産活動に係る事業に必要な経費を控除した額に相当する金額を工賃として支払わなければならない。」とされています。特に就労継続支援A型においては、雇用者に労働基準法に基づき賃金を支払わなければならないものとされています。

　これは、生産活動により利用者に対する工賃や賃金の水準を向上させ、就労による生活向上に資することを目的としているからです。

　しかし、生産活動に係る事業が社会福祉事業であることで消費税が非課税となった場合、その事業を行う法人と取引をする課税事業者は、生産活動に係る資産の譲渡等については仕入税額控除が受けられません。課税事業者は消費税の負担を避けるために、就労支援事業を行う法人との取引を排除することが考えられます。

　このようなことを避けるため、社会福祉事業であっても、生産活動に係る資産の譲渡等については消費税を課税することとしています。

　ご質問の場合、指定生活介護事業所及び指定就労継続支援B型事業所における生産活動としての作業に基づき行われる資産の譲渡等については、消費税が課税されます。

　一方、指定自立訓練（生活訓練）事業所における作業に基づき行われる資産の譲渡等は、生産活動に係る資産の譲渡等には該当せず、たとえその利益を利用者に工賃として支払っていたとしても非課税になります。

－ 283 －

第3章　社会福祉法人の消費税

参考

関連Q＆A：Q19 障害福祉サービス事業等

Q20 就労支援事業・授産事業等

Q75 障害福祉サービス事業等

Q78 生活保護事業・生活困窮者自立支援事業

Q94 課税仕入れの範囲と利用者工賃

Q76

消基通 6-7-6

障害者総合支援法 5 ⑦⑬⑭

障害者総合支援法施行規則 6 の 10

社会福祉法 2 ②四・七・③一の二・四の二

平成 18 年厚生労働省令第 171 号

会計基準局長通知 26(2)

第2節　社会福祉事業・公益事業の課税・非課税の判定

 身体障害者用物品

当法人は、車椅子などの身体障害者用物品や育児用品の有料貸出や販売を行っています。
これらの貸出や販売は、消費税が非課税になると考えてもよいでしょうか。

 身体障害者用物品に該当するものの貸出又は譲渡についてのみ、消費税が非課税になります。

解 説
（1）身体障害者用物品の非課税
　身体障害者用物品の譲渡又は貸付については、消費税は非課税になります（消法6、別表第2十、平成3年厚生省告示第130号、[図表1]参照）。また、[図表1]の下線付きの物品については、修理についても消費税が非課税になります。

参 考
関連Q＆A：Q70 福祉用具の取扱い
Q77
　消法6、別表第2十
　平成3年厚生省告示第130号

- 285 -

第3章　社会福祉法人の消費税

［図表1］　身体障害者用物品における課税・非課税

号	物品	号	物品	号	物品
1	義肢	18	頭部保持具	28-9	視覚障害者用音声色彩識別装置
2	装具　※	19	座位保持椅子	28-10	視覚障害者用携帯型歩行支援装置
3	座位保持装置	20	排便補助具	28-11	視覚障害者用携帯型日本銀行券種類識別装置
4	視覚障害者安全つえ	21	視覚障害者用ポータブルレコーダー　★	29	聴覚障害者用屋内信号装置　★
5	義眼	22	視覚障害者用時計	29-2	聴覚障害者用情報受信装置　★
6	弱視眼鏡・遮光眼鏡	24	点字タイプライター	30	特殊寝台
7	点字器	25	視覚障害者用電卓	31	特殊尿器
8	補聴器　※	26	視覚障害者用体温計	32	体位変換器
9	人工喉頭	27	視覚障害者用秤	33	重度障害者用意思伝達装置　★
10	車椅子	28	点字図書（教科書を除く）	33-2	携帯用会話補助装置　★
11	電動車椅子	28-2	視覚障害者用体重計	33-3	移動用リフト
12	歩行器	28-3	視覚障害者用読書器　★	34	透析液加温器
13	頭部保護帽	28-4	歩行時間延長信号機用小型送信機	35	福祉電話器　★
14	装着式収尿器	28-5	点字ディスプレイ	36	視覚障害者用ワードプロセッサー　★
15	ストマ用装具	28-6	視覚障害者用活字文書読上げ装置	37	身体障害者用自動車　＊
16	歩行補助つえ	28-7	視覚障害者用音声ICタグレコーダー　★	38	ストレッチャー装備自動車　＊
17	起立保持具	28-8	視覚障害者用音声方位磁石		

※　補装具の種目、購入又は修理に要する費用の額の算定等に関する基準の別表の基本構造欄に掲げる構造を有しているものに限ります。

★：平成3年厚生省告示第130号の別表に掲げるもの限ります。

－ 286 －

第2節　社会福祉事業・公益事業の課税・非課税の判定

Q78 生活保護事業・生活困窮者自立支援事業

　当法人は、生活保護法に基づく救護施設と授産施設を経営しています。

　また、このたび、生活困窮者自立支援法に基づく認定生活困窮者就労訓練事業、生活困窮者自立相談支援事業及び家計改善相談事業を行うことになりました。

　これらの事業に係る収入に、消費税は課されるのでしょうか。

A　救護施設、授産施設及び認定生活困窮者就労訓練事業を経営する事業は社会福祉事業に該当し、これらの事業に係る資産の譲渡等についての消費税は非課税になります。

　ただし、授産施設及び認定生活困窮者就労訓練事業における生産活動として行われる資産の譲渡等については消費税が課されます。

　一方、生活困窮者自立相談支援事業及び家計改善相談事業は、社会福祉事業に該当せず、これらの事業に係る資産の譲渡等については消費税が課されます。

解説

（1）生活保護事業における施設

①　救護施設

　身体上又は精神上著しい障害があるために日常生活を営むことが困難な要保護者を入所させて、生活扶助を行うことを目的とする施設をいいます（生活保護法38②）。

②　更生施設

　身体上又は精神上の理由により養護及び生活指導を必要とする要保護者を入所させて、生活扶助を行うことを目的とする施設をいいます（生活保護法38③）。

－ 287 －

③ 授産施設

身体上若しくは精神上の理由又は世帯の事情により就業能力の限られ
ている要保護者に対して、就労又は技能の修得のために必要な機会及び
便宜を与えて、その自立を助長することを目的とする施設をいいます
（生活保護法38⑤、社会福祉法2②七）。

④ 宿所提供施設

住居のない要保護者の世帯に対して、住宅扶助を行うことを目的とす
る施設をいいます（生活保護法38⑥）。

（2）生活困窮者自立支援法における事業

生活困窮者自立支援法において、「生活困窮者」とは、就労の状況、
心身の状況、地域社会との関係性その他の事情により、現に経済的に困
窮し、最低限度の生活を維持することができなくなるおそれのある者を
いいます（生活困窮者自立支援法3①）。

① 認定生活困窮者就労訓練事業

雇用による就業を継続して行うことが困難な生活困窮者に対し、就労
の機会を提供するとともに、就労に必要な知識及び能力の向上のために
必要な訓練その他の厚生労働省令で定める便宜を供与する事業で、都道
府県知事（指定都市又は中核市の長）の認定を受けたものをいいます
（生活困窮者自立支援法16①②）。

② 生活困窮者自立相談支援事業

次に掲げる事業をいいます（生活困窮者自立支援法3②）。

イ　就労の支援その他の自立に関する問題につき、生活困窮者及び生活
困窮者の家族その他の関係者からの相談に応じ、必要な情報の提供及
び助言をし、並びに関係機関との連絡調整を行う事業

ロ　生活困窮者に対し、認定生活困窮者就労訓練事業の利用についての
あっせんを行う事業

ハ　生活困窮者に対し、生活困窮者に対する支援の種類及び内容その他
の厚生労働省令で定める事項を記載した計画の作成その他の生活困窮

第2節　社会福祉事業・公益事業の課税・非課税の判定

者の自立の促進を図るための支援が包括的かつ計画的に行われるための援助として厚生労働省令で定めるものを行う事業

③　**生活困窮者就労準備支援事業**

　雇用による就業が著しく困難な生活困窮者に対し、厚生労働省令で定める期間にわたり、就労に必要な知識及び能力の向上のために必要な訓練を行う事業をいいます（生活困窮者自立支援法3④）。

④　**生活困窮者家計改善支援事業**

　生活困窮者に対し、収入、支出その他家計の状況を適切に把握すること及び家計の改善の意欲を高めることを支援するとともに、生活に必要な資金の貸付けのあっせんを行う事業をいいます（生活困窮者自立支援法3⑤）。

⑤　**生活困窮者一時生活支援事業**

　次に掲げる事業をいいます（生活困窮者自立支援法3⑥）。

イ　一定の住居を持たない生活困窮者に対し、厚生労働省令で定める期間にわたり、宿泊場所の供与、食事の提供その他その宿泊場所において日常生活を営むのに必要な便宜を供与する事業

ロ　次に掲げる生活困窮者に対し、厚生労働省令で定める期間にわたり、訪問による必要な情報の提供及び助言その他の現在の住居において日常生活を営むのに必要な便宜を供与する事業（生活困窮者自立相談支援事業に該当するものを除きます。）

　　・　イに掲げる事業を利用していた生活困窮者であって、現に一定の住居を有するもの

　　・　現在の住居を失うおそれのある生活困窮者であって、地域社会から孤立しているもの

⑥　**子どもの学習・生活支援事業**

　次に掲げる事業をいいます（生活困窮者自立支援法3⑦）。

イ　生活困窮者である子どもに対し、学習の援助を行う事業

ロ　生活困窮者である子ども及びその子どもの保護者に対し、その子どもの生活習慣及び育成環境の改善に関する助言を行う事業（生活困窮

－ 289 －

第3章　社会福祉法人の消費税

者自立相談支援事業に該当するものを除きます。）

ハ　生活困窮者である子どもの進路選択その他の教育及び就労に関する
　　問題につき、その子ども及びその子どもの保護者からの相談に応じ、
　　必要な情報の提供及び助言をし、並びに関係機関との連絡調整を行う
　　事業（生活困窮者自立相談支援事業に該当するものを除きます。）

（3）事業の課税・非課税

①　社会福祉事業

　上記(1)の生活保護事業における施設を経営する事業及び(2)①の認
定生活困窮者就労訓練事業は社会福祉事業に該当するため、その事業に
係る資産の譲渡等については消費税が非課税になります（消法6①、別
表第2七ロ、消基通6-7-5(1)イ・ヘ・(2)ロ、社会福祉法2②一・七・③一
の二）。

②　生産活動による資産の譲渡等

　(1)③の授産施設を経営する事業及び(2)①の認定生活困窮者就労訓
練事業に係る資産の譲渡等であっても、生産活動としての作業に基づき
行われる資産の譲渡等については、消費税が課税されます（別表第2七
ロ、消基通6-7-6(2)イ・ロ）。

③　公益事業

　(2)の生活困窮者自立支援法における事業のうち、認定生活困窮者就
労訓練事業以外の事業は公益事業に位置付けられ、社会福祉事業に該当
しないことから、これらの事業に係る資産の譲渡等については消費税が
課されます（平成27.3.19付新たな生活困窮者自立支援制度に関する質疑応
答集 問22-2）。

（4）勘定科目と課税・非課税

　社会福祉法人会計基準における生活保護事業収益の勘定科目とこの事
業に係る資産の譲渡等についての消費税の課税・非課税は、次頁[**図表
1**]のとおりです（会計基準課長通知別添3-2）。

－ 290 －

第2節　社会福祉事業・公益事業の課税・非課税の判定

［図表 1］生活保護事業収益における非課税・課税取引

勘定科目	地方公共団体その他	入所者・利用者
	①非課税／②課税／③不課税	
措置費収益	（救護施設、更生施設、授産施設、宿泊提供施設）	
事務費収益	①措置費支弁額中の人件費及び管理費に係る受取事務費	
事業費収益	①措置費支弁額中の入所者の処遇に必要な一般生活費等に係る受取事業費	
授産事業収益	<u>②授産施設における生産活動（製造製品の売上げ、仕入れ商品の売上、受託加工の別等）による収益</u>（注）	
利用者負担金収益		①利用者等からの利用料
その他の事業収益	（救護施設、更生施設、授産施設、宿泊提供施設、生活困窮者自立支援事業）	
補助金事業収益（公費）	③運営助成金 ③認定生活困窮者就労訓練事業に係る雇用助成金	
補助金事業収益（一般）		
受託事業収益（公費）	<u>②認定生活困窮者就労訓練事業以外の生活困窮者自立支援事業に係る委託料</u>	
受託事業収益（一般）		<u>②認定生活困窮者就労訓練事業以外の生活困窮者自立支援事業に係る利用料</u>
その他の事業収益	<u>②認定生活困窮者就労訓練事業における生産活動（製造製品の売上げ、仕入れ商品の売上、受託加工の別等）による収益</u>（注）	

（注）　生産活動による収益であっても、その資産の譲渡等が他の非課税規定に該当する場合（介護保険等）は、非課税になります。

－ 291 －

第 3 章　社会福祉法人の消費税

参 考

関連Q＆A：Q13 措置施設

　　　　　　　Q76 就労支援事業

Q78

消法 6 ①、別表第 2 七ロ

消基通 6-7-5、6-7-6

生活保護法 38 ②③⑤⑥

生活困窮者自立支援法 3 ①②④〜⑦、16 ①②

社会福祉法 2 ②一・七・③一の二

平成 27.3.19 付新たな生活困窮者自立支援制度に関する質疑応答集　問 22-2

会計基準課長通知別添 3-2

第2節　社会福祉事業・公益事業の課税・非課税の判定

Q79 医療事業

当法人は、第二種社会福祉事業として病院と診療所を経営し、公益事業として訪問看護ステーションを経営しています。

ただし、病院と診療所においては、生活困難者に対する無料又は低額による診療だけではなく、不特定多数の患者に対する診療や健康診断等を行っています。

これらの事業に係る収入に、消費税は課されるのでしょうか。

A 療養又は医療で社会福祉事業として行われる資産の譲渡等に該当するものは、消費税が非課税になります。一方、これ以外のものは、健康保険法等の規定に基づく療養若しくは医療又はこれらに類する資産の譲渡等に該当する場合に限り、非課税になります。

解説

（1）社会福祉事業としての医療施設

① 医療保護施設：医療を必要とする要保護者に対して、医療の給付を行うことを目的とする施設をいいます（生活保護法38④、社会福祉法2②一）。

② 助産施設：保健上必要があるにもかかわらず、経済的理由により、入院助産を受けることができない妊産婦を入所させて、助産を受けさせることを目的とする施設をいいます（児童福祉法36、社会福祉法2③二）。

③ 生計困難者のために、無料又は低額な料金で診療を行う事業（社会福祉法2③九）

（2）医療事業の課税・非課税

① 非課税

［図表1］ に掲げる療養若しくは医療又はこれらに類するものとして

－ 293 －

第3章　社会福祉法人の消費税

の資産の譲渡等は、消費税が非課税になります（消法6①、別表第2六、消令14、消基通6-6-1）。

［図表1］医療に関する非課税

根拠法令	根拠法令に定める非課税となる資産の譲渡等
・健康保険法 ・国民健康保険法 ・船員保険法 ・国家公務員共済組合法（防衛省の職員の給与等に関する法律においてその例によるものとされる場合を含みます。） ・地方公務員等共済組合法 ・私立学校教職員共済法	・療養の給付及び入院時食事療養費、入院時生活療養費、保険外併用療養費、療養費、家族療養費又は特別療養費の支給に係る療養 ・訪問看護療養費又は家族訪問看護療養費の支給に係る指定訪問看護
・高齢者の医療の確保に関する法律	・療養の給付及び入院時食事療養費、入院時生活療養費、保険外併用療養費、療養費又は特別療養費の支給に係る療養 ・訪問看護療養費の支給に係る指定訪問看護
・精神保健及び精神障害者福祉に関する法律	・医療
・生活保護法	・医療扶助のための医療の給付及び医療扶助のための金銭給付に係る医療
・原子爆弾被爆者に対する援護に関する法律	・医療の給付及び医療費又は一般疾病医療費の支給に係る医療
・障害者総合支援法	・自立支援医療費、療養介護医療費又は基準該当療養介護医療費の支給に係る医療
・公害健康被害の補償等に関する法律	・療養の給付及び療養費の支給に係る療養
・労働者災害補償保険法	・療養の給付及び療養の費用の支給に係る療養 ・社会復帰促進等事業として行われる医療の措置及び医療に要する費用の支給に係る医療
・自動車損害賠償保障法	・損害賠償額の支払（損害をてん補するための支払を含みます。）を受けるべき被害者に対するその支払に係る療養
・戦傷病者特別援護法	・療養の給付又は療養費の支給に係る療養 ・更生医療の給付又は更生医療に要する費用

- 294 -

第2節　社会福祉事業・公益事業の課税・非課税の判定

根拠法令	根拠法令に定める非課税となる資産の譲渡等
	の支給に係る医療
・中国残留邦人等の円滑な帰国の促進並びに永住帰国した中国残留邦人等及び特定配偶者の自立の支援に関する法律 ・改正前中国残留邦人等の円滑な帰国の促進及び永住帰国後の自立の支援に関する法律	・医療支援給付のための医療の給付及び医療支援給付のための金銭給付に係る医療
・予防接種法 ・新型インフルエンザ予防接種による健康被害の救済に関する特別措置法	・医療費の支給に係る医療
・麻薬及び向精神薬取締法 ・感染症の予防及び感染症の患者に対する医療に関する法律	・医療
・検疫法	・入院に係る医療
・沖縄の復帰に伴う厚生省関係法令の適用の特別措置等に関する政令	・医療費の支給に係る医療
・難病の患者に対する医療等に関する法律	・特定医療費の支給に係る医療
・学校保健安全法	・医療に要する費用の援助に係る医療
・児童福祉法	・小児慢性特定疾病医療費の支給に係る医療 ・療育の給付に係る医療 ・肢体不自由児通所医療費及び障害児入所医療費の支給に係る医療 ・慢性疾患の治療方法に関する研究等に資する事業に係る医療の給付又は医療に要する費用の支給に係る医療 ・助産の実施、措置、指定発達支援医療機関への委託措置又は一時保護に係る医療
・身体障害者福祉法	・施設への入所又は指定医療機関への入院に係る医療
・心神喪失等の状態で重大な他害行為を行った者の医療及び観察等に関する法律	・医療
・母子保健法	・養育医療の給付又は養育医療に要する費用の支給に係る医療

－ 295 －

第3章　社会福祉法人の消費税

根拠法令	根拠法令に定める非課税となる資産の譲渡等
・行旅病人及行旅死亡人取扱法	・救護に係る医療
・刑事収容施設及び被収容者等の処遇に関する法律	・被収容者、被留置者、海上保安被留置者、労役場留置者又は監置場留置者に係る医療
・少年院法	・在院者又は少年院に仮に収容されている者に係る医療
・少年鑑別所法	・在所者に係る医療
・更生保護法	・救護又は更生緊急保護に係る医療
・公立学校の学校医、学校歯科医及び学校薬剤師の公務災害補償に関する法律	・療養補償に係る療養
・国家公務員災害補償法（特別職の職員の給与に関する法律、裁判官の災害補償に関する法律においてその例によるものとされる場合又は防衛省の職員の給与等に関する法律若しくは裁判所職員臨時措置法において準用する場合を含みます。）	・療養補償に係る療養の給付又は療養の費用の支給に係る療養 ・福祉事業として行われる医療の措置又は医療に要する費用の支給に係る医療
・国会議員の歳費、旅費及び手当等に関する法律 ・国会議員の秘書の給与等に関する法律 ・国会職員法	・補償等に係る療養及び医療で、国家公務員災害補償法に掲げる療養及び医療に相当するもの
・地方公務員災害補償法	・療養補償に係る療養の給付又は療養の費用の支給に係る療養 ・福祉事業として行われる医療の措置又は医療に要する費用の支給に係る医療 ・非常勤の地方公務員に係る補償の制度に基づく療養及び医療
・消防組織法 ・水防法	・損害の補償に係る療養の給付又は療養の費用の支給に係る療養 ・福祉事業として行われる医療の措置又は医療に要する費用の支給に係る医療
・消防法 ・水防法 ・災害対策基本法 ・武力攻撃事態等における国民の保護のための措置に関する法律	・損害の補償に係る療養の給付又は療養の費用の支給に係る療養

- 296 -

第2節　社会福祉事業・公益事業の課税・非課税の判定

根拠法令	根拠法令に定める非課税となる資産の譲渡等
・新型インフルエンザ等対策特別措置法	・損害の補償に係る療養の費用の支給に係る療養
・警察官の職務に協力援助した者の災害給付に関する法律 ・海上保安官に協力援助した者等の災害給付に関する法律 ・証人等の被害についての給付に関する法律	・療養の給付又は療養に要する費用の給付に係る療養
・石綿による健康被害の救済に関する法律	・医療費の支給に係る医療
・水俣病被害者の救済及び水俣病問題の解決に関する特別措置法	・療養費の支給に係る療養
―	国又は地方公共団体の施策に基づきその要する費用の全部又は一部が国又は地方公共団体により負担される医療及び療養

② **課税**

イ　医療品又は医療用具の給付で、健康保険法、国民健康保険法等の規定に基づく療養、医療若しくは施設療養又はこれらに類するものとしての資産の譲渡等は非課税となりますが、これらの療養等に該当しない医薬品の販売又は医療用具の販売等（身体障害者用物品に係る資産の譲渡等に該当するものを除きます。）は課税資産の譲渡等に該当します（消基通6-6-2）。

ロ　健康保険法等の規定に基づく保険外併用療養費、医療費等の支給に係る療養は非課税となりますが、被保険者が負担する一部負担金のうち平成元年大蔵省告示第7号「消費税法別表第2第6号に規定する財務大臣の定める資産の譲渡等及び金額を定める件」の規定により定められた金額を超える部分の金額については、非課税とされる療養の対価に該当しないため、消費税が課税されます（消基通6-6-3）。

（2）勘定科目と課税・非課税

社会福祉法人会計基準における医療事業収益の勘定科目とこの事業に

- 297 -

第3章　社会福祉法人の消費税

係る資産の譲渡等についての消費税の課税・非課税は、[**図表２**]のとおりです（会計基準課長通知別添 3-2）。

[**図表２**] **医療事業収益における非課税・課税取引**

勘定科目	地方公共団体その他	利用者等
	①非課税／②課税／③不課税	
入院診療収益（公費）	①入院に係る［図表1］の資産の譲渡等のうち、公費からの収益 ②入院に係る［図表1］の資産の譲渡等以外（自費）のうち、公費からの収益	
入院診療収益（一般）		①入院に係る［図表1］の資産の譲渡等のうち、利用者からの収益 ②入院に係る［図表1］の資産の譲渡等以外（自費）のうち、利用者からの収益
室料差額収益		②特定療養費の対象となる特別の療養環境の提供に係る利用者からの収益
外来診療収益（公費）	①外来に係る［図表1］の資産の譲渡等のうち、訪問看護を除く公費からの収益 ②外来に係る［図表1］の資産の譲渡等以外（自費）のうち、訪問看護を除く公費からの収益	
外来診療収益（一般）		①外来に係る［図表1］の資産の譲渡等のうち、訪問看護を除く利用者からの収益 ②外来に係る［図表1］の資産の譲渡等以外（自費）のうち、訪問看護を除く利用者からの収益

- 298 -

第2節　社会福祉事業・公益事業の課税・非課税の判定

勘定科目	地方公共団体その他	利用者等
	①非課税／②課税／③不課税	
保健予防活動収益	②各種の健康診断、人間ドック、予防接種、妊産婦保健指導等保健予防活動に係る公費からの収益	②各種の健康診断、人間ドック、予防接種、妊産婦保健指導等保健予防活動に係る利用者からの収益
受託検査・施設利用収益	②他の医療機関から検査の委託を受けた場合の検査収益 ②医療設備器機を他の医療機関の利用に供した場合の収益	
訪問看護療養費収益（公費）	①訪問看護に係る［図表1］の資産の譲渡等のうち、公費からの収益 ②訪問看護に係る［図表1］の資産の譲渡等以外（自費）のうち、公費からの収益	
訪問看護療養費収益（一般）		①訪問看護に係る［図表1］の資産の譲渡等のうち、利用者からの収益 ②訪問看護に係る［図表1］の資産の譲渡等以外（自費）のうち、利用者からの収益
訪問看護利用料収益	（訪問看護）	
訪問看護基本利用料収益	（使用しない）	（使用しない）
訪問看護その他の利用料収益		②利用者からの長時間利用料収益、休日・時間外利用料収益、交通費収益、その他のサービス利用料収益
その他の医療事業収益		
補助金事業収益（公費）	③運営補助金 ③特定健康診査の健康保険団体等の補助金	

－ 299 －

第3章　社会福祉法人の消費税

勘定科目	地方公共団体その他	利用者等
	①非課税／②課税／③不課税	
補助金事業収益（一般）		②特定健康診査の自己負担額
受託事業収益（公費）	①地方公共団体から社会福祉事業として委託された事業に係る委託料 ②医療法に基づく又は関連する、地方公共団体から委託された事業に係る委託料	
受託事業収益（一般）		②医療法に基づく又は関連する、地方公共団体から委託された事業に係る利用者からの収益
その他の医業収益		②文書料 ②療養等に該当しない医薬品の販売又は医療用具の販売による収益

参　考

関連Q＆A：Q21 医療事業

　　　　　　Q69 介護保険事業

Q79

　消法6①、別表第2六

　消令14

　平成元年大蔵省告示第7号

　消基通6-6-1、6-6-2、6-6-3

　生活保護法38④

　児童福祉法36

　社会福祉法2②一・③二・九

　会計基準課長通知別添3-2

－ 300 －

第2節　社会福祉事業・公益事業の課税・非課税の判定

Q80 障害者相談支援事業等

当法人は、市との委託契約に基づき、「障害者相談支援事業」と「基幹相談支援センターの運営」を行っており、当該事業に係る委託料を受領していますが、当社が受領する委託料の消費税の取扱いはどうなるのでしょうか。

　いずれの事業も消費税の課税対象となります。

解説
(1) 障害者相談支援事業等
① 障害者相談支援事業
　障害者相談支援事業は、障害者総合支援法の規定に基づき、市町村が行うものとされている事業であり、障害者等が障害福祉サービスを利用しつつ、自立した日常生活又は社会生活を営むことができるよう、地域の障害者等の福祉に関する各般の問題につき、障害者等からの相談に応じ、必要な情報の提供及び助言その他の便宜を供与するとともに、障害者等に対する虐待の防止及びその早期発見のための関係機関との連絡調整その他の障害者等の権利の擁護のために必要な援助を行う事業といいます（障害者総合支援法77①三）。
② 基幹相談支援センター
　基幹相談支援センターは、地域における相談支援の中核的な役割を担う機関として、次に掲げる事業及び業務を総合的に行うことを目的とする施設といいます（障害者総合支援法77の2①）。
・障害者相談支援事業及び地域生活支援拠点等（障害者総合支援法77①三・四）
・身体障害者若しくは知的障害者の福祉に関し、必要な情報の提供を行うこと及び福祉に関する相談に応じ、必要な調査及び指導を行う

- 301 -

こと並びにこれらに付随する業務を行うこと又は精神障害者から求めがあったときは、当該精神障害者の希望、精神障害の状態、社会復帰の促進及び自立と社会経済活動への参加の促進のために必要な訓練その他の援助の内容等を勘案し、当該精神障害者が最も適切な障害福祉サービス事業の利用ができるよう、相談に応じ、必要な助言を行うこと（身体障害者福祉法9⑤二・三、知的障害者福祉法9⑤二・三、精神保健及び精神障害者福祉に関する法律49①）

・地域における相談支援又は障害児相談支援に従事する者に対し、これらの者が行う一般相談支援事業若しくは特定相談支援事業又は障害児相談支援事業に関する運営について、相談に応じ、必要な助言、指導その他の援助を行う業務（児童福祉法6の2の2⑥）

・障害者等への支援の体制の整備を図るため、関係機関、関係団体並びに障害者等及びその家族並びに障害者等の福祉、医療、教育又は雇用に関連する職務に従事する者その他の関係者の連携の緊密化を促進する業務（障害者総合支援法89の3①）

(2) 消費税法上の取扱い

社会福祉法上、障害者総合支援法に規定する「一般相談支援事業」及び「特定相談支援事業」は第二種社会福祉事業とされていますが、「障害者相談支援事業」は、障害者に対する日常生活上の相談支援を行うものであり、入所施設や病院からの地域移行等の相談を行う「一般相談支援事業」や、障害福祉サービスの利用に係る計画作成等の支援を行う「特定相談支援事業」には該当せず、また、社会福祉法に規定する他の社会福祉事業のいずれにも該当しません。

上記に加え、当該事業については消費税法上、非課税の対象として規定されているものでもないことから、当該事業の委託は、非課税となる資産の譲渡等には該当せず、受託者が受け取る委託料は、課税の対象となります（質疑応答事例／消費税 非課税（社会福祉事業）5）。

また、基幹相談支援センターの運営を含め、**[図表1]** に掲げる事業

第 2 節　社会福祉事業・公益事業の課税・非課税の判定

についても同様です（令和 5.10.4 付厚生労働省事務連絡）。

［図表 1］課税対象となる事業

事業	根拠法令等
住宅入居等支援事業（居住サポート事業）	障害者総合支援法 77 ①三
基幹相談支援センターを運営する事業（基幹相談支援センター等機能強化事業を含む。）	障害者総合支援法 77 の 2
障害児等療育支援事業	障害者総合支援法 78 ①
発達障害者支援センターを運営する事業	
高次脳機能障害及びその関連障害に対する支援普及事業	
医療的ケア児支援センターを運営する事業	医療的ケア児及びその家族に対する支援に関する法律 14

参考

Q80

　質疑応答事例 / 消費税 非課税（社会福祉事業）5

　令和 5.10.4 付厚生労働省事務連絡

　障害者総合支援法 77 ①三・四、77 の 2、78 ①、89 の 3 ①

　身体障害者福祉法 9 ⑤二・三

　知的障害者福祉法 9 ⑤二・三

　児童福祉法 6 の 2 の 2 ⑥

　精神保健及び精神障害者福祉に関する法律 49 ①

　医療的ケア児及びその家族に対する支援に関する法律 14

－ 303 －

第3章　社会福祉法人の消費税

Q81 受託事業（社会福祉類似事業）

　当法人は、市の設置した老人福祉センターと総合福祉センターを
指定管理者として管理しています。その運営形態は次のとおりです。
① 　老人福祉センターについては利用料金制ですが、市から管理料
　　も受け取っています。
② 　総合福祉センターについては利用料金制を採用しておらず、管
　　理料を受け取っていますが、年度末に精算し実費を超える金額を
　　返還しています（実費弁償）。
　　また、市の委託により次の事業も行っています。
③ 　当法人が設置する老人デイサービスセンターにおいて、要介護
　　被保険者を現に介護する者を対象に介護教室の開催
④ 　身体障害者を対象とする訪問入浴介護
⑤ 　高齢者を対象とする外出支援サービス事業
　　これらの事業に係る収入に、消費税は課されるのでしょうか。

A　　①の老人福祉センターの指定管理者としての業務は社会福
祉事業に該当します。その利用料及び管理料については、消
費税は非課税になります。
　②の総合福祉センターの指定管理者としての業務は社会福祉事業に該
当しないため、実費弁償であっても管理料については、消費税が課税さ
れます。
　市の委託事業のうち③及び④については、その費用の2分の1以上
を市が負担している場合は、消費税は非課税になります。
　市の委託事業のうち⑤については、消費税が課税されます。

解説

（1）指定管理者制度と委託
　指定管理者制度については、**Q28(1)**(84頁) を参照してください。

－ 304 －

第2節　社会福祉事業・公益事業の課税・非課税の判定

　指定管理者制度は、地方公共団体が指定した指定管理者が、協定に基づき、条例で定める公の施設の設置及びその管理に関する事項に従って、公の施設の管理を行うという行政処分であって、民法上の委託契約ではありません（地方自治法244の2③）。

　しかし、法人税法上の収益事業である請負業は、民法上の請負に限らず、事務処理の委託を受ける業を含むものとされ、委任、準委任の契約やこれに類する行政処分も含むものと解されており、消費税法においても同様として取り扱われることから、指定管理者制度による公の施設の管理も委託に該当します（法令5①十、民法632、643、656）。

（2）社会福祉事業の委託に係る取扱い

　社会福祉法人が地方公共団体等からその地方公共団体等が設置した社会福祉施設の経営を委託された場合に、その社会福祉法人等が行うその社会福祉施設の経営は、社会福祉事業として行われる資産の譲渡等に該当し、消費税は非課税となります（消基通6-7-9）。

　老人福祉センターは、無料又は低額な料金で老人に関する各種の相談に応ずるとともに、老人に対して、健康の増進、教養の向上及びレクリエーションのための便宜を総合的に供与することを目的とする施設をいい、第二種社会福祉事業に該当します（老人福祉法20の7、社会福祉法2③四）。

　ただし、社会福祉施設に係る業務の一部をその社会福祉施設を設置した地方公共団体等の委託により行う場合は、その業務の一部を行うことが社会福祉事業に該当する場合を除いて、その社会福祉法人が行う業務は、社会福祉事業として行われる資産の譲渡等には該当しません（消基通6-7-9（注））。

　なお、老人福祉センター、児童厚生施設を経営する事業について、例えば老人以外の者が老人福祉センターを利用する場合や児童以外の者が児童厚生施設を利用するような場合に、その利用者から徴収する利用料もその施設等が本来の趣旨に従って利用されている限り、非課税となり

- 305 -

第3章　社会福祉法人の消費税

ます（質疑応答事例 / 消費税 非課税（社会福祉事業）1）。

（3）社会福祉事業等以外の事業と実費弁償

　法人税法上の取扱いでは、その業務が法令の規定、行政官庁の指導又はその業務に関する規則、規約若しくは契約に基づき実費弁償（その委託により委託者から受ける金額がその業務のために必要な費用の額を超えないことをいいます。以下同じ。）により行われるものであり、かつ、一定の要件を満たすものであることにつき、あらかじめ納税地の所轄税務署長（国税局の調査課所管法人にあっては、所轄国税局長。以下同じ。）の確認を受けたときは、その確認を受けた期間は、これを法人税法上の収益事業としません（法基通 15-1-28）。

　しかし、消費税は申告については事業者を単位として行うこととされており、実費弁償における法人税のような取扱いはありません（消法42、45）。

　したがって、社会福祉法人が地方公共団体等からその地方公共団体等が設置した社会福祉施設以外の施設の経営を委託された場合には、その施設の経営による資産の譲渡等は、それが社会福祉事業以外の消費税法上の非課税となる資産の譲渡等に該当しない限り、消費税が課税されます。

（4）社会福祉事業等として行われる資産の譲渡等に類するもの

　次に掲げる資産の譲渡等は、消費税が非課税となります（消法別表第2七ロ・ハ）。

① 　更生保護事業として行われる資産の譲渡等（消法別表第2七ロ、更生保護事業法2①）

② 　常時保護を受ける者が、入所させて保護を行うものにあっては5人、その他のものにあっては20人に満たないため、社会福祉事業に含まれない児童福祉施設を経営する事業として行われる資産の譲渡等（消令14の3一、消基通6-7-7）

－ 306 －

第2節　社会福祉事業・公益事業の課税・非課税の判定

③　一定の水準を満たすものとして地方公共団体の証明を受けた認可外保育施設を経営する事業として行われる資産の譲渡等（消令14の3一、平成17年厚生労働省告示第128号、消基通6-7-7の2(1)、**Q74（2）** ③（267頁）を参照）

④　連携施設を構成する保育機能施設であって、認定を受けている又は公示がされているものにおいて、乳児又は幼児を保育する業務として行われる資産の譲渡等（消令14の3一、平成17年厚生労働省告示第128号、消基通6-7-7の2(2)）

⑤　肢体不自由のある児童又は重症心身障害児について措置に代えて、指定発達支援医療機関に委託する医療型障害児入所施設におけると同様な治療等（消令14の3二、児童福祉法27②）

⑥　児童の一時保護（消令14の3三、児童福祉法33）

⑦　包括的支援事業として行われる資産の譲渡等（消令14の3五、介護保険法115の46①、**Q71(2)**（247頁）を参照）

⑧　子ども・子育て支援法の規定に基づく施設型給付費、特例施設型給付費、地域型保育給付費又は特例地域型保育給付費の支給に係る事業として行われる資産の譲渡等（消令14の3六、**Q74(2)**①②（266頁）を参照）

⑨　産後ケア事業として行われる資産の譲渡等（助産に係る資産の譲渡等に該当するものを除く）（消令14の3七、母子保健法17の2①）

⑩　②〜⑨以外で、老人居宅生活支援事業、障害福祉サービス事業その他これらに類する事業として行われる資産の譲渡等のうち、国又は地方公共団体の施策に基づきその要する費用が国又は地方公共団体により負担されるもの（消令14の3八、次の**(5)**を参照）

（5）老人居宅生活支援事業、障害福祉サービス事業その他これらに類する事業の非課税

老人福祉法に規定する老人居宅生活支援事業、障害者自立支援法に規定する障害福祉サービス事業（居宅介護、重度訪問介護、同行援護、行

- 307 -

第3章 社会福祉法人の消費税

動援護、短期入所及び共同生活援助に係るものに限ります。）その他これらに類する事業として行われる資産の譲渡等（社会福祉事業に該当するものを除きます。）のうち、国又は地方公共団体の施策に基づきその要する費用が国又は地方公共団体により負担されるものとして**[図表1]**の非課税の要件を満たすものは、消費税が非課税になります（消令14の3八、平成3年厚生省告示第129号、老人福祉法5の2①、障害者総合支援法5①）。

なお、受託事業と同一の事業を補助金の交付事業で行う場合もその要する費用が国又は地方公共団体により負担されるものに該当するので、**[図表1]**の非課税の要件を満たすものは、消費税が非課税になります。

ご質問の市の委託事業のうち③「介護教室の開催」及び④「訪問入浴事業」については、対象者と対象事業が要件を満たしているので、その費用の2分の1以上を市が負担している場合は、消費税は非課税になります。一方、⑤「外出支援サービス事業」については、対象者に対応する対象事業がないので、消費税が課税されます（文書回答事例／消費税平成17.5.25）。

[図表1] 受託事業における課非判定のフローチャート

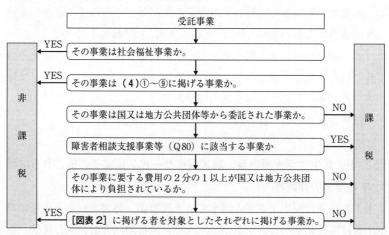

- 308 -

第2節　社会福祉事業・公益事業の課税・非課税の判定

[図表 2] 対象者と対象事業

対象者	対象事業
18 歳未満の身体障害児若しくはその者を現に介護する者	①居宅における介護その他の便宜供与（訪問型介護予防事業など）②通所による入浴その他の便宜供与（通所型介護予防事業、日中一時支援事業、家族介護教室など）③施設に短期間入所させ養護する事業
18 歳未満の知的障害児若しくはその者を現に介護する者	
身体障害者若しくはその者を現に介護する者	
知的障害者若しくはその者を現に介護する者	
精神障害者若しくはその者を現に養護する者	
介護状態にある 65 歳以上の者（特に必要のある 65 歳未満の者を含む）若しくはその者を現に養護する者	
配偶者のない女子若しくはその者に現に扶養されている 20 歳未満の者	
65 歳以上の者のみにより構成される世帯に属する者	
配偶者のない男子はその者に現に扶養されている 20 歳未満の者	
父母以外の者に現に扶養されている 20 歳未満の者若しくは当該扶養している者	
身体障害者、知的障害者又は精神障害者	共同生活住居において食事提供、相談その他を行う事業
原子爆弾被爆者で居宅介護が困難な者	入所養護事業
身体に障害がある児童	①訪問入浴事業②配食サービス
身体障害者	
介護状態にある 65 歳以上の者	
65 歳以上の者のみにより構成される世帯に属する者	

第 3 章　社会福祉法人の消費税

参考

関連Q＆A：Q28 指定管理者制度

Q71 包括的支援事業

Q74 保育事業・企業主導型保育事業

Q78 生活保護事業・生活困窮者自立支援事業

Q80 障害者相談支援事業等

Q82 受託事業の再委託

Q83 生活福祉資金貸付業務の一部受託

Q84 障害者就業・生活支援センター

Q81

法令 5 ①十

消法 42、45、別表第 2 七

消令 14 の 3 一〜三・五〜八

平成 3 年厚生省告示第 129 号

平成 17 年厚生労働省告示第 128 号

消基通 6-7-7、6-7-7 の 2、6-7-9

法基通 15-1-28

質疑応答事例／消費税 非課税（社会福祉事業）1

文書回答事例／消費税 平成 17.5.25

民法 632、643、656

地方自治法 244 の 2 ③④

更生保護事業法 2 ①

老人福祉法 5 の 2 ①、20 の 7

社会福祉法 2 ③四

児童福祉法 27 ②、33

介護保険法 115 の 46 ①

障害者総合支援法 5 ①

母子保健法 17 の 2 ①

第2節　社会福祉事業・公益事業の課税・非課税の判定

Q82　受託事業の再委託

当法人は、市社会福祉協議会からの委託を受けて、以下の業務を行っています。
① 　市社会福祉協議会が指定管理者となっている市が設置した老人デイサービスセンターについて、再委託を受けて行う調理業務及び清掃業務
② 　市が市社会福祉協議会に委託した配食サービスの再委託
③ 　市が市社会福祉協議会に委託した外出支援サービス事業における再委託
④ 　市社会福祉協議会が委託を受けた地域包括支援センターが行う介護予防支援について再委託を受けて介護予防サービス計画の作成業務
これらの業務について、社会福祉事業等に係る委託となるので、消費税は非課税となると考えてよいでしょうか。

　①は社会福祉施設に係る業務の一部の再委託であるため、その委託料等には消費税が課税されます。
　②の再委託は、社会福祉事業等として行われる資産の譲渡等に類するものに該当する場合は、消費税は非課税になります。
　③の再委託は、社会福祉事業等に該当しないので、消費税が課税されます。
　④の再委託は、介護予防支援の指定事業者として行っていないので、消費税が課税されます。

解説
（1）社会福祉事業の委託に係る取扱い
　Q81(2)（305頁）を参照してください。

第3章 社会福祉法人の消費税

(2) 社会福祉事業等として行われる資産の譲渡等に類するもの
Q81(4)(5)(306頁)を参照してください。

(3) 社会福祉事業の一部の委託に係る取扱い
　社会福祉法人を含む民間の事業者等が、地方公共団体又は地方公共団体が設置した社会福祉施設の経営を委託された社会福祉事業団等から、送迎サービス等の社会福祉施設に係る業務の一部を委託された場合又は社会福祉施設で使用する物品の納入等に係る資産の譲渡等を行う場合は、社会福祉事業の委託ではなく、通常のサービス、物品の購入に当たることから、その委託料又は資産の譲渡等の対価については、消費税は課税対象となります（平成9.9.29付厚生省事務連絡二）。
　これに該当する例としては、社会福祉施設の運営事業のうち、以下のようなサービスなど、その一部のみを委託した場合があります。

・　送迎サービス（外出支援サービス）
・　給食サービス
・　洗濯サービス（寝具洗濯乾燥消毒サービス）
・　清掃サービス

　また、社会福祉事業に類する事業として非課税となる「産後ケア事業」について、その業務の一部であるベッドシーツのクリーニング等の洗濯業務の受託して受け取る委託料産後ケア事業として行われる資産の譲渡等には該当せず、課税の対象となります（質疑応答事例／消費税非課税（社会福祉事業）6）。

(4) 事例ごとの課税・非課税
① 老人デイサービスセンターについて再委託を受けて行う調理業務及び清掃業務

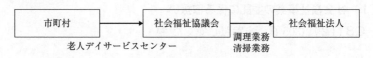

- 312 -

第2節　社会福祉事業・公益事業の課税・非課税の判定

　消費税が非課税の対象となる事業には、「社会福祉事業」等が含まれています（消法別表第2七）。これには老人デイサービスセンターを経営する事業も含まれています。
　しかし、老人デイサービスセンターにおける調理業務や清掃業務は、老人デイサービスセンターを経営する事業の一部であって、その事業全体ではないため、社会福祉事業に該当しないほか、その他の消費税の非課税の対象となる事業にも該当しません。したがって、消費税が課税されます（平成10.6.30付厚生省事務連絡問2）。

② 配食サービスについて再委託を受けて行う配食サービス

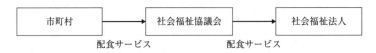

　消費税が非課税の対象となる事業には、「社会福祉事業」等が含まれています（消法別表第2七）が、配食サービス事業や訪問入浴サービス事業は社会福祉事業に含まれていません。しかし、**Q81(5)［図表2］**(309頁)に掲げる対象者に対するもののうち、「その要する費用の2分の1以上が国又は地方公共団体により負担される事業」は、消費税の非課税の対象となります（消令14の3八、平成3年厚生省告示第129号四・五）。したがって、再委託の対象となる配食サービス事業がこれらに該当する場合には、消費税は非課税になります（平成10.6.30付厚生省事務連絡問8）。

③ 外出支援サービス事業について再委託を受けて行う外出支援サービス事業

　消費税が非課税の対象となる事業には、「社会福祉事業」等が含まれています（消法別表第2七）。しかし、外出支援サービス事業や寝具洗濯乾燥消毒サービス事業は、社会福祉事業に該当しないほか、その他の消

― 313 ―

費税の非課税の対象となる事業にも該当しません。したがって、消費税が課税されます（平成10.6.30付厚生省事務連絡問10）。

④ 地域包括支援センターから委託を受けて行う介護予防サービス計画の作成業務

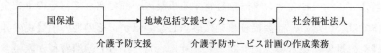

消費税が非課税の対象となる事業には、「介護保険事業」等が含まれています（消法別表第2七イ）。これには介護予防支援も含まれています（消基通6-7-1(11)(12)）。しかし、介護予防支援は地域包括支援センターのみが行うことができるものであり、委託を受けて介護予防サービス計画の作成を行ったとしても、介護予防支援の業務の一部であって、その事業全体ではないため、社会福祉事業に該当しないほか、その他の消費税の非課税の対象となる事業にも該当しません（消基通6-7-9）。したがって、消費税が課税されます（令和6.4.26老認発0426第1号）。

参 考

関連Q&A：Q81 受託事業（社会福祉類似事業）
Q82

消法別表第2七

消令14の3八

平成3年厚生省告示第129号

消基通6-7-1、6-7-9

質疑応答事例／消費税 非課税（社会福祉事業）6

令和6.4.26老認発0426第1号

平成9.9.29付厚生省事務連絡

平成10.6.30付厚生省事務連絡

第2節　社会福祉事業・公益事業の課税・非課税の判定

Q83 生活福祉資金貸付業務の一部受託

生活福祉資金貸付制度又は臨時特例つなぎ資金貸付制度に基づく資金の貸付けは、いずれも都道府県社会福祉協議会が実施主体として実施しており、消費税法別表第2第7号ロの「社会福祉法第2条に規定する社会福祉事業」に該当するものです。
　これらの貸付制度の実施に当たっては、その貸付業務の一部をその都道府県の区域内にある市町村社会福祉協議会に委託できることとされていますが、この貸付業務の一部委託についての消費税の課税関係はどうなるのでしょうか。

　　　この場合の委託は社会福祉事業に該当し、消費税が非課税となります。

解説
(1) 貸付制度
① 生活福祉資金貸付制度
　Q24(1)（71頁）を参照。
② 臨時特例つなぎ資金貸付制度
　離職者を支援するための公的給付制度又は公的貸付制度を申請している住居のない離職者に対して、その給付金又は貸付金の交付を受けるまでの当面の生活費を迅速に貸し付けることにより、その自立を支援することを目的とした制度です。

(2) 消費税の非課税
　生活福祉資金貸付制度及び臨時特例つなぎ資金貸付制度は、それぞれの制度要綱（厚生労働事務次官が定める「生活福祉資金貸付制度要綱」及び「臨時特例つなぎ資金貸付制度要綱」をいいます。）において、都道府県社会福祉協議会は貸付業務の一部を市町村社会福祉協議会に委託

第3章　社会福祉法人の消費税

することができると定めており、その委託を含めた事業が社会福祉法第
2条第2項第7号の規定に基づく第一種社会福祉事業に該当するものと
考えられます。

　したがって、それぞれの制度要綱に基づき実施される貸付業務の一部
委託は、社会福祉法第2条第2項第7号に規定する「生計困難者に対し
て無利子又は低利で資金を融通する事業」の範囲で行われる取引である
と認められることから、この場合の委託は、社会福祉事業に該当し、消
費税が非課税となります（消法別表第2七ロ、質疑応答事例／消費税　非課
税（社会福祉事業）2）。

参考

関連Q＆A：Q24 生活福祉資金貸付事業等
Q83
　消法別表第2七
　質疑応答事例／消費税　非課税（社会福祉事業）2
　社会福祉法2②七

第2節　社会福祉事業・公益事業の課税・非課税の判定

Q84 障害者就業・生活支援センター

当法人は、県の委託を受けて障害者就業・生活支援センターを経営しています。

これらの事業に係る収入に、消費税は課されるのでしょうか。

A 　障害者就業・生活支援センターの事業のうち、生活支援等事業は社会福祉事業に該当し、その収入は消費税が非課税になります。

一方、雇用安定等事業は社会福祉事業に該当せず、その収入には消費税が課税されます。

解 説

（1）障害者就業・生活支援センター

18歳以上で精神障害者保健福祉手帳、療育手帳、身体障害者手帳のいずれかを持っており、一般就労を希望、又はすでに一般就労されている人を対象に、職業生活における自立を図るために就業及びこれに伴う日常生活、又は社会生活上の支援を必要とする障害者に対し、雇用、保健、福祉、教育等の関係機関との連携を図りつつ、身近な地域において必要な指導、助言その他の支援を行うことにより、その雇用の促進及び職業の安定を図ることを目的とする施設をいいます（障害者の雇用の促進等に関する法律27、平成14.5.7付職高発第0507004・障発第0507003号）。

具体的な事業の内容には、次の二つがあります。

① **生活支援等事業（社会福祉事業）**

生活支援担当職員が、支援対象障害者の家庭等や職場を訪問すること等により、支援対象障害者の生活上の相談等に応ずるなど、就業及びこれに伴う日常生活又は社会生活に必要な支援を行います。

② **雇用安定等事業（公益事業）**

障害者の就業・生活支援を行う団体に委託して、就職を希望する障害

- 317 -

第3章 社会福祉法人の消費税

者、離職した障害者及び在職中の障害者の職業生活における自立を図る
ため、次の業務を行います。

イ 障害者からの相談に応じ、その就業及びこれに伴う日常生活上の問
題について、必要な指導及び助言その他の援助を行うこと。

ロ 事業主に対して障害者の就職後の雇用管理に係る助言等を行うこ
と。

ハ 障害者に対して障害者職業総合センター等又は事業主により行われ
る職業準備訓練を受けること及び職場実習を行うことについてあっ
せんすること。

ニ 前記イ〜ハの業務の円滑、かつ有効な実施に資するため、公共職業
安定所等の関係機関との連絡会議を開催し、これら機関との連携を図
ること。

（2）消費税の課税・非課税

① 生活支援等事業

生活支援等事業は、第二種社会福祉事業に位置付けられ、その事業に
係る資産の譲渡等は、消費税は非課税になります（消法別表第2七ロ、
消基通6-7-5(2)リ・ヌ、社会福祉法2③五・六）。

② 雇用安定等事業

雇用安定等事業は社会福祉事業に該当せず、公益事業に位置付けられ
ます。その事業の委託については、その委託により委託者から受ける金
額がその業務のために必要な費用の額を超えない「実費弁償」とされて
いますが、その委託料の予算及び精算においては納付すべき消費税を積
算するものとされています。したがって、その事業に係る資産の譲渡等
には、消費税が課税されます。

第2節　社会福祉事業・公益事業の課税・非課税の判定

参考

関連Q＆A：Q81 受託事業（社会福祉類似事業）

Q84

消法別表第2七

消基通 6-7-5

社会福祉法2③五・六

障害者の雇用の促進等に関する法律 27

平成 14.5.7 付職高発第 0507004・障発第 0507003 号

第3章　社会福祉法人の消費税

Q85 寄附金・会費収入

　社会福祉協議会である当法人は、地域の住民から福祉活動に充てることを目的として寄附金や災害見舞金等を受け入れています。
　また、次のような会費を収受しています。
① 　自治会を通じて各世帯から集金した会費（一般会費）
② 　法人会員の会費（法人会員は任意加入で、法人会員には会報を毎年1回無料配布し、法人会員以外の者に対しては会費名目で会報を有償配布している。）
③ 　外出支援サービス事業における会員としての会費（他に市からの委託料がある。）
　これらの寄附金や会費は、消費税の課税対象になるのでしょうか。

A
　　　　　寄附金は、消費税の課税対象になりません。
　　　　　会費のうち①及び②は消費税の課税対象になりませんが、法人会員以外の者に対して有償配布している会報に係る会費は、消費税の課税対象になります。
　③は、消費税の課税対象になります。

解 説

（1）寄附金等

　寄附金、祝金、見舞金等は原則として資産の譲渡等に係る対価に該当しませんので、消費税の課税対象になりません。しかし、例えば、資産の譲渡等を行った社会福祉法人がその譲渡等に係る対価を受領するとともに別途寄附金等の名目で金銭を受領している場合において、その寄附金等として受領した金銭が実質的にその資産の譲渡等の対価を構成すべきものと認められるときは、その受領した金銭はその資産の譲渡等の対価に該当します（消基通5-2-14）。

- 320 -

第2節　社会福祉事業・公益事業の課税・非課税の判定

（2）会費

①　一般会費

　市町村社会福祉協議会は、その事業の経費に充てるため、地域の住民の一般会員として、一般的に自治会を通じて会費を集金しています。この会費は任意のものであって、一般会員に特別の利益が及ぶものではないことから、実質的に寄附金に該当します（**Q31（1）**（96頁）参照）。

　したがって、（1）の寄附金に該当し、消費税の課税対象になりません（消基通5-2-14）。

②　法人会員の会費

　同業者団体、組合等がその団体としての通常の業務運営のために経常的に要する費用をその構成員に分担させ、その団体の存立を図るというようないわゆる通常会費については、資産の譲渡等の対価に該当しないものとして取り扱って差し支えありません（消基通5-5-3（注）1）。

　それ以外のその構成員から受ける会費、組合費等については、その同業者団体、組合等がその構成員に対して行う役務の提供等との間に明白な対価関係があるかどうかによって資産の譲渡等の対価であるかどうかを判定しますが、その判定が困難なものについて、継続して、同業者団体、組合等が資産の譲渡等の対価に該当しないものとし、かつ、その会費等を支払う社会福祉法人側がその支払を課税仕入れに該当しないこととしている場合には、これを認めるものとされています（消基通5-5-3本文）。

　ただし、名目が会費等とされている場合であっても、それが実質的に出版物の購読料、映画・演劇等の入場料、職員研修の受講料又は施設の利用料等と認められるときは、その会費等は、資産の譲渡等の対価に該当します（消基通5-5-3（注）2）。

　したがって、法人会員の会費は資産の譲渡等の対価に該当せず、消費税の課税対象になりません。

　一方、法人会員以外の者に対して有償配布している会報に係る会費は、名目が会費等とされているだけで出版物の購読料と認められるた

第3章　社会福祉法人の消費税

め、資産の譲渡等の対価に該当し、消費税の課税対象になります（消基通5-5-3(注) 2 ）。

③　外出支援サービス事業における会員としての会費

　外出支援サービス（移送サービス）とは、外出困難な在宅高齢者や身体障害者等に対して、移送車両を使い自宅と福祉施設や病院等との間の送迎を行うサービスをいいますが、このサービスを受けるために会員登録を必要とする場合があります。

　この会費は、上記(2)②のただし書のとおり、サービスの利用料と認められるため、資産の譲渡等の対価に該当し、消費税の課税対象になります（消基通5-5-3(注) 2 ）。

参考

関連Q＆A：Q31 会費収入
Q85
　消基通5-2-14、5-5-3

－ 322 －

第2節　社会福祉事業・公益事業の課税・非課税の判定

 その他の収入

当法人は、特別養護老人ホームのほか、介護保険事業を経営しています。この経営に伴い、次のような収入があります。
① 通所介護の送迎サービスにおいて、予約が取り消されたことによるキャンセル料
② 利用者が施設内で負傷したことによる施設賠償責任保険の保険金
③ 職員及び外来者に給食や食事を提供することによる収入
④ 介護実習のための研修生を受け入れたことによる謝礼
⑤ 年1回、法人が主催するバザーの収入
⑥ 介護事業で使用していた自動車の売却収入
これらの収入は、消費税の課税対象になるのでしょうか。

 ①及び②については、消費税の課税対象になりません。
③～⑥については、消費税の課税対象になります。

解説
（1）キャンセル料
　介護保険サービス等における訪問介護、通所介護等において、利用者の都合により予約されたサービス提供が取り消された場合におけるキャンセル料は、サービスの提供を行っていないので、対価ではなく事業者に対する損害賠償金の性格を有しています（消基通5-2-5）。
　したがって、資産の譲渡等には該当せず、消費税の課税対象になりません。

（2）保険金
　保険金又は共済金（これらに準ずるものを含みます。）は、保険事故の発生に伴い受けるものですから、資産の譲渡等の対価に該当しません

第3章　社会福祉法人の消費税

（消基通 5-2-4）。

　したがって、施設賠償責任保険の保険金は、消費税の課税対象になりません。

（3）利用者等外給食費収入

　社会福祉法人は、その経営する調理設備を有する社会福祉施設において職員に給食を提供することが一般的です。この場合、職員が利用者や児童等の食事の介助を行う際に一緒に食事をすることが見受けられます。

　しかし、職員が利用者とともに食事をすることは介護保険、社会福祉施設の運営に関する基準上において強制されるものではなく、また、給食の提供も任意であることから、外来者に対するものも含め、これらの食事の提供は社会福祉事業等に係る資産の譲渡等に該当しません。

　したがって、これらの食事の提供については、消費税の課税対象になります（会計基準課長通知別添 3-2）。

（4）受入研修生収入

　社会福祉法人は、その経営する社会福祉施設において、積極的に介護福祉士、社会福祉士、保育士等の養成施設等からの実習のための研修生を受け入れています。その受入れの際には、送出元の養成施設等から謝礼等の名目で金銭が支払われます。

　寄附金、祝金、見舞金等は原則として資産の譲渡等に係る対価に該当しませんが、資産の譲渡等を行った事業者がその譲渡等に係る対価を受領するとともに別途寄附金等の名目で金銭を受領している場合において、その寄附金等として受領した金銭が実質的にその資産の譲渡等の対価を構成すべきものと認められるときは、その受領した金銭はその資産の譲渡等の対価に該当します（消基通 5-2-14）。

　通常、研修生の受入れによる謝礼等は、研修生の人数及び研修日数等により定められていることから、資産の譲渡等の対価を構成すべきもの

－ 324 －

第2節　社会福祉事業・公益事業の課税・非課税の判定

と認められ、消費税の課税対象になります。

（5）バザー収入

　法人税法における収益事業とは、販売業、製造業その他の政令で定める事業で、継続して事業場を設けて行われるものをいいます（法法2十三）。社会福祉法人が年1、2回程度開催するバザーで物品を販売しても、継続して行われるものとはいいがたく、法人税法上の物品販売業に該当しません（法基通15-1-10(5)）。

　しかし、消費税法については、その事業が継続して行われるかどうかを問いません。バザーでの物品販売は社会福祉事業には該当せず、その販売で得た収入は資産の譲渡等として消費税の課税対象になります。

（6）固定資産の売却収入

　資産の譲渡等には、その性質上事業に付随して対価を得て行われる資産の譲渡及び貸付け並びに役務の提供が含まれ、事業の用に供している建物、車両運搬具等、固定資産の売却もこれに含まれます（消令2③、消基通5-1-7）。

　固定資産は、たとえそれが介護保険事業の用に供されていたとしても、その売却は介護保険事業に係る資産の譲渡等には該当しないことから、消費税の課税対象になります。

参 考

関連Q＆A：Q33 バザーの開催
Q86

　消令2③

　消基通5-1-7、5-2-4、5-2-5、5-2-14

　法法2十三

　法基通15-1-10

　会計基準課長通知別添3-2

－ 325 －

第 3 章　社会福祉法人の消費税

Q87 内部取引

当法人は、介護保険事業と就労継続支援 B 型事業を含む障害福祉サービス事業を行っています。

当法人では、毎年度、経常的に赤字となっている特定相談事業に対して、他の障害福祉サービス事業から資金を繰り入れています。

また、就労継続支援 B 型事業で生産しているパンを介護保険事業の給食の材料として販売し、就労継続支援 B 型事業の収益に計上しています。

これらの収益についても、消費税が課税されるのでしょうか。

A 　同一の社会福祉法人内の事業区分間、拠点区分間、サービス区分間又は就労支援事業等の作業区分間における取引（内部取引）から生じた収益は、消費税の課税対象になりません。

解説

（1）社会福祉法人会計基準における内部取引

① 内部取引の意義

社会福祉法人は、計算書類の作成に関して、内部取引の相殺消去をします（社会福祉法人会計基準 11）。

具体的には、社会福祉法人が有する事業区分間、拠点区分間において生ずる内部取引について、異なる事業区分間の取引を事業区分間取引とし、同一事業区分内の拠点区分間の取引を拠点区分間取引とします。また、同一拠点区分内のサービス区分間の取引をサービス区分間取引とします（会計基準局長通知 4 前段）。

② 内部取引の相殺消去

事業区分間取引により生じる内部取引高は、資金収支内訳表及び事業活動内訳表において相殺消去します。その社会福祉法人の事業区分間における内部貸借取引の残高は、貸借対照表内訳表において相殺消去しま

- 326 -

第2節　社会福祉事業・公益事業の課税・非課税の判定

す。

　また、拠点区分間取引により生じる内部取引高は、事業区分資金収支内訳表及び事業区分事業活動内訳表において相殺消去します。

　なお、サービス区分間取引により生じる内部取引高は、拠点区分資金収支明細書（別紙3（⑩））及び拠点区分事業活動明細書（別紙3（⑪））において相殺消去します（会計基準局長通知4後段）。

③　内部取引の範囲

　内部取引の相殺消去には、ある事業区分、拠点区分又はサービス区分から他の事業区分、拠点区分又はサービス区分への財貨又はサービスの提供を、外部との取引と同様に収益（収入）・費用（支出）として処理した取引も含みます。

　例えば、就労支援事業のある拠点区分において製造した物品を他の拠点区分で給食として消費した場合には、就労支援事業収益（収入）と給食費（支出）を、内部取引消去欄で相殺消去する取扱いとします（会計基準課長通知23）。

（2）内部取引の消費税法上の取扱い

　消費税の課税対象となる資産の譲渡等とは、その社会福祉法人と外部との取引である対価を得て行われる資産の譲渡及び貸付け並びに役務の提供をいいます（消法2①八）。

　したがって、同一の社会福祉法人内における事業区分間取引、拠点区分間取引、サービス区分間取引及び同一の就労支援事業等内において複数の作業を行う場合の作業間の取引は、消費税の課税対象となる資産の譲渡等に該当しません。

　したがって、例えば次頁［**図表1**］のような収益及び費用は、内部取引に該当し、消費税の課税対象になりません。

- 327 -

第3章　社会福祉法人の消費税

［図表1］内部取引の例示

収　益	費　用
事業区分間繰入金収益、拠点区分間繰入金収益、サービス区分間繰入金収益	事業区分間繰入金費用、拠点区分間繰入金費用、サービス区分間繰入金費用
事業区分間固定資産移管収益、拠点区分間固定資産移管収益、サービス区分間固定資産移管収益	事業区分間固定資産移管費用、拠点区分間固定資産移管費用、サービス区分間固定資産移管費用
［就労支援事業］就労事業支援事業収益	［就労支援事業］内部外注加工費
［就労支援事業］就労事業支援事業収益	［介護保険事業等］給食費
［介護保険事業］その他の事業収益／その他の事業収益	［特定施設である養護老人ホーム、軽費老人ホーム、有料老人ホーム］業務委託費
［居宅介護支援］その他の事業収益／その他の事業収益	［地域包括支援センター］業務委託費

参考

関連Q＆A：Q44 収益事業への資産の振替

Q87

　消法2①八

　社会福祉法人会計基準11

　会計基準局長通知4

　会計基準課長通知23

－ 328 －

第3節
軽減税率制度

Q88 軽減税率の対象品目

当法人は障害福祉サービス事業を行っています。このうち就労継続支援Ｂ型事業では、食料品製造や食堂経営を行っています。

これらの事業において、消費税の軽減税率の対象となるのはどのようなものでしょうか。

A 軽減税率の対象となるのは、酒類及び外食を除く「飲食料品」と、定期購読契約が締結された週2回以上発行される「新聞」です。

解説

（1）軽減税率の対象となる飲食料品の範囲

飲食料品とは、食品表示法に規定する食品をいい、「酒税法に規定する酒類」及び「外食サービス」は除かれます。ここでいう「食品」とは、人の飲用又は食用に供されるものをいいます（消法2①九の二、別表第1一、食品表示法2①、食品衛生法4②、酒税法2①、食品衛生法施行令34の2二、消基通5-9-1、5-9-2、5-9-5、消費税の軽減税率制度に関するQ&A（制度概要編）（以下、**第3章**において「Q&A制度概要編」といいます。）問2、問5、次頁 **[図表1]** 参照）。

なお、軽減税率が適用される取引か否かの判定は、事業者が課税資産の譲渡等を行う時、すなわち飲食料品を提供する時点（取引を行う時

- 329 -

第3章　社会福祉法人の消費税

点）で行うことになります（消基通5-9-1、Q&A制度概要編問11）。

　したがって、適用税率の判定は次のようになります。

①　販売する事業者が、人の飲用又は食用に供されるものとして譲渡した場合には、顧客がそれ以外の目的で購入し、又はそれ以外の目的で使用したとしても、その取引は「飲食料品の譲渡」に該当し、軽減税率の適用対象となります。

②　販売する事業者が、人の飲用又は食用以外に供されるものとして譲渡した場合には、顧客がそれを飲用又は食用に供する目的で購入し、又は実際に飲用又は食用に供したとしても、その取引は「飲食料品の譲渡」に該当せず、軽減税率の適用対象となりません。

［図表１］　軽減税率の対象品目

軽減税率の対象品目	軽減税率の対象外品目（標準税率）
・食品表示法に規定する食品 ・食品衛生法に規定する添加物（重曹、炭酸ガス、金箔等） ・飲食料品の販売に際して、その販売に付帯して通常必要なものとして使用される包装材料及び容器 ・一体資産のうち、一定の要件を満たすもの（食玩等）	・酒税法に規定する酒類（アルコール度数１度以上、本みりん等） ・医薬品、医薬部外品、再生医療等製品（栄養ドリンク等） ・外食（飲食店業等を営む者が テーブル、椅子 、カウンターその他の飲食に用いられる設備（以下「飲食設備」という）のある場所において、飲食料品を飲食させる役務の提供） ・ケータリング（相手方が指定した場所において行う役務を伴う飲食料品の提供）

　具体的な軽減税率適用の可否については整理すると**［図表２］**のとおりになります（消費税の軽減税率制度に関するQ&A（個別事例編）（以下、**第3章**において「Q&A個別事例編」といいます。）問2〜24）。

　なお、飲食料品であれば自動販売機により行われる販売やインターネット等による通信販売によるものでも、軽減税率の対象になります（消基通5-9-5、Q&A個別事例編問33、34）。

第3節　軽減税率制度

[図表2]　飲食料品等の軽減税率適用の可否

品　目	軽減税率（8%）	標準税率（10%）
生きた肉牛・豚・鶏		○
食用の魚類	○	
観賞用の魚類		○
家畜用飼料・ペットフード		○
コーヒーの生豆	○	
もみ	○	
種もみ		○
栽培用の種子		○
食用のかぼちゃの種	○	
水道水		○
ペットボトル販売の水道水	○	
かき氷・食用氷	○	
ドライアイス・保冷用氷		○
ウォーターサーバーレンタル		○
ウォーターサーバー水	○	
賞味期限切れ廃棄食品		○
酒		○
食品原料用酒		○
本みりん		○
みりん風調味料（1度未満）	○	
料理酒（食塩添加）	○	
ノンアルコールビール・甘酒	○	
ウイスキーボンボン	○	
酒米	○	
金箔（食品添加物）	○	
重曹（食品添加物）	○	
化粧品メーカーへの食品添加物販売	○	
ボンベ入り炭酸ガス（食品添加物）	○	

第3章　社会福祉法人の消費税

品　目	軽減税率（8%）	標準税率（10%）
栄養ドリンク（医薬部外品）		○
特定保健用食品・栄養機能食品	○	
健康食品・美容食品（医薬品等非該当）	○	

　また、次のような課税資産の譲渡等は飲食料品の譲渡等ではなく、役務の提供に該当するので、軽減税率の対象になりません。

・　果物狩り、潮干狩り、釣り堀の入園料、入場料（Q&A 個別事例編問 32）
・　カタログギフトの販売（Q&A 個別事例編問 35）
・　自動販売機の手数料（Q&A 個別事例編問 43）

（2）一体資産の取扱い（飲食料品とその他の商品がセットのもの）

　「一体資産」とは、食品と食品以外の資産があらかじめ一の資産を形成し、又は構成しているもので、「一体資産」としての価格のみが提示されているものをいいます。

　「一体資産」の譲渡は、原則として軽減税率の適用対象ではありませんが、次のいずれの要件も満たす場合は、飲食料品として、その譲渡全体につき軽減税率が適用されます（消法2①九の二、別表第1一、消令2の3、Q&A 制度概要編問3）。

①　一体資産の譲渡の対価の額（税抜価額）が1万円以下であること。
②　一体資産の価額のうちに当該一体資産に含まれる食品に係る部分の価額の占める割合として合理的な方法により計算した割合が3分の2以上であること。

　なお、ここでいう合理的な方法とは、例えば、次のような方法があります（消基通 5-9-4）。

・　一体資産の譲渡に係る売価のうち、食品の売価の占める割合による方法
・　一体資産の譲渡に係る原価のうち、食品の原価の占める割合による方法

－ 332 －

第3節　軽減税率制度

　なお、一体資産は、食品と食品以外の資産があらかじめ一の資産を形成し、又は構成しているものであって、その一の資産に係る価格のみが提示されているものに限られます。例えば次のような場合は、食品と食品以外の資産が一の資産を形成し、又は構成しているものであっても、一体資産に該当しません（消基通5-9-3、Q&A制度概要編問4）。

①　食品と食品以外の資産を組み合わせた一の詰め合わせ商品について、その詰め合わせ商品の価格とともに、これを構成する個々の商品の価格を内訳として提示している場合

②　それぞれの商品の価格を提示して販売しているか否かにかかわらず、食品と食品以外の資産を、例えば「よりどり3品△△円」という価格を提示し、顧客が自由に組み合わせることができるようにして販売している場合

　このような場合は、個々の商品ごとに適用税率を判定することとなります。

（3）一括譲渡と値引きの取扱い

　例えば、食品と日用品を販売するなど、食品と食品以外の商品を一括して販売（以下「一括譲渡」といいます。）した場合には、食品には軽減税率が、食品以外には標準税率が適用されます（消令45③）。

　これらの商品につき、一括で値引きを行って販売するときは、原則として、一括して値引きを行った場合のそれぞれの値引き後の対価の額は、それぞれの資産の値引き前の対価の額等によりあん分するなど合理的に算出することとなります（旧軽減通達15、Q&A個別事例編問93、118）。

　例えば、顧客が割引券等を利用したことにより、同時に行った資産の譲渡等を対象として一括して対価の額の値引きが行われており、その資産の譲渡等に係る適用税率ごとの値引額又は値引額控除後の対価の額が明らかでないときは、割引券等による値引額をその資産の譲渡等に係る価額の比率によりあん分し、適用税率ごとの値引額及び値引額控除後の

- 333 -

第3章　社会福祉法人の消費税

対価の額を区分することとされます。

　ただし、その資産の譲渡等に際して顧客へ交付する領収書等の書類により適用税率ごとの値引額又は値引額控除後の対価の額が確認できるときは、その資産の譲渡等に係る値引額又は値引額控除後の対価の額が、適用税率ごとに合理的に区分されているものに該当することとされます（旧軽減通達15、Q&A個別事例編問93、118）。

　すなわち、標準税率の対象品目から割引券等の利用による値引きを適用した場合も、顧客へ交付する領収書等に、標準税率の対象品目から値引額又は値引額控除後の対価の額が明らかにされていれば、これが認められることになります。

（4）新聞

　軽減税率が適用される「新聞の譲渡」とは、一定の題号を用い、政治、経済、社会、文化等に関する一般社会的事実を掲載する週2回以上発行される新聞の定期購読契約に基づく譲渡に限ります（消法2①九の二、別表第1二、Q&A個別事例編問99）。

　いわゆるスポーツ新聞や各業界新聞なども、週2回以上発行され、定期購読契約に基づく譲渡であれば軽減税率が適用されます（Q&A制度概要編問6、Q&A個別事例編問97）。

　なお、コンビニエンスストアで販売する新聞など定期購読契約に基づかない新聞の譲渡は軽減税率の適用対象となりません（Q&A制度概要編問6、Q&A個別事例編問98）。

　また、インターネットを通じて配信する電子版の新聞は、電気通信回線を介して行われる役務の提供である「電気通信利用役務の提供」に該当し、「新聞の譲渡」に該当しないことから、軽減税率の適用対象となりません（消法2①八の三、Q&A個別事例編問101、102）。

－ 334 －

第3節　軽減税率制度

参　考

関連Q＆A：Q89 外食等の範囲とテイクアウト・ケータリング
Q88
消法2①八の三、九の二、別表第1

消令2の3、45③

消基通5-9-1〜5-9-5、12-1-6、12-1-12

旧軽減通達15

Q&A 制度概要編問2〜6、11

Q&A 個別事例編問2〜24、32、33、34、35、43、93、97〜99、
101、102、118

食品表示法2①

食品衛生法4②

食品衛生法施行令34の2二

酒税法2①

第3章　社会福祉法人の消費税

Q89 外食等の範囲とテイクアウト・ケータリング

当法人は、就労継続支援Ｂ型事業を含む障害福祉サービス事業を行っています。

就労継続支援Ｂ型事業では、飲食料品を販売する売店と食堂を経営しています。食堂にはオープンテラスがあり、売店で飲食料品を購入した客は、ここで飲食することができます。

また、食堂においては、持ち帰り販売（テイクアウト）を行っています。

これらの販売は、全て消費税の軽減税率の対象となるのでしょうか。

A 　食堂内やオープンテラスでの飲食を飲食料品の購入時に明らかにした販売は、軽減税率の対象にならず、標準税率で課税されます。

一方、食堂や売店での飲食料品の持ち帰り販売は、軽減税率の対象になります。

解 説

（1）外食及びテイクアウト

① 外食の意義

軽減税率が適用されない「飲食店業等を営む者が行う食事の提供」（いわゆる「外食」）とは、次の要件を満たす資産の譲渡等をいいます（消法別表第１一イ）。

イ　飲食店業等を営む者がテーブル、椅子、カウンターその他の飲食に用いられる設備（以下「飲食設備」といいます。）のある場所において提供するものであること。

ロ　飲食料品を飲食させる役務の提供であること。

なお、「飲食店業等を営む者」とは、食品衛生法施行令第34条の2第

－ 336 －

2号に規定する飲食店営業、喫茶店営業その他の飲食料品をその場で飲食させる事業を営む者をいい、飲食設備のある場所において飲食料品を飲食させる役務の提供を行う全ての事業者が該当します(消令2の4①、消基通5-9-6、Q&A制度概要編問7)。

② 飲食設備

飲食設備は、飲食料品の飲食に用いられる設備であれば、その規模や目的を問いません。例えば、テーブルのみ、椅子のみ、カウンターのみ若しくはこれら以外の設備であっても、又は飲食目的以外の施設等に設置されたテーブル等であっても、これらの設備が飲食料品の飲食に用いられるのであれば、飲食設備に該当します(消基通5-9-7)。

また、飲食料品を提供する事業者とテーブルや椅子等の設備を設置し、又は管理している者とが異なる場合において、これらの者の間の合意等に基づき、その設備をその事業者の顧客に利用させることとしているときは、その設備(フードコート等)は飲食設備に該当します(消基通5-9-8本文、Q&A制度概要編問8、Q&A個別事例編問65)。

ただし、飲食料品を提供する事業者と何ら関連のない公園のベンチ等の設備は、その事業者から飲食料品を購入した顧客が飲食に利用した場合であっても、飲食設備には該当しません(消基通5-9-8(注)、Q&A個別事例編問66)。

③ 飲食料品を飲食させる役務の提供

レストラン、喫茶店、食堂、フードコート等(以下「レストラン等」といいます。)のテーブルや椅子等の飲食に用いられる設備のある場所で、顧客に飲食させる飲食料品の提供のほか、飲食目的以外の施設等で行うものであっても、テーブル、椅子、カウンターその他の飲食に用いられる設備のある場所を顧客に飲食させる場所として特定して行うようなものは食事の提供に該当するので、軽減税率の対象になりません(消基通5-9-9)。

一方、自動販売機による販売のようなものは食事の提供に該当しないので、軽減税率の対象になります(消基通5-9-5、Q&A個別事例編問

第3章　社会福祉法人の消費税

33)。

　具体的には**[図表1]**のように区別されます（消基通5-9-9、Q&A制度概要編問9、Q&A個別事例編問68〜74)。

[図表1]　食事の提供の該当性

標準税率（食事の提供）	軽減税率
イ　ホテル等の宿泊施設内のレストラン等、宴会場又は客室で顧客に飲食させるために行われる飲食料品の提供 ロ　カラオケボックス等の客室又は施設内に設置されたテーブルや椅子等のある場所で顧客に飲食させるために行われる飲食料品の提供 ハ　小売店内に設置されたテーブルや椅子等のある場所で顧客に飲食させるために行われる飲食料品の提供 ニ　映画館、野球場等の施設内のレストラン等又は同施設内の売店等の設備として設置されたテーブルや椅子等のある場所で顧客に飲食させるために行われる飲食料品の提供 ホ　旅客列車などの食堂施設等において顧客に飲食させるために行われる飲食料品の提供 ヘ　映画館、野球場等の施設内又は旅客列車内に設置された座席等で飲食させるための飲食メニューを座席等に設置して、顧客の注文に応じて当該座席等で行う飲食料品の提供 ト　映画館、野球場等の施設内又は旅客列車内に設置された座席等で飲食させるため事前に予約を受けて行う飲食料品の提供 チ　バーベキュー施設内で行われる、いわゆる手ぶらバーベキューサービスによる飲食料品の提供	リ　自動販売機のジュースやパン、お菓子等の販売 ヌ　イ〜ホにおいて、飲食料品を持ち帰りのための容器に入れ又は包装を施して行った飲食料品の譲渡 ル　映画館、野球場等の施設内又は旅客列車内に設置された売店や移動ワゴン等による弁当や飲み物等の販売（イ〜ホに該当するものを除きます。） ヲ　遊園地内において園内で食べ歩き又は園内に点在するベンチで飲食するための園内で運営する売店における飲食料品の販売 ワ　ホテル等の客室に備え付けられた冷蔵庫内の飲料を販売

④　持ち帰り（テイクアウト）のための飲食料品の譲渡か否かの判定

　事業者が行う飲食料品の提供等に係る課税資産の譲渡等が、食事の提供に該当し標準税率の適用対象となるのか、又は持ち帰りのための容器

に入れ、若しくは包装を施して行う飲食料品の譲渡に該当し軽減税率の適用対象となるのかは、その飲食料品の提供等を行う時において、例えば、その飲食料品について店内設備等を利用して飲食するのか又は持ち帰るのかを適宜の方法で相手方に意思確認するなどにより判定することとなります（消基通 5-9-10）。

その際、大半の商品（飲食料品）が持ち帰りであることを前提として営業しているスーパーマーケットの場合においては、全ての顧客に店内飲食か持ち帰りかを質問することを必要とするものではなく、例えば、「休憩スペースを利用して飲食する場合はお申し出ください」等の掲示を行うなど、営業の実態に応じた方法で意思確認を行うこととして差し支えありません（Q&A 個別事例編問 53）。

なお、課税資産の譲渡等の相手方が、店内設備等を利用して食事の提供を受ける旨の意思表示を行っているにもかかわらず、事業者が「持ち帰り」の際に利用している容器に入れて提供したとしても、その課税資産の譲渡等は飲食料品の譲渡に該当しないので、軽減税率の適用対象となりません（消基通 5-9-10 なお書）。

また、「飲食はお控えください」といった掲示を行っている休憩スペース等であったとしても、実態としてその休憩スペース等で顧客に飲食料品を飲食させているような場合におけるその飲食料品の提供は「食事の提供」に当たり、軽減税率の適用対象となりません（Q&A 個別事例編問 53（注））。

（2）ケータリング

軽減税率が適用されない「相手方が指定した場所において行う役務を伴う飲食料品の提供」（いわゆる「ケータリング」）とは、相手方が指定した場所で、飲食料品の提供を行う事業者が、例えば、加熱、切り分け・味付けなどの調理、盛り付け、食器の配膳、取り分け用の食器等を飲食に適する状況に配置するなどの役務を伴って飲食料品の提供をすることをいいます（消法別表第 1 一ロ、消基通 5-9-11）。

- 339 -

第3章　社会福祉法人の消費税

　具体的には、[**図表２**]のように区別されます（消基通 5-9-11、Q&A
制度概要編問 9 、10、Q&A 個別事例編問 75〜80）。

[**図表２**]　**ケータリングの該当性**

標準税率（食事の提供）	軽減税率
・相手方が指定した場所に食材等を持参して調理を行って提供する場合 ・飲食料品の盛り付けを行う場合 ・飲食料品が入っている器を配膳する場合 ・飲食料品の提供とともに取り分け用の食器等を飲食に適する状態に配置等を行う場合	・相手方が指定した場所で加熱、調理又は給仕等の役務を一切伴わないいわゆる出前 ・出前において通常必要な行為である「味噌汁を取り分け用の器に注ぐ」味噌汁付き弁当の販売 ・有料老人ホーム等において提供される一定額までの食事（**Q90** 参照）

参考

関連Q＆A：Q90 有料老人ホーム等の特例

Q89

　消法別表第 1 一

　消令 2 の 4 ①

　消基通 5-9-5〜5-9-11

　Q&A 制度概要編問 7〜10

　Q&A 個別事例編問 33、53、65、66、68〜80

　食品衛生法施行令 34 の 2 二

－ 340 －

第3節 軽減税率制度

Q90 有料老人ホーム等の特例

当法人では、有料老人ホームを経営しています。
有料老人ホームの入居者に対する飲食料品の提供には軽減税率制度の適用があるということですが、その提供の全てが消費税の軽減税率の対象となるのでしょうか。

　　1食につき670円（税抜金額）、1日の累計額で2,010円（税抜金額）までが軽減税率の対象となります。
　その累計額の対象となる飲食料品の提供をあらかじめ書面により明らかにしている場合は、提供する設置者の方で対象となる食事を定めることができます。

解説

(1) 高齢者向け住まいにおいて行う飲食料品の提供の特例の概要

　老人福祉法第29条第1項の規定による届出が行われている有料老人ホーム又は高齢者の居住の安定確保に関する法律第6条第1項に規定する登録を受けたサービス付き高齢者向け住宅（以下、**第3章**において「高齢者向け住まい」といいます。）で提供される食事は、その施設で日常生活を営む入居者の求めに応じて、入居者が指定した場所（その施設）において、その施設の設置者又は運営者（以下「設置者等」といいます。）が調理等をして提供するものですから、一義的には、標準税率が適用される「ケータリングサービス」に該当するものとされます。
　しかし、こうした飲食料品の提供は、通常のケータリングサービスのように自らの選択で受けるものではなく、日常生活を営む場において他の形態で食事を摂ることが困難であるため、入居者はこれらの施設の設置者等が提供する飲食料品を食べざるを得ないという事情があります。
　このため、高齢者向け住まいにおいて行う飲食料品の提供は、一定の条件を満たすものは軽減税率の適用対象になります（消法別表第一ロ、

- 341 -

第3章　社会福祉法人の消費税

消令2の4②一・二）。

（2）特例の適用
①　適用対象
イ　飲食料品の提供

次に掲げる飲食料品の提供が軽減税率の適用対象となります（消令2の4②一・二）。

(イ)　老人福祉法第29条第1項の規定による届出が行われている有料老人ホーム（以下「有料老人ホーム」といいます。）において、その設置者等が、その入居者に対して行う飲食料品の提供

(ロ)　高齢者の居住の安定確保に関する法律第6条第1項に規定する登録を受けたサービス付き高齢者向け住宅（以下「サービス付き高齢者向け住宅」といいます。）において、その設置者等が、その入居者に対して行う飲食料品の提供

この飲食料品の提供については、高齢者向け住まいの食堂で提供する場合と居室に配膳して居室で提供する場合のいずれでも軽減税率の適用対象になります（「高齢者向け住まいにおける飲食料品の提供に関する消費税の軽減税率に関するQ&A」（以下、**第3章**において「高齢者Q&A」といいます。）問4）。

ロ　入居者

次に掲げる者が軽減税率の適用対象となります（消令2の4②一・二）。

(イ)　有料老人ホーム（消規1の2）

 i　60歳以上の者

 ii　介護保険法第19条第1項に規定する要介護認定を受けた者又は同条第2項に規定する要支援認定を受けた60歳未満の者

 iii　上記 i 又は ii のいずれかに該当する者と同居している配偶者（ i 又は ii に該当する者を除き、その者と婚姻の届出をしていないが事実上婚姻関係と同様の事情にある者を含みます。）

(ロ)　サービス付き高齢者向け住宅

－ 342 －

その施設の入居者

㈏　体験入居者

入居契約前の体験入居をする者で入居者と同じサービス[注]を受けている者（高齢者 Q&A 問 3）

（注）　次のサービスをいいます。

・　老人福祉法 29 条第 1 項の規定する介護等

・　高齢者の居住の安定確保に関する法律第 5 条第 1 項に規定する状況把握サービス、生活相談サービスその他の高齢者が日常生活を営むために必要な福祉サービス

　高齢者向け住まいの食堂が、入居者に面会で来訪した家族や友人等へ行う飲食料品の提供は、入居者への飲食料品の提供には該当せず、いわゆる「外食」となるため、軽減税率の適用対象になりません。

　なお、食堂の利用者が入居者であるか否かの事実（意思）の確認方法については、例えば「入居者以外の方（ご家族など）が利用・飲食する場合はお申し出ください」と食堂内に掲示するといった方法があります（高齢者 Q&A 問 5）。

②　軽減税率の対象金額

　高齢者向け住まいにおいて行う飲食料品の提供のうち軽減税率の対象となるのは、これらの施設の設置者等が、同一の日に同一の者に対して行う飲食料品の提供の対価（税抜き）が 1 食につき 670 円以下であるもので、その累計額が 2,010 円に達するまでのもの（以下「金額基準」といいます。）です。

　ただし、軽減税率の累計額の計算の対象となる飲食料品の提供（以下「対象飲食料品の提供」といいます。）をあらかじめ書面により明らかにした場合には、その対象飲食料品の提供の対価の額によりその累計額を計算することになります（平成 28 年財務省告示第 100 号、平成 18 年厚生労働省告示第 99 号）。

　具体的には、次の場合に応じて、それぞれに掲げる金額となります。

－ 343 －

第3章　社会福祉法人の消費税

イ　1日4食の場合で各食事の金額が定まっている場合

　各食事の金額が定められている場合には、金額基準により判定します。

　ここでは、1日の食事が「朝食500円、昼食550円、間食500円、夕食640円」である場合について確認します。

(イ)　あらかじめ書面により、対象食料品の提供を明らかにしていない場合

区分	1食の額の判定	軽減税率適用累計額	税率の判定
朝食500円	500円≦670円	500円	軽減税率
昼食550円	550円≦670円	1,050円	軽減税率
間食500円	500円≦670円	1,550円	軽減税率
夕食640円	640円≦670円	1,550円	標準税率

　この場合、夕食は1食につき670円以下ですが、朝食から夕食までの累計額が2,190円となって2,010円を超えてしまうため、夕食については軽減税率の適用対象となりません。したがって、軽減税率の適用金額は1,550円となります。

(ロ)　あらかじめ書面により、対象食料品の提供を朝食、昼食、夕食としている場合

区分	1食の額の判定	軽減税率適用累計額	税率の判定
朝食500円	500円≦670円	500円	軽減税率
昼食550円	550円≦670円	1,050円	軽減税率
間食500円	500円≦670円	累計対象外	標準税率
夕食640円	640円≦670円	1,690円	軽減税率

　この場合、間食はあらかじめ書面により対象外としているため、標準税率となります。したがって、軽減税率の適用金額は1,690円となります。

－ 344 －

第3節　軽減税率制度

ロ　食費が月額で定まっている場合

　食費として契約等で月額が定められている場合には、月額を年間の金額に引き直した上で1日（1食）当たりの金額を算定する等、合理的と認められる方法により日額等を計算します。具体的には、次の(イ)・(ロ)のような方法があります。

　ここでは、「1日3食、月額60,000円、2月（28日間）」の提供の場合について確認します。

(イ)　その提供月の日数で日額等を計算する場合

金額の計算	金額の判定	税率の判定
60,000円÷28日＝2,142円／日	＞2,010円	標準税率
2,142円÷3食＝714円／食	＞　670円	標準税率

　いずれも上限額を超えるので、2月分の飲食料品の提供は軽減税率の対象外となります。

(ロ)　月額を年間の金額に引き直して日額等を計算する場合

金額の計算	金額の判定	税率の判定
60,000円×12か月÷365日 ＝1,972円／日	≦2,010円	軽減税率
1,972円÷3食＝657円／食	≦　670円	軽減税率

　いずれも上限額を下回るので、2月分の飲食料品の提供は軽減税率の対象となります。

ハ　食材費と厨房管理費がそれぞれで定められている場合

　契約において「食材費」と「厨房管理費」が区分されていたとしても、食材の調達や厨房施設の利用は飲食料品の提供に伴って行うものであることから、「食材費」と「厨房管理費」の合計額が飲食料品の提供の対価と認められ、一定の金額以下という要件を満たす限り、その全体が軽減税率の対象となります。

　この場合、契約において飲食料品の提供に係る「厨房管理費」が共用部の維持・管理についての費用（管理費）に含まれている場合であって

－ 345 －

第3章　社会福祉法人の消費税

も、飲食料品の提供に係る「厨房管理費」が明らかな場合には、「食材費」と「厨房管理費」を合計して飲食料品の提供に係る対価の額を明らかにする必要があります。

ただし、「管理費」に含まれる「厨房管理費」が明らかではない場合には、別途区分することまでは求められていないため、「食材費」のみを消費税法上の飲食料品の提供に係る対価の累計額の対象とすることを書面により明らかにして、「1食当たり670円（税抜き）以下」の判定を行うことができます（高齢者Q&A問6）。

次の(イ)・(ロ)のような事例が考えられます。

(イ)　事例1

(例)　厨房管理費：月額定額 27,600 円

食材費：朝食 200 円／食、昼食 240 円／食、夕食 240 円／食

1食当たりの厨房管理費：27,600 円 × 12 か月 ÷ 365 日 ÷ 3 食

≒ 302 円／食

朝食：200 円 + 302 円 = 502 円

昼食・夕食：240 円 + 302 円 = 542 円

区分	1食の額の判定	軽減税率 適用累計額	税率の判定
朝食 502 円	502 円 ≦ 670 円	502 円	軽減税率
昼食 542 円	542 円 ≦ 670 円	1,044 円	軽減税率
夕食 542 円	542 円 ≦ 670 円	1,586 円	軽減税率

この事例では、朝食・昼食・夕食が軽減税率の適用対象（適用金額1,586円）となります。

(ロ)　事例2

(例)　厨房管理費：月額定額 27,600 円

食材費：朝食 300 円／食、昼食 400 円／食、夕食 400 円／食

1食当たりの厨房管理費：27,600 円 × 12 か月 ÷ 365 日 ÷ 3 食

≒ 302 円／食

朝食：300 円 + 302 円 = 602 円

－ 346 －

昼食・夕食：400円＋302円＝702円

区分	1食の額の判定	軽減税率適用累計額	税率の判定
朝食602円	602円≦670円	602円	軽減税率
昼食702円	702円＞670円	602円	標準税率
夕食702円	702円＞670円	602円	標準税率

　この事例では、朝食は軽減税率の適用対象（適用金額602円）となり・昼食・夕食は軽減税率の対象外となります。

二　欠食に関する定めがある場合

　高齢者向け住まいの設置者等が飲食料品の提供を行う予定であったものについて、入居者の事情により、その提供を受けないもの（以下「欠食」といいます。）が一部あったとしても、その対価の支払いが行われるときは、欠食割引がある場合であっても、設置者等が提供した飲食料品を単に入居者が飲食しなかったものといえます。したがって、その欠食に係る対価の額については、飲食料品の提供に係る対価の額にほかならないことから、原則として、1日（1食）当たりの金額の計算対象に含めて累計額等の計算を行います（高齢者Q&A問7）。

（例）　日額固定金額：2,100円（3食）、欠食割引1食300円の割引で、
　　　朝食を欠食した場合
　　　1食当たりの固定金額：2,100円÷3食＝700円
　　　朝食：700円－300円＝400円
　　　昼食・夕食：700円

区分	1食の額の判定	軽減税率適用累計額	税率の判定
朝食400円	400円≦670円	400円	軽減税率
昼食700円	700円＞670円	400円	標準税率
夕食700円	700円＞670円	400円	標準税率

　この例では、朝食は軽減税率の適用対象（適用金額400円）となり、昼食・夕食は軽減税率の対象外となります。

第3章　社会福祉法人の消費税

③　あらかじめ書面により対象食料品の提供を明らかにする方法

イ　あらかじめ書面より明らかにすることの意味

　あらかじめ書面により明らかにすることとは、累計額の計算の対象を飲食料品の提供を行う前に書面に明らかにすることをいいます。

　したがって、契約書や重要事項説明書のような入居者への交付書類だけでなく、累計額の計算の対象を飲食料品の提供を行う前にその旨を記載した説明文書の交付でも差し支えません。

　例えば、翌週のメニューに「どの食事が軽減対象になるか」を記載した場合も、あらかじめ書面により明らかにしていることになります（高齢者 Q&A 問 10）。

ロ　明らかにする範囲

　あらかじめ書面により明らかにする対象食料品の提供の範囲は、高齢者向け住まいの設置者等が自由に定めることができます。

　したがって、入居者との契約において飲食料品の提供の対価の額の定めがある場合と、契約に定めがなく食堂に掲示された価格で食事を注文する場合とで取扱いが変わることはありません。例えば、「食堂に掲示された価格で注文する食事」は軽減税率の累計額の計算の対象としないことを、あらかじめ入居者に書面により明らかにした場合には、「食堂に掲示された価格で注文する食事」を除いて累計額を計算することになります（高齢者 Q&A 問 8）。

　また、高齢者向け住まいの設置者等が入居者に対しその施設において行う飲食料品の提供の「全て」について、軽減税率の累計額の計算の対象となる飲食料品の提供とならないことをあらかじめ書面により明らかにした場合には、その施設の設置者等が入居者に対しその施設において行う飲食料品の提供全体が標準税率の対象となります（高齢者 Q&A 問 9）。

（3）飲食料品の提供に係る調理等の委託

　高齢者向け住まいの設置者等が、外部業者へその施設の入居者に対す

－ 348 －

第3節　軽減税率制度

る飲食料品の提供に係る調理等を委託している場合において、受託者たるその外部業者の行う調理等に係る役務の提供は、委託者たるその設置者等に対する役務の提供であることから、軽減税率の適用対象となりません（消基通5-9-12）。

参　考

関連Q＆A：Q89 外食等の範囲とテイクアウト・ケータリング
Q90

消法別表第1一

消令2の4②一・二

消規1の2

平成28年財務省告示第100号、平成18年厚生労働省告示第99号

消基通5-9-12

高齢者Q&A問3〜10

第3章　社会福祉法人の消費税

$Q91$　飲食料品の委託販売

当法人は、就労継続支援Ｂ型事業を含む障害福祉サービス事業を
行っています。

就労継続支援Ｂ型事業では野菜の生産とその加工品の製造を行っ
ており、野菜や加工品を道の駅や市の販売所に委託して販売してい
ます。

従来から、委託商品の売上金額から委託販売手数料の額を控除し
た残額を、課税資産の譲渡等の対価として消費税の申告を行ってい
ます。

消費税の軽減税率制度導入により、何か取扱いが変更されるので
しょうか。

$\boxed{A}$　飲食料品の委託販売においては、飲食料品の譲渡等に適用
される税率（軽減税率）と委託販売手数料に適用される税率
が異なるため、委託商品の売上金額から委託販売手数料の額を控除した
残額を課税資産の譲渡等の金額とする処理（純額処理）は適用できま
せん。

解説

（1）原則（総額処理）

委託販売その他業務代行等（以下「委託販売等」といいます。）を通
じて商品を販売する委託者について、原則として受託者が委託商品を譲
渡等したことに伴い収受した又は収受すべき金額が委託者における資産
の譲渡等の金額となり、受託者に支払う委託販売手数料が課税仕入れに
係る支払対価の額となります（以下「総額処理」といいます。）。

－ 350 －

第3節　軽減税率制度

（2）特例（純額処理）

① 単一税率における純額処理

令和元年9月30日まで（軽減税率制度実施前）の単一税率の下では、その課税期間中に行った委託販売等の全てについて、その資産の譲渡等の金額からその受託者に支払う委託販売手数料を控除した残額を委託者における資産の譲渡等の金額とすることが認められていました（以下「純額処理」といいます。）（消基通10-1-12（1）、**[図表1]** 参照）。

委託販売等に係る取扱商品が軽減税率の適用対象でない場合は、令和元年10月1日以降も引き続き純額処理によることができます。なお、その場合には、軽減税率の適用対象ではない取扱商品に係る委託販売等の全てについて、純額処理による必要があります（Q&A個別事例編問45(注)1）。

[図表1] 飲食料品の委託販売の処理

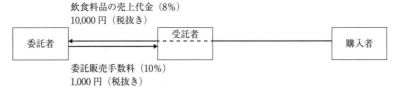

令和元年（2019年）9月30日以前（純額処理）
　課税標準額 10,000円 − 1,000円 ＝ 9,000円（8％）
令和元年（2019年）10月1日以降（総額処理）
　課税売上げ 10,000円（8％）課税仕入れ（委託販売手数料）1,000円（10％）

② 複数税率の適用がある場合の純額処理の禁止

令和元年10月1日以降は、委託販売等を通じて受託者が行う飲食料品の譲渡は軽減税率の適用対象となる一方、受託者が行う委託販売等に係る役務の提供は、その取扱商品が飲食料品であったとしても、軽減税率の適用対象となりません。

したがって、その取扱商品が飲食料品である場合には、受託者が行う

− 351 −

第 3 章　社会福祉法人の消費税

販売と委託販売に係る役務の提供の適用税率が異なるため、純額処理をすることはできないこととなります（消基通 10-1-12（注）2）。

　このため、軽減税率の適用対象となる商品と適用対象とならない商品の両方の委託販売等を行う委託者は、令和元年 10 月 1 日を含む課税期間において、その課税期間の初日から令和元年 9 月 30 日までの期間について純額処理していた場合、令和元年 10 月 1 日以降について、軽減税率の適用対象となる取引について総額処理に変更することとなります。この場合、軽減税率の適用対象とならない取引も含めてその委託販売等の全てを総額処理に変更することも差し支えありません（Q&A 個別事例編問 45（注）2、**［図表 1］**参照）。

参考

Q91

　消基通 10-1-12

　Q&A 個別事例編問 45

－ 352 －

第3節　軽減税率制度

Q92 給食調理業務の委託と食材の搬入

当法人では、特別養護ホームを経営しています。この特別養護ホームでの給食調理業務は、外部業者に委託しています。また、給食の食材は、セントラルキッチン方式で同じ外部業者から半調理された食材が施設に搬入されています。

これらの取引には、軽減税率が適用されるのでしょうか。

A 　給食調理業務に係る委託料には、標準税率が適用されます。半調理された食材については、特別養護ホームを経営している法人が受領している場合は飲食料品の購入に当たるので、軽減税率が適用されます。

解説

（1）飲食料品の提供に係る調理等の委託

高齢者向け住まいの設置者等が、外部業者へその施設の入居者に対する飲食料品の提供に係る調理等を委託している場合において、受託者たるその外部業者の行う調理等に係る役務の提供は、委託者たるその設置者等に対する役務の提供であることから、軽減税率の適用対象となりません（消基通5-9-12）。

（2）食材の搬入

① 給食調理業務の委託

施設の設置者等が、給食サービス業者に給食調理業務を委託している場合、その給食サービス業者からセントラルキッチン（学校・病院等で提供する料理の調理を一手に行う施設をいいます。例：給食センター）方式で、パッケージ化された食材（例：クックチルド（クチル））や果物・牛乳などの搬入が行われています。

この場合、調理委託契約に基づき食材の加工（半調理）を委託し、受

- 353 -

第3章　社会福祉法人の消費税

託業者が調理した食材の引渡しを受けている場合は、受託業者が行う役務の提供に該当しますので、飲食料品の譲渡に該当せず、軽減税率の適用対象になりません（高齢者Q&A問14）。

② 食材の購入契約

施設の設置者等が、給食サービス業者に給食調理業務を委託している場合、その給食サービス業者にセントラルキッチン方式で、パッケージ化された食材や果物・牛乳などを単に購入するときは、飲食料品の譲渡に該当し、軽減税率の適用対象となります（高齢者Q&A問14）。

このため、給食サービス業者に給食調理業務を委託する場合であっても、食材の購入契約は給食調理業務契約と別途締結し、搬入された食材の検品・受領を施設の設置者等の栄養士等の職員が行うときは、食材の購入は飲食料品の譲渡に該当し、軽減税率の適用対象となります。

参 考

関連Q＆A：Q90 有料老人ホーム等の特例

Q92

消基通5-9-12

高齢者Q&A問14

第4節

本則課税の場合の仕入税額控除

Q93 個別対応方式と一括比例配分方式（課税売上割合）

当法人は、就労支援事業を含む障害福祉サービス事業を行っており、消費税に関する収益及び費用は次のとおりです（全て税込み、標準税率10%）。

課税売上げ　　11,000,000円

非課税売上げ　40,000,000円

課税仕入れ　　22,000,000円（うち、課税売上げに直接対応する金額　5,500,000円）

納付すべき消費税の税額は、課税売上げに係る税額から課税仕入れに係る税額を控除して算出するとのことです。当法人の場合は課税仕入れの金額が課税売上げの金額より多いので、申告すれば還付を受けることになるのでしょうか。

A 　課税仕入れに係る税額は課税売上げに対応するものと非課税売上げに対応するものに区分して控除し、課税売上げと非課税売上げに共通する課税仕入れに係る税額は課税売上割合を乗じて、課税売上げから控除します。

したがって、還付ではなく申告・納付をすることになります。

第3章　社会福祉法人の消費税

解説

（1）本則課税における仕入税額控除

① 仕入税額控除

　消費税の計算においては、原則として、消費税の課税標準額に対する消費税額から、消費税の適用税率の異なるごとに区分して計算した国内において行った課税仕入れに係る消費税額等の合計額を控除（以下「仕入税額控除」といいます。）して、「控除不足還付税額」又は「差引税額」を計算します（消法30①、45①三～五）。

　これを一般に「本則課税方式」といいます。

　この場合において、その課税期間における課税売上高が5億円を超えるとき又はその課税期間における課税売上割合が100分の95に満たないときは、課税売上げに対応しない仕入税額控除を制限する必要があります（消法30②）。

　この消費税の課税標準額に対する消費税額から控除する消費税額等の合計額を計算する方式には、「個別対応方式」と「一括比例配分方式」があります（消法30②一・二）。

② 課税売上割合

　課税売上割合とは、その事業者がその課税期間中に国内において行った資産の譲渡等（特定資産の譲渡等に該当するものを除きます。）の対価の額の合計額のうちにその事業者がその課税期間中に国内において行った課税資産の譲渡等の対価の額の合計額の占める割合をいいます（消法30⑥、消令48、**[計算式1]**参照）。

　なお、課税売上割合は、事業者がその課税期間中に国内において行った資産の譲渡等の対価の額（税抜き）の合計額に占める課税資産の譲渡等の対価の額（税抜き）の合計額の割合とされていますから、原則として課税売上割合の計算を事業所単位又は事業部単位等で行うことは認められません（消基通11-5-1）。

－ 356 －

第4節　本則課税の場合の仕入税額控除

[計算式 1] 課税売上割合

$$課税売上割合 = \frac{課税売上高（税抜き）の合計}{課税売上高（税抜き）の合計＋非課税売上高の合計＋免税売上高の合計}$$

イ　合計額

　課税売上高（税抜き）、非課税売上高及び免税売上高のいずれの合計額についても、その売上げに係る対価の額の合計額から売上げに係る対価の返還等の金額（課税売上高については税抜きの金額）の合計額を控除します（消令48①）。

ロ　非課税取引

　非課税売上高に係る資産の譲渡等には、事業者が行う次に掲げる資産の譲渡を含みません（消法別表第2二、消令9①四・④、10③一・六、48②）。

・　支払手段、暗号資産又は特別引出権の譲渡
・　貸付金、預金、売掛金その他の金銭債権のうち資産の譲渡等を行った者がその資産の譲渡等の対価として取得したものの譲渡
・　国債等、譲渡性預金証書、約束手形その他財務省令で定める証券又は証書（「現先取引債券等」といいます。）の現先取引の現先取引債券等を買い戻す場合におけるその現先取引債券等の譲渡

ハ　現先取引の利子相当額

　現先取引において現先取引債券等を売り戻した場合には、その売戻しにおける非課税売上高に係る資産の譲渡等の対価の額は、その現先取引債券等のその売戻しに係る対価の額からその現先取引債券等のその購入に係る対価の額を控除した残額になります（消令48③）。

ニ　有価証券等の譲渡

　有価証券（ゴルフ場利用株式等を除きます。）その他政令で定める権利（以下「有価証券等」といいます。）の譲渡をした場合（現先取引を除きます。）又は金銭債権（資産の譲渡等を行った者がその資産の譲渡等の対価として取得したものを除きます。）の譲渡をした場合には、そ

－ 357 －

第3章 社会福祉法人の消費税

の譲渡における非課税売上高に係る資産の譲渡等の対価の額は、その有価証券等又は金銭債権の譲渡の対価の額の100分の5に相当する金額とします（消法別表第2二、消令9①一・三・②、48⑤）。

ホ　国債等の償還差損

国債等の償還金額が取得価額に満たない場合には、非課税売上高は、その金額から、その取得価額からその償還金額を控除した金額（その国債等が償還有価証券に該当する場合には、調整差損を含みます。）を控除した残額とします（消令48⑥、法令139の2①）。

ヘ　不課税

消費税が不課税となる見舞金、祝金、寄附金、保険金、配当金又は補助金等は、課税売上割合の計算上、分母及び分子のいずれにも算入しません（「95％ルール」の適用要件の見直しを踏まえた仕入控除税額の計算方法等に関するQ&A（以下、**第3章**において「95％ルールQ&A」といいます。）〔Ⅰ〕問3-4（2））。

（2）個別対応方式

次の①～③に、課税仕入れ等の用途を区分して次の計算式による仕入控除税額を計算します（消法30②一、**[計算式2]** 参照）。

[計算式2]
控除対象仕入税額 ＝ 　下記①の税額＋下記③の税額×課税売上割合

①　課税売上高にのみ要する課税仕入れ等

課税売上高を行うためにのみ必要な課税仕入れ等をいいます。

②　非課税売上高にのみ要する課税仕入れ等

非課税となる資産の譲渡等を行うためにのみ必要な課税仕入れ等をいいます。

③　課税売上高・非課税売上高に共通して対応する課税仕入れ等

課税資産の譲渡等とその他の資産の譲渡等に共通して要するものに該当する課税仕入れ等をいいます。

－ 358 －

第4節　本則課税の場合の仕入税額控除

[図表1] 個別対応方式

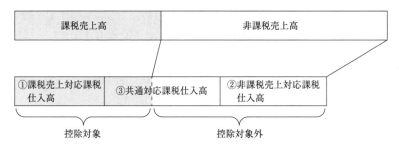

（3）一括比例配分方式

　課税仕入れ等に係る消費税額の全体に対して課税売上割合を乗じて計算します（消法30②二、**[図表2]**参照）。

　なお、この一括比例配分方式を選択した場合には、2年間以上継続して適用した後でなければ、個別対応方式に変更することはできません（消法30⑤）。

[図表2] 一括比例配分方式

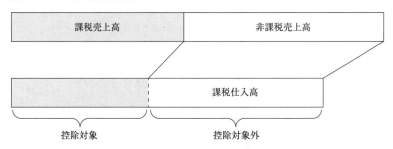

（4）事例の場合

　ご質問の法人の課税売上割合は、次のとおり、20％になります。

$$\frac{11,000,000 \text{円} \times 100/110}{11,000,000 \text{円} \times 100/110 + 40,000,000 \text{円}} = 0.2 \ (20\%)$$

第3章　社会福祉法人の消費税

　この課税売上割合により計算した控除対象仕入税額は、次のとおり、個別対応方式と一括比例配分方式のいずれの場合でも課税標準額に対する消費税額を下回るので、消費税を納付することになります。

① 課税標準額に対する消費税額

　（11,000,000 円 × 100 / 110）× 7.8 / 100 ＝ 780,000 円

② 控除対象仕入税額

イ 個別対応方式

　5,500,000 円 × 7.8 / 110

　　＋（22,000,000 円 × 7.8 / 110 － 5,500,000 円 × 7.8 / 110）× 20%

　　　　　　　　　　　　　　　　　　　　　　＝ 624,000 円

ロ 一括比例配分方式

　（22,000,000 円 × 7.8 / 110）× 20% ＝ 312,000 円

参考

関連Q&A：Q94 課税仕入れの範囲と利用者工賃

　　　　　Q95 個別対応方式における課税仕入れの用途区分

　　　　　Q96 就労支援事業における個別対応方式（課税売上割合に準ずる割合）

Q93

　消法 30 ①②一・二、⑤⑥、45 ①三〜五、別表第 2 二

　消令 9 ①一・三・四、②④、10 ③一・六、48 ①②③⑤⑥

　法令 139 の 2 ①

　消基通 11-5-1

　95%ルール Q&A〔Ⅰ〕問 3

－ 360 －

第4節　本則課税の場合の仕入税額控除

Q94 課税仕入れの範囲と利用者工賃

　当法人は、就労支援事業を含む障害福祉サービス事業を行っています。

　障害福祉サービス事業や就労支援事業で様々な費用や固定資産の購入への支払を行っていますが、全てが課税仕入れになるのでしょうか。

　特に、就労継続支援B型事業において支払う利用者工賃も課税仕入れになるのでしょうか。

A　費用の全てが課税仕入れになるわけではありません。

　就労継続支援B型事業において支払う利用者工賃は、課税仕入れには該当しません。

解説

（1）課税仕入れ等の判定

① 課税・非課税・不課税

　「課税仕入れ」とは、事業者が、事業として他の者から資産を譲り受け、若しくは借り受け、又は役務の提供（給与等を対価とする役務の提供を除きます。）を受けることをいいます（消法2①十二）。

　法人が支出するものには様々なものがありますが、資産の譲渡等であっても「非課税」となるものや、そもそも対価性がない又は資産の購入・賃借に該当しないものとして消費税の課税対象とならない「不課税」となるものは、消費税が課税されていないため、課税仕入れ等に該当せず、仕入税額控除の対象となりません。

　課税・非課税・不課税を例示すると、次頁 **[図表1]** のとおりです。

－ 361 －

第3章　社会福祉法人の消費税

[図表1] 支出別の判定例

課税仕入れ	非課税仕入れ	不課税支出
建物・車両等の取得支出、水道光熱費、燃料費、賃借料（住宅を除く）、保守・修繕費、給食材料費など	土地・有価証券の取得支出、利子、保証料、保険料、商品券の購入費用、行政手数料、身体障害者用物品の取得、住宅家賃など	給料等、減価償却費、租税公課、慶弔見舞金、寄附金、引当金繰入、損害賠償金、<u>就労支援事業の利用者工賃</u>など

② 課税仕入れの範囲

　社会福祉法人における **[図表2]** に掲げる支出については、その取扱いに注意を要します。

[図表2] 課税仕入れ等の範囲

支出内容	取扱い
出張旅費、宿泊費、日当等（消基通11-6-4）	その旅行について通常必要であると認められる部分の金額は、課税仕入れに係る支払対価に該当します。ただし、海外出張のために支給する旅費、宿泊費及び日当等は、原則として課税仕入れに係る支払対価に該当しません。
通勤手当（消基通11-6-5）	その通勤に通常必要であると認められる部分の金額は、課税仕入れに係る支払対価に該当します。
会費、組合費、入会金（消基通11-2-4）	団体としての通常の業務運営のために経常的に要する費用を賄い、それによって団体の存立を図るものとして資産の譲渡等の対価に該当しないとしているときは、その会費、組合費、入会金は課税仕入れに係る支払対価に該当しません。
共同行事等に係る負担金（消基通11-2-7）	同業者団体等の構成員が共同して行う宣伝、販売促進、会議等に要した費用を賄うためにその同業者団体等が構成員から受ける負担金等について、その費用の全額について構成員ごとの負担割合が予め定められ、かつ、その同業者団体等においてその宣伝等をその負担割合に応じて構成員が実施したものとして取り扱っている場合は、それを支払う構成員においてその負担金等の費途ごとに課税仕入れ等に該当するかどうか判定します。

- 362 -

第4節 本則課税の場合の仕入税額控除

(2) 就労支援事業の利用者工賃の不課税

　就労支援事業の利用者工賃についてその内容及び給付の趣旨等から、「障害者の日常生活及び社会生活を総合的に支援するための法律に基づく指定障害福祉サービスの事業等の人員、設備及び運営に関する基準（平成18年厚生労働省令第171号）」第201条第1項《工賃の支払等》において「工賃」を支払うことになってはいるものの、この場合の工賃の支払は、同項の規定によれば「生産活動に係る事業の収入から生産活動に係る事業に必要な経費を控除した額に相当する金額」を給付するものであり、役務の提供の対価として支払うものではないとされています。

　したがって、この解釈からすれば，就労継続支援B型事業において支払われる「工賃」は役務の提供の対価に該当しないことから、支払った事業者の課税仕入れには該当せず、仕入税額控除の対象になりません（週刊「税務通信」№ 3555（2019年5月13日号））。

参考

関連Q＆A：Q95 個別対応方式における課税仕入れの用途区分
Q94
　消法2①十二
　消基通11-2-4、11-2-7、11-6-4、11-6-5
　週刊「税務通信」№ 3555（2019年5月13日号）

第3章 社会福祉法人の消費税

Q95 個別対応方式における課税仕入れの用途区分

　当法人は、特別養護老人ホーム、有料老人ホーム及び収益事業として不動産賃貸業を経営しています。消費税の申告は本則課税で、個別対応方式を適用しています。
　特別養護老人ホームと有料老人ホームは調理施設を共用しており、給食調理業務は外部業者に委託しています。給食の食材は、セントラルキッチン方式で同じ外部業者から半調理された食材が特別養護老人ホーム及び有料老人ホームの入居者並びに職員ごとに区分して納入されており、請求書でも区分されています。
　給食の食材以外の介護用品、衛生用品などの物品は一括して購入し、それぞれの施設での使用実績は把握していません。
　これらの課税仕入れを、例えば入居者の人数の比で按分して課税売上高にのみ要するものとして仕入控除税額を計算することは認められるでしょうか。

　給食の食材は搬入時に用途ごとに区分されているので、これらの用途により仕入控除税額を計算します。
　一方、給食の食材以外の課税仕入れは、用途ごとに区分されていません。そのため、原則として、課税資産の譲渡等とその他の資産の譲渡等に共通して要するものとして仕入控除税額を計算します。

解説
(1) 課税仕入れの用途区分
　個別対応方式における課税仕入れの用途の区分は、次のとおりです（消法30②一）。
① 課税資産の譲渡等にのみ要する課税仕入れ等
　課税資産の譲渡等にのみ要する課税仕入れ等（以下「課税売上対応分」といいます。）とは、課税資産の譲渡等を行うためにのみ必要な課

第4節　本則課税の場合の仕入税額控除

税仕入れ等をいい、例えば、次に掲げるものの課税仕入れ等がこれに該当します（消基通 11-2-10 本文）。

　なお、その課税仕入れ等を行った課税期間においてその課税仕入れ等に対応する課税資産の譲渡等があったかどうかは問いません（消基通11-2-10 なお書）。

- ・　そのまま他に譲渡される課税資産
- ・　課税資産の製造用にのみ消費し、又は使用される原材料、容器、包紙、機械及び装置、工具、器具、備品等
- ・　課税資産に係る倉庫料、運送費、広告宣伝費、支払手数料又は支払加工賃等

② 　非課税資産の譲渡等にのみ要する課税仕入れ等

　非課税資産の譲渡等にのみ要するものとは、非課税となる資産の譲渡等を行うためにのみ必要な課税仕入れ等（以下「非課税売上対応分」といいます。）をいい、例えば、次に掲げるものの課税仕入れ等がこれに該当します（消法 30 ②一、消基通 11-2-15）。

　なお、非課税資産の譲渡等にのみ要したものではありませんから、その課税仕入れ等を行った課税期間において当該課税仕入れ等に対応する非課税資産の譲渡等があったかどうかは問いません（95％ルール Q&A〔Ⅰ〕問 10）。

- ・　土地だけの譲渡に係る仲介手数料
- ・　賃貸用住宅の建築費用
- ・　住宅の賃貸に係る仲介手数料
- ・　有価証券の売却時・購入時の売買手数料
- ・　車いすや歩行補助つえなどの身体障害者用物品の引取運賃、売買手数料

③ 　課税資産の譲渡等とその他の資産の譲渡等に共通して要する課税仕入れ等

　課税資産の譲渡等とその他の資産の譲渡等に共通して要するものに該当する課税仕入れ等（以下「共通対応分」といいます。）であっても、

- 365 -

第3章　社会福祉法人の消費税

例えば、原材料、包装材料、倉庫料、電力料等のように生産実績その他の合理的な基準により課税売上対応分と非課税売上対応分とに区分することが可能なものについてその合理的な基準により区分している場合には、その区分したところにより個別対応方式を適用することとして差し支えありません（消基通11-2-19）。

なお、例えば、寄附の募集に当たって募集案内を刷る印刷業者へ支払う印刷費、クラウドファンディングの掲載サイトに支払う手数料等のように、資産の譲渡等に該当しない取引に要する課税仕入れ等は、共通対応分に該当するものとして取り扱います（消基通11-2-16）。

（2）用途区分の判定

① 適用方法

個別対応方式により仕入控除税額を計算する場合には、その課税期間中に行った個々の課税仕入れ等について、必ず、課税売上対応分、非課税売上対応分及び共通対応分に区分しなければなりなせん。

この用途区分は、個々の課税仕入れ等ごと（取引ごと）に行う必要があります。

なお、課税仕入れ等の中から課税売上対応分のみを抽出して、残りを全て共通対応分として区分することは認められません（消基通11-2-18）。

② 用途区分の時期

個別対応方式により仕入控除税額を計算する場合には、その課税期間中において行った個々の課税仕入れ等について、必ず、課税売上対応分、非課税売上対応分及び共通対応分に区分しなければならず、また、この用途区分は、原則として課税仕入れ等を行った日の状況により、個々の課税仕入れ等ごとに行う必要があります。

しかし、課税仕入れ等を行った日において、その用途が明らかでない場合もあり得ます。その日の属する課税期間の末日までに用途区分が明らかにされた場合には、その用途区分されたところによって個別対応方

− 366 −

第4節　本則課税の場合の仕入税額控除

式による仕入控除税額の計算を行っても差し支えありません（消基通11-2-20）。

③　用途区分が未定の場合

課税仕入れ等を行った課税期間の末日までに、用途が決まらない課税仕入れ等については、課税売上対応分又は非課税売上対応分のいずれにも区分されませんので、共通対応分として区分することとなります（95％ルールQ&A〔Ⅰ〕問16）。

④　共通対応分の合理的な基準による区分

イ　生産実績その他の合理的な基準による場合

共通対応分であっても、生産実績その他の合理的な基準により課税売上対応分と非課税売上対応分とに区分することが可能なものについて、その合理的な基準により区分している場合には、その区分したところにより個別対応方式を適用することできます（消基通11-2-19）。

この場合の「区分することが可能なもの」とは、原材料、包装材料、倉庫料、電力料のように製品の製造に直接用いられる課税仕入れ等をその適用事例の典型として示していることからも明らかなように、課税資産の譲渡等又は非課税資産の譲渡等と明確かつ直接的な対応関係があることにより、生産実績のように既に実現している事象の数値のみによって算定される割合で、その合理性が検証可能な基準により機械的に区分することが可能な課税仕入れ等をいいます（95％ルール〔Ⅰ〕Q&A問20-1）。

したがって、そのような課税仕入れ等に限って、その合理的な基準により区分することとして差し支えないものとされています（95％ルール〔Ⅰ〕Q&A問20-2）。

ロ　課税売上割合に準ずる割合による場合

課税売上割合で計算した仕入控除税額がその法人の事業の実態と乖離した結果となる場合などは、法人が事前に納税地の税務署長（又は国税局長）の承認を受けることにより事業実態に則した「課税売上割合に準ずる割合」により仕入控除税額を計算することができます（消法30③、

－ 367 －

第3章　社会福祉法人の消費税

Q96 参照）。

（3）事例の場合

　給食の食材は特別養護老人ホーム及び有料老人ホームの入居者並びに職員ごとに区分されているので、特別養護老人ホームの入居者に係るものを非課税売上分、有料老人ホームの入居者並びに職員に係るものを課税売上分として、仕入控除税額を計算します。

　一方、給食の食材以外の物品は一括して購入し、それぞれの施設での使用実績を把握していません。したがって、共通対応分を既に実現している事象の数値のみによって算定される割合で、その合理性が検証可能な基準により機械的に区分することはできません。そのため、給食の食材以外の課税仕入れについては、共通対応分として課税売上割合により仕入控除税額を計算することになります。

　ただし、課税売上割合で計算した仕入控除税額が事業の実態と乖離した結果となる場合などは、例えば入居者の人数の比によることにつき、事前に税務署長の承認を受けることができれば、「課税売上割合に準ずる割合」により仕入控除税額を計算することができます。

参　考

関連Q&A：Q93　個別対応方式と一括比例配分方式（課税売上割合）
　　　　　　Q96　就労支援事業における個別対応方式（課税売上割合
　　　　　　　　に準ずる割合）

Q95
　消法 30 ②一、③
　消 基 通 11-2-10、11-2-15、11-2-16、11-2-19、11-2-18、11-2-19、11-2-20
　95％ルール Q&A〔Ⅰ〕問 10、16、20

－ 368 －

第4節　本則課税の場合の仕入税額控除

Q96 就労支援事業における個別対応方式（課税売上割合に準ずる割合）

　当法人は、就労支援事業を含む障害福祉サービス事業を経営しています。消費税の申告は本則課税で、個別対応方式を適用しています。
　このたび、従来の事業所とは別に、新たに菓子の製造のみを行う就労継続支援Ｂ型事業所の建物を建設し、運営を開始しました。
　この新たな事業所における課税仕入れ等は課税資産の譲渡等のみに要するもの（課税売上対応分）として仕入控除税額を計算してもよいでしょうか。

　就労支援事業を行う事業所においては、非課税資産の譲渡等である障害福祉サービス事業に係る訓練等給付費も発生します。
　したがって、原則として法人全体で課税仕入れ等を用途ごとに区分し、共通対応分には課税売上割合を乗じて仕入控除税額を計算します。
　ただし、課税売上割合で計算した仕入控除税額がその法人の事業や事業所の実態と乖離した結果となる場合などは、法人が事前に納税地の税務署長（又は国税局長）の承認を受けることにより事業実態に即した「課税売上割合に準ずる割合」により仕入控除税額を計算することができます。

解説
（１）就労支援事業等を行う事業所の資産の譲渡等
　次に掲げる事業については、これらの事業において行われる就労支援事業の生産活動に係る課税資産の譲渡等のほかに、非課税資産の譲渡等である障害福祉サービス事業に係る訓練等給付費や措置費も発生します。
　したがって、たとえ、就労支援事業のみの事業所が設置されている場

- 369 -

第3章　社会福祉法人の消費税

合であっても、原則として法人全体で課税仕入れ等を用途ごとに区分
し、共通対応分には課税売上割合を乗じて仕入控除税額を計算します。

- ・　就労移行支援（障害者総合支援法5⑬）
- ・　就労継続支援A型（障害者総合支援法施行規則6の10一）
- ・　就労継続支援B型（障害者総合支援法施行規則6の10二）
- ・　生産活動を実施する生活介護（障害者総合支援法5⑦）
- ・　授産施設（社会福祉法2②七）
- ・　認定生活困窮者就労訓練事業（生活困窮者自立支援法16③）
- ・　地域活動支援センター（障害者総合支援法5㉗）

（2）課税売上割合に準ずる割合
①　意義

　課税売上割合は、事業者がその課税期間中に国内において行った資産
の譲渡等の対価の額（税抜き）の合計額に占める課税資産の譲渡等の対
価の額（税抜き）の合計額の割合とされていますから、課税売上割合の
計算を事業所単位又は事業部単位等で行うことは認められません（消基
通11-5-1）。

　しかし、その課税期間における課税仕入れ等のうち個別対応方式にお
ける共通対応分に係る仕入控除税額の計算において、事業者における事
業内容等の実態が、その課税仕入れ等のあった課税期間における課税売
上割合によっては必ずしも反映されていないという場合に、課税売上割
合よりも更に合理的な割合を適用することがその事業者にとって事業内
容等の実態を反映したものとなるのであれば、その合理的な割合による
ことを認めています（消法30③、95％ルールQ&A〔Ⅰ〕問21）。

　この合理的な割合を「課税売上割合に準ずる割合」といいます。

　課税売上割合に準ずる割合は、その法人の営む事業の種類の異なるご
と又はその事業に係る販売費、一般管理費その他の費用の種類の異なる
ごとに区分して算出することができます（消法30③）。

－ 370 －

第4節　本則課税の場合の仕入税額控除

② 合理的な割合

　どのような割合が合理的であるかは、その法人の営む事業の種類等により異なるものと考えられ、その割合を算出することになる基準をどのような外形的要素に依存することが妥当であるかについても一概に言えるものではありません。しかし、課税売上割合に準ずる割合としては、使用人の数又は従事日数の割合、消費又は使用する資産の価額、使用数量、使用面積の割合などが考えられます（消基通11-5-7）。

③ 適用範囲

　課税売上割合に準ずる割合は、本来の課税売上割合の適用範囲と異なり、その事業者が行う事業の全部について同一の割合を適用する必要はなく、例えば、次のような方法によることもできます（消基通11-5-8）。

イ　事業の種類の異なるごと

　その事業者の営む事業の種類の異なるごとに区分して、事業の異なるごとにそれぞれ異なる課税売上割合に準ずる割合を適用する方法

ロ　事業に係る販売費、一般管理費その他の費用の種類の異なるごと

　その事業者の事業に係る販売費、一般管理費その他の費用の種類の異なるごとに区分して、費用の種類の異なるごとにそれぞれ異なる課税売上割合に準ずる割合を適用する方法

ハ　事業に係る事業場の単位ごと

　その事業者の事業に係る事業場の単位ごとに区分して、事業場の異なるごとにそれぞれ異なる課税売上割合に準ずる割合を適用する方法

　したがって、例えば、課税資産の譲渡等と非課税資産の譲渡等に共通して要する課税仕入れ等に該当するような総務、経理部門等における経費について仕入控除税額の計算をする場合には、その費用の種類ごとに区分し、電気料については床面積割合を適用し、コンピュータのリース料については本来の課税売上割合を課税売上割合に準ずる割合として適用し、水道料その他については従業員割合を適用するなど、それぞれの区分ごとに仕入控除税額を計算することができます（消基通11-5-8、95％ルール Q&A〔Ⅰ〕問22）。

- 371 -

第3章　社会福祉法人の消費税

④　承認申請手続きと承認・取消し・取りやめ

イ　承認申請手続き

　課税売上割合に準ずる割合を用いて計算する場合には、課税売上割合に準ずる割合の算出方法の内容、その算出方法が合理的であるとする理由等を記載した「消費税課税売上割合に準ずる割合の適用承認申請書（第22号様式）」を納税地の所轄税務署長（又は国税局長）に提出して承認を受けなければなりません。(消法30③、消規15)。

　提出を受けた税務署長（又は国税局長）は、審査を行い、その申請に係る課税売上割合に準ずる割合が合理的に算出されたものと認める場合には承認し、一方、合理的に算出されたものと認めない場合にはこれを却下します（消令47①②)。

　この審査には一定の期間が必要となるので、課税売上割合に準ずる割合の適用を受けようとする課税期間の終了間際に「消費税課税売上割合に準ずる割合の適用承認申請書」を提出した場合には、合理的に算出されたものであることの確認ができず、承認されないこともあり得ます（消基通11-5-8、95％ルールQ&A〔Ⅰ〕問27)。

　ただし、国内において事業者が行う課税仕入れについては、課税売上割合に準ずる割合を用いようとする課税期間の末日までに承認申請書を提出し、同日の翌日以後1月を経過する日までに税務署長の承認を受けた場合には、その承認申請書を提出した日の属する課税期間から課税売上割合に準ずる割合を用いることができることとされます。

ロ　承認

　承認を受けた日の属する課税期間から課税売上割合に代えて、課税売上割合に準ずる割合を用いて仕入控除税額を計算することとなります（消法30③)。

　なお、課税売上割合に準ずる割合の承認を受けた場合には、本来の課税売上割合に代えて課税売上割合に準ずる割合を適用することになりますから、いずれか有利な割合を選択して適用することはできません（消法30③)。

－ 372 －

第4節　本則課税の場合の仕入税額控除

ハ　取消し

　承認に係る課税売上割合に準ずる割合を用いて仕入控除税額を計算することが適当でないと認められる事情が生じた場合には、税務署長は、その承認を取り消すことができることとされています（消令47③）。

　この承認の取消しがあった場合には、その取消しのあった日の属する課税期間からその課税売上割合に準ずる割合を用いて仕入控除税額を計算することはできません（消令47⑤）。

ニ　取りやめ

　課税売上割合に準ずる割合を用いて計算することをやめようとする旨を記載した届出書を提出した日の属する課税期間以後の課税期間については、課税売上割合に準ずる割合を用いて仕入控除税額を計算することはできません（消法30③）。

（3）事業所（事業部門）ごとの課税売上割合に準ずる割合

①　課税売上割合に準ずる割合の計算

　事例のような事業所（事業部門）ごとの課税売上割合に準ずる割合は、[計算式1]のように計算します。

[計算式1] 事業所（事業部門）ごとの課税売上割合に準ずる割合

$$\text{事業所ごとの課税売上割合に準ずる割合} = \frac{\text{事業所ごとの課税売上高（税抜き）}}{\text{事業所ごとの課税売上高（税抜き）＋事業所ごとの非課税売上高の合計}}$$

②　適用範囲

　この割合は、独立採算制の対象となっている事業所（事業部門）や独立した会計単位となっている事業所（事業部門）についてのみ適用が認められるものです（消基通11-5-8、95％ルールQ&A〔Ⅰ〕問24留意事項1(2)）。

　したがって、総務、経理部門等の事業を行う部門以外の部門については、この割合の適用は認められません（95％ルールQ&A〔Ⅰ〕問24留意事項1(3)）。

－ 373 －

第3章　社会福祉法人の消費税

　ただし、総務、経理部門等の共通対応分の消費税額全てを各事業所（事業部門）の従業員数比率等の適宜の比率により事業所に振り分けた上で、事業所（事業部門）ごとの課税売上割合に準ずる割合によりあん分する方法も認められます（95％ルール Q&A〔Ⅰ〕問24留意事項1(4)）。

参　考

関連Q＆A：Q93 個別対応方式と一括比例配分方式（課税売上割合）
　　　　　　　Q95 個別対応方式における課税仕入れの用途区分

Q96

　　消法 30 ③

　　消令 47 ①②③⑤

　　消規 15

　　消基通 11-5-1、11-5-7、11-5-8

　　95％ルール Q&A〔Ⅰ〕問 21・問 22・問 24・問 27

　　障害者総合支援法 5 ⑦⑬㉗

　　障害者総合支援法施行規則 6 の 10 一、二

　　社会福祉法 2 ②七

　　生活困窮者自立支援法 16 ③

第4節　本則課税の場合の仕入税額控除

Q97 課税売上割合が著しく変動した場合の調整

　当法人は、就労支援事業を含む障害福祉サービス事業を経営しています。消費税の申告は本則課税で、一括比例配分方式を適用しています。

　当法人は、前々年度に就労支援事業の建物と機械を3,300万円（税込み、消費税率7.8％、地方消費税率2.2％）で購入しました。このうち、機械330万円（税込み、消費税率7.8％、地方消費税率2.2％）は前年度に廃棄しました。

　前々年度から当年度までの各課税期間における課税売上げ及び非課税売上げは次のとおりです。

	課税売上げ（税抜き）	非課税売上げ
前々年度（令和4年度）	1,200,000円	800,000円
前年度（令和5年度）	20,000,000円	80,000,000円
当年度（令和6年度）	10,000,000円	88,000,000円

　このような場合、消費税の申告で何か気をつけることがあるでしょうか。

A　当年度の課税売上割合が、この3年間の課税期間を通算した課税売上割合に比して著しく減少しているため、当年度の仕入控除税額を減額する調整が必要になります。

解説
（1）課税売上割合が著しく変動した場合の調整
① 調整が必要な場合

　課税事業者が調整対象固定資産の課税仕入れ等に係る消費税額について比例配分法により計算した場合で、その計算に用いた課税売上割合が、その取得した日の属する課税期間（以下「仕入課税期間」といいます。）以後3年間の通算課税売上割合と比較して「著しく増加したとき」

－ 375 －

第3章　社会福祉法人の消費税

（[**計算式１**]）又は「著しく減少したとき」（[**計算式２**]）は、第3年度の課税期間において仕入控除税額の調整を行います（消法33①、消令53①〜③）。

　なお、この調整は、調整対象固定資産を第3年度の課税期間の末日に保有している場合に限って行うこととされていますので、同日までにその調整対象固定資産を除却、廃棄、滅失又は譲渡等したことにより保有していない場合には行う必要はありません（消基通12-3-3）。

[計算式１] 通算課税売上割合と比較して著しく増加したとき

　次の(イ)と(ロ)のいずれも満たす場合をいいます（消令53①）。

(イ)

$$\frac{\text{通算課税売上割合} - \text{仕入課税期間の課税売上割合}}{\text{仕入課税期間の課税売上割合}} \geqq \frac{50}{100}$$

(ロ)

$$\text{通算課税売上割合} - \text{仕入課税期間の課税売上割合} \geqq \frac{5}{100}$$

[計算式２] 通算課税売上割合と比較して著しく減少したとき

　次の(イ)と(ロ)のいずれも満たす場合をいいます（消令53②）。

(イ)

$$\frac{\text{仕入課税期間の課税売上割合} - \text{通算課税売上割合}}{\text{仕入課税期間の課税売上割合}} \geqq \frac{50}{100}$$

(ロ)

$$\text{仕入課税期間の課税売上割合} - \text{通算課税売上割合} \geqq \frac{5}{100}$$

② 用語の意義

イ 調整対象固定資産

　棚卸資産以外の資産で、建物及びその附属設備、構築物、機械及び装

－ 376 －

置、船舶、航空機、車両及び運搬具、工具、器具及び備品、鉱業権その他の固定資産で、一の取引単位の価額（消費税及び地方消費税に相当する額を除いた価額）が100万円以上のものをいいます（消法2①十六、消令5）。

ロ　比例配分法

個別対応方式において課税資産の譲渡等とその他の資産に共通して要するものについて、課税売上割合を乗じて仕入控除税額を計算する方法又は一括比例配分方式により仕入控除税額を計算する方法をいいます（消法33②）。

なお、課税期間中の課税売上高が5億円以下、かつ、課税売上割合が95％以上であるためその課税期間の課税仕入れ等の税額の全額が控除される場合を含みます。

ハ　第3年度の課税期間

仕入課税期間の初日から3年を経過する日の属する課税期間をいいます（消法33②）。

ニ　通算課税売上割合

仕入課税期間から第3年度の課税期間までの各課税期間中の総売上高に占める課税売上高の割合をいいます（消法33②、消令53③）。

仕入課税期間と第3年度の課税期間との間に免税事業者となった課税期間及び簡易課税制度の適用を受けた課税期間が含まれている場合にも適用されます（消基通12-3-1本文）。

この場合、免税事業者となった課税期間及び簡易課税制度の適用を受けた課税期間における資産の譲渡等の対価の額及び課税資産の譲渡等の対価の額は、通算課税売上割合の計算の基礎となる金額に含まれます（消基通12-3-1（注））。

ホ　調整対象基準税額

第3年度の課税期間の末日に保有している調整対象固定資産の課税仕入れ等の消費税額をいいます（消法33①一）。

－ 377 －

第3章　社会福祉法人の消費税

③　調整額

イ　通算課税売上割合と比較して著しく増加した場合

　通算課税売上割合が仕入課税期間の課税売上割合に対して著しく増加した場合には、次の金額（加算金額）を第3年度の課税期間の仕入控除税額に加算します（消法33①）。

[計算式3]

$$\text{加算金額} = \left[\text{調整対象基準税額} \times \text{通算課税売上割合}\right] - \left[\text{調整対象標準税額} \times \text{その仕入課税期間の課税売上割合}\right]$$

ロ　通算課税売上割合と比較して著しく減少したとき

　通算課税売上割合が仕入課税期間の課税売上割合に対して著しく減少した場合には、次の金額（減算金額）を第3年度の課税期間の仕入控除税額から控除します。

[計算式4]

$$\text{減算金額} = \left[\text{調整対象基準税額} \times \text{その仕入課税期間の課税売上割合}\right] - \left[\text{調整対象標準税額} \times \text{通算課税売上割合}\right]$$

（2）事例の場合

　事例の場合は、**[計算式5]** のとおり通算課税売上割合が仕入課税期間の課税売上割合に対して著しく減少しています。したがって、**[計算式6]** の減算金額を当年度の仕入控除税額から控除します。

[計算式5] 調整計算の判定

通算課税売上割合

$$\frac{1,200,000\text{円} + 20,000,000\text{円} + 10,000,000\text{円}}{1,200,000\text{円} + 80,000,000\text{円} + 20,000,000\text{円} + 800,000\text{円} + 10,000,000\text{円} + 88,000,000\text{円}}$$

$$= 0.156$$

第4節　本則課税の場合の仕入税額控除

(イ)　　$\dfrac{0.6 - 0.156}{0.6} = 0.74 \geqq \dfrac{50}{100}$

(ロ)　　$0.6 - 0.156 = 0.444 \ \geqq \dfrac{5}{100}$

∴　調整計算が必要。

［計算式６］減算金額

調整対象基準税額

$33,000,000 円 \times 7.8/110 - 3,300,000 円 \times 7.8/110 = 2,106,000 円$

減額金額

$2,106,000 円 \times 0.6 - 2,106,000 円 \times 0.156 = 935,064 円$

参考

関連Q＆A：Q64 課税事業者・免税事業者
　　　　　　　Q93 個別対応方式と一括比例配分方式（課税売上割合）

Q97
　消法2①十六、33①②
　消令5、53①～③
　消基通 12-3-1、12-3-3

－ 379 －

第3章　社会福祉法人の消費税

第5節
補助金等（特定収入）が
ある場合の特例計算

Q98 仕入税額控除の特例計算

当法人は設立したばかりの社会福祉法人です。就労支援事業を含む、障害福祉サービス事業の経営を目的としています。

当年度は、施設整備中のため障害福祉サービス事業の指定を受けず、就労支援事業のみを試行的に開始しました。当年度の収益及び費用の見込みは次のとおりです（全て税込み、標準税率10%、一括比例配分方式を採用）。

課税売上げ	990,000円
非課税売上げ	100,000円
課税仕入れ	22,055,000円（用途区分はしていない）
施設整備に係る補助金	16,500,000円（課税仕入れに使途を特定）
寄附金	19,000,000円（使途不特定）

人件費については、ボランティアとして行ったため、支払がありません。

当年度の課税売上割合は90%で、課税仕入れの金額が課税売上げの金額より多いので、課税事業者を選択した場合、消費税の還付を受けることができるでしょうか。

- 380 -

第 5 節　補助金等（特定収入）がある場合の特例計算

A　課税仕入れ等の金額のうち、補助金と寄附金が充てられた部分の金額に係る税額については仕入税額控除が認められません。

　したがって、課税事業者を選択した場合、還付はなく、納付することになります。

解説

（1）特例計算の趣旨

　消費税の納税額は、その課税期間中の課税売上げ等に係る消費税額からその課税期間中の課税仕入れ等に係る消費税額（仕入控除税額）を控除して計算します（消法 30 ①）。

　一般の事業者とは異なり、社会福祉法人を含む公益法人等においては、多額の補助金、会費、寄附金等の収入を得て、課税仕入れ等に充てられることがあります。

　この場合に本則課税により消費税の申告を認めると、課税されない補助金等の収入で課税仕入れ等を賄うことにより、課税仕入れ等に係る消費税額の控除又は還付を受けて、法人が想定外の利益を得る結果となります。

　このようなことを避けるために、このような収入（特定収入）の額が資産の譲渡等と特定収入の額の合計額の割合が僅少でない場合は、消費税額を仕入控除税額から控除する調整が必要になります（消法 60 ④）。

（2）特定収入割合と仕入税額控除の制限

①　特定収入割合と特例計算の要否

　［計算式 1］の特定収入割合が 5 ％を超える場合は、仕入税額控除につき特例計算を行う必要があります（消法 60 ④、消令 75 ③、次頁［図表1］参照）。

　なお、「特定収入」とは、資産の譲渡等の対価以外の収入で特定のものをいいます（**Q99** 参照）。

－ 381 －

第3章　社会福祉法人の消費税

　ただし、簡易課税制度を適用している場合は、実額による仕入税額控除は行わないので、特例計算の対象になりません（消法60④、消令75③）。

[計算式1] 特定収入割合

$$特定収入割合 = \frac{特定収入の合計}{課税売上げの合計 + 非課税売上げの合計 + 特定収入の合計}$$

[図表1] 社会福祉法人における仕入税額控除の計算

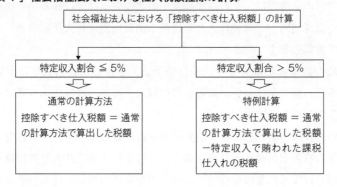

②　特例計算の方法

　仕入税額控除について行う特例計算は、個別対応方式と一括比例配分方式によって計算式が異なります。

　なお、社会福祉法人では課税売上割合が95％以上となり、仕入税額控除の全額控除となる場合はほぼ生じないのでその解説は省略します。

イ　課税売上割合が95％未満で「個別対応方式」を採用している場合

$$控除対象仕入税額[A] = 通常の計算方法で算出した税額[B] - 特定収入で賄われた課税仕入れの税額[C]$$

― 382 ―

第5節 補助金等(特定収入)がある場合の特例計算

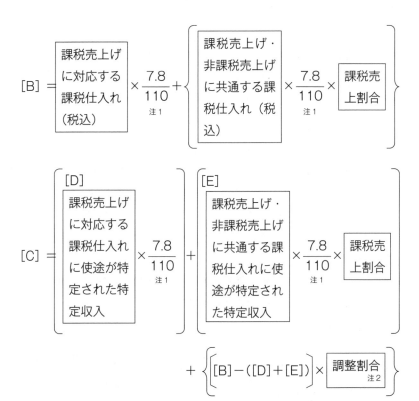

ロ 課税売上割合が95%未満で「一括比例配分方式」を採用している場合

第3章　社会福祉法人の消費税

$$
[I] = \left\{ \begin{array}{|c|}\hline [J] \\ \hline \begin{array}{c}課税仕入れ\\に使途が特\\定された特\\定収入\end{array} \end{array} \times \frac{7.8}{110}_{\text{注1}} \times \boxed{\begin{array}{c}課税売\\上割合\end{array}} \right\} + \left\{ ([H]-[J]) \times \boxed{\begin{array}{c}調整\\割合\\ {}_{\text{注2}}\end{array}} \right\}
$$

（注1）軽減税率適用分は6.24/108、旧税率（8%）適用分は6.3/108

（注2）調整割合＝$\dfrac{使途不特定の特定収入の合計額}{課税売上げの合計＋非課税売上げの合計＋使途不特定の特定収入の合計額}$

（3）事例の場合

　事例の場合における特例計算の要否と一括比例配分方式により計算した「控除対象仕入税額」は次のとおりです。

① 特例計算の要否

$$
\frac{16,500,000\,円 + 19,000,000\,円}{990,000\,円 \times 100 / 110 + 100,000\,円 + 16,500,000\,円 + 19,000,000\,円} = 0.972 > 5\%
$$

∴　特例計算が必要

② 特例計算による控除対象仕入税額

課税売上割合

$$
\frac{990,000\,円 \times 100 / 110}{990,000\,円 \times 100 / 110 + 100,000\,円} = 0.9
$$

調整割合

$$
\frac{19,000,000\,円}{990,000\,円 \times 100 / 110 + 100,000\,円 + 19,000,000\,円} = 0.95
$$

$$
22,055,000\,円 \times 7.8 / 110 \times 0.9 = 1,407,510\,円 \quad [H]
$$

$$
16,500,000\,円 \times 7.8 / 110 \times 0.9 = 1,053,000\,円 \quad [J]
$$

第5節　補助金等（特定収入）がある場合の特例計算

1,053,000 円 ［J］ ＋（1,407,510 円 ［H］ － 1,053,000 円 ［J］）× 0.95
＝ 1,389,784 円　［I］

控除対象仕入税額

1,407,510 円 ［H］ － 1,389,784 円 ［I］ ＝ 17,726 円　［G］

（4）適格請求書発行事業者以外の者からの課税仕入れがある場合の特例

特定収入により適格請求書発行事業者以外の者からの課税仕入れがある場合には、さらに調整を行う必要が生じることがあります。

具体的には **Q101** を参照してください。

参　考

関連Q＆A：Q99 特定収入の範囲

　　　　　　Q100 特定収入の使途の特定

　　　　　　Q102 寄附金・キャンセル料の使途

Q98

消法 30 ①、60 ④

消令 75 ③

－ 385 －

第3章 社会福祉法人の消費税

特定収入の範囲

社会福祉法人は、特定収入割合が5%を超えると仕入税額控除が減額されるとのことです。この特定収入割合を計算するために必要な「特定収入」とは、どのような収入をいうのでしょうか。

「特定収入」とは、資産の譲渡等の対価以外の収入で特定のものをいいます。

解 説
(1) 特定収入の範囲
① 特定収入割合
　Q98(2)①（381頁）を参照。
② 不課税収入の分類
　特定収入に係る仕入税額控除の特例の計算においては、資産の譲渡等の対価以外の収入が特定収入に該当するかどうかの判定が必要になります。
　この特定収入とは、資産の譲渡等の対価以外の収入のうち、**[図表1]** 左欄に掲げる収入をいいます（消法60④、消基通16-2-1）。
　ただし、社会福祉法人において、**[図表1]** 右欄に掲げる収入に該当するものを除きます（消法60④、消令75①）。
③ 特定支出
　[図表1] 右欄ホの「特定支出」とは、次に掲げる支出以外の支出をいいます（消令75①六イ）。

・　課税仕入れの支払いのための支出
・　課税貨物の引取りのための支出
・　特定課税仕入れの支払いのための支出
・　借入金の返済等のための支出

第5節　補助金等（特定収入）がある場合の特例計算

［図表 1 ］不課税収入の分類

特定収入	特定収入から除かれる収入
イ　補助金 ロ　負担金（資産の譲渡等の対価に該当しないものに限る） ハ　寄附金 ニ　出資に対する配当金 ホ　保険金 ヘ　損害賠償金 ト　会費等（資産の譲渡等の対価に該当しないものに限る） チ　上記以外の収入で資産の譲渡等の対価に該当しないもの リ　借入金等の債務の全部又は一部が免除された場合の、その免除された債務の額	イ　借入金等 ロ　出資金 ハ　預金、貯金及び預り金 ニ　貸付回収金 ホ　返還金及び還付金 ヘ　法令、交付要綱等において、特定支出のためにのみ使用することとされている収入 ト　国又は地方公共団体が合理的な方法により資産の譲渡等の対価以外の収入の使途を明らかにした文書において、特定支出のためにのみ使用することとされている収入

　具体的には、例えば、役員報酬、職員給料、法定福利費等の人件費や支払利息が特定支出に該当します。

④　借入金の免除の課税期間

　借入金等に係る債務の全部又は一部の免除があった場合における特定収入に係る仕入税額控除の特例の計算の適用については、その免除に係る債務の額に相当する額は、その債務の免除があった日の属する課税期間における特定収入とします（消令75②）。

参　考

関連Q&A：Q98 仕入税額控除の特例計算
　　　　　　Q100 特定収入の使途の特定
　　　　　　Q102 寄附金・キャンセル料の使途

Q99

　消法 60 ④

　消令 75 ①②

　消基通 16-2-1

－ 387 －

第3章　社会福祉法人の消費税

Q100 特定収入の使途の特定

　当法人は、条例等に基づき、地方公共団体から補助金の交付を受けています。

　この補助金は、当法人の行う一定の事業に係る人件費等の経常経費に支出することが交付要綱に定められています。しかし、その交付要綱では、交付を受ける補助金のうち、どの部分が人件費に支出するかについては明らかにされておりません。

　この補助金の交付は、次のような手続きにより行われています。

① 交付申請書（事業計画書を含む）受付（3月中旬）…各費目の金額を区分して申請

② 交付額決定通知（5月上旬）…申請に基づいて交付額を通知

③ 補助金の概算交付（7月、10月、1月）

④ 実績報告書提出（翌年4月中旬）…各費目の金額を区分して報告

⑤ 補助金額の確定通知（翌年5月下旬）…実績報告書を検討の上、通知

⑥ 補助金の確定交付（翌年5月下旬）

　この場合、実績報告書の費目別補助金執行実績の金額により、特定収入以外の収入と特定収入とに区分することができますか。

A　ご照会の補助金について、実績報告書の費目別補助金執行実績の金額によりその使途が明らかにされている場合には、その金額により特定収入以外の収入と特定収入とに区分して差し支えありません。

解説

（1）使途の特定

　資産の譲渡等の対価以外の収入は、その内容及び使途によって**［図表1］**のとおり分類されます（消令75①、消基通16-2-1）。

－ 388 －

第5節　補助金等（特定収入）がある場合の特例計算

[図表1] 資産の譲渡等以外の収入の分類

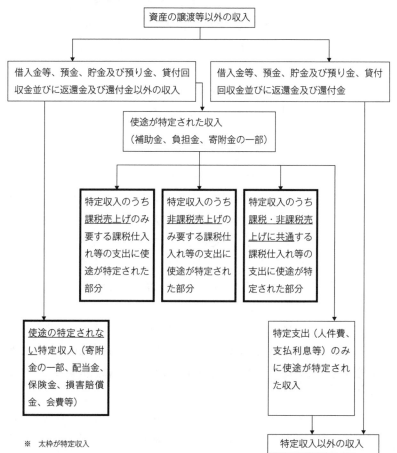

※　太枠が特定収入

（2）社会福祉法人における特定の方法

　補助金等の使途が法令又は交付要綱等により明らかにされている場合には、その明らかにされているところにより使途を特定します（消令75①六イ・ロ、消基通16-2-2(1)、391頁**[図表2]**参照）。
　「交付要綱等」とは、国、地方公共団体又は特別の法律により設立さ

第3章　社会福祉法人の消費税

れた法人から補助金等の交付を受ける際に、これらの者が作成したその
補助金等の使途を定めた文書をいいます（消令75①六イ）。

「交付要綱等」の範囲には、補助金等交付要綱及び補助金等交付決定
書のほか、これらの附属書類である補助金等の積算内訳書及び実績報告
書も含まれます（消基通16-2-2(1)）。

したがって、実績報告書の費目別補助金執行実績の金額により、その
補助金等の使途が明らかにされている場合は、その金額により特定収入
以外の収入と特定収入とに区分して差し支えありません（質疑応答事
例／消費税 国等に対する特例3）。

なお、交付要綱等で補助金等の使途が特定できない場合であっても、
補助金等を支出した地方公共団体がその使途を明らかにした文書を交付
している場合には、その文書により特定収入以外の収入と特定収入とに
区分して差し支えありません。ただし、この方法により補助金等の使途
を特定するときは、地方公共団体が交付したその補助金等の使途を明ら
かにした文書を確定申告書とともに納税地の所轄税務署長に提出する必
要があります（消基通16-2-2(2)イ〜ハ）。

提出後に法令又は交付要綱等により使途が明らかにされていない場合
において、補助金等を支出した地方公共団体がその使途を明らかにした
文書を交付していないときは使途不特定の特定収入に該当することにな
ります。

また、上記のいずれの方法によっても使途が特定できない補助金等に
ついては、その補助金等の額に、その課税期間における支出（上記によ
り使途が特定された補助金等の使途としての支出及び借入金等の返済費
又は償還費のうち処理済みの部分を除きます。）のうちの課税仕入れ等
の支出の額とその他の支出の額の割合を乗じて、課税仕入れ等の支出に
対応する額とその他の支出に対応する額とに按分する方法によりその使
途を特定します（消基通16-2-2(2)ニ）。

この場合も、これらの計算過程を明らかにする文書を確定申告書ととも
に納税地の所轄税務署長に提出する必要があります（消基通16-2-2(2)ニ）。

－ 390 －

第5節　補助金等（特定収入）がある場合の特例計算

［図表２］　補助金等の使途の特定方法

```
┌─────────────────────────────────────────────────────────┐
│        使途が特定された収入（補助金、助成金、負担金）        │
└─────────────────────────────────────────────────────────┘
```

┌──┐
│（1）法令又は交付要綱等により補助金等の使途が明らかにされている場合 │
└──┘
　　　　　　　　YES　　　　　　　　　　　　　　　　　　　　　NO

法令	左記で明らかにされているところにより
補助金等交付要綱（仕様書）	使途を特定する。
補助金等交付決定書	
補助金等積算内訳書	
補助事業実績報告書	

┌──┐
│（2）国又は地方公共団体が合理的な方法により補助金等の使途を明らかにした │
│文書において使途を特定する場合 │
└──┘

┌──┐
│①（1）においてその使途の細部は不明であるが、その使途の大要が │
│判明するもの │
└──┘
　　　　　　　　YES　　　　　　　　　　　　　　　　　　　　　NO

国又は地方公共団体が合理的な	左記文書においてその使途の大要
方法により資産の譲渡等の対価	の範囲内で合理的計算に基づき細
以外の収入の使途を明らかにし	部の使途を特定する。
た文書（消令75①六ロ）	

┌──┐
│② 補助金等の使途が予算書若しくは予算関係書類又は決算書若しく │
│は決算関係書類で明らかなもの │
└──┘
　　　　　　　　YES　　　　　　　　　　　　　　　　　　　　　NO

・予算書	左記文書で明らかにされていると
・予算関係書類	ころにより使途を特定する。
・決算書	
・決算関係書類	

┌──┐
│③ ①・②によっては使途が特定できない補助金等 │
└──┘

特定収入のうち<u>課税売上げのみ</u> 要する課税仕入れ等の支出に使 途が特定された部分	使途が特定できない補助金等の額 × 課税売上げのみ要する課税仕入れ等の支出の額 （その課税期間の支出の額ー（(1)及び(2)①・②により使途が特定された支出の額））
特定収入のうち<u>非課税売上げの</u> <u>み要する課税仕入れ等の支出</u>に 使途が特定された部分	使途が特定できない補助金等の額 × 非課税売上げのみ要する課税仕入れ等の支出の額 （その課税期間の支出の額ー（(1)及び(2)①・②により使途が特定された支出の額））
特定収入のうち<u>課税・非課税売</u> <u>上げに共通する課税仕入れ等の</u> <u>支出</u>に使途が特定された部分	使途が特定できない補助金等の額 × 課税・非課税売上げ共通に要する課税仕入れ等の支出の額 （その課税期間の支出の額ー（(1)及び(2)①・②により使途が特定された支出の額））
特定支出のみに使途が特定され た収入	使途が特定できない補助金等の額 × その他の支出（特定支出）の額 （その課税期間の支出の額ー（(1)及び(2)①・②により使途が特定された支出の額））

－ 391 －

第 3 章　社会福祉法人の消費税

参　考

関連Q＆A：Q98 仕入税額控除の特例計算

　　　　　　　Q99 特定収入の範囲

　　　　　　　Q102 寄附金・キャンセル料の使途

Q100

　消令 75 ①六イ・ロ

　消基通 16-2-1、16-2-2

　質疑応答事例 / 消費税 国等に対する特例 3

－ 392 －

第5節　補助金等（特定収入）がある場合の特例計算

Q101 控除対象外仕入れに係る調整計算

　当法人は、就労支援事業を含む複数の事業を行う社会福祉法人で本則課税の課税事業者です。

　令和6年度、市からの補助事業として公益事業に関する研修事業（消費税課税）を行いました。この補助事業は実績報告書で適格請求書発行事業者以外の者への謝金の額を明らかにしています。

　令和6年度の消費税に関する収入及び支出は次のとおりです（全て税込み、標準税率10%、一括比例配分方式を採用）。

　課税売上げ　　　　66,000,000円（補助事業に係る受講料を含む）

　非課税売上げ　　　140,000,000円

　補助事業に係る補助金11,000,000円（課税仕入れに使途を特定）

　寄附金　　　　　　5,000,000円（使途不特定）

　課税仕入れ　　　　110,000,000円（用途区分はしていない）

　　うち補助事業の補助金に係る課税仕入れ　11,000,000円

　　（うち適格請求書発行事業者以外の者への謝金　4,400,000円）

　社会福祉法人において補助金や寄附金のような特定収入が一定割合ある場合、仕入税額控除が制限されるということですが、インボイス制度を導入後同様に制限されるのでしょうか。

A　課税仕入れ等に係る特定収入により適格請求書発行事業者以外の者から課税仕入れを行った場合においては、特定収入がある場合の仕入税額控除の調整計算による仕入税額控除の制限が過大になるため、これを調整する計算が行われる場合があります。

解説

（1）控除対象外仕入れに係る調整計算の趣旨

　インボイス制度の下では、仕入税額控除の適用を受けるため、原則として、適格請求書発行事業者から交付を受けた適格請求書等の保存が必

- 393 -

第3章　社会福祉法人の消費税

要とされ、適格請求書発行事業者以外の者から行う課税仕入れは仕入税額控除の対象外となります（注1）（消法30、**Q93** 参照）。

　一方、これとは別に、**Q98（2）** のとおり、社会福祉法人を含む公益法人等においては、特定収入割合が5％を超える場合は特例計算により仕入税額控除の制限が行われます（消法60④）。

　特定収入がある場合の仕入税額控除の調整計算においては、特定収入の使途について適格請求書発行事業者から行うものであるか否かを区別することなく、特定収入があった課税期間において特定収入の金額に基づき仕入税額控除を制限する金額を計算することとしています（消令75④）。

　このため、課税仕入れ等に係る特定収入により適格請求書発行事業者以外の者から課税仕入れを行った場合、その課税仕入れに係る消費税額が仕入税額控除の対象とならないにもかかわらず、計算上、仕入税額控除の制限が行われることになります。

　すなわち、課税仕入れ等に係る特定収入により適格請求書発行事業者以外の者から課税仕入れを行った場合においては、特定収入がある場合の仕入税額控除の調整計算による仕入税額控除の制限が過大となります。

　そこで、課税仕入れ等に係る特定収入を適格請求書発行事業者以外の者から課税仕入れに充てたことが客観的な文書により確認できる場合には、その課税仕入れに係る消費税相当額を取り戻すことができることとされました（消令75⑧）。

（注1） 令和5年10月1日から令和8年9月30日までは仕入税額相当額の80％、令和8年10月1日から令和11年9月30日までは仕入税額相当額の50％の仕入税額控除の適用を受けることができる経過措置があります（平成28年改正法附則52、53）。

第5節　補助金等（特定収入）がある場合の特例計算

（2）控除対象外仕入れに係る調整計算

① 適用条件

イ　特定収入がある場合の仕入税額控除の調整計算が適用されている場合で、法令若しくは交付要綱等によりその使途を報告すべきとされている文書又は国、地方公共団体が合理的な方法により使途を明らかにした文書により適格請求書発行事業者以外の者から行った課税仕入れに係る支払対価の額（以下「控除対象外仕入れに係る支払対価の額」といいます。）の合計額を明らかにしていること。

ロ　取戻し対象特定収入があること。

　課税仕入れ等に係る特定収入ごとに、その課税仕入れ等に係る特定収入により支出された課税仕入れに係る支払対価の合計額に基づいて、次の**［計算式1］**により算出した割合が<u>5％を超える場合</u>の当該特定収入をいいます（消令75⑨、消基通16-2-7）。

［計算式1］

$$
\frac{課税仕入れ等に係る特定収入により支出された控除対象外仕入れに係る支払対価の額の合計額}{課税仕入れ等に係る特定収入により支出された課税仕入れに係る支払対価の額の合計額}
$$

② 適用除外

　次に掲げる課税期間の適格請求書発行事業者以外の者から行った課税仕入れに係る支払対価の額は、控除対象外仕入れに係る支払対価の額には含まれません。

イ　免税事業者の課税期間

ロ　簡易課税制度の適用を受ける課税期間

ハ　2割特例を受ける課税期間（**Q140** 参照）

　また、控除対象外仕入れに係る支払対価の額は、適格請求書発行事業者以外の者から行った課税仕入れであることにより仕入税額控除の適用を受けないことになるものに限られます（消令75⑧）。したがって、帳

－ 395 －

第3章　社会福祉法人の消費税

簿特例や少額特例により適格請求書発行事業者以外の者から行った課税仕入れであっても帳簿の記載のみで仕入税額控除の適用を受けたものは控除対象外仕入れに係る支払対価の額に含まれません（消基通16-2-6、**Q125**、**Q135**参照）

③　控除対象外仕入れに係る調整計算による加算額

　次のイ又はロに応じて、それぞれの計算式で算定した金額（以下「調整対象額」といいます。）をその控除対象外仕入れに係る支払対価の額の合計額を明らかにした課税期間における課税仕入れ等の税額に加算します（消令75⑧）。

イ　個別対応方式

調整対象額＝（[A]＋[B]）×（1－調整割合（注2））×（注3）

[A]＝　課税資産の譲渡等にのみ要する控除対象外仕入れに係る支払対価の額の合計額　×7.8／110（注4）

[B]＝　課税資産の譲渡等とその他の課税資産の譲渡等に共通して要する控除対象外仕入れに係る支払対価の額の合計額　×7.8／110（注4）×課税売上割合

ロ　一括比例配分方式

調整対象額＝　控除対象外仕入れに係る支払対価の額の合計額　×7.8／110（注4）×課税売上割合

× （1－調整割合（注2））×（注3）

－ 396 －

第5節　補助金等（特定収入）がある場合の特例計算

（注2）調整割合 $=\dfrac{\text{使途不特定の特定収入の合計額}}{\begin{matrix}\text{課税売上}\\\text{げの合計}\end{matrix}+\begin{matrix}\text{非課税}\\\text{売上げ}\\\text{の合計}\end{matrix}+\begin{matrix}\text{使途不特定}\\\text{の特定収入}\\\text{の合計額}\end{matrix}}$

（注3）令和5年10月1日から令和8年9月30日まで　20％

　　　　令和8年10月1日から令和11年9月30日まで　50％

（注4）軽減対象課税資産の譲渡等に係る控除対象外仕入れに係る支払対価の額については　6.24／108

（3）事例の場合

事例の場合における特例計算の要否と一括比例配分方式により計算した「控除対象仕入税額」は次のとおりです。

① 特例計算の要否

$$\dfrac{11,000,000\text{円}+5,000,000\text{円}}{66,000,000\text{円}\times100/110+140,000,000\text{円}+11,000,000\text{円}+5,000,000\text{円}}$$

$=0.074>5\%$　∴　特例計算が必要

② 特例計算による控除対象仕入税額

課税売上割合

$$\dfrac{66,000,000\text{円}\times100/110}{66,000,000\text{円}\times100/110+140,000,000\text{円}}=0.3$$

調整割合

$$\dfrac{5,000,000\text{円}}{66,000,000\text{円}\times100/110+140,000,000\text{円}+5,000,000\text{円}}=0.02439\cdots$$

[**Q98** 参照]

　110,000,000円 × 7.8/110 × 0.3 = 2,340,000円　［H］

　11,000,000円 × 7.8/110 × 0.3 ＝　234,000円　［J］

234,000円［J］＋（2,340,000円［H］－234,000円［J］）× 0.02439…

第3章　社会福祉法人の消費税

= 285,365 円［I］

控除対象仕入税額

2,340,000 円［H］ − 285,365 円［I］ = 2,054,635 円［G］

③　控除対象外仕入れに係る調整計算の要否

$$\frac{4,400,000 \text{ 円}}{11,000,000 \text{ 円}} = 0.4 > 5\%$$

∴　調整計算が必要

④　控除対象外仕入れに係る調整計算による控除対象仕入税額

4,400,000 円 × 7.8/110 × 0.3 × （1 − 0.02439…） × 20% = 18,263 円

［調整対象額］

調整計算後の控除対象仕入税額

2,054,635 円［G］ + 18,263 円［調整対象額］ = 2,072,898 円

参考

関連Q＆A：Q93 個別対応方式と一括比例配分方式

　　　　　　Q98 仕入税額控除の特例計算

　　　　　　Q100 特定収入の使途の特定

　　　　　　Q106 適格請求書等保存方式（インボイス方式）

　　　　　　Q125 少額特例

　　　　　　Q135 帳簿特例

　　　　　　Q140 免税事業者が適格請求書発行事業者になった場合の

　　　　　　　　　特例

Q101

　消法 30、60 ④

　平成 28 年改正法附則 52、53

　消令 75 ④⑧⑨

　消基通 16-2-6、16-2-7

　令和 5 年度　税制改正の解説

第 5 節　補助金等（特定収入）がある場合の特例計算

Q102 寄附金・キャンセル料の使途

　社会福祉法人では、寄附金の受取り、介護保険事業などにおける
利用者の都合によるサービス提供の中止に伴うキャンセル料といっ
た特定収入が発生します。
　これらの特定収入における使途は、どのように特定されるのでしょ
うか。

A　寄附金については、指定寄附金及び共同募金会を経由する
受配者指定寄附金を除き、使途不特定の特定収入に該当しま
す。キャンセル料も使途不特定の特定収入に該当します。

解説

（1）寄附金

① 施設整備等寄附金

　社会福祉法人会計基準では、共同募金会から受ける受配者指定寄附金
のうち、施設整備及び設備整備に係る配分金は、「施設整備等寄附金収
入」及び「施設整備等寄附金収益」に計上されます（会計基準課長通知9
(3)）。

　社会福祉施設等の施設整備又は設備整備に充てるために収受する寄附
金のうち、財務省告示の指定寄附金及び共同募金会を経由する受配者指
定寄附金については、指定時又は募集時において使途が定められ、告示
又は寄附金通知書にその内容が記載されています。

　このことから、補助金と同様に使途が特定されている特定収入とし
て、その告示又は寄附金通知書によって使途を特定します（消令75①六
イ、消基通16-2-2(1)）。

　一方、施設整備又は設備整備に充てるための寄附金であっても個人や
普通法人からの寄附金は、国又は地方公共団体が合理的な方法により補
助金等の使途を明らかにした文書において使途を特定するものではない

－ 399 －

第3章　社会福祉法人の消費税

ため、使途の定めのない特定収入として取り扱われます。

② **経常経費寄附金**

　社会福祉法人会計基準では、共同募金会から受ける受配者指定寄附金のうち、経常的経費に係る配分金は、「補助金事業収入」及び「補助金事業収益」に計上されます（会計基準課長通知9(3)）。

　経常経費寄附金のうち、共同募金会を経由する受配者指定寄附金については、募集時において使途が定められ、寄附金通知書にその内容が記載されています。

　このことから、補助金と同様に使途が特定されている特定収入として、その寄附金通知書によって使途を特定します（消令75①六イ、消基通16-2-2 (1)）。

　一方、経常経費に充てるための寄附金であっても個人や普通法人からの寄附金は、国又は地方公共団体が合理的な方法により補助金等の使途を明らかにした文書において使途を特定するものではないため、使途の定めのない特定収入として取り扱われます。

　なお、社会福祉法人会計基準では、共同募金会から受ける受配者指定寄附金以外の配分金のうち、経常的経費に係る配分金は、「補助金事業収入」及び「補助金事業収益」に計上し、受配者指定寄附金以外の配分金のうち、施設整備及び設備整備に係る配分金は、施設整備等補助金収入及び施設整備等補助金収益に計上します（会計基準課長通知9(3)）。

　したがって、これらの配分金は、補助金等としてその使途の特定を行います（消令75①六イ・ロ、消基通16-2-2)。

（2）キャンセル料

　介護保険サービス等における訪問介護、通所介護等において利用者の都合により予約されたサービス提供が取り消された場合に発生するキャンセル料は、サービスの提供を行っていないので、対価ではなく事業者に対する損害賠償金の性格を有しています（消基通5-2-5）。

　したがって、特定収入に該当しますが、その使途は国又は地方公共団

第5節　補助金等（特定収入）がある場合の特例計算

体が合理的な方法により補助金等の使途を明らかにした文書において使途を特定するものではないため、使途の定めのない特定収入として取り扱われることになります。

参考

関連Q＆A：Q100 特定収入の使途の特定
Q102

　消令 75 ①六イ・ロ

　消基通 5-2-5、16-2-2

　『解説と問答による 公共・公益法人のための消費税の実務（平成 18 年版）』三宮修編（大蔵財務協会）

　会計基準課長通知 9(3)

第3章 社会福祉法人の消費税

第6節
簡易課税制度による仕入税額控除

Q103 簡易課税制度の適用

　当法人は、就労支援事業を含む障害福祉サービス事業を行っており、消費税に関する収益及び費用は次のとおりです（全て税込み）。

・翌年度（令和7年度）の課税売上げの見込み　33,000,000円（税率10%）
・翌年度の非課税売上げの見込み　70,000,000円
・翌年度の課税仕入れの見込み　22,000,000円（税率10%、用途区分はしていない）
・前々年度（令和4年度）の課税売上げ　66,000,000円（税率10%）
・前年度（令和5年度）の課税売上げ　44,000,000円（税率10%）

　ここ数年は就労支援事業が縮小しており、課税売上げが大幅に減少しています。

　従前から消費税の申告は本則課税の一括比例配分方式で行ってきましたが、簡易課税制度を選択して申告することはできるでしょうか。

　翌年度の基準期間である前年度の課税売上高が5,000万円以下ですので、当年度中に簡易課税制度選択届出書を納税地

- 402 -

第6節　簡易課税制度による仕入税額控除

の税務署長に提出すれば、翌年度から簡易課税制度の適用を受けること
ができます。

解 説

（1）簡易課税制度

①　制度の概要

消費税の計算においては、原則として、消費税の課税標準額に対する
消費税額から、消費税の適用税率の異なるごとに区分して計算した国内
において行った課税仕入れに係る消費税額等の合計額を控除（以下「仕
入税額控除」といいます。）して、「控除不足還付税額」又は「差引税
額」を計算します（消法30①、45①三〜五）。

これを一般に「本則課税方式」といいます（**Q87**参照）。

しかし、その課税期間の基準期間の課税売上高が5,000万円以下で、
簡易課税制度の適用を受ける旨の届出書（消費税簡易課税制度選択届出
書）を提出している事業者は、その届出書を提出した日の属する課税期
間の翌課税期間以後の課税期間について実際の課税仕入れ等の税額を計
算することなく、課税売上高から仕入控除税額の計算を行うことができ
る簡易課税制度の適用を受けることができます（消法37①）。

この制度においては、仕入控除税額を課税売上高に「みなし仕入率」
に乗じて計算した金額とします。この場合、売上げを卸売業、小売業、
製造業等、サービス業等、不動産業及びその他の事業の六つに区分し、
それぞれの区分ごとのみなし仕入率を適用します。

②　みなし仕入率

簡易課税制度における「みなし仕入率」は、次のとおりです（消法37
①一、消令57①⑤、次頁 **[図表1]** 参照）。

- 403 -

第3章　社会福祉法人の消費税

[図表1]　事業区分とみなし仕入率

事業区分	みなし仕入率	該当する事業
第1種事業	90%	卸売業
第2種事業	80%	小売業、農林水産業（飲食料品の譲渡）
第3種事業	70%	農林水産業（飲食料品の譲渡以外）、鉱業、建設業、製造業、電気業、ガス業、熱供給業、水道業
第4種事業	60%	第1種、第2種、第3種、第5種及び第6種事業以外の事業 （飲食店業等）
第5種事業	50%	運輸・通信業、サービス業、金融・保険業
第6種事業	40%	不動産業

（2）仕入控除税額の計算

① 基本的な計算の方法

イ　第1種事業から第6種事業までのうち一種類の事業だけを営む事業者の場合（消法37①一、消令57①、**[計算式1]** 参照）

[計算式1]

$$仕入控除税額 = \left(\begin{array}{c} 課税標準額に対 \\ する消費税額 \end{array} - \begin{array}{c} 売上げに係る対価の返還 \\ 等の金額に係る消費税額 \end{array} \right)$$

$$\times みなし仕入率 \left\{ \begin{array}{ll} ・第1種事業 & 90\% \\ ・第2種事業 & 80\% \\ ・第3種事業 & 70\% \\ ・第4種事業 & 60\% \\ ・第5種事業 & 50\% \\ ・第6種事業 & 40\% \end{array} \right.$$

ロ　第1種事業から第6種事業までのうち2種類以上の事業を営む事業の場合

(イ)　原則法（消法37①一、消令57②、**[計算式2]** 参照）

－ 404 －

[計算式２]

$$\text{仕入控除税額} = \left(\begin{array}{c} \text{課税標準額に対} \\ \text{する消費税額} \end{array} - \begin{array}{c} \text{売上げに係る対価の返還} \\ \text{等の金額に係る消費税額} \end{array} \right)$$

$$\times \frac{\begin{array}{l}\text{第1種事}\\\text{業に係る}\\\text{消費税額}\end{array}\times 90\% + \begin{array}{l}\text{第2種事}\\\text{業に係る}\\\text{消費税額}\end{array}\times 80\% + \begin{array}{l}\text{第3種事}\\\text{業に係る}\\\text{消費税額}\end{array}\times 70\% + \begin{array}{l}\text{第4種事}\\\text{業に係る}\\\text{消費税額}\end{array}\times 60\% + \begin{array}{l}\text{第5種事}\\\text{業に係る}\\\text{消費税額}\end{array}\times 50\% + \begin{array}{l}\text{第6種事}\\\text{業に係る}\\\text{消費税額}\end{array}\times 40\%}{\begin{array}{l}\text{第1種事業に}\\\text{係る消費税額}\end{array} + \begin{array}{l}\text{第2種事業に}\\\text{係る消費税額}\end{array} + \begin{array}{l}\text{第3種事業に}\\\text{係る消費税額}\end{array} + \begin{array}{l}\text{第4種事業に}\\\text{係る消費税額}\end{array} + \begin{array}{l}\text{第5種事業に}\\\text{係る消費税額}\end{array} + \begin{array}{l}\text{第6種事業に}\\\text{係る消費税額}\end{array}}$$

㈣　簡便法

次のいずれにも該当しない場合は、**[計算式３]** により計算しても差し支えありません。

・　貸倒回収額がある場合

・　売上対価の返還等がある場合で、各種事業に係る消費税額からそれぞれの事業の売上対価の返還等に係る消費税額を控除して控除しきれない場合

[計算式３]

仕入控除税額＝

$$\begin{array}{l}\text{第1種事}\\\text{業に係る}\\\text{消費税額}\end{array}\times 90\% + \begin{array}{l}\text{第2種事}\\\text{業に係る}\\\text{消費税額}\end{array}\times 80\% + \begin{array}{l}\text{第3種事}\\\text{業に係る}\\\text{消費税額}\end{array}\times 70\% + \begin{array}{l}\text{第4種事}\\\text{業に係る}\\\text{消費税額}\end{array}\times 60\% + \begin{array}{l}\text{第5種事}\\\text{業に係る}\\\text{消費税額}\end{array}\times 50\% + \begin{array}{l}\text{第6種事}\\\text{業に係る}\\\text{消費税額}\end{array}\times 40\%$$

② **特例による計算**

イ　２種類以上の事業を営む事業者で、１種類の事業の課税売上高が全体の課税売上高の75％以上を占める場合には、その事業のみなし仕入率を全体の課税売上げに対して適用することができます（消法37①一、消令57③一）。

ロ　３種類以上の事業を営む事業者で、特定の２種類の事業の課税売上高の合計額が全体の課税売上高の75％以上を占める事業者については、その２業種のうちみなし仕入率の高い方の事業に係る課税売上高については、そのみなし仕入率を適用し、それ以外の課税売上高については、その２種類の事業のうち低い方のみなし仕入率をその事業以外の課税売上げに対して適用することができます（消法37①一、消令

－ 405 －

第3章　社会福祉法人の消費税

57③二）。

　例えば、3種類以上の事業を営む事業者の第1種事業及び第2種事業に係る課税売上高の合計が全体の課税売上高の75％以上を占める場合は次のとおりです（[**計算式4**] 参照）。

(イ)　原則法（消法37①一、消令57③二）

[**計算式4**]

$$
\text{仕入控除税額} = \left(\begin{array}{c} \text{課税標準額に対} \\ \text{する消費税額} \end{array} - \begin{array}{c} \text{売上げに係る対価の返還} \\ \text{等の金額に係る消費税額} \end{array} \right)
$$

$$
\times \frac{\dfrac{\text{第1種事業に}}{\text{係る消費税額}} \times 90\% + \left(\begin{array}{c} \text{売上げに係} \\ \text{る消費税額} \end{array} - \begin{array}{c} \text{第1種事業に} \\ \text{係る消費税額} \end{array} \right) \times 80\%}{\text{売上げに係る消費税額}}
$$

(ロ)　簡便法

　次のいずれにも該当しない場合は、[**計算式5**] により計算しても差し支えありません。

・　貸倒回収額がある場合

・　売上対価の返還等がある場合で、各種事業に係る消費税額からそれぞれの事業の売上対価の返還等に係る消費税額を控除して控除しきれない場合

[**計算式5**]

　仕入控除税額 ＝

$$
\frac{\text{第1種事業に}}{\text{係る消費税額}} \times 90\% + \left[\begin{array}{c} \text{売上げに係} \\ \text{る消費税額} \end{array} - \begin{array}{c} \text{第1種事業に} \\ \text{係る消費税額} \end{array} \right] \times 80\%
$$

③　**事業区分をしていない場合の取扱い**

　2種類以上の事業を営む事業者が課税売上げを事業ごとに区分していない場合には、この区分をしていない部分については、その区分していない事業のうち一番低いみなし仕入率を適用して仕入控除税額を計算します（消法37①一、消令57④）。

－ 406 －

第6節　簡易課税制度による仕入税額控除

参 考

関連Q＆A：Q93 個別対応方式と一括比例配分方式（課税売上割合）

　　　　　　Q104 簡易課税制度の選択と制限・不適用

　　　　　　Q105 簡易課税制度における事業区分

Q103

　消法 30 ①、37 ①一、45 ①三〜五

　消令 57 ①〜⑤

第3章　社会福祉法人の消費税

Q104 簡易課税制度の選択と制限・不適用

当法人は就労支援事業を行う社会福祉法人です。前年度（X2年）に施設整備による消費税の還付を受けるため、前々年度（X1年）に消費税課税事業者選択届出書を提出し、前年度から課税事業者となりました。また、当年度（X3年）は、就労支援事業の用に供する機械設備（固定資産）一式を1,500万円で購入しました。

この場合において当年度に消費税簡易課税制度選択届出書を提出し、翌年度（X4年）から簡易課税制度の適用を受けることができるでしょうか。

A 当年度（X3年）において一式100万円を超える固定資産を取得しているので、X6年以降でなければ簡易課税制度の適用を受けることができません。

解説

（1）簡易課税制度の選択と不適用

① 選択（原則）

簡易課税制度の適用を受けるためには、納税地を所轄する税務署長に原則として適用しようとする課税期間の開始の日の前日までに「消費税簡易課税制度選択届出書」を提出することが必要です（消法37①）。

② 不適用の届出

簡易課税制度の適用をとりやめて実額による仕入税額の控除を行う場合には、原則として、やめようとする課税期間の開始の日の前日までに「消費税簡易課税制度選択不適用届出書」を提出する必要があります（消法37⑤）。

ただし、消費税簡易課税制度選択届出書を提出した事業者は、原則として、2年間は本則課税方式による仕入税額の控除に変更することはできません（消法37⑥）。

－ 408 －

第6節　簡易課税制度による仕入税額控除

（2）簡易課税制度の選択の制限

①　調整対象固定資産の仕入れ等による制限

　消費税課税事業者選択届出書を提出した社会福祉法人は、その届出書の提出があった日の属する課税期間の翌課税期間の初日から同日以後2年を経過する日までの間に開始した各課税期間（簡易課税制度の適用を受ける課税期間を除きます。）中に国内における調整対象固定資産の課税仕入れ又は調整対象固定資産に該当する課税貨物の保税地域からの引取り（以下「調整対象固定資産の仕入れ等」といいます。）を行った場合には、その調整対象固定資産の仕入れ等の日の属する課税期間の初日以後3年を経過する日の属する課税期間の初日の前日までの各課税期間において簡易課税制度を適用することができません。すなわち、調整対象固定資産の仕入れ等の日の属する課税期間の初日から3年間は本則課税が適用されることになります（消法9⑦、37③一、次頁 **[図表1]** 参照）。

　この場合、消費税簡易課税制度選択届出書が提出されていたときは、その提出はなかったものとみなします（消法37④）。

　なお、調整対象固定資産とは、棚卸資産以外の建物及びその附属設備、構築物、機械及び装置、船舶、航空機、車両及び運搬具、工具、器具及び備品、鉱業権その他の資産で、その税抜きの取得価額が、一の取引の単位につき100万円以上のものをいいます（消法2①十六、消令5）。

　したがって、ご質問の場合、調整対象固定資産の仕入れ等を行った当年度（X3年）の初日以後3年を経過する日の属する課税期間までの各課税期間（X3年～X5年）は課税事業者になります（**[図表1]** 参照）。

　なお、翌年度（X4年）又は翌々年度（X5年）に調整対象固定資産の仕入れ等を行った場合は、さらにその仕入れ等の日の属する年度を含めて3年間消費税簡易課税制度選択届出書を提出することができません。

－ 409 －

第3章 社会福祉法人の消費税

[図表1] 調整対象固定資産の仕入れ等による制限

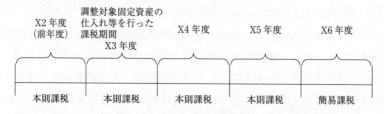

② 高額特定資産を取得した場合等による制限

免税事業者でない社会福祉法人が、簡易課税制度の適用を受けない課税期間中に国内における[**図表2**]の高額特定資産又は自己建設高額特定資産の課税仕入れ又は高額特定資産に該当する課税貨物の保税地域からの引取り(以下「高額特定資産の仕入れ等」といいます。)を行った場合には、その[**図表2**]の高額特定資産の仕入れ等の日の属する課税期間の翌課税期間からその高額特定資産の仕入れ等の日の属する課税期間(自己建設高額特定資産にあっては、その自己建設高額特定資産の建設等が完了した日の属する課税期間)の初日以後3年を経過する日の属する課税期間までの各課税期間においては、簡易課税制度を適用することができません(消法12の4①、37③三・四)。すなわち、高額特定資産の仕入れ等の日の属する課税期間の初日から3年間は本則課税が適用されることになります(消法12の4①、37③三・四、[**図表2**]参照)。

この場合、消費税簡易課税制度選択届出書が提出されていたときは、その提出はなかったものとみなします(消法37④)。

第6節　簡易課税制度による仕入税額控除

[図表2] 高額特定資産の取得等による制限

資　　産		仕入れ等の日
自己建設高額特定資産を除く高額特定資産 右の棚卸資産及び調整対象固定資産（以下「対象資産」といいます。）	その対象資産の一の取引の単位に係る課税仕入れに係る税抜きの支払対価の額、特定課税仕入れに係る支払対価の額又は保税地域から引き取られるこれらの資産の課税標準である金額が1,000万円以上のもの	・国内において課税仕入れを行った場合　その課税仕入れを行った日 ・国内において特定課税仕入れを行った場合　その特定課税仕入れを行った日 ・保税地域から引き取る課税貨物につき申告書を提出した場合　その申告に係る課税貨物を引き取った日
自己建設高額特定資産 右の他の者との契約に基づき、又はその事業者の対象資産として自ら建設、製作又は製造（以下「建設等」といいます。）をしたもの（以下「自己建設資産」といいます。）	その自己建設資産の建設等に要した課税仕入れに係る税抜きの支払対価の額、特定課税仕入れに係る支払対価の額及び保税地域から引き取られる課税貨物の課税標準である金額（その自己建設資産の建設等のために要した原材料費及び経費に係るものに限り、免税事業者である課税期間又は簡易課税制度の適用を受ける課税期間中に国内において行った課税仕入れ及び保税地域から引き取った課税貨物に係るものを除きます。）の合計額が1,000万円以上のもの	その自己建設高額特定資産の仕入れを行った場合に該当することとなった日

参考

Q104

消法2①十六、9⑦、12の4①、37①③④〜⑥

消令5

－ 411 －

第3章　社会福祉法人の消費税

Q105　簡易課税制度における事業区分

当法人は、就労支援事業を含む障害福祉サービス事業を行っており、当年度より簡易課税制度を適用して消費税を申告します。

当法人の就労支援事業は、パンの製造販売、野菜の生産、クリーニング、箱詰め作業の請負など多岐にわたっていますが、主要な事業は一般の消費者への製造したパンの販売です（課税売上げの約50%）。

簡易課税制度の適用に当たっては、主要な事業であるパンの販売の第2種事業のみなし仕入率で計算してもよいでしょうか。

A　事業者が行う事業が第1種事業から第6種事業のいずれに該当するかの判定は、原則として、その事業者が行う課税資産の譲渡等ごとに行う必要があります。

また、パンの製造販売は製造小売業に当たるので、第3種事業に該当します。

解 説

（1）取引と簡易課税制度の事業区分

事業者が行う事業が簡易課税制度における「事業区分」（第1種〜第6種）のいずれに該当するかの判定は、単純に業種によって判定するのではなく、あくまで、事業者が行う課税資産の譲渡等（課税売上げ）ごとに、それぞれの内容によって判定します（消基通13-2-1、**[図表1]** 参照）。

したがって、課税売上げを事業の種類ごとに正確に区分する（個々の取引の記帳の際に、会計伝票等に事業区分を記入するなど）必要があります。

- 412 -

第6節　簡易課税制度による仕入税額控除

［図表 1］ 事業区分

事業区分	該当する事業
第1種事業	卸売業 →他の者から購入した商品を、その性質及び形状を変更しないで^(注1)、他の事業者（法人、個人事業者）に販売する事業。
第2種事業	小売業、農林水産業（飲食料品の譲渡）^(注2) →他の者から購入した商品を、その性質及び形状を変更しないで^(注1)販売する事業で、第1種事業以外のもの^(注3)（製造小売業^(注4)を除きます）。
第3種事業	農林水産業（飲食料品の譲渡以外）、鉱業、建設業、製造業（製造小売業^(注4)を含みます）^(注5)、電気、ガス業、熱供給業、水道業 →第1種事業、第2種事業に該当するものを除きます。また、加工賃その他これに類する料金を対価とする役務の提供は第4種事業となります。
第4種事業	第1種、第2種、第3種、第5種及び第6種事業以外の事業 →飲食店業等、加工賃その他これに類する料金を対価とする役務の提供、事業用固定資産等の売却（消基通 13-2-9）
第5種事業	情報通信業、運輸業、郵便業、金融業、保険業、不動産・物品賃貸業（不動産業に該当するものを除きます。）、学術研究、専門・技術サービス業、宿泊・飲食サービス業（飲食サービス業に該当するものを除きます。）、生活関連サービス業、娯楽業、教育、学習支援業、医療、福祉、複合サービス事業、サービス業（他に分類されないもの）（消基通 13-2-4）
第6種事業	不動産業（消基通 13-2-4）

(注1)　「性質及び形状を変更しないで販売する」とは、他の者から購入した商品をそのまま販売することをいいます（消基通 13-2-2）。
　　　　なお、商品に対して、例えば、次のような行為を施したうえでの販売であっても「性質及び形状を変更しないで販売する」場合に該当するものとして取り扱います。
　　イ　他の者から購入した商品に、商標、ネーム等を貼付け又は表示する行為
　　ロ　運送の利便のために分解されている部品等を単に組み立てて販売する場合、例えば、組立て式の家具を組み立てて販売する場合のように仕入商品を組み立てる行為
　　ハ　2以上の仕入商品を箱詰めする等の方法により組み合わせて販売する場合の当該組合せ行為
(注2)　令和元年 10 月以後、農林水産業のうち飲食料品の譲渡は第2種事業になります。
(注3)　第2種事業（小売業）は、一般的には消費者への販売が該当します（販売先が事業者か消費者か不明な場合を含みます。）。
(注4)　「製造小売業」は、日本標準産業分類において小売業に分類されていますが、簡易課税制度の適用上は製造業に含まれ、第3種事業に該当します（消基通 13-2-6）。
(注5)　次の事業は、第3種事業に該当するものとして取り扱います（消基通 13-2-5）。
　　イ　いわゆる製造問屋としての事業
　　ロ　自己が請け負った建設工事（第3種事業に該当するものに限る。）の全部を下請に施工させる元請としての事業
　　ハ　天然水を採取して瓶詰等して人の飲用に販売する事業
　　ニ　新聞、書籍等の発行、出版を行う事業

- 413 -

第3章　社会福祉法人の消費税

（2）事業区分と税率の例示

　事業者の行う取引の事業区分とこれに対する税率を例示すると、**[図表2]**のとおりです（消基通13-2-8の2、質疑応答事例／消費税 簡易課税制度16）。

[図表2] 事業区分と税率の例示

事業内容	事業区分	税率
牛乳等の食品の事業者への販売	第1種事業	8%
文具、容器等の事業者への販売	第1種事業	10%
商品を自ら仕入れるジュース等の自動販売機の売上げ	第2種事業	8%
自動販売機の設置手数料	第5種事業	10%
耕作農業	第2種事業	8%
園芸農業（花卉類）	第3種事業	10%
畜産農業（牛、豚、鶏をそのまま販売）	第3種事業	10%
畜産農業（牛、豚、鶏を精肉にして販売）	第2種事業	8%
仕入れた生地を適当なサイズに裁断し消費者に販売	第2種事業	10%
仕入れた生地を裁断しネーム等を印刷又は刺繍して販売	第2種事業	10%
果樹園を開設して入園料を徴収して果物を収穫させその場で飲食	第3種事業	10%
果樹園で収穫させた果物の料金を別途徴収し持ち帰りさせる場合	第2種事業	8%
パン・クッキー・ケーキ・ジャム等の食料品の製造販売	第3種事業	8%
製造したパンを自己が経営する喫茶店の店内メニューに使用	第4種事業	10%
EMぼかし、無公害石けんの製造販売	第3種事業	10%
材料の無償提供を受けておもちゃ等の服詰め、鉾詰め又は縫製	第4種事業	10%
食堂・喫茶店の経営（店内飲食）	第4種事業	10%
食堂・喫茶店の経営（テイクアウト、宅配）	第3種事業	8%
宅配	第5種事業	10%
清掃、資源ゴミの選別	第5種事業	10%
洗濯、クリーニング	第5種事業	10%
駐車場業	第6種事業	10%

- 414 -

第6節　簡易課税制度による仕入税額控除

> **参　考**
>
> **関連Q＆A**：Q103 簡易課税制度の適用
>
> **Q105**
>
> 消基通 13-2-1、13-2-2、13-2-4、13-2-5、13-2-6、13-2-8 の 2、13-2-9
>
> 質疑応答事例 / 消費税 簡易課税制度 16

第3章　社会福祉法人の消費税

第7節

インボイス制度

第1款　制度の概要と導入による影響

Q106 適格請求書等保存方式（インボイス制度）

令和5年10月1日から始まった消費税における適格請求書等保存方式（インボイス制度）とは、どのように制度なのでしょうか。

A 複数税率制度の下、適正な課税を確保する観点から令和5年（2023年）10月1日に導入された「適格請求書等保存方式」（インボイス制度）では、適格請求書発行事業者の登録番号、正確な適用税率や消費税額など一定の事項が記載された請求書等が必要となりました。

解説
（1）適格請求書等保存方式（インボイス制度）
① 制度の概要

令和5年10月からの「適格請求書等保存方式」の施行後は原則として、適格請求書がない場合は仕入税額控除ができなくなります（消法30）。この適格請求書の発行には、登録申請が必須となります（消法57の2①②）。

② 適格請求書発行事業者の登録制度

適格請求書等保存方式においては、仕入税額控除の要件として、原

- 416 -

第7節　インボイス制度（第1款）

則、適格請求書発行事業者から交付を受けた適格請求書の保存が必要になります。

　適格請求書を交付しようとする課税事業者は、納税地を所轄する税務署長に適格請求書発行事業者の登録申請書を提出し、適格請求書発行事業者として登録を受ける必要があり、税務署長は氏名又は名称及び登録番号等を適格請求書発行事業者登録簿に登載し、登録を行います（消法57の2①②④）。

　また、相手方から交付を受けた請求書等が適格請求書に該当することを客観的に確認できるよう、適格請求書発行事業者登録簿に登載された事項については、インターネットを通じて公表されることになっています（消令70の5②）。

　なお、消費税の免税事業者は、この適格請求書発行事業者の登録はできません（消基通1-7-1）。

参考

Q106

　消法30、57の2①②④

　消令70の5②

　消基通1-7-1

- 417 -

第3章　社会福祉法人の消費税

Q107　適格請求書等と帳簿

適格請求書等とは、どのようなものなのでしょうか。また、帳簿にも記載が必要なのでしょうか。

A 適格請求書等（請求書、納品書、領収書等）には、適格請求書発行事業者の登録番号、適用税率等の記載事項が必要です。また、帳簿にも仕入税額控除を行うために定められた記載が必要です。

解説

（1）　適格請求書等及び帳簿の記載事項

①　適格請求書等と帳簿の記載事項

適格請求書等及び帳簿には、[**図表1**] の記載をする必要があります（消法57の4①、消費税の仕入税額控除制度における適格請求書等保存方式に関するQ&A（以下「インボイスQ&A」といいます。）問54、109、[**図表2**] 参照）。

[**図表1**] に掲げる事項を記載した請求書、納品書その他これらに類する書類であれば、その書類の名称は問わず、適格請求書に該当します（消基通1-8-1）。

- 418 -

第7節　インボイス制度（第1款）

[図表1] 適格請求書等保存方式の記載事項

適格請求書等	帳簿
① 適格請求書発行事業者の氏名又は名称及び登録番号 ② 課税資産の譲渡等を行った年月日 ③ 課税資産の譲渡等に係る資産又は役務の内容（課税資産の譲渡等が軽減対象課税資産の譲渡等である場合には、資産の内容及び軽減対象課税資産の譲渡等である旨） ④ 課税資産の譲渡等の税抜価額又は税込価額を税率ごとに区分して合計した金額及び適用税率 ⑤ 税率ごとに区分した消費税額等 ⑥ 書類の交付を受ける事業者の氏名又は名称	① 課税仕入れの相手方の氏名又は名称 ② 課税仕入れを行った年月日 ③ 課税仕入れに係る資産又は役務の内容（課税仕入れが他の者から受けた軽減対象課税資産の譲渡等に係るものである場合には、資産の内容及び軽減対象課税資産の譲渡等に係るものである旨） ④ 課税仕入れに係る支払対価の額

注）下線は、令和元年9月以前の区分記載請求書から追加された事項

[図表2] 適格請求書の記載例

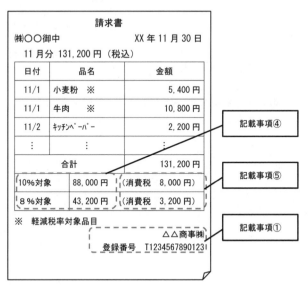

② 適格簡易請求書
　小売業、飲食店業等の不特定多数の者を相手に事業を行う場合には、

- 419 -

第3章　社会福祉法人の消費税

適格請求書に代えて適格簡易請求書を交付することができます（消法57
の4②、消令70の11）。

　適格請求書とは異なり適格簡易請求書は、適格請求書の記載要件のう
ち「書類の交付を受ける事業者の氏名又は名称」が不要です。また、
「税率ごとに区分した消費税額等」は「適用税率」のみの記載とするこ
とができます（インボイスＱ＆Ａ問58、**［図表３］**参照）。

［図表３］適格請求書と適格簡易請求書の記載事項の比較

適格請求書	適格簡易請求書
①　適格請求書発行事業者の氏名又は名称及び登録番号 ②　課税資産の譲渡等を行った年月日 ③　課税資産の譲渡等に係る資産又は役務の内容（課税資産の譲渡等が軽減対象課税資産の譲渡等である場合には、資産の内容及び軽減対象課税資産の譲渡等である旨） ④　課税資産の譲渡等の税抜価額又は税込価額を税率ごとに区分して合計した金額及び<u>適用税率</u> ⑤　税率ごとに区分した<u>消費税額等</u> ⑥　<u>書類の交付を受ける事業者の氏名又は名称</u>	①　適格請求書発行事業者の氏名又は名称及び登録番号 ②　課税資産の譲渡等を行った年月日 ③　課税資産の譲渡等に係る資産又は役務の内容（課税資産の譲渡等が軽減対象課税資産の譲渡等である場合には、資産の内容及び軽減対象課税資産の譲渡等である旨） ④　課税資産の譲渡等の税抜価額又は税込価額を税率ごとに区分して合計した金額 ⑤　税率ごとに区分した<u>消費税額等又は適用税率</u>

（注）下線は適格請求書と適格簡易請求書の内容の相違する事項。

－ 420 －

第7節　インボイス制度（第1款）

[図表4] 適格簡易請求書の記載例

【適格簡易請求書の記載例（適用税率のみを記載する場合）】

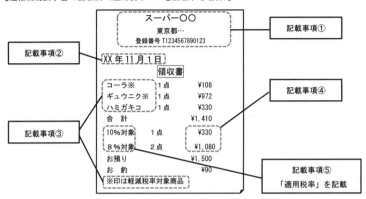

【適格簡易請求書の記載例（税率ごとに区分した消費税額等のみを記載する場合）】

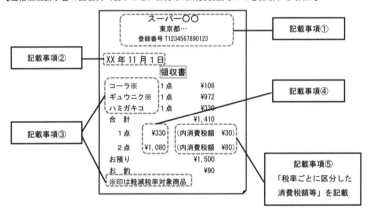

第3章　社会福祉法人の消費税

参　考

Q107

消法57の4①②

消令70の11

消基通1-8-1

インボイスQ＆A問54、58、109

第7節 インボイス制度（第1款）

Q108 免税事業者等との取引における仕入税額控除と経過措置

当法人は、免税事業者から商品の仕入れを行っています。インボイス制度導入後も、免税事業者からの仕入れについて仕入税額控除を受けることができる経過措置について教えてください。

A 適格請求書発行事業者については免税事業者を除くこととされていますから、免税事業者からの仕入れ（課税資産の譲渡等）については仕入税額を控除することがはできません。ただし、経過措置として一定期間は仕入れの一部について仕入税額控除が認められます。

解説

（1） 原則

免税事業者及び適格請求書発行事業者として登録を受けていない課税事業者（以下「免税事業者等」といいます。）は適格請求書等を発行することができないため、課税事業者は免税事業者等からの仕入れに係る消費税額について仕入税額控除を適用することができません。

（2） 経過措置

① 経過措置の期間と控除割合

適格請求書等保存方式開始後も［**図表1**］に掲げる期間は、免税事業者等からの課税仕入れであっても、仕入税額相当額に［**図表1**］に掲げる割合を乗じた金額を仕入税額とみなして控除できる経過措置が設けられています（平成28年改正法附則52、53）。

- 423 -

第3章　社会福祉法人の消費税

[図表1] 免税事業者等からの仕入れに係る仕入税額控除

期　　　間	割　合
令和5年10月1日から令和8年9月30日まで	80%
令和8年10月1日から令和11年9月30日まで	50%

（注）令和6年度税制改正により、一の免税事業者等から行う当該経過措置の対象となる課税
　　仕入れの額の合計額が、その事業年度で税込み10億円を超える場合には、その超えた
　　部分の課税仕入れについて、本経過措置は適用できないこととする見直しが行われまし
　　た（この改正は、令和6年10月1日以後に開始する課税期間から適用されます。）

② 　経過措置を適用するための帳簿及び請求書等の記載事項

　帳簿及び請求書等には、**[図表2]** の記載をする必要があります（イン
ボイスQ＆A問113）。

[図表2] 経過措置を適用するための記載事項

帳　簿	請求書等
① 　課税仕入れの相手方の氏名又は名称 ② 　課税仕入れを行った年月日 ③ 　課税仕入れに係る資産又は役務の内容（課税仕入れが他の者から受けた軽減対象課税資産の譲渡等に係るものである場合には、資産の内容及び軽減対象課税資産の譲渡等に係るものである旨）及び<u>経過措置の適用を受ける課税仕入れである旨（注1）</u> ④ 　課税仕入れに係る支払対価の額	① 　書類の作成者の氏名又は名称 ② 　課税資産の譲渡等を行った年月日 ③ 　課税資産の譲渡等に係る資産又は役務の内容（課税資産の譲渡等が軽減対象課税資産の譲渡等である場合には、資産の内容及び軽減対象課税資産の譲渡等である旨）（注2） ④ 　税率ごとに合計した課税資産の譲渡等の税込価格（注2） ⑤ 　書類の交付を受ける当該事業者の氏名又は名称

（注1）　③の「経過措置の適用を受ける課税仕入れである旨」の記載については、個々の取
　　引ごとに「80％控除対象」、「免税事業者からの仕入れ」などと記載する方法のほか、例
　　えば、本経過措置の適用対象となる取引に、「※」や「☆」といった記号・番号等を表
　　示し、かつ、これらの記号・番号等が「経過措置の適用を受ける課税仕入れである旨」
　　を別途「※（☆）は80％控除対象」などと表示する方法も認められます。
（注2）　適格請求書発行事業者以外の者から受領した請求書等の内容について、③かっこ書
　　きの「軽減対象資産の譲渡等である旨」及び④の「税率ごとに合計した課税資産の譲渡
　　等の税込価額」の記載がない場合に限り、受領者が自ら請求書等に追記して保存するこ
　　とが認められます。なお、提供された請求書等に係る電磁的記録を整然とした形式及び
　　明瞭な状態で出力した書面に追記して保存している場合も同様に認められます。

－ 424 －

第7節　インボイス制度（第1款）

参　考

Q108

平成 28 年改正法附則 52、53

インボイス Q & A 問 113

第3章　社会福祉法人の消費税

Q109 インボイス制度導入による免税事業者等との取引への影響

当法人は消費税の課税事業者です。インボイス制度導入によって、免税事業者との取引では仕入税額控除が制限されるということですが、どのような影響が出るのでしょうか。

A 本則課税により仕入税額控除を行っている課税事業者では、免税事業者や適格請求書等を発行できない事業者との取引によって税負担が増えることが考えられます。

解説

(1) 令和5年10月1日以降の取引

① 免税事業者等

免税事業者及び消費税の課税事業者であっても適格請求書発行事業者の登録がされていない事業者（以下「免税事業者等」といいます。）は、適格請求書等を発行することができません。

② インボイス制度導入後の取引

イ　令和5年10月1日から令和8年9月30日までの期間

免税事業者等は適格請求書等を発行することができません。このため、本来、課税事業者は免税事業者等からの仕入れに係る消費税額について仕入税額控除を適用することができません（消法30⑦）。

ただし、経過措置により免税事業者等からの仕入れであっても、令和5年10月1日から令和8年9月30日までの期間は、免税事業者等から区分記載請求書等の交付を受け、これを保存して帳簿の記載を行えば、その仕入税額の80％について仕入税額控除を適用して納付税額を計算することができます（平成28年改正法附則52、インボイスQ＆A問113）。

ロ　令和8年10月1日から令和11年9月30日までの期間

免税事業者等は適格請求書等を発行することができません。このため、本来、課税事業者は免税事業者等からの仕入れに係る消費税額につ

- 426 -

第7節　インボイス制度（第1款）

いて仕入税額控除を適用することができません（消法30⑦）。

　ただし、経過措置により免税事業者等からの仕入れであっても、令和8年10月1日から令和11年9月30日までの期間は、免税事業者等から区分記載請求書等の交付を受け、これを保存して帳簿の記載を行えば、その仕入税額の50％について仕入税額控除を適用して納付税額を計算することができます（平成28年改正法附則53、インボイスＱ＆Ａ問113）。

ハ　令和11年10月1日以降

　令和11年10月1日以降は経過措置がなくなるため、免税事業者等からは適格請求書等の交付を受けることができません。このため、課税事業者は免税事業者等からの仕入れに係る消費税額について仕入税額控除を適用することができません（消法30⑦）。

　　(注)　令和6年度税制改正により、一の免税事業者等から行う当該経過措置の対象となる課税仕入れの額の合計額が、その事業年度で税込み10億円を超える場合には、その超えた部分の課税仕入れについて、本経過措置は適用できないこととする見直しが行われました（この改正は、令和6年10月1日以後に開始する課税期間から適用されます。）

(2)　免税事業者等との取引の影響

　消費税に関し本則課税により仕入税額控除を行っている課税事業者は、令和5年10月1日以降免税事業者等からの仕入れ等の取引がある場合は、上記（1）のとおり、消費税の納税負担が増えることになります（[図表1][図表2]参照）。

　このため、インボイス制度導入後は、この納税負担を容認しない限り、何らかの対策を考える必要があります。

－ 427 －

第3章 社会福祉法人の消費税

[図表1] 令和5年9月30日までの免税事業者との取引における仕入税額控除

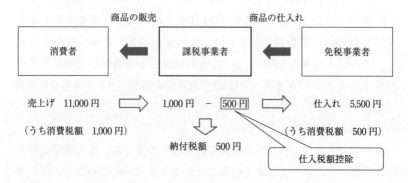

[図表2] インボイス制度導入後の免税事業者との取引における仕入税額控除

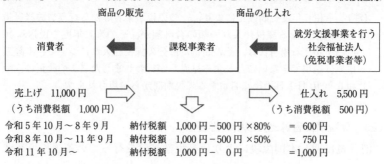

参考

Q109

平成28年改正法附則52、53

消法30⑦

インボイスQ&A問113

第7節　インボイス制度（第1款）

Q110　免税事業者等からの買手における影響と対応

　当社会福祉法人は、食料品等の製造を営んでおり、本則課税により仕入税額控除を行っている課税事業者です。製品の箱詰めや配送の一部を障害福祉サービス事業である就労継続支援（B型）を営む別の社会福祉法人やNPO法人に委託しています。
　インボイス制度導入後、この法人との取引により影響を受けることはあるでしょうか。

　委託先の社会福祉法人やNPO法人が免税事業者等である場合は、消費税の税負担が増える可能性があります。

解説
(1) 買手における影響
　Q109のとおり、本則課税により仕入税額控除を行っている課税事業者では、免税事業者等との取引によって税負担が増えることが考えられます。

(2) 買手における対応
　課税事業者が社会福祉法人やNPO法人から商品の仕入れ、役務の提供等を受けるのは、単に価格が安いといった理由だけではなく、これらの取引によって障害者等に就労機会を与えるという社会貢献を目的とする場合が多いものです。
　このため、単に消費税の負担が増えるということだけでは、取引の縮小や価格の引下げに至らず、社会に貢献するという目的が優先することが考えられます。
　したがって、下記の対応についても、この目的を踏まえて実施していくことが必要となります。

第3章　社会福祉法人の消費税

①　影響額の把握と税負担増加の許容

　まず、インボイス制度導入後、免税事業者等との取引による税負担の影響を把握する必要があります。

　この場合の方法としては、適格請求書発行事業者の登録番号の提供を文書で依頼することが考えられます。ただし、免税事業者等との取引数が少ない場合は個別に確認したほうが確実です。

　この結果、免税事業者等との取引量が少なく影響が僅少である場合や課税事業者が設定している予算の範囲内の負担増である場合は、この影響額を許容して、あえて対応しないことも考えられます。

②　免税事業者等への対応

イ　適格請求書発行事業者への登録要請

　課税事業者が、インボイスに対応するために、免税事業者等に対し、課税事業者になるよう要請することはできます。

　しかし、要請するにとどまらず、課税事業者にならなければ取引価格を引き下げるとか、それにも応じなければ取引を打ち切ることにするなどと一方的に通告することは、独占禁止法上又は下請法上、問題となるおそれがあります。

　また、免税事業者等では、就労支援事業その他の事業の内容によっては課税事業者との取引の比重が低く、課税事業者になるメリットがなく、要請に応えることが困難である場合も考えられます。

ロ　取引条件の見直し

　インボイス制度の実施後の免税事業者等との取引において、仕入税額控除ができないことを理由に、免税事業者等に対して取引価格の引下げを要請し、取引価格の再交渉をする場合において、仕入税額控除が制限される分（経過措置により仕入税額相当額の80％又は50％に制限される分）について、免税事業者等の仕入れや諸経費の支払に係る消費税の負担をも考慮した上で、双方納得の上で取引価格を設定すれば、結果的に取引価格を引き下げることができます。

　ただし、再交渉が形式的なものにすぎず、取引上優越した地位にある

— 430 —

第7節　インボイス制度（第1款）

事業者（買手）の都合のみで著しく低い価格を設定し、免税事業者等が負担していた消費税額も払えないような価格を設定した場合には、優越的地位の濫用として独占禁止法上問題となりますから、注意する必要があります。

したがって、免税事業者等との間で、取引価格等について再交渉する場合には、その事業の内容も踏まえて十分に協議を行っていただき、仕入側の事業者の都合のみで低い価格を設定する等しないよう注意する必要があります。

ハ　取引の見直し

事業者がどの事業者と取引するかは基本的に自由です。したがって、代替可能であれば、適格請求書発行事業者に取引を変更していくことや複数の免税事業者等との取引の配分変更や総量の縮減を検討することも考えられます。

ただし、例えば、取引上の地位が相手方に優越している事業者（買手）が、インボイス制度の実施を契機として、免税事業者等である仕入先に対して、一方的に、免税事業者等が負担していた消費税額も払えないような価格など著しく低い取引価格を設定し、不当に不利益を与えることとなる場合であって、これに応じない相手方との取引を停止するという場合には、独占禁止法上問題となるおそれがあります（免税事業者及びその取引先のインボイス制度への対応に関するQ＆A）。

参　考

関連Q＆A：Q109　インボイス制度導入による免税事業者等との取引への影響

Q110
免税事業者及びその取引先のインボイス制度への対応に関するQ＆A

－ 431 －

第3章　社会福祉法人の消費税

Q111 免税事業者である社会福祉法人における影響と対応

当社会福祉法人は、障害福祉サービス事業である就労継続支援（Ｂ型）を営む免税事業者です。当法人では、消費者向けのカフェと機械部品の組立ての請負を行っています。最近機械部品の組立ての請負元から適格請求書発行事業者の登録番号の提供依頼がありました。

インボイス制度下においては、当法人はどのように対応したらよいでしょうか。

A 機械部品の組立ての請負による取引高が多く、適格請求書発行事業者に登録しなければならなくなった場合は、新たに消費税の納税負担が生じます。

解説

（1）　免税事業者である社会福祉法人における影響

消費税に関し本則課税による仕入税額控除を行っている課税事業者は、令和5年10月1日以降、免税事業者等である就労支援事業者等からの仕入れ等の取引がある場合は、**Q109（1）**（426頁）のとおり、消費税の納税負担が増えることになります（**Q109［図表2］**参照）。

これに伴い、売手である免税事業者等に対して、課税事業者である買手からは次のような要請があることが考えられます。

ただし、課税事業者である買手の中には、社会福祉法人から商品の仕入れ、役務の提供等を受けるのは、単に価格が安いといった理由だけではなく、これらの取引によって障害者等の就労機会を増やすという社会貢献を目的としているものもあり、このような買手は、次に掲げる要請をしてこないことも考えられます。

①　適格請求書発行事業者への登録要請

課税事業者である買手が、インボイスに対応するために、免税事業者である就労支援事業者等に対し、課税事業者になるよう要請することが

- 432 -

第7節　インボイス制度（第1款）

考えられます。この場合、免税事業者である就労支援事業者等は、適格請求書発行事業者に登録することで新たに消費税を負担することになります。

② 取引条件の見直し

　課税事業者である買手が、インボイス制度の実施後の免税事業者である就労支援事業者等との取引において、仕入税額控除ができないことを理由に、免税事業者に対して取引価格の引下げを要請し、取引価格の再交渉において、仕入税額控除が制限される分（経過措置により仕入税額相当額の80％又は50％に制限される分）について取引価格の引下げを要請することが考えられます。

　この場合は、売手である免税事業者等である就労支援事業者等は収益が減少するため、収支が悪化します。

③ 取引の見直し

　免税事業者等である就労支援事業者等が①又は②の要請に応じない場合、インボイス制度導入後、課税事業者は免税事業者等である就労支援事業者等との取引量を段階的に減らしていくことが考えられます。

　この場合も、売手である免税事業者等である就労支援事業者等は収益が減少するため、収支が悪化します。

(2) 免税事業者等における対応

① 取引先の構成と影響の把握

　まず、取引高全体に占める課税事業者との取引の割合を把握する必要があります。社会福祉法人が行う就労支援事業等の内容は様々であり、買手の構成によって対応が大幅に異なります。

　この場合、消費者以外の買手が課税事業者であるかどうかを売手側から直接確認することは、やぶ蛇になりかねないので慎重を期す必要があります。このため、インターネット等により買手の会社概要等から事業規模を確認するなどの間接的な方法で調べて行くことが望ましいと思います。

－ 433 －

第3章　社会福祉法人の消費税

②　免税事業者等の対応

イ　適格請求書発行事業者への登録

　就労支援事業者等にあっては、免税事業者、課税事業者の別にかかわらず主な取引先の構成によって、適格請求書発行事業者を選択するかどうかを判断しなれければなりません（[**図表1**] 参照）。なお、適格請求書発行事業者に登録する場合には、簡易課税制度の適用を選択するかどうかも検討すべきです。

[図表1] 主な取引先・事業と適格請求書発行事業者の選択

主な取引先	事業の例示	適格請求書発行事業者の選択
一般消費者 免税事業者 簡易課税制度の適用を受ける課税事業者	一般消費者対象の食堂 一般消費者対象の農業 一般消費者対象の小売業	課税事業者であっても選択しないことも可能
課税事業者	下請け（内職） 卸売業	免税事業者が可能であっても選択

（ⅰ）要請による登録

　課税事業者である買手から課税事業者になるよう要請があり、取引高の相当部分を占めている場合は、適格請求書発行事業者に登録することもやむを得ないものと考えられます。

　この場合、現行の取引価格が免税事業者等であることを前提に定められたものであり、求めに応じて課税事業者となったのであれば、消費税転嫁のための取引価格の引上げの交渉を行うことができます。

（ⅱ）積極的登録

　課税事業者である買手からの要請の有無にかかわらず、課税事業者である買手が安心して発注できるよう自ら適格請求書発行事業者に登録することも考えられます。

　この登録を積極的にアピールして受注活動に繋げていくことができます。

－ 434 －

第7節　インボイス制度（第1款）

ロ　取引条件の見直し

　課税事業者である買手が、インボイス制度の実施後の免税事業者等との取引において、仕入税額控除ができないことを理由に取引価格の引下げを要請してきた場合、次の対応が考えられます。

（ⅰ）適格請求書発行事業者への登録

　取引高全体に占める課税事業者との取引の割合が高い場合は、取引価格の引下げの要請に応ぜず、今後の取引の拡大を条件に適格請求書発行事業者への登録を提案することが考えられます。

（ⅱ）取引価格の引下げの許容

　法人の経営上、収支に対する影響が許容できる範囲内であれば、取引価格の引下げに応ずることができます。ただし、今後、経過措置による仕入税額控除の制限が税額相当額の50％縮減され、ついで経過措置が廃止された時には、さらなる取引価格の引下げが要請されることになります。

（ⅲ）要請の拒否

　その課税事業者との取引高が少ない場合は、取引の縮小又は取りやめも念頭に取引価格の引下げを拒否することも考えられます。この場合、その課税事業者との取引以外の取引を拡大することも検討すべきです。

ハ　公正取引委員会等への通報・相談

　上記イ又はロの要請やこれに伴う交渉は、取引上優越した地位にある事業者（買手）が、免税事業者の仕入れや諸経費の支払に係る消費税の負担をも考慮した上で、双方納得の上で行われることが前提になっています。

　しかし、例えば、次のような事実がある場合は、「優越的地位の濫用」に該当する行為と考えられ、公正取引委員会等の関係行政機関への通報又は相談を行うことも検討する必要があります（免税事業者及びその取引先のインボイス制度への対応に関するQ＆A問7）。

・　課税事業者になるよう要請するにとどまらず、課税事業者にならなければ、取引価格を引き下げるとか、それにも応じなければ取引を打

－ 435 －

第3章　社会福祉法人の消費税

ち切ることにするなどと一方的に通告したこと。

・　取引価格の再交渉が形式的なものにすぎず、取引上優越した地位に
ある事業者（買手）の都合のみで著しく低い価格を設定し、免税事業
者が負担していた消費税額も払えないような価格を設定したこと。

・　取引上の地位が相手方に優越している事業者（買手）が、インボイ
ス制度の実施を契機として、免税事業者である仕入先に対して、一方
的に、免税事業者が負担していた消費税額も払えないような価格など
著しく低い取引価格を設定し、不当に不利益を与えることとなる場合
であって、これに応じない相手方との取引を停止したこと。

③　納付消費税の会計処理

　社会福祉使法人は、その行う就労支援事業の適切な製造原価等を把握
して適正な利用者賃金及び工賃の算出をするため、社会福祉法人会計基
準による会計処理を行わなければなりません（障害者の日常生活及び社
会生活を総合的に支援するための法律に基づく障害福祉サービス事業の
設備及び運営に関する基準44、71、86、87）。

　免税事業者等である社会福祉使法人は適格請求書発行事業者に登録し
たことにより消費税の納税義務が生じます。これにより納付すべき消費
税額は、就労支援事業の受注活動のために負担するものですから、就労
支援事業に係る販管費の「租税公課」に計上することになります。

参考

関連Q＆A：Q109　インボイス制度導入による免税事業者等との取引へ
　　　　　　の影響

Q111

障害者の日常生活及び社会生活を総合的に支援するための法律に基づ
く障害福祉サービス事業の設備及び運営に関する基準44、71、86、
87

免税事業者及びその取引先のインボイス制度への対応に関するＱ＆Ａ
問7

－ 436 －

第7節　インボイス制度（第2款）

第2款　適格請求書発行事業者の登録とその取りやめ

Q112　適格請求書発行事業者の登録手続（課税事業者）

当法人は消費税の課税事業者ですが、適格請求書を交付するためにはどのような手続を行う必要があるのでしょうか。

　適格請求書発行事業者の登録を受けるには、納税地を所轄する税務署長に登録申請書を提出する必要があります。

解説

(1)　適格請求書発行事業者の登録申請
① 　登録申請書の提出・登録通知・公表

　適格請求書発行事業者の登録を受けようとする課税事業者は、納税地を所轄する税務署長に登録申請書を提出する必要があります（消法57の2②、消基通1-7-1）。

　この登録申請手続は、e-Tax又は書面によって行うことができます。e-Taxの利用には電子証明書（マイナンバーカード等）の取得などの事前準備が必要ですが、税理士による代理送信の場合には、事業者の電子証明書は不要です（インボイスＱ＆Ａ問2）。

　登録申請書の提出を受けた税務署長は、登録拒否要件に該当しない場合には、適格請求書発行事業者登録簿に法定事項を登載して登録を行い、登録を受けた事業者に対して、その旨を通知することとされています（消法57の2③④⑤⑦、インボイスＱ＆Ａ問5）。

　また、適格請求書発行事業者の情報は、「国税庁適格請求書発行事業者公表サイト」において公表されます。

② 　登録の効力

　登録の効力は、通知の日にかかわらず、適格請求書発行事業者登録簿に登載された日（以下「登録日」といいます。）から生じます。このた

- 437 -

第3章　社会福祉法人の消費税

め、登録日以降の取引については、相手方（課税事業者に限ります。）の求めに応じ、適格請求書を交付する義務があります（消基通 1-7-3、インボイスＱ＆Ａ問5）。

③　課税期間の中途での登録

　課税事業者は、課税期間の途中であっても、登録申請書を提出し、登録を受けることができます。登録申請書を提出し登録を受けた場合、登録の効力は、登録日から生じます（インボイスＱ＆Ａ問6）。

④　登録の任意性と適格請求書の交付義務

　適格請求書を交付できるのは、登録を受けた適格請求書発行事業者に限られますが、適格請求書発行事業者の登録を受けるかどうかは事業者の任意です（消法 57 の 2 ①、57 の 4 ①、インボイスＱ＆Ａ問 10）。

　また、適格請求書発行事業者は、販売する商品に軽減税率対象品目があるかどうかを問わず、取引の相手方（課税事業者に限ります。）から交付を求められたときには、適格請求書を交付しなければなりません（インボイスＱ＆Ａ問 10）。

参考

Q112

　消法 57 の 2 ①〜⑤・⑦、57 の 4 ①

　消基通 1-7-1、1-7-3

　インボイスＱ＆Ａ問 2、問 5、問 6、問 10

第7節　インボイス制度（第2款）

Q113 適格請求書発行事業者の登録手続（免税事業者）

当法人は消費税の免税事業者ですが、適格請求書を交付するためにはどのような手続を行う必要があるのでしょうか。

A 令和5年10月1日から令和11年9月30日までの日の属する課税期間中において、令和5年10月1日後に登録を受ける場合には、適格請求書発行事業者の登録申請書に登録希望日を記載することで、その登録希望日から課税事業者となることができます。この場合は消費税課税事業者選択届出書を提出する必要はありません。

解説

（1）　適格請求書発行事業者の登録申請

①　免税事業者が令和5年10月1日から令和11年9月30日までの日の属する課税期間中に登録を受ける場合

免税事業者が登録を受けるためには、原則として、消費税課税事業者選択届出書を提出し、課税事業者となる必要がありますが、令和5年10月1日から令和11年9月30日までの日の属する課税期間中において、令和5年10月1日後に登録を受ける場合には、適格請求書発行事業者の登録申請書に登録希望日（提出日から15日以降の登録を受ける日として事業者が希望する日）を記載することで、その登録希望日から課税事業者となる経過措置が設けられています（平成28年改正法附則44④、平成30年改正令附則15②、消基通21-1-1）。

したがって、この経過措置の適用を受けることとなる場合は、登録希望日から課税事業者となり、登録を受けるに当たり、課税事業者選択届出書を提出する必要はありません。

また、税務署長による登録が完了した日が登録希望日後となった場合であっても、登録希望日に登録を受けたものとみなされます（平成30年改正令附則15③）。

－ 439 －

第3章　社会福祉法人の消費税

　なお、この経過措置の適用を受けて適格請求書発行事業者の登録を受けた場合、基準期間の課税売上高にかかわらず、登録日から課税期間の末日までの期間について、消費税の申告が必要となります。

②　登録日の属する課税期間が令和5年10月1日を含まない場合

　この経過措置の適用を受ける登録日の属する課税期間が令和5年10月1日を含まない場合は、登録日の属する課税期間の翌課税期間から登録日以後2年を経過する日の属する課税期間までの各課税期間については免税事業者となることはできません（平成28年改正法附則44⑤、インボイスQ&A問7）。

③　経過措置の適用を受けない課税期間の登録

　この経過措置の適用を受けない課税期間に登録を受ける場合については、原則どおり、消費税課税事業者選択届出書を提出し、課税事業者となる必要があります（インボイスQ&A問7）。

　なお、免税事業者が課税事業者となることを選択した課税期間の初日から登録を受けようとする場合は、その課税期間の初日の前日から起算して15日前の日までに、登録申請書を提出しなければなりません（消法57の2②、消令70の2）。

（2）　適格請求書発行事業者登録後の留意事項

① 　棚卸資産に係る仕入税額控除

　令和X年7月1日から登録を受けることとなった場合において、登録日の前日である令和X年6月30日に、免税事業者であった期間中に国内において譲り受けた課税仕入れに係る棚卸資産や保税地域からの引取りに係る課税貨物で棚卸資産に該当するものを有しており、当該棚卸資産又は課税貨物について明細を記録した書類を保存しているときは、その棚卸資産又は課税貨物に係る消費税額について仕入税額控除の適用を受けることができます（平成30年改正令附則17、インボイスQ&A問8）。

－ 440 －

第7節　インボイス制度（第2款）

② 基準期間における課税売上高が 1,000 万円以下となる課税期間の申告義務

　その課税期間の基準期間における課税売上高が 1,000 万円以下の事業者は、原則として、消費税の納税義務が免除され、免税事業者となります。

　しかしながら、適格請求書発行事業者は、その基準期間における課税売上高が 1,000 万円以下となった場合でも免税事業者となりません（消法9①、消基通 1-4-1 の2）。

　したがって、適格請求書発行事業者である者は、翌課税期間（適格請求書等保存方式の開始後）に免税事業者となることはありません。

③ 年の中途から登録を受けた場合における消費税の確定申告が必要となる期間

　令和X年分について免税事業者である社会福祉法人が例えば令和X年 10 月1日から適格請求書発行事業者の登録を受けた場合には、登録日である令和X年 10 月1日以後は課税事業者となりますので、令和X年 10 月1日から令和X＋1年3月 31 日までの期間に行った課税資産の譲渡等及び特定課税仕入れについて、消費税の申告が必要となります（平成 28 年改正法附則 44 ④、インボイスQ＆A問8）

④ 課税期間の中途から課税事業者となった場合の基準期間における課税売上高

　適格請求書発行事業者になったことにより、令和X＋1年1月1日から課税事業者となった社会福祉法人が、令和X＋2年分の消費税の確定申告を行うに当たり、その基準期間は令和X年分となりますが、この場合の基準期間における課税売上高（税抜）は、当該社会福祉法人が免税事業者であった期間（令和X年4月から 12 月）の課税売上高を含む金額で計算することとなります（消法9②一、消基通 1-4-5）。

　また、その免税事業者であった期間に係る課税売上高について税抜処理は行わず、その売上げ（非課税売上げ等を除きます。）がそのまま課税売上高となります（インボイスQ＆A問 8-2、**［計算式1］**参照）。

－ 441 －

第3章　社会福祉法人の消費税

[計算式1]

全て適用税率は10%

① 　令和X年4月～12月課税売上高　　5,500,000円

② 　令和X＋1年1月～3月課税売上高　4,400,000円

①5,500,000円　＋　②4,400,000円　×　100／110　＝　9,500,000円

　そのまま計算　　　　　　税抜処理

参考

Q113

消法9①②、57の2②

平成28年改正法附則44④⑤

消令70の2

平成30年改正令附則15②③、17

消基通1-4-1の2、1-4-5、21-1-1

インボイスQ＆A問7～問8-2

第7節 インボイス制度(第2款)

Q114 登録の取りやめ

当法人は、令和5年10月1日に適格請求書発行事業者の登録を受けていましたが、令和8年4月1日から適格請求書発行事業者の登録を取りやめたいと考えています。この場合、どのような手続が必要ですか。

 令和8年3月17日までに登録取消届出書を提出する必要があります。

解説
(1) 適格請求書発行事業者の登録の取消届出
① 原則

適格請求書発行事業者は、納税地を所轄する税務署長に「適格請求書発行事業者の登録の取消しを求める旨の届出書」(以下「登録取消届出書」といいます。)を提出することにより、適格請求書発行事業者の登録の効力を失わせることができます(消法57の2⑩一)。

なお、この場合、原則として、登録取消届出書の提出があった日の属する課税期間の翌課税期間の初日に登録の効力が失われることとなります(消法57の2⑩一、インボイスQ&A問13、**[図表1]** 参照)。

第3章　社会福祉法人の消費税

[図表1] 適格請求書発行事業者の登録の取消届出

（例1）　適格請求書発行事業者である法人（3月決算）が令和7年3月17日に登録取消届出書を提出した場合

② 翌々課税期間からの取消

　登録取消届出書を、翌課税期間の初日から起算して15日前の日を過ぎて提出した場合は、翌々課税期間の初日に登録の効力が失われることとなります（消法57の2⑩一、消令70の5③、インボイスQ＆A問13）。

　したがって、ご質問の場合については、令和8年3月17日までに登録取消届出書を提出する必要があります（**[図表2]** 参照）。

[図表2]

（例2）　適格請求書発行事業者である法人（3月決算）が令和8年3月20日に登録取消届出書を提出した場合（届出書を、翌課税期間の初日から起算して15日前の日を過ぎて提出した場合）

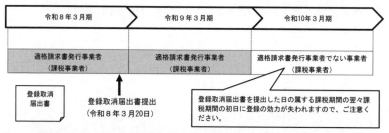

③ 登録日の属する課税期間が令和5年10月1日を含まない場合

　免税事業者が令和5年10月1日から令和11年9月30日までの日の属する課税期間中において登録を受けた場合において、登録日の属する課税期間が令和5年10月1日を含まない場合は、登録日の属する課税

- 444 -

第7節　インボイス制度（第2款）

期間の翌課税期間から登録日以後2年を経過する日の属する課税期間までの各課税期間については免税事業者となることはできません（平成28年改正法附則44⑤、インボイスQ＆A問7）。

したがって、その各課税期間においては適格請求書発行事業者の登録を取りやめても課税事業者となります。

(2)　登録の取消後、免税事業者となる場合
①　課税選択届出書を提出している事業者

課税選択届出書を提出している事業者の場合、適格請求書発行事業者の登録の効力が失われた後の課税期間について、基準期間の課税売上高が1,000万円以下であるなどの理由により事業者免税点制度の適用を受ける（免税事業者となる）ためには、適用を受けようとする課税期間の初日の前日までに「消費税課税事業者選択不適用届出書」を提出する必要があります。

例えば上記［図表1］（課税選択届出書を提出している法人）の場合、令和9年3月期について事業者免税点制度の適用を受けるためには、令和8年3月31日までの間に「消費税課税事業者選択不適用届出書」を提出する必要があります。

②　免税事業者が適格請求書発行事業者の登録申請書のみ提出していた場合

免税事業者が適格請求書発行事業者の登録に当たって、「消費税課税事業者選択届出書」を提出せず、適格請求書発行事業者の登録申請書のみ提出していた場合は、適格請求書発行事業者の登録の効力が失われた後の課税期間については、基準期間の課税売上高が1,000万円以下であるなどの理由があるときは、当然に免税事業者となります。

- 445 -

第 3 章　社会福祉法人の消費税

参考

Q114

消法 57 の 2 ⑩一

平成 28 年改正法附則 44 ⑤

消令 70 の 5 ③

インボイス Q & A 問 7、問 13

第7節　インボイス制度（第3款）

第3款　適格請求書の交付

Q115　適格請求書発行事業者の適格請求書の交付義務と写しの保存

適格請求書発行事業者は、どのような場合に適格請求書の交付義務が課されるのですか。

また、その交付した適格請求書の写しは保存しなければならないのですか。

A　適格請求書発行事業者には、国内において課税資産の譲渡等を行った場合に、相手方からの求めに応じて適格請求書を交付する義務が課されています。ただし、特定の場合に交付義務が課されない場合があります。

また、適格請求書発行事業者は、交付した適格請求書の写しの保存が義務付けられます。

解説

（1）　適格請求書の交付義務

① 原則

適格請求書発行事業者には、国内において課税資産の譲渡等を行った場合に、相手方（課税事業者に限ります。）からの求めに応じて適格請求書を交付する義務が課されています（消法57の4①、インボイスＱ＆Ａ問23）。

この場合、課税資産の譲渡等に係る適用税率は問いませんので、標準税率の取引のみを行っている場合でも、取引の相手方（課税事業者に限ります。）から交付を求められたときは、交付しなければなりません。

一方、免税取引、非課税取引及び不課税取引のみを行った場合については、適格請求書の交付義務は課されません。

なお、適格請求書発行事業者は、適格請求書の交付に代えて、適格請

－ 447 －

第3章　社会福祉法人の消費税

求書に係る電磁的記録を提供することができます（消法57の4⑤）。

② 交付義務の免除

　次の取引は、適格請求書発行事業者が行う事業の性質上、適格請求書を交付することが困難なため、適格請求書の交付義務が免除されます（消令70の9②、インボイスQ＆A問23）。

①　3万円未満の公共交通機関（船舶、バス又は鉄道）による旅客の運送

②　出荷者等が卸売市場において行う生鮮食料品等の販売（出荷者から委託を受けた受託者が卸売の業務として行うものに限ります。）

③　生産者が農業協同組合、漁業協同組合又は森林組合等に委託して行う農林水産物の販売（無条件委託方式かつ共同計算方式により生産者を特定せずに行うものに限ります。）

④　3万円未満の自動販売機及び自動サービス機により行われる商品の販売等

⑤　郵便切手類のみを対価とする郵便・貨物サービス（郵便ポストに差し出されたものに限ります。）

(2)　適格請求書の写しの保存

① 写しの保存

　適格請求書発行事業者には、交付した適格請求書の写し及び提供した適格請求書に係る電磁的記録の保存義務があります（消法57の4⑥）。

　「交付した適格請求書の写し」とは、交付した書類そのものを複写したものに限らず、その適格請求書の記載事項が確認できる程度の記載がされているものもこれに含まれますので、例えば、適格簡易請求書に係るレジのジャーナル、複数の適格請求書の記載事項に係る一覧表や明細表などの保存があれば足りることとなります（インボイスQ＆A問78）。

　また、自己が一貫して電子計算機を使用して作成した適格請求書については、その写しを電磁的記録により保存することも認められます。

－ 448 －

第7節　インボイス制度（第3款）

②　適格請求書の写しの保存期間

　適格請求書の写しや電磁的記録については、交付した日又は提供した日の属する課税期間の末日の翌日から2月を経過した日から7年間、納税地又はその取引に係る事務所、事業所その他これらに準ずるものの所在地に保存しなければなりません（消令70の13①、インボイスQ＆A問79）。

参考

Q115

　消法57の4①⑤⑥

　消令70の9②、70の13①

　インボイスQ＆A問23、78、問79

第3章　社会福祉法人の消費税

Q116 適格簡易請求書の交付ができる事業

適格請求書に代えて、適格簡易請求書を交付できるのは、どのような場合ですか。

A 適格請求書発行事業者が、不特定かつ多数の者に課税資産の譲渡等を行う一定の事業を行う場合には、適格請求書に代えて、適格請求書の記載事項を簡易なものとした適格簡易請求書を交付することができます。

解説

（1）　適格簡易請求書の交付ができる事業

① 事業の種類

適格請求書発行事業者が、不特定かつ多数の者に課税資産の譲渡等を行う次の事業を行う場合には、適格請求書に代えて、適格請求書の記載事項を簡易なものとした適格簡易請求書（**Q107** 参照）を交付することができます（消法 57 の 4 ②、消令 70 の 11）。

　イ　小売業　※
　ロ　飲食店業　※
　ハ　写真業　※
　ニ　旅行業　※
　ホ　タクシー業　※
　ヘ　駐車場業（不特定かつ多数の者に対するものに限ります。）
　ト　その他これらの事業に準ずる事業で不特定かつ多数の者に資産の
　　　譲渡等を行う事業
　※　イ〜ホについては「不特定かつ多数の者に対するもの」との限定
　　　はありません。例えば、小売業として行う課税資産の譲渡等は、そ
　　　の形態を問わず、適格簡易請求書を交付することができます。

－ 450 －

第7節　インボイス制度（第3款）

②　不特定かつ多数の者に資産の譲渡等を行う事業

「不特定かつ多数の者に資産の譲渡等を行う事業」であるかどうかは、個々の事業の性質により判断します。例えば、以下のような事業が該当することとなります（インボイスQ＆A問24）。

・資産の譲渡等を行う者が資産の譲渡等を行う際に相手方の氏名又は名称等を確認せず、取引条件等をあらかじめ提示して相手方を問わず広く資産の譲渡等を行うことが常態である事業

・事業の性質上、事業者がその取引において、氏名等を確認するものであったとしても、相手方を問わず広く一般を対象に資産の譲渡等を行っている事業（取引の相手方について資産の譲渡等を行うごとに特定することを必要とし、取引の相手方ごとに個別に行われる取引であることが常態である事業を除きます。）

具体的には、その取引に当たり、相手方の氏名等を確認するものであったとしても、相手方を問わず広く一般を対象に資産の譲渡等を行う、ホテル・旅館等の宿泊サービスや航空サービス、レンタカー事業なども含まれます。

他方、通常の事業者間取引や、消費者を含めた多数の者に対して行う取引であったとしても、その相手方を一意に特定したうえで契約を行い、その契約に係る取引の内容に応じて個々に課税資産の譲渡等を行うようなもの（電気・ガス・水道水の供給、電話料金など）は、一般的には、適格簡易請求書の交付ができる事業には当たりません（インボイスQ＆A問24-2）。

例えば、セミナーや研修会については、その参加者が加入団体の会員に限られ、一定の対象者に対して取引を行うものではあったとしても、相手方を一意に特定したうえで開催されるものではなく、また、対象者も多数に上るものであれば、適格簡易請求書の交付を行う事業に該当することとなります（インボイスQ＆A問24-2）。

この場合、あらかじめ「○○会会員様」との宛名を印刷した領収書を適格簡易請求書として交付することも認められます。また、仮に宛名と

第 3 章　社会福祉法人の消費税

して会員名を記載した場合であっても、適格簡易請求書であることには
変わりはないため、消費税額等又は適用税率のいずれかの記載があれば
問題ありません。

参考

関連Q＆A：Q107　適格請求書等と帳簿
Q116
消法 57 の 4 ②
消令 70 の 11
インボイスＱ＆Ａ問 24、問 24-2

第7節　インボイス制度（第3款）

Q117 適格請求書の様式と記載事項

適格請求書の様式は、法令又は通達等で定められていますか。

A　適格請求書の様式は、法令等で定められていません。

解説
（1）　適格請求書の様式
①　適格請求書の要件

適格請求書として必要な［図表1］の事項が記載された書類（請求書、納品書、領収書、レシート等）であれば、その名称を問わず、適格請求書に該当します（消法57の4①、消基通1-8-1）。

適格請求書はその記載事項を満たす限り、様式や名称を問いませんので、通常、代金の支払いを受ける際に適格請求書の記載事項を満たした領収書等を交付することとしている事業形態であっても、それとは別に適格請求書の記載事項を満たした「領収書」以外の書類（例えば、請求書や納品書、明細書など）を交付するといった対応も認められます（インボイスQ＆A問25）。

［図表1］適格請求書と適格簡易請求書の記載事項

適格請求書	適格簡易請求書
①　適格請求書発行事業者の氏名又は名称及び登録番号	①　適格請求書発行事業者の氏名又は名称及び登録番号
②　課税資産の譲渡等を行った年月日	②　課税資産の譲渡等を行った年月日
③　課税資産の譲渡等に係る資産又は役務の内容（課税資産の譲渡等が軽減対象課税資産の譲渡等である場合には、資産の内容及び軽減対象課税資産の譲渡等である旨）	③　課税資産の譲渡等に係る資産又は役務の内容（課税資産の譲渡等が軽減対象課税資産の譲渡等である場合には、資産の内容及び軽減対象課税資産の譲渡等である旨）

第3章　社会福祉法人の消費税

④　課税資産の譲渡等の税抜価額又は税込価額を税率ごとに区分して合計した金額及び適用税率	④　課税資産の譲渡等の税抜価額又は税込価額を税率ごとに区分して合計した金額
⑤　税率ごとに区分した消費税額等	⑤　税率ごとに区分した消費税額等又は適用税率
⑥　書類の交付を受ける事業者の氏名又は名称	

(注) 下線部「課税資産の譲渡等を行った年月日」は、課税期間の範囲内で一定の期間内に行った課税資産の譲渡等につき適格請求書をまとめて作成する場合には、当該一定の期間を記載することができます。

②　手書きの領収書

　手書きの領収書であっても、適格請求書又は適格簡易請求書として必要な［**図表1**］の事項が記載されていれば、適格請求書又は適格簡易請求書に該当します（消法57の4①②、消基通1-8-1、インボイスＱ＆Ａ問26、問58-2）。

(2)　適格請求書の記載事項

①　屋号による記載

　適格請求書に記載する名称については、例えば、電話番号を記載するなどし、適格請求書を交付する事業者を特定することができれば、屋号や省略した名称などの記載でも差し支えありません（インボイスＱ＆Ａ問55）。

　この屋号にはフランチャイズチェーンの店名を含み、電話番号は適格請求書発行事業者の電話番号ではなく、そのフランチャイズチェーン店の電話番号であっても差し支えありません。

②　記号、番号による適格請求書発行事業者の氏名又は名称及び登録番号の記載

　登録番号と紐付けて管理されている取引先コード表などを適格請求書発行事業者と相手先の間で共有しており、買手においても取引先コードから登録番号が確認できる場合には、取引先コードの表示により「適格請求書発行事業者の氏名又は名称及び登録番号」の記載があると認めら

- 454 -

第7節　インボイス制度（第3款）

れます（消基通 1-8-3、インボイス Q & A 問 56）。

③　適格請求書に記載する消費税額等の端数処理

　適格請求書の記載事項である消費税額等に 1 円未満の端数が生じる場合は、一の適格請求書につき、税率ごとに 1 回の端数処理を行う必要があります（消令 70 の 10、消基通 1-8-15）。なお、切上げ、切捨て、四捨五入などの端数処理の方法については、任意の方法とすることができます。

　ただし、一の適格請求書に記載されている個々の商品ごとに消費税額等を計算し、1 円未満の端数処理を行い、その合計額を消費税額等として記載することは認められません（インボイス Q & A 問 57）。

参　考

Q117

　消法 57 の 4 ①

　消令消令 70 の 10

　消基通 1-8-1、1-8-3、1-8-15

　インボイス Q & A 問 25、問 26、問 55〜57、58-2

- 455 -

第3章　社会福祉法人の消費税

Q118 適格返還請求書

当法人は適格請求書発行事業者です。課税資産である商品の返品がありましたが、何かしなければならないことがあるでしょうか。

A 適格請求書発行事業者は、課税事業者に返品や値引き等の売上げに係る対価の返還等を行う場合、適格返還請求書を交付する必要があります。

解説

(1) 適格返還請求書の交付義務

適格請求書発行事業者には、課税事業者に返品や値引き等の売上げに係る対価の返還等を行う場合、適格返還請求書を交付する義務が課されています（消法57の4③）。

① 適格返還請求書の記載事項

適格返還請求書の記載事項は、次のとおりです（インボイスQ&A問60）。

① 適格請求書発行事業者の氏名又は名称及び登録番号

② 売上げに係る対価の返還等を行う年月日及びその売上げに係る対価の返還等の基となった課税資産の譲渡等を行った年月日（適格請求書を交付した売上げに係るものについては、課税期間の範囲で一定の期間の記載（例えば、月単位や「○月～△月分」）で差し支えありません。）※

③ 売上げに係る対価の返還等の基となる課税資産の譲渡等に係る資産又は役務の内容（売上げに係る対価の返還等の基となる課税資産の譲渡等が軽減対象課税資産の譲渡等である場合には、資産の内容及び軽減対象課税資産の譲渡等である旨）

④ 売上げに係る対価の返還等の税抜価額又は税込価額を税率ごとに区分して合計した金額

－ 456 －

第7節　インボイス制度（第3款）

⑤　売上げに係る対価の返還等の金額に係る消費税額等又は適用税率

※　返品等の処理を合理的な方法により継続して行っている場合、「前月末日」や「最終販売年月日」を記載することも、認められます（インボイスQ＆A問61）。

② 適格請求書と適格返還請求書を一の書類で交付する場合

適格請求書発行事業者が交付する請求書に、適格請求書と適格返還請求書それぞれに必要な記載事項を記載して1枚の書類で交付することも可能です。

具体的には、当月販売した商品について、適格請求書として必要な事項を記載するとともに、前月分の値引き等について、適格返還請求書として必要な事項を記載すれば、1枚の請求書を交付することで差し支えありません（インボイスQ＆A問62）。

また、継続して、課税資産の譲渡等の対価の額から売上げに係る対価の返還等の金額を控除した金額及びその金額に基づき計算した消費税額等を税率ごとに請求書等に記載することで、適格請求書に記載すべき「課税資産の譲渡等の税抜価額又は税込価額を税率ごとに区分して合計した金額」及び「税率ごとに区分した消費税額等」と適格返還請求書に記載すべき「売上げに係る対価の返還等の税抜価額又は税込価額を税率ごとに区分して合計した金額」及び「売上げに係る対価の返還等の金額に係る消費税額等」の記載を満たすこともできます（消基通1-8-20）。

この場合、課税資産の譲渡等の金額から売上げに係る対価の返還等の金額を控除した金額に基づく消費税額等の計算については、税率ごとに1回の端数処理となります。

③ 一括値引きがある場合の適格簡易請求書の記載

飲食料品と飲食料品以外の資産を同時に譲渡し、顧客が割引券等を利用したことにより、その合計額から一括して値引きを行う場合で、その資産の譲渡等に係る適用税率ごとの値引額又は値引き後の税抜価額又は税込価額を税率ごとに区分して合計した金額が明らかでないときは、割引券等による値引額をその資産の譲渡等に係る価額の比率によりあん分

－ 457 －

第3章　社会福祉法人の消費税

し、適用税率ごとの値引額を区分し、値引き後の税抜価額又は税込価額を税率ごとに区分して合計した金額を算出することとされています。

しかし、税率ごとに区分された値引き前の課税資産の譲渡等の税抜価額又は税込価額と税率ごとに区分された値引額がレシート等において明らかとなっている場合は、これらにより値引き後の課税資産の譲渡等の税抜価額又は税込価額を税率ごとに区分して合計した金額が確認できるため、値引き後の「課税資産の譲渡等の税抜価額又は税込価額を税率ごとに区分して合計した金額」が明らかにされているものとして取り扱われます。

また、レシート等に記載する「消費税額等」については、値引き後の「課税資産の譲渡等の税抜価額又は税込価額を税率ごとに区分して合計した金額」から計算することとなります（インボイスＱ＆Ａ問69）。

(2)　少額な対価返還等に係る適格返還請求書の交付義務免除

①　適格返還請求書の交付義務免除

売上げに係る対価の返還等に係る税込価額が1万円未満である場合には、その適格返還請求書の交付義務が免除されます（消法57の4③、消令70の9③二）。

また、売上げに係る対価の返還等とは、事業者の行った課税資産の譲渡等に関し、返品を受け又は値引き若しくは割戻しをしたことにより、売上金額の全部若しくは一部の返還又は当該売上げに係る売掛金等の債権の額の全部若しくは一部の減額を行うことをいいます（消法38①）。

したがって、このような売上金額の返還や債権の減額の金額が1万円未満であれば、適格返還請求書の交付義務が免除されることとなります（インボイスＱ＆Ａ問28、60）。

②　売手が負担する振込手数料相当額

イ　売上値引き

売手は、振込手数料相当額について売上値引きとする場合、売上げに係る対価の返還等を行っていることとなりますので、原則として、買手

- 458 -

第 7 節　インボイス制度（第 3 款）

に対して適格返還請求書を交付する必要があります。

　しかし、一般的には、こうした振込手数料相当額は 1 万円未満となる
と考えられますので、その場合は適格返還請求書の交付義務が免除され
ることとなります（消法 57 の 4 ③、消令 70 の 9 ③二、インボイス Q ＆ A 問
29）。

　なお、売手が買手に対して売上げに係る対価の返還等を行った場合の
適用税率は、売上げに係る対価の返還等の基となる課税資産の譲渡等の
適用税率に従います。そのため、軽減税率（ 8 ％）対象の課税資産の譲
渡等を対象とした振込手数料相当額の売上値引きには、軽減税率（ 8 ％）
が適用されます。

ロ　経理処理

　売手が振込手数料相当額の経理処理を支払手数料としつつ、消費税法
上、売上げに係る対価の返還等とすることもできますが、この場合で
あっても、売手が買手に対して売上げに係る対価の返還等を行った場合
の適用税率は、売上げに係る対価の返還等の基となる課税資産の譲渡等
の適用税率に従うことから、適用税率に応じた区分のほか、帳簿に売上
げに係る対価の返還等に係る事項を記載する必要があります。

　例えば、支払手数料のコードを売上げに係る対価の返還等と分かるよ
うに別に用意するといった、通常の支払手数料と判別できるように明ら
かにする対応が必要です（インボイス Q ＆ A 問 30）。

参 考

Q118

　消法 38 ①、57 の 4 ③

　消令 70 の 9 ③二

　消基通 1-8-20

　インボイス Q ＆ A 問 28〜30、60〜62、69

― 459 ―

第3章　社会福祉法人の消費税

Q119 交付した適格請求書の誤り

　交付した適格請求書の記載事項に誤りがあった場合、何か対応が
必要ですか。

A　　売手である適格請求書発行事業者は、交付した適格請求書、
　　適格簡易請求書又は適格返還請求書の記載事項に誤りがあっ
たときは、買手である課税事業者に対して、修正した適格請求書、適格
簡易請求書又は適格返還請求書を交付しなければなりません。

解説

(1)　適格請求書の誤りがある場合の売手の対応

　売手である適格請求書発行事業者は、交付した適格請求書、適格簡易
請求書又は適格返還請求書（電磁的記録により提供を行った場合も含み
ます。）の記載事項に誤りがあったときは、買手である課税事業者に対
して、修正した適格請求書、適格簡易請求書又は適格返還請求書を交付
しなければなりません（消法57の4④⑤、インボイスQ&A問32）。

　これら修正したものの交付方法は、例えば、次のようなものが考えら
れます（インボイスQ&A問33）。

・誤りがあった事項を修正し、改めて記載事項の全てを記載したものを
　交付する方法
・当初に交付したものとの関連性を明らかにし、修正した事項を明示し
　たものを交付する方法

(2)　適格請求書の誤りがある場合の買手の対応

　買手である課税事業者が作成した一定事項の記載のある仕入明細書等
の書類で、売手である適格請求書発行事業者の確認を受けたものについ
ても、仕入税額控除の適用のために保存が必要な請求書等に該当します
（消法30⑨三）。

－ 460 －

第7節　インボイス制度（第3款）

　したがって、買手において適格請求書の記載事項の誤りを修正した仕入明細書等を作成し、売手である適格請求書発行事業者に確認を求めることも可能です（**[図表1]** 参照、インボイスＱ＆Ａ問92）。

　この場合は、売手である適格請求書発行事業者は、改めて修正した適格請求書、適格簡易請求書又は適格返還請求書を交付しなくても差し支えありません（インボイスＱ＆Ａ問32）。

[図表1]　適格請求書を修正し、適格請求書及び仕入明細書等とする例

```
            請求書                                          請求書
(株)○○御中                                  (株)○○御中
                    △△商事(株)                                    △△商事(株)
                    T1234567890123                                 T1234567890123

10／1  オレンジジュース   108,000円         10／1  オレンジジュース ※  108,000円
10／2  キッチンペーパー   113,000円         10／2  キッチンペーパー     113,000円
10／2  リンゴジュース     158,000円         10／2  リンゴジュース   ※  158,000円

  10%  税抜  1,980,000円  税 198,000円        10%  税抜  1,980,000円  税 198,000円
   8%  税抜  1,539,000円  税 123,120円         8%  税抜  1,539,000円  税 123,120円
                                             ※は軽減税率対象
                                             訂正事項につき11月1日先方確認済み
```

| 「軽減税率対象品目である旨」の記載がない | 「軽減税率対象品目である旨」を買手自ら補完しつつ、補完した旨を売手である△△商事(株)へ確認を受けることで、適格請求書及び修正事項を明示した仕入明細書等となる。 |

参考

Q119

　消法30⑨三、57の4④⑤

　インボイスＱ＆Ａ問32、33、92

第3章　社会福祉法人の消費税

Q120 代理交付と媒介者交付特例

当法人は、地場産品の販売所を営む社会福祉法人です。当法人（受託者）は地場産品の大部分を、製造・販売事業者（委託者）からの委託を受けて販売しています。

これまで販売した商品の領収書（レシート）については当法人の名義で発行していましたが、インボイス制度導入後は、同様の方法で発行した領収書を適格請求書又は適格簡易請求書として交付することができるでしょうか。

A 委託者に代わって適格請求書を代理交付する方法のほか、委託者と受託者がいずれも適格請求書発行事業者であれば、委託者に代わって受託者の名義で適格請求書を交付することができます。これを「媒介者交付特例」といいます。

解説
（1）　代理交付
①　代理交付の方法

適格請求書発行事業者が課税資産の譲渡等を行った場合、課税事業者からの求めに応じて適格請求書を交付する義務が課されています（消法57の4①）。

委託販売の場合、購入者に対して課税資産の譲渡等を行っているのは委託者ですから、本来は委託者が購入者に対して適格請求書を交付しなければなりません。このような場合、受託者が委託者を代理して、委託者の氏名又は名称及び登録番号を記載した委託者の適格請求書を、相手方に交付することも認められます（インボイスQ＆A問48）。

②　複数の委託者の代理交付

一の売上先に対して、複数の取引先の商品の販売をする場合に受託者（代理人）が複数の委託者（被代理人）の取引について代理して適格請

- 462 -

第7節　インボイス制度（第3款）

求書を交付するときは、各委託者の氏名又は名称及び登録番号を記載する必要があります。

また、複数の委託者の取引を一括して請求書に記載して交付する場合、委託者ごとに課税資産の譲渡等の税抜価額又は税込価額を記載し、消費税額等も委託者ごとに計算し、端数処理を行わなければなりません（インボイスＱ＆Ａ問49、**[図表１]** 参照）。

[図表１] 代理交付により複数の委託者の取引を記載して交付する場合の記載例

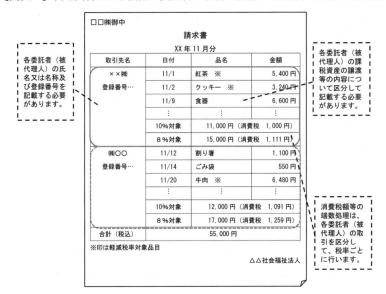

第3章　社会福祉法人の消費税

（2）　媒介者交付特例
① 　媒介者交付特例の方法

　委託販売において、次の（ⅰ）及び（ⅱ）の要件を満たすことにより、媒介又は取次ぎを行う者である受託者が、委託者の課税資産の譲渡等について、自己の氏名又は名称及び登録番号を記載した適格請求書又は適格請求書に係る電磁的記録を、委託者に代わって、購入者に交付し、又は提供することができます（以下「媒介者交付特例」といいます。）（消令70の12①、インボイスＱ＆Ａ問48）。

（ⅰ）　委託者及び受託者が適格請求書発行事業者であること。

（ⅱ）　委託者が受託者に、自己が適格請求書発行事業者の登録を受けている旨を取引前までに通知していること。この場合、個々の取引の都度、委託者が事前に登録番号を受託者等へ書面等により通知する方法のほか、例えば、委託者と受託者等との間の基本契約等により委託者の登録番号を記載する方法などがあります（消基通1-8-10）。

　媒介者交付特例を適用する場合における受託者の対応及び委託者の対応は、次のとおりです。

ア　受託者の対応

（ⅰ）　交付した適格請求書の写し又は提供した電磁的記録を保存する（消令70の12①）。

　　媒介者交付特例により適格請求書の交付を行う受託者が、自らの課税資産の譲渡等に係る適格請求書の交付も併せて行う場合、自らの課税資産の譲渡等と委託を受けたものを一の適格請求書に記載しても差し支えありません。

（ⅱ）　交付した適格請求書の写し又は提供した電磁的記録を速やかに委託者に交付又は提供する（消令70の12③、インボイスＱ＆Ａ問48、**[図表２]** 参照）。

　　この場合、委託者に交付する適格請求書の写しについては、例えば、複数の委託者の商品を販売した場合や、多数の購入者に対して日々適格請求書を交付する場合などで、コピーが大量になるなど、

－ 464 －

第7節　インボイス制度（第3款）

適格請求書の写しそのものを交付することが困難な場合には、適格
請求書の写しと相互の関連が明確な、精算書等の書類等を交付する
ことで差し支えありませんが、交付したその精算書等の写しを保存
する必要があります（消基通1-8-11）。

　なお、この精算書等の書類等には、適格請求書の記載事項のう
ち、「課税資産の譲渡等の税抜価額又は税込価額を税率ごとに区分
して合計した金額及び適用税率」や「税率ごとに区分した消費税額
等」など、委託者の売上税額の計算に必要な一定事項を記載する必
要があります。

イ　委託者の対応

（ⅰ）　自己が適格請求書発行事業者でなくなった場合、その旨を速やか
に受託者に通知する（消令70の12④）。

（ⅱ）　委託者の課税資産の譲渡等について、受託者が委託者に代わって
適格請求書を交付していることから、委託者においても、受託者か
ら交付された適格請求書の写しを保存する（インボイスＱ＆Ａ問48、
[図表2] 参照）。

－ 465 －

[図表2] 媒介者交付特例の取引図

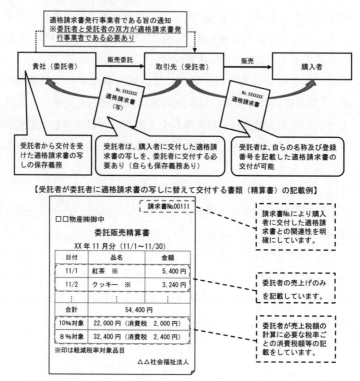

② 複数の委託者の媒介者交付特例

　受託者が複数の委託者に係る商品を一の売上先に販売した場合であっても、媒介者交付特例の適用により、1枚の適格請求書により交付を行うことが可能です。

　この場合、適格請求書の記載事項である課税資産の譲渡等の税抜価額又は税込価額は、委託者ごとに記載し、消費税額等の端数処理についても委託者ごとに行うことが原則となります。

　ただし、受託者が交付する適格請求書単位で、複数の委託者の取引を一括して記載し、消費税額等の端数処理を行うことも差し支えありません（インボイスＱ＆Ａ問49、**[図表3]** 参照）。

また、委託者に適格請求書発行事業者とそれ以外の者が混在していたとしても、適格請求書発行事業者とそれ以外の者とに区分することにより、適格請求書発行事業者に係るもののみを適格請求書とすることができます（インボイスＱ＆Ａ問49）。

[図表3] 媒介者交付特例により各委託者の取引について1枚の適格請求書を交付する場合の記載例

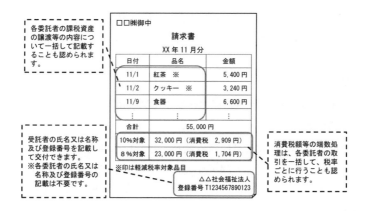

参考

Q120

　消法57の4①

　消令70の12①③④

　消基通1-8-10、1-8-11

　インボイスＱ＆Ａ問48、49

第3章 社会福祉法人の消費税

Q121 地方公共団体のインボイス制度への対応

当社会福祉法人は課税事業者です。当法人は、事業の関係上、市役所の庁舎の一部を使用し、施設利用料を支払っています。
地方公共団体はインボイス制度導入に当たって、どのように対応するのでしょうか。

　地方公共団体については、一般会計、特別会計にかかわらず、適格請求書発行事業者に登録するものと考えられます。

解説
(1) 地方公共団体の納税義務とインボイス制度
① 一般会計
　地方公共団体の一般会計に係る業務として行う事業については、課税売上げに対する消費税額と課税仕入れ等に対する消費税額を同額とみなすこととされているため、一般会計については消費税の申告義務がありません（消法60⑥）。
　しかし、一般会計が行う取引自体が非課税となっているわけではありません。
　非課税・不課税・免税取引を除き、一般会計が徴収する料金等には消費税が含まれており、一般会計から仕入れを行っている事業者は、その仕入れに係る消費税額を仕入税額控除することができます。
　このため、インボイス制度導入後は、一般会計が交付する請求書等が適格請求書でなければ、一般会計から仕入れを行っている事業者は、その仕入れに係る消費税額について仕入税額控除を行うことができなくなります（地方公共団体におけるインボイス対応Q＆A［令和6年8月29日版］（以下「地方公共団体Q＆A」といいます。）Q1、21）。
② 特別会計
　地方公共団体が特別会計を設けて行う事業については、その特別会計

- 468 -

第7節 インボイス制度 (第3款)

ごとに一の法人が行う事業とみなして、消費税の規定を適用します (消法60①)。

　特別会計については、一般会計と異なり、課税売上げに対する消費税額と課税仕入れ等に対する消費税額を同額とみなす取扱いはありません。このため、他の法人と同様に、課税期間に係る基準期間における課税売上高が1,000万円以下で免税事業者になる場合や一般会計とみなされる場合を除き、特別会計は課税事業者になります (消法9①、60⑦、消令72①②)。

　したがって、課税事業者である特別会計については、既に消費税の申告義務があり、これは適格請求書発行事業者となった後も変わりません。

　他方、免税事業者である特別会計は、現在は消費税の申告義務がありませんが、インボイスに対応すると課税事業者になるため、新たに消費税の申告義務が発生します。

　つまり、免税事業者である特別会計だけが、適格請求書発行事業者に登録することにより、現在と課税関係が変わり、消費税の申告義務が新たに発生します (地方公共団体Q & AQ4)。

(2)　地方公共団体のインボイス対応
①　インボイス対応が必要な取引
　一般会計に区分される取引のうち、インボイス対応が必要な取引としては、次のようなものがあります (地方公共団体Q & A Q 19)。

- 庁舎等のテナント料・施設使用料
- 庁舎等の有料駐車場の駐車料金
- 公立美術館・公園等の入場料等
- 広報誌等の広告掲載料
- 公共施設の命名権
- 公有財産の売却・貸付け
- 直営アンテナショップの売上

　特別会計に区分される取引のうち、インボイス対応が必要な取引とし

－ 469 －

第3章　社会福祉法人の消費税

ては、次のようなものがあります（地方公共団体Q&A Q 38）。

- ・　水道料金、電気料金、ガス料金
- ・　事業系ごみ処理手数料
- ・　地方公共団体が運営する交通の運賃
- ・　港湾施設利用料
- ・　卸売市場使用料
- ・　公立病院の自由診療

② インボイス対応

　各地方公共団体の会計における「（事業者としての）インボイス対応」とは、具体的には 適格請求書発行事業者の登録申請を行うことをいいます（地方公共団体Q&A Q 2）。

　インボイス制度の導入後において、地方公共団体の一般会計から課税仕入れを行う事業者については、同会計がインボイス制度に対応しない場合、その仕入れについて仕入税額控除を行うことができなくなり、消費税の負担が増加することとなります（地方公共団体Q&A Q 3）。

　したがって、一般会計においても、上記の負担の発生を防ぐ観点から、インボイス制度に対応することが総務省から求められています（令和4. 6.20付総税都第44号）。

　また、免税事業者である特別会計は、インボイスに対応することで課税事業者となり、新たに消費税の申告義務が発生することにより、税負担や事務負担が発生します。しかし、公的機関である地方公共団体がインボイスに対応しないことにより、事業者に負担が生じることを踏まえると、原則としてインボイスに対応することが適切とされます（地方公共団体Q&A Q 50）。

－ 470 －

第7節　インボイス制度（第3款）

参 考

Q121

消法 9 ①、60 ①⑥⑦

消令 72 ①②

令和 4. 6 .20 付総税都第 44 号

地方公共団体Q＆A　Q1、Q 2、Q 3、Q 4、Q 10、Q 19、Q 21、Q 38、Q 50

第3章　社会福祉法人の消費税

Q122 指定管理者における影響と対応（利用料預り）

　当法人は、市の公の施設である福祉会館を指定管理者として管理しています。当法人は、指定管理者として協定に基づき市から指定管理料を収入し、会館の利用料について一時預かった後、そのまま、市へ引き渡しています。

　インボイス制度導入により、指定管理者にはどのような影響があるでしょうか。

A　　会館の利用料についての適格請求書の交付は市が行うことになりますが、指定管理者は代理交付又は媒介者交付特例により、市の適格請求書を利用者に交付することになります。

解説

（1）　指定管理者における影響

　インボイス制度の導入後において、地方公共団体がその一般会計又は特別会計から課税仕入れを行う事業者については、これらの会計がインボイス制度に対応しない場合、その仕入れについて仕入税額控除を行うことができなくなり、消費税の負担額が増加することとなります（地方公共団体Q＆A Q3）。

　このため、上記の負担の発生を防ぐ観点から、地方公共団体は適格請求書発行事業者の登録が求められています（令和4. 6 .20付総税都第44号）。

　指定管理者制度において、公の施設の利用料が、指定管理者の収入ではなく、地方公共団体の収入となっている場合、その利用料に関する適格請求書の交付義務は地方公共団体にあります。

　この場合、指定管理者にはインボイス制度導入による税負担の影響はありません。

　しかし、地方公共団体の適格請求書を交付する事務について対応する

－ 472 －

第7節　インボイス制度（第3款）

必要があります。

(2)　指定管理者における対応

　公の施設の利用者に、地方公共団体の適格請求書を交付することについては、地方公共団体が直接交付するほか、指定管理者を通じて次のいずれか方法により交付することができます（地方公共団体Q&A　Q 50、**[図表1]** 参照）。

[図表1]　指定管理者制度による公の施設のインボイス交付（利用料預り）

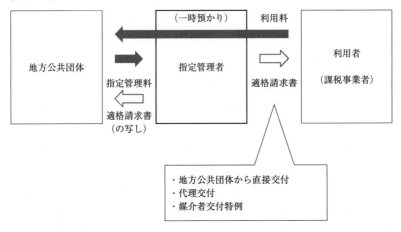

① 代理交付

　適格請求書発行事業者が課税資産の譲渡等を行った場合、課税事業者からの求めに応じて適格請求書を交付する義務が課されています（消法57の4①）。

　指定管理者制度の場合、利用者に対して課税資産の譲渡等を行っているのは地方公共団体ですから、本来は地方公共団体が購入者に対して適格請求書を交付しなければなりません。このような場合、指定管理者が地方公共団体を代理して、地方公共団体の名称及び登録番号を記載した地方公共団体の適格請求書を、相手方に交付することも認められます

第3章　社会福祉法人の消費税

（インボイスＱ＆Ａ問48）。

　これを「代理交付」といいます。この代理交付は、指定管理者が適格請求書発行事業者でなくても行うことができます。

　なお、地方公共団体の施設の利用料等の領収書等は、その様式が条例で定められていることが一般的です。

② 　媒介者交付特例

イ 　媒介者交付特例の方法

　指定管理者制度において、次の（ⅰ）及び（ⅱ）の要件を満たすことにより、媒介又は取次ぎを行う者である指定管理者が、地方公共団体の課税資産の譲渡等について、自己の氏名又は名称及び登録番号を記載した適格請求書又は適格請求書に係る電磁的記録を、地方公共団体に代わって、利用者に交付し、又は提供することができます（以下「媒介者交付特例」といいます。）（消令70の12①、インボイスＱ＆Ａ問48）。

（ⅰ） 　地方公共団体及び指定管理者が適格請求書発行事業者であること。

（ⅱ） 　地方公共団体が指定管理者に、自己が適格請求書発行事業者の登録を受けている旨を取引前までに通知していること。この場合、個々の取引の都度、地方公共団体が事前に登録番号を指定管理者等へ書面等により通知する方法のほか、例えば、地方公共団体と指定管理者との間の協定書等に地方公共団体の登録番号を記載する方法などがあります（消基通1-8-10）。

ロ 　指定管理者の対応

（ⅰ） 　交付した適格請求書の写し又は提供した電磁的記録を保存する（消令70の12①）。

　媒介者交付特例により適格請求書の交付を行う指定管理者が、自らの課税資産の譲渡等に係る適格請求書の交付も併せて行う場合、自らの課税資産の譲渡等と公の施設の利用料等を一の適格請求書に記載しても差し支えありません。

　ただし、協定でこれらを区分することが定められている場合を除

－ 474 －

第7節　インボイス制度（第3款）

きます。

（ⅱ）　交付した適格請求書の写し又は提供した電磁的記録を速やかに地
方公共団体に交付又は提供する（消令70の12③、インボイスＱ＆Ａ
問48、**Q 120［図表２]**参照)。

この場合、地方公共団体に交付する適格請求書の写しについて
は、例えば、多数の利用者に対して日々適格請求書を交付する場合
などで、コピーが大量になるなど、適格請求書の写しそのものを交
付することが困難な場合には、適格請求書の写しと相互の関連が明
確な、精算書等の書類等を交付することで差し支えありませんが、
交付したその精算書等の写しを保存する必要があります（消基通
1-8-11)。

なお、この精算書等の書類等には、適格請求書の記載事項のう
ち、「課税資産の譲渡等の税抜価額又は税込価額を税率ごとに区分
して合計した金額及び適用税率」や「税率ごとに区分した消費税額
等」など、地方公共団体の売上税額の計算に必要な一定事項を記載
する必要があります。

参考

関連Ｑ＆Ａ：Q120 代理交付と媒介者交付特例

Q122

消法57の4①

消令70の12①③

消基通1-8-10、1-8-11

インボイスＱ＆Ａ問48

令和4.6.20付総税都第44号

地方公共団体Q&A Q3、Q50

－ 475 －

第3章　社会福祉法人の消費税

Q123 指定管理者における影響と対応 (免税事業者・利用料金制)

　当法人は、市の公の施設である福祉会館を指定管理者として管理
しており、免税事業者です。この施設については利用料金制を採用
しており、協定に基づき市からの指定管理料と体育館の利用料を当
法人の収入としています。

　インボイス制度導入により、指定管理者にはどのような影響があ
るでしょうか。

A　利用料金制の場合は、指定管理者に適格請求書の交付があ
るので、適格請求書発行事業者への登録が求められる可能性
があります。

解説

(1)　指定管理者における影響

　インボイス制度の導入後において、地方公共団体がその一般会計又は
特別会計から課税仕入れを行う事業者については、これらの会計がイン
ボイス制度に対応しない場合、その仕入れについて仕入税額控除を行う
ことができなくなり、消費税の負担額が増加することとなります (地方
公共団体Q&A Q3)。

　このため、上記の負担の発生を防ぐ観点から、地方公共団体は適格請
求書発行事業者の登録が求められています (令和4.6.20付総税都第44
号)。

　指定管理者制度において、利用料金制を採用している場合は、指定管
理者の名で施設の利用料等を徴収し、その利用料等の対価が指定管理者
に帰属することになります。また、その利用料等に対する適格請求書は
指定管理者が利用者に対して発行することとなり、地方公共団体には適
格請求書の交付義務は発生しません (地方公共団体Q&A Q50、**[図表1]**
参照)。

－ 476 －

第7節　インボイス制度（第3款）

　したがって、適格請求書発行事業者の登録は指定管理者が判断することになります。

[図表１] 指定管理者制度による公の施設のインボイス交付（利用料金制）

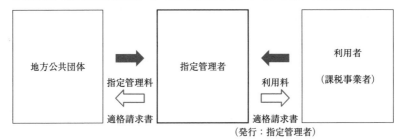

（２）指定管理者における対応（適格請求書発行事業者への登録要請）

　指定管理者制度においても協定等による定めがなければ、適格請求書発行事業者に登録するかどうかは指定管理者が判断することになります。

　しかし、同一の地方公共団体の公の施設で適格請求書の交付が受けられる場合と受けられない場合が混在することは、行政上望ましいものではありません。

　このため、地方公共団体から指定管理者に対して、インボイスに対応するために適格請求書発行事業者に登録するよう要請することが考えられます。

　課税事業者の場合は、適格請求書発行事業者に登録することでほとんど影響はありません。

　一方、免税事業者にあっては、適格請求書発行事業者に登録することで新たに消費税を負担することになります。適格請求書発行事業者に登録する場合には、簡易課税制度の適用を選択するかどうかも検討すべきです。

　また、現行の協定上は適格請求書発行事業者に登録しないことが容認されている場合であっても、新たな指定管理者の公募における応募要件

第3章　社会福祉法人の消費税

に適格請求書発行事業者の登録が追加されることも考えられます。

参考

Q123

　令和4. 6 .20付総税都第44号

　地方公共団体Q＆A　Q3、Q50

第7節　インボイス制度（第4款）

第4款　適格請求書の保存

Q124 仕入税額控除の要件としての適格請求書の保存

適格請求書等保存方式の下での仕入税額控除にはどのような要件があるのでしょうか。

A 適格請求書等保存方式の下では、一定の事項が記載された帳簿及び請求書等の保存が仕入税額控除の要件とされています。

解説

（1）　適格請求書の保存

① 原則

適格請求書等保存方式の下では、一定の事項が記載された帳簿及び請求書等の保存が仕入税額控除の要件とされていますが、保存すべき請求書等は次のとおりです（消法30⑨、インボイスQ＆A問84）。

イ　適格請求書

ロ　適格簡易請求書

ハ　適格請求書又は適格簡易請求書の記載事項に係る電磁的記録

ニ　適格請求書の記載事項が記載された仕入明細書、仕入計算書その他これに類する書類（課税仕入れの相手方において課税資産の譲渡等に該当するもので、相手方の確認を受けたものに限ります。）（書類に記載すべき事項に係る電磁的記録を含みます。）

ホ　次の取引について、媒介又は取次ぎに係る業務を行う者が作成する一定の書類（書類に記載すべき事項に係る電磁的記録を含みます。）

・卸売市場において出荷者から委託を受けて卸売の業務として行われる生鮮食料品等の販売

・農業協同組合、漁業協同組合又は森林組合等が生産者（組合員等）か

- 479 -

第3章　社会福祉法人の消費税

> ら委託を受けて行う農林水産物の販売（無条件委託方式かつ共同計算
> 方式によるものに限ります。）

② **特例**

イ　帳簿特例

　請求書等の交付を受けることが困難であるなどの理由により、一定の
取引については、一定の事項を記載した帳簿のみの保存で仕入税額控除
が認められます（消法30⑦、消令49①、消規15の4、**Q135**参照）。

ロ　少額特例

　一定規模以下の事業者は、令和5年10月1日から令和11年9月30
日までの間に国内において行う課税仕入れについて、その課税仕入れに
係る支払対価の額が1万円未満である場合には、一定の事項が記載され
た帳簿のみの保存により、その課税仕入れについて仕入税額控除の適用
を受けることができる経過措置が設けられています（平成28年改正法附
則53の2、平成30年改正令附則24の2①、インボイスQ&A問111、
Q125参照）。

(2)　電磁的記録

　法人税法においては、令和6年1月1日以後に行う全ての電子取引の
取引情報に係る電磁的記録（取引先からの請求書等の電子データなど）
を一定の要件の下、保存しなければならないこととされました。

　しかし、消費税法においては、取引先の請求書の電子データのよう
に、適格請求書に係る電磁的記録による提供を受けた場合であっても、
電磁的記録を整然とした形式及び明瞭な状態で出力した書面を保存する
ことで、仕入税額控除の適用に係る請求書等の保存要件を満たします
（消規15の5②、インボイスQ＆A問85）。

－ 480 －

第7節　インボイス制度（第4款）

参 考

関連Q&A：Q125 少額特例

Q135 帳簿特例

Q124

消法 30 ⑦⑨

消令 49 ①

消規 15 の 4 、15 の 5 ②

平成 28 年改正法附則 53 の 2

平成 30 年改正令附則 24 の 2 ①

インボイスQ＆A問 84、問 85、問 111

第3章　社会福祉法人の消費税

Q125 少額特例

　小規模の事業者は、1万円未満の課税仕入れについて、適格請求書の保存を要しないとのことですが、どのような内容なのでしょうか。

A　基準期間における課税売上高が1億円以下等である事業者は、令和5年10月1日から令和11年9月30日までの間に国内において行う課税仕入れについて、税込み1万円未満である場合には、一定の事項が記載された帳簿のみの保存により、仕入税額控除の適用を受けることができます。

解説

(1)　一定規模以下の事業者に対する事務負担の軽減措置

①　経過措置の内容

　基準期間における課税売上高が1億円以下又は特定期間における課税売上高が5千万円以下である事業者が、令和5年10月1日から令和11年9月30日までの間に国内において行う課税仕入れについて、その課税仕入れに係る支払対価の額（税込み）が1万円未満である場合には、一定の事項が記載された帳簿のみの保存により、その課税仕入れについて仕入税額控除の適用を受けることができます（平成28年改正法附則53の2、平成30年改正令附則24の2①、インボイスQ&A問111）。

　また、新たに設立した法人における基準期間のない課税期間については、特定期間の課税売上高が5千万円超となった場合であっても、当該課税期間について、本経過措置の適用を受けることができます。

②　基準期間

　法人については、その事業年度の前々事業年度をいいます（消法2①十四）。

－ 482 －

第7節　インボイス制度（第4款）

③　特定期間

法人については、その事業年度の前事業年度開始の日以後6月の期間をいいます（消法9の2④）。

④　課税売上高

特定期間における課税売上高については、納税義務の判定における場合と異なり、課税売上高に代えて給与支払額の合計額によることはできません。

⑤　帳簿の記載

帳簿に「経過措置（少額特例）の適用がある旨」を記載する必要はありません。

⑥　1万円未満の判定単位

「課税仕入れに係る支払対価の額が1万円未満」に該当するか否かについては、一回の取引の課税仕入れに係る金額（税込み）が1万円未満かどうかで判定するため、課税仕入れに係る一商品ごとの金額により判定するものではありません（インボイスQ&A問112）。

なお、基本的には、取引ごとに納品書や請求書といった書類等の交付又は提供を受けることが一般的であるため、そのような書類等の単位で判定することになります（［例］参照）。

［例］　1万円未満の判定単位

①　5,000円の商品をXX月3日に購入、7,000円の商品をXX月10日に購入し、それぞれで請求・精算

　　それぞれ1万円未満の取引となり、少額特例の<u>対象</u>

②　5,000円の商品と7,000円の商品（合計額12,000円）を同時に購入

　　1万円以上の取引となり、少額特例の<u>対象外</u>

③　1回8,000円のクリーニングをXX月2日に1回、XX月15日に1回行い、それぞれで請求・精算

　　それぞれ1万円未満の取引となり、少額特例の<u>対象</u>

④　月額100,000円の清掃業務（稼働日数：12日）

- 483 -

第3章　社会福祉法人の消費税

1万円以上の取引となり、少額特例の対象外

(2)　免税事業者等からの仕入れへの適用

　適格請求書発行事業者以外の者からの課税仕入れであっても、課税仕入れに係る支払対価の額（税込み）が1万円未満である場合には少額特例の対象となります。

　この場合、免税事業者等からの仕入れであっても適格請求書発行事業者からの課税仕入れとして仕入税額控除を行うことができます（平成28年改正法附則53の2）。

参　考

Q125
　消法2①十四、9の2④
　平成28年改正法附則53の2
　平成30年改正令附則24の2①
　インボイスQ＆A問111、112

－ 484 －

第7節　インボイス制度（第4款）

Q126 支払通知書（仕入明細書等）

　当法人は、社会福祉協議会で本則課税の適用を受ける課税事業者です。当法人が行う事業では、多数の者に業務を委託しています。

　委託先には個人も多いのですが、インボイス制度導入後は、適格請求書又は区分記載請求書等の交付を受けなければならないのでしょうか。

A　双方の合意により、適格請求書又は区分記載請求書等の交付に代えて、仕入明細書としての支払通知書を委託元の課税事業者から交付し、確認する方法によることができます。

解 説

（1）　仕入税額控除の適用を受けるための請求書等

①　仕入明細書等

　本則課税の適用を受ける課税事業者が仕入税額控除の適用を受けるためには、適格請求書又は区分記載請求書等の交付を受けなければなりません。一方、適格請求書発行事業者が課税資産の譲渡等を行った場合、課税事業者からの求めに応じて適格請求書を交付する義務が課されています（消法57の4①）。

　このため、委託元の課税事業者が仕入税額控除の適用を受けるためには、委託先から適格請求書又は区分記載請求書等の交付を受ける必要があり、適格請求書発行事業者である委託先の課税事業者は適格請求書を交付する義務があります（消法30①⑦⑨一、**[図表1]** 参照）。

－ 485 －

第3章　社会福祉法人の消費税

［図表1］委託元と委託先の例示

事業の内容	委託元	委託先
研修事業等	研修事業の運営者	外部講師
行政機関からの委託事業	委託事業の受託法人	受託法人の社員
行政機関からの委託研修事業	委託研修事業の受託法人	受託法人の社員・外部講師

　しかし、多数の委託を行い、かつ、委託先が個人や小規模な法人である場合、個別にこれらの請求書を作成・交付してもらうことは事務的に煩雑で、かつ、非効率なものとなってしまいます。

　仕入税額控除の適用を受けるための請求書等には、適格請求書又は区分記載請求書等以外に、事業者がその行った課税仕入れにつき作成する仕入明細書、仕入計算書その他これらに類する書類（以下「仕入明細書等」といいます。）で所定の事項が記載されているものが認められています（消法30⑨三、**［図表2］**参照）。

　ただし、この仕入明細書等は、これらの事項につき、その課税仕入れの相手方の確認を受けたものに限ります（消法30⑨三、消基通11-6-6）。

　そこで、委託元の課税事業者において、仕入明細書等の記載事項を満たした支払通知書を作成し、これについての委託先の確認を受けて保存することで仕入税額控除の適用を受けることができます。

－ 486 －

第7節　インボイス制度（第4款）

[図表2] 仕入明細書等の記載事項

適格請求書	請求書等 （免税事業者等からの仕入について経過措置の適用を受ける場合）
①　書類の作成者の氏名又は名称 ②　課税仕入れの相手方の氏名又は名称及び登録番号 ③　課税仕入れを行った年月日 ④　課税仕入れに係る資産又は役務の内容（課税仕入れが他の者から受けた軽減対象課税資産の譲渡等に係るものである場合には、資産の内容及び軽減対象課税資産の譲渡等に係るものである旨） ⑤　税率ごとに合計した課税仕入れに係る支払対価の額及び適用税率 ⑥　税率ごとに区分した消費税額等	①　書類の作成者の氏名又は名称 ②　課税仕入れの相手方の氏名又は名称 ③　課税仕入れを行った年月日 ④　課税仕入れに係る資産又は役務の内容（課税仕入れが他の者から受けた軽減対象課税資産の譲渡等に係るものである場合には、資産の内容及び軽減課税対象資産の譲渡等に係るものである旨） ⑤　税率ごとに合計した課税仕入れに係る支払対価の額

②　相手方の確認

　仕入税額控除の適用を受けるための請求書等に該当する仕入明細書等は、相手方の確認を受けたものに限られます（消法30⑨三、消基通11-6-6）。この相手方の確認を受ける方法としては、例えば、次のような方法があります（インボイスＱ＆Ａ問86）。

イ　仕入明細書等の記載内容を、通信回線等を通じて相手方の端末機に出力し、確認の通信を受けた上で、自己の端末機から出力したもの

ロ　仕入明細書等に記載すべき事項に係る電磁的記録につきインターネットや電子メールなどを通じて課税仕入れの相手方へ提供し、相手方から確認の通知等を受けたもの

ハ　仕入明細書等の写しを相手方に交付し、又は仕入明細書等の記載内容に係る電磁的記録を相手方に提供した後、一定期間内に誤りのある旨の連絡がない場合には記載内容のとおり確認があったものとする基本契約等を締結した場合におけるその一定期間を経たもの

　なお、ハについては、次のように、仕入明細書等の記載事項が相手方に示され、その内容が確認されている実態にあることが明らかであれ

－ 487 －

第3章　社会福祉法人の消費税

ば、相手方の確認を受けたものとなります（インボイスＱ＆Ａ問86）。

・　仕入明細書等に「送付後一定期間内に誤りのある旨の連絡がない場合には記載内容のとおり確認があったものとする」旨の通知文書等を添付して相手方に送付し、又は提供し、了承を得る。
・　仕入明細書等又は仕入明細書等の記載内容に係る電磁的記録に「送付後一定期間内に誤りのある旨の連絡がない場合には記載内容のとおり確認があったものとする」といった文言を記載し、又は記録し、相手方の了承を得る。

（2）支払通知書の記載例

　委託元の課税事業者において作成し、委託先に確認を受ける支払通知書の記載例は **［図表３］** のとおりです。

［図表３］支払通知書の記載例

支　払　通　知　書

（令和6年10月分）

令和6年10月31日

　＿〇〇　〇〇　様　(注1)
登録番号　Ｔ12345678901 (注2)

社会福祉法人●●社会福祉協議会 (注3)

支払金額合計		203,572 円	
月	日	事業名	内容	金額（税抜）

月	日	事業名	内容	金額（税抜）
10	3	××講座	講師料	100,000
10	3	××講座	交通費	2,000
10	10	〇〇委員会	業務委託料	100,000
10	10	〇〇委員会	交通費	2,000
合計	報酬額	消費税額	源泉徴収税額
10%対象	204,000	20,400	20,828

※　送付後一定期間内に誤りのある旨の連絡がない場合には記載内容のとおり確認があったものとさせていただきます。(注4)

－ 488 －

第7節　インボイス制度（第4款）

（注1）委託先の氏名又は名称を記載します。
（注2）委託先の登録番号を記載します。ただし、免税事業者等である場合は記載しません。
（注3）委託元の課税事業者の名称を記載します。
（注4）課税仕入れの相手方（外部の講師）の確認を受けたことを示す文言になります。

参　考

Q126

消法 30 ①⑦⑨一・三、57 の 4 ①

消基通 11-6-6

インボイスQ＆A問 86

第3章　社会福祉法人の消費税

Q127 立替金精算書（事業者間）

当法人は、建物を所有しておりその一部をテナントに賃貸しています。テナントが個別に使用する水道光熱費等は、メーター等により検針した金額を当法人が電力会社等に立替払し、その後、テナントからその立て替えた金額を徴収して精算しています。

現在は家賃の請求書に精算額を記載して交付していますが、インボイス制度導入後も、同様の方法で問題ないでしょうか。

A インボイス制度導入後は、原則として電力会社等の適格請求書の写しと貴法人が作成した立替金精算書をテナントに交付する必要があります。

解説

(1) テナントの仕入税額控除のための必要書類

テナントが、水道光熱費等の立替払をした建物の管理法人宛に電力会社等から交付された適格請求書をそのまま受領したとしても、これをもって、電力会社等からテナントに交付された適格請求書とすることはできません。

この場合には、建物の管理法人から立替金精算書等の交付を受けるなどにより、経費の支払先である電力会社等から行った課税仕入れがテナントのものであることを明らかにし、その適格請求書及び立替金精算書等の書類の保存をもって、テナントは、電力会社等からの課税仕入れに係る請求書等の保存要件を満たすこととなります（消基通11-6-2、インボイスＱ＆Ａ問94、**[図表1]** 参照）。

- 490 -

[図表1] テナントの仕入税額控除のための必要書類

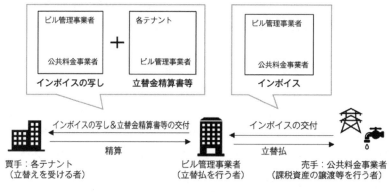

(出典:「週刊税務通信」No.3706)

(2) テナントで必要とされる書類の組合せ記載例

電力会社等から交付される適格請求書には、次の事項が記載されていなければなりません(消法57の4①、**[図表2]** 参照)。

① 適格請求書発行事業者の氏名又は名称及び登録番号
② 課税資産の譲渡等を行った年月日
③ 課税資産の譲渡等に係る資産又は役務の内容(課税資産の譲渡等が軽減対象課税資産の譲渡等である場合には、資産の内容及び軽減対象課税資産の譲渡等である旨)
④ 課税資産の譲渡等の税抜価額又は税込価額を税率ごとに区分して合計した金額及び適用税率
⑤ 税率ごとに区分した消費税額等
⑥ 書類の交付を受ける事業者の氏名又は名称

立替金精算書については特に様式が定められていないので、既存の様式に必要な事項の記載を行って差し支えありません。

なお、立替えを受けた者に交付する適格請求書のコピーが大量となるなどの事情により、立替払を行った建物の管理法人がコピーを交付することが困難なときは、建物の管理法人が電力会社等から交付を受けた適

第3章　社会福祉法人の消費税

格請求書を保存し、立替金精算書を交付することにより、テナントは建物の管理法人が作成した（立替えを受けた者の負担額が記載されている）立替金精算書の保存をもって、仕入税額控除を行うことができます。

　ただし、この場合、立替払を行った建物の管理法人は、その立替金が仕入税額控除可能なものか（すなわち、適格請求書発行事業者からの仕入れか、適格請求書発行事業者以外の者からの仕入れか）を明らかにし、また、適用税率ごとに区分するなど、テナントが仕入税額控除を受けるに当たっての必要な事項を立替金精算書に記載しなければなりません（インボイスＱ＆Ａ問94、**[図表２]** 参照）。

－ 492 －

第7節　インボイス制度（第4款）

[図表2] テナントで必要とされる書類の組合せ記載例

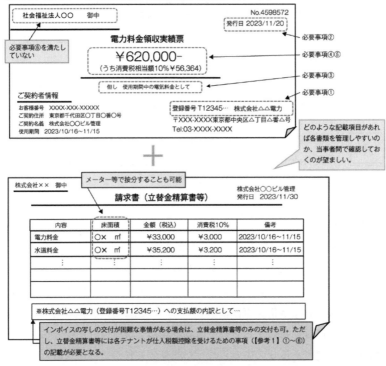

（出典：「週刊税務通信」No.3706、一部筆者加筆）

参考

Q127

消法57の4①

消基通11-6-2

インボイスQ＆A問94

「週刊税務通信」No.3706

第3章　社会福祉法人の消費税

Q128 立替金精算書（役職員）

当法人は、本則課税の適用を受ける課税事業者です。当法人では行事等に必要な機器、用具については職員が購入し、後日、領収書をもって精算することがあります。

インボイス制度導入後、職員宛の領収書を精算に用いた場合は、これを適格請求書とすることができるでしょうか。

A 職員宛の領収書は、雇用主である法人としての適格請求書の要件を満たさないので、従業員からその領収書と立替金精算書の交付を受ける必要があります。

解説

（1）　法人の仕入税額控除のための必要書類

雇用主である法人が、立替払をした職員宛に仕入先から交付された適格請求書をそのまま受領したとしても、これをもって、仕入先からその法人に交付された適格請求書とすることはできません。

この場合には、職員から立替金精算書等の交付を受けるなどにより、経費の支払先である仕入先から行った課税仕入れがその法人のものであることを明らかにし、その適格請求書及び立替金精算書等の書類の保存をもって、その法人は、仕入先からの課税仕入れに係る請求書等の保存要件を満たすこととなります（消基通11-6-2、インボイスＱ＆Ａ問94、**[図表1]** 参照）。

- 494 -

第7節　インボイス制度（第4款）

[図表1] 雇用主の仕入税額控除のための必要書類

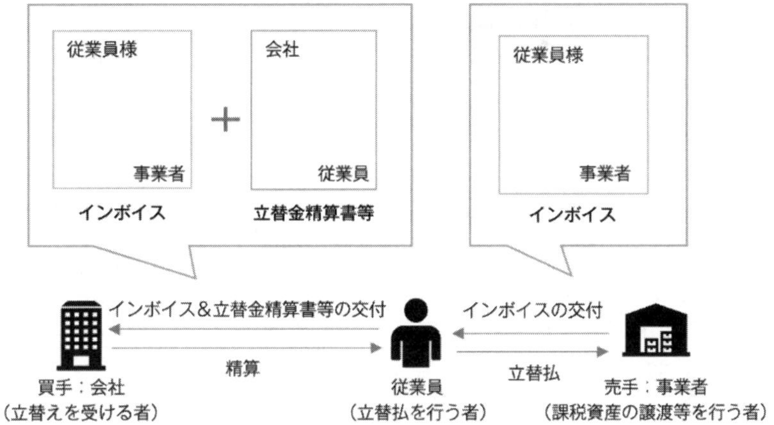

（出典：「週刊税務通信」No.3704）

(2)　雇用主で必要とされる書類の組合せ記載例

①　適格請求書の場合

　仕入先から交付される適格請求書には、次の事項が記載されている必要があります（消法57の4①、**[図表2]** 参照）。

① 　適格請求書発行事業者の氏名又は名称及び登録番号
② 　課税資産の譲渡等を行った年月日
③ 　課税資産の譲渡等に係る資産又は役務の内容（課税資産の譲渡等が軽減対象課税資産の譲渡等である場合には、資産の内容及び軽減対象課税資産の譲渡等である旨）
④ 　課税資産の譲渡等の税抜価額又は税込価額を税率ごとに区分して合計した金額及び適用税率
⑤ 　税率ごとに区分した消費税額等
⑥ 　書類の交付を受ける事業者の氏名又は名称

　立替金精算書については特に様式が定められていないので、既存の様式に必要な事項の記載を行って差し支えありません。

－ 495 －

第3章 社会福祉法人の消費税

[図表2] 雇用主で必要とされる書類の組合せ記載例

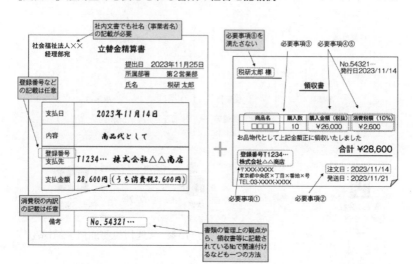

(出典:「週刊税務通信」No.3704、一部筆者加筆)

② 適格簡易請求書の場合

　宛名のない適格簡易請求書の場合は、その適格簡易請求書をもって仕入税額控除を行うができることから、立替金精算書の作成は必要ありません。

　しかし、本来宛名の記載を求められない適格簡易請求書であったとしても、書類の交付を受ける事業者の氏名又は名称として仕入税額控除を行う事業者以外の者の氏名又は名称が記載されている場合には、その適格簡易請求書をそのまま受領し保存したとしても、これをもって、仕入税額控除を行うことはできません。

　ただし、その職員が当該法人に所属していることが明らかとなる名簿や当該名簿の記載事項に係る電磁的記録(以下「職員名簿等」といいます。)の保存が併せて行われているのであれば、宛名に職員名が記載された適格簡易請求書と、その職員名簿等の保存をもって、その消耗品費に係る請求書等の保存要件を満たすこととして、仕入税額控除を行うこととして差し支えありません(インボイスQ&A問94-2)。

第7節　インボイス制度（第4款）

参考

Q128

消法57の4①

消基通11-6-2

インボイスＱ＆Ａ問94、94-2

「週刊税務通信」No.3704

第3章　社会福祉法人の消費税

Q129 口座振替・口座振込による家賃の支払

　当法人は、事業所を賃借しており、口座振替により家賃を支払っています。不動産賃貸契約書は作成していますが、請求書や領収書の交付は受けておらず、家賃の支払の記録としては、銀行の通帳に口座振替の記録が残るだけです。このような契約書の締結後に口座振替等により代金を支払い、請求書や領収書の交付を受けない取引の場合、請求書等の保存要件を満たすためにはどうすればよいでしょうか。

A　　適格請求書の記載事項の一部が記載された契約書とともに通帳を併せて保存することにより、仕入税額控除の要件を満たすこととなります。

解説

（1）　インボイス制度導入後の契約

①　一括交付

　通常、契約書に基づき代金決済が行われ、取引の都度、請求書や領収書が交付されない取引であっても、仕入税額控除を受けるためには、原則として、適格請求書の保存が必要です。

　この場合、適格請求書は一定期間の取引をまとめて交付することもできますので、相手方（貸主）から一定期間の賃借料についての適格請求書の交付を受け、それを保存することによる対応も可能です。

②　複数の書類による要件充足

　適格請求書として必要な記載事項は、一の書類だけで全てが記載されている必要はなく、複数の書類で記載事項を満たせば、それらの書類全体で適格請求書の記載事項を満たすことになります。

　このため、適格請求書の記載事項の一部（例えば、課税資産の譲渡等の年月日以外の事項）が記載された契約書とともに実際に取引を行った

－ 498 －

第7節　インボイス制度（第4款）

事実を客観的に示す書類として通帳（課税資産の譲渡等の年月日の事実を示すもの）を併せて保存することにより、仕入税額控除の要件を満たすこととなります（インボイスＱ＆Ａ問95）。

また、口座振込により家賃を支払う場合も、適格請求書の記載事項の一部が記載された契約書とともに、銀行が発行した振込金受取書を保存することにより、請求書等の保存があるものとして、仕入税額控除の要件を満たすこととなります。

なお、このように取引の都度、請求書等が交付されない取引について、取引の中途で取引の相手方（貸主）が適格請求書発行事業者でなくなる場合も想定され、その旨の連絡がない場合には貴社（借主）はその事実を把握することは困難となります。

適格請求書発行事業者以外の者に支払う取引対価の額については、原則として、仕入税額控除を行うことはできませんから、必要に応じ、「国税庁適格請求書発行事業者公表サイト」で相手方が適格請求書発行事業者か否かを確認する必要があります。

（2）　インボイス制度導入前の契約

令和5年9月30日以前からの契約について、契約書に登録番号等の適格請求書として必要な事項の記載が不足している場合には、別途、登録番号等の記載が不足していた事項の通知を受け、契約書とともに保存していれば差し支えありません（インボイスＱ＆Ａ問95）。

参考

Q129
インボイスＱ＆Ａ問95

- 499 -

第3章　社会福祉法人の消費税

Q130　所有権移転外ファイナンス・リース取引の適格請求書の保存

　所有権移転外ファイナンス・リース取引については、リース資産の譲渡時に適格請求書の交付義務が生じるとのことですが、そのリース取引につき賃借人が賃貸借処理し、そのリース料について支払うべき日の属する課税期間における課税仕入れとして処理（分割控除）している場合、リース譲渡時に交付を受ける適格請求書の保存により仕入税額控除の適用を受けることができますか。

　リース譲渡時に交付を受ける適格請求書の保存により仕入税額控除の適用を受けることができます。

解説
(1)　インボイス制度導入後の契約
① 　一括控除
　所有権移転外ファイナンス・リース取引（法人税法施行令第48条の2第5項第5号に規定する「リース取引」をいい、以下「移転外リース取引」といいます。）については、リース資産の譲渡として取り扱われるため、移転外リース取引によりリース資産を賃借した賃借人においては、原則としてそのリース資産の引渡しを受けた日の属する課税期間の課税仕入れとして処理（一括控除）することになります。
② 　分割控除
　経理実務の簡便性という観点から、移転外リース取引について賃借人が賃貸借処理（通常の賃貸借取引に係る取引に準じた会計処理をいいます。）している場合、リース資産の譲渡時の課税仕入れとするのではなく、そのリース料について支払うべき日の属する課税期間における課税仕入れとして処理（分割控除）して差し支えないこととされています。
　この場合、移転外リース取引における適格請求書については、リース資産の引渡し時に当該リース取引の全額に対する適格請求書が交付され

第7節　インボイス制度（第4款）

るものと考えられます。

　したがって、移転外リース取引について、賃借人が賃貸借処理により
そのリース料について支払うべき日の属する課税期間における課税仕入
れとして処理（分割控除）している場合、リース資産の引渡し時に交付
を受けた適格請求書を保存することにより、そのリース料について支払
うべき日の属する課税期間ごとに計上した課税仕入れに係る仕入税額控
除の適用要件を満たすこととなります（インボイスQ＆A問99）。

　ただし、その適格請求書についてはリース料の最終支払期日（移転外
リース取引について賃貸借処理により計上する最後の課税仕入れ）の属
する課税期間の末日の翌日から2月を経過した日から7年間保存する必
要があります。

(2)　インボイス制度導入前の契約

　令和5年10月1日前に行われた移転外リース取引について、賃借人
が賃貸借処理によりそのリース料について支払うべき日の属する課税期
間における課税仕入れとして処理（分割控除）している場合のその移転
外リース取引に係る同日以後に賃貸借処理により計上する課税仕入れに
ついては、区分記載請求書等保存方式により仕入税額控除の適用を受け
ることとなります（インボイスQ＆A問99）。

参　考
Q130

　法令48の2⑤五
　インボイスQ＆A問99

第3章　社会福祉法人の消費税

Q131 ECサイト等に係る適格請求書の保存方法

　ＥＣサイトや継続的な役務提供に係る課税仕入れについて、仕入
先からは書面での適格請求書は交付されず、取引先が指定したホー
ムページ上の「マイページ」等にログインし、契約ごとに電磁的記
録をダウンロードすることとなっています。当法人が仕入税額控除
を行うには、これらの電磁的記録を毎月ダウンロードして保存する
必要があるのでしょうか。

　なお、この電磁的記録は７年間いつでもダウンロードして確認す
ることが可能な状態になっています。

A　　ＥＣサイト等が一定の要件を満たしている場合には、必ずし
　　も電磁的記録をダウンロードせずとも、その保存があるもの
として、仕入税額控除の適用を受けることとして差し支えありません。

解説

（1）　原則

　売手である適格請求書発行事業者から適格請求書に代えて、適格請求
書に係る電磁的記録による提供を受けた場合、仕入税額控除の適用を受
けるためには、その電磁的記録を保存する必要があります。

　この場合、提供を受けた電磁的記録をそのまま保存しようとするとき
には、電帳法に準じた方法により保存することとされています（消令50
①、消規15の5、**Q58**参照）。

　その電磁的記録を整然とした形式及び明瞭な状態で出力した書面を保
存する場合、仕入税額控除の適用に係る請求書等の保存要件を満たしま
す（消規15の5②、インボイスＱ＆Ａ問85）。

（2）　ＥＣサイト等が要件を満たす場合

　ＥＣサイトや継続的な役務提供に係る仕入先が、電帳法における物品

－ 502 －

の購入者において満たすべき真実性の確保及び検索機能の確保の要件を満たしている場合は、指定されたホームページ上の「マイページ」等にログインすることで、その要件を満たした形で適格請求書に係る電磁的記録の確認が随時可能な状態であれば、必ずしも当該電磁的記録をダウンロードせずとも、その保存があるものとして、仕入税額控除の適用を受けることとして差し支えありません（インボイスＱ＆Ａ問102-2）。

この場合、その領収書等データは各税法に定められた保存期間が満了するまで確認が随時可能である必要があります。

(3) EC サイト等が検索要件を満たない場合

ＥＣサイトや継続的な役務提供に係る仕入先が、電帳法における物品の購入者において満たすべき検索機能の確保の要件を満たしていない場合でも、電帳法において、次のような事業者については検索機能の確保の要件が不要とされているため、適格請求書に係る電磁的記録の確認が随時可能な状態であれば、仕入税額控除の適用を受けることとして差し支えありません（インボイスＱ＆Ａ問102-2）。

① 税務職員による質問検査権に基づく電磁的記録の提示等の求めに応じることができるようにしている場合における

　イ 判定期間に係る基準期間における売上高が 5,000 万円以下の事業者

　ロ 電磁的記録を出力した書面を取引年月日その他の日付及び取引先ごとに整理されたものを提示・提出できるようにしている事業者

② 税務署長が相当の理由があると認め、かつ、保存義務者が税務調査等の際に、税務職員からの求めに応じ、その電磁的記録及び出力書面の提示等をすることができる場合には、その保存時に満たすべき要件にかかわらず電磁的記録の保存が可能となる措置（猶予措置）の対象となる事業者

第 3 章　社会福祉法人の消費税

> **参考**
>
> **関連Q＆A**：Q58 電子データの保存要件（原則）
> **Q131**
>   消令 50 ①
>   消規 15 の 5
>   インボイスＱ＆Ａ問 85、102-2

第7節　インボイス制度（第4款）

Q132　高速道路利用料金に係る適格簡易請求書の保存方法

当法人では高速道路を頻繁に利用するのですが、高速道路利用について、いわゆるＥＴＣシステムを利用し、後日、クレジットカードにより料金を精算しています。この場合、クレジットカード会社から受領するクレジットカード利用明細書の保存により仕入税額控除を行うことはできますか。

A 　証明書の保存が困難なときは、クレジットカード会社から受領するクレジットカード利用明細書と高速道路会社等ごとに任意の一取引に係る利用証明書をダウンロードし、併せて保存することで、仕入税額控除を行って差し支えありません。

解説

（1）　電磁的記録の保存

① 　原則

クレジットカード会社がそのカードの利用者に交付するクレジットカード利用明細書は、そのカード利用者である事業者に対して課税資産の譲渡等を行った他の事業者が作成及び交付する書類ではなく、また、課税資産の譲渡等の内容や適用税率など、適格請求書の記載事項も満たしませんので、一般的に、適格請求書には該当しません。

そのため、高速道路の利用について、有料道路自動料金収受システム（ETCシステム）により料金を支払い、ETCクレジットカード（クレジットカード会社がETCシステムの利用のために交付するカードをいい、高速道路会社が発行するETCコーポレートカード及びETCパーソナルカードを除きます。）で精算を行った場合に、支払った料金に係る仕入税額控除の適用を受けるには、原則、高速道路会社が運営するホームページ（ETC利用照会サービス）から通行料金確定後、適格簡易請求書の記載事項に係る電磁的記録（以下「利用証明書」といいま

－ 505 －

第3章　社会福祉法人の消費税

す。）をダウンロードし、それを保存する必要があります。

② 　複数の書類による要件充足

　高速道路の利用が多頻度にわたるなどの事情により、全ての高速道路の利用に係る利用証明書の保存が困難なときは、クレジットカード会社から受領するクレジットカード利用明細書（個々の高速道路の利用に係る内容が判明するものに限り、取引年月日や取引の内容、課税資産の譲渡等に係る対価の額が分かる利用明細データ等を含みます。）と、利用した高速道路会社及び地方道路公社など（以下「高速道路会社等」といいます。）の任意の一取引に係る利用証明書をダウンロードし、併せて保存することで、仕入税額控除を行って差し支えありません（インボイスQ＆A問103）。

（2）　利用証明書

① 　任意の一取引

　利用証明書については、クレジットカード利用明細書の受領ごとに（毎月）取得・保存する必要はなく、高速道路会社等が適格請求書発行事業者の登録を取りやめないことを前提に、利用した高速道路会社等ごとに任意の一取引に係る適格簡易請求書の記載事項を満たした利用証明書を一回のみ取得・保存することで差し支えありません。

　また、例えば、A高速道路会社からB高速道路会社を経由してC高速道路会社の料金所で降りた際、C高速道路会社がまとめて利用証明書を発行している場合には、C高速道路会社の利用証明書を保存することになります。

② 　取得の頻度

　ETC利用照会サービスにおいてダウンロードできる期間（15か月間）に、繰り返し、同じ高速道路会社等の道路を利用しているような場合は、いつでも利用証明書をダウンロードできる状態にあるため、結果として、利用証明書のダウンロードは不要となり、クレジットカード利用明細書の保存のみで仕入税額控除の適用を受けることが可能です。

第7節　インボイス制度（第4款）

　ただし、ダウンロードできる期間を超えて利用間隔に開きがある高速
道路会社等の道路については、利用証明書のダウンロードが必要になり
ます。

③　仕入税額控除の対象外

　空港と内陸部を結ぶ連絡橋の通行料金（空港連絡橋利用税）など、消
費税の課税対象とならない金額がある場合、その金額は仕入税額控除の
対象外となります。

参考

Q132

　インボイスＱ＆Ａ問103

第3章　社会福祉法人の消費税

Q133　金融機関の入出金手数料や振込手数料に係る適格請求書の保存方法

　金融機関の窓口又はオンラインで決済を行った際の金融機関の入出金手数料や振込手数料について、仕入税額控除の適用を受けるために何を保存すればよいでしょうか。

A　全ての入出金手数料及び振込手数料に係る適格簡易請求書の保存が困難なときは、金融機関ごとに発行を受けた通帳や入出金明細等と、その金融機関における任意の一取引に係る適格簡易請求書を併せて保存することで、仕入税額控除を行って差し支えありません。

解説

（1）　適格簡易請求書の保存

①　原則

　一般的に、金融機関の入出金サービスや振込サービスについては、不特定かつ多数の者に課税資産の譲渡等を行う事業に該当し、適格簡易請求書の交付対象になるものと解されます。

　このため、金融機関の入出金手数料や振込手数料について仕入税額控除の適用を受けるには、原則として適格簡易請求書及び一定の事項が記載された帳簿の保存が必要となります（消法30⑦）。

②　複数の書類による要件充足

　他方、金融機関における入出金や振込みが多頻度にわたるなどの事情により、全ての入出金手数料及び振込手数料に係る適格簡易請求書の保存が困難なときは、金融機関ごとに発行を受けた通帳や入出金明細等（個々の課税資産の譲渡等（入出金サービス・振込サービス）に係る取引年月日や対価の額が判明するものに限ります。）と、その金融機関における任意の一取引（一の入出金又は振込み）に係る適格簡易請求書を併せて保存することで、仕入税額控除を行って差し支えありません

－ 508 －

第7節　インボイス制度（第4款）

（インボイスＱ＆Ａ問 103-2）。

③　少額特例

　通常、金融機関における入出金や振込みに係る手数料は1万円未満であるので、少額特例が適用できる課税事業者は適格簡易請求書を保存する必要はありません（**Q125** 参照）。

（2）　適格簡易請求書の内容

①　電磁的記録

　インターネットバンキングなど、オンラインで振込みを行った際の手数料等について、電磁的記録により適格簡易請求書が提供される場合には、その電磁的記録をダウンロードする必要があります。

　ただし、同種の手数料等の支払いが繰り返し行われているような場合において、その手数料等の適格簡易請求書に係る電磁的記録がインターネットバンキング上で随時確認可能な状態であるなど一定の要件を満たすのであれば、必ずしもその適格簡易請求書に係る電磁的記録をダウンロードせずとも、仕入税額控除の適用を受けることが可能です。

②　取得の頻度

　金融機関が適格請求書発行事業者の登録を取りやめないことを前提に、一回のみ取得・保存することで差し支えありません。

③　代替書面

　金融機関から各種手数料に係るお知らせ（適格請求書発行事業者の氏名又は名称及び登録番号、適用税率、取引の内容が記載されたものに限ります。）を受領した場合には、当該一のお知らせを保存することで適格簡易請求書の保存に代えることが可能です。

－ 509 －

第3章　社会福祉法人の消費税

参考

関連Q＆A：Q125 EC サイト等に係る適格請求書の保存方法
Q133

消法 30 ⑦

インボイスＱ＆Ａ問 103-2

第7節　インボイス制度（第4款）

Q134 短期前払費用

当法人は、法人税基本通達の取扱いの適用を受けている前払費用について、その支出した日の属する課税期間の課税仕入れとしています。この前払費用は相手方から交付を受けた請求書等に基づき支払っています。

適格請求書等保存方式において、相手方から交付を受ける請求書等が適格請求書の記載事項を満たすものであった場合、その前払費用について、支出した日の属する課税期間の課税仕入れとして仕入税額控除の適用を受けることができますか。

A その前払費用に係る適格請求書等を保存している場合は、支出した日の属する課税期間の課税仕入れとして仕入税額控除の適用を受けることができます。

解説

（1）　短期前払費用の課税仕入れ時期

①　法人税

法人税の計算において、前払費用（一定の契約に基づき継続的に役務の提供を受けるために支出した費用のうち支出した事業年度終了の時においてまだ提供を受けていない役務に対応するものをいいます。以下同じです。）の額でその支払った日から1年以内に提供を受ける役務に係るものを支払った場合、その支払った額に相当する金額を継続してその支払った日の属する事業年度の損金の額に算入しているときは、その前払費用を損金の額に算入することが認められています（法基通2-2-14）。

②　消費税

消費税の計算についても、①の取扱いの適用を受ける前払費用に係る課税仕入れは、その支出した日の属する課税期間において行ったものとして取り扱うこととしています（消基通11-3-8）。

－ 511 －

第3章　社会福祉法人の消費税

(2)　適格請求書等の保存

①　適格請求書に基づく支払

　上記（1）②の前払費用に係る課税仕入れについて仕入税額控除の適用を受けるためには、原則として適格請求書の保存が必要となり、その前払費用に係る適格請求書等を保存している場合は、支出した日の属する課税期間の課税仕入れとして仕入税額控除の適用を受けることができます（インボイスQ＆A問98）。

②　適格請求書の事後交付

　その前払費用に係る課税仕入れが適格請求書発行事業者から行われるものである場合には、その前払費用を支出した日の属する課税期間において適格請求書の交付を受けられなかったとしても、事後に交付される適格請求書を保存することを条件として、当該前払費用として支出した額を基礎として仕入税額控除の適用を受けることとして差し支えありません。

参　考

Q134

　法基通 2-2-14

　消基通 11-3-8

　インボイス Q ＆ A 問 98

－ 512 －

第7節　インボイス制度（第5款）

第5款　帳簿特例

Q135　帳簿特例

適格請求書等保存方式の下では、帳簿及び請求書等の保存が仕入税額控除の要件ですが、一定の事項を記載した帳簿のみの保存で仕入税額控除の要件を満たすのは、どのような場合ですか。

A　請求書等の交付を受けることが困難であるなどの理由により、一定の取引については、一定の事項を記載した帳簿のみの保存で仕入税額控除が認められます。

解説

（1）　帳簿特例（帳簿のみの保存で仕入税額控除が認められる場合）

適格請求書等保存方式の下では、帳簿及び請求書等の保存が仕入税額控除の要件とされます（消法30⑦）。

ただし、請求書等の交付を受けることが困難であるなどの理由により、次の取引については、一定の事項を記載した帳簿のみの保存で仕入税額控除が認められます（消令49①、消規15の4、インボイスQ＆A問104）。

① 公共交通機関特例

適格請求書の交付義務が免除される3万円未満の公共交通機関による旅客の運送

② 回収特例

適格簡易請求書の記載事項（取引年月日を除きます。）が記載されている入場券等が使用の際に回収される取引（①に該当するものを除きます。）

③ 古物特例

古物営業を営む者の適格請求書発行事業者でない者からの古物（古

－ 513 －

第3章　社会福祉法人の消費税

物営業を営む者の棚卸資産に該当するものに限ります。）の購入

④　質屋特例

　　質屋を営む者の適格請求書発行事業者でない者からの質物（質屋を営む者の棚卸資産に該当するものに限ります。）の取得

⑤　宅建特例

　　宅地建物取引業を営む者の適格請求書発行事業者でない者からの建物（宅地建物取引業を営む者の棚卸資産に該当するものに限ります。）の購入

⑥　再生資源特例

　　適格請求書発行事業者でない者からの再生資源及び再生部品（購入者の棚卸資産に該当するものに限ります。）の購入

⑦　自動販売機特例

　　適格請求書の交付義務が免除される３万円未満の自動販売機及び自動サービス機からの商品の購入等

⑧　郵便特例

　　適格請求書の交付義務が免除される郵便切手類のみを対価とする郵便・貨物サービス（郵便ポストに差し出されたものに限ります。）

⑨　出張旅費等特例

　　従業員等に支給する通常必要と認められる出張旅費等（出張旅費、宿泊費、日当及び通勤手当）

(2)　帳簿特例の記載事項

　帳簿特例の記載事項に関しては、通常必要な記載事項に加え、次の事項の記載が必要となります（インボイスＱ＆Ａ問110)。

①　**帳簿のみの保存で仕入税額控除が認められるいずれかの仕入れに該当する旨**

例：(1)　①に該当する場合、「３万円未満の鉄道料金」

　　(1)　⑦に該当する場合、「自販機」、「ＡＴＭ」

－ 514 －

② 仕入れの相手方の住所又は所在地

例：(1) ②に該当する場合（3万円以上のもの、「○○施設 入場券」）

(注) 次の課税仕入れは帳簿に仕入れの相手方の住所又は所在地の記載
が不要（令和5年国税庁告示第26号）。

イ (1) ①の課税仕入れ

ロ (1) ②の課税仕入れのうち3万円未満のもの

ハ (1) ③から⑥の課税仕入れ（③から⑤に係る課税仕入れについて
は、古物営業法、質屋営業法又は宅地建物取引業法により、業務に
関する帳簿等へ相手方の氏名及び住所を記載することとされている
もの以外のものに限り、⑥に係る課税仕入れについては、事業者以
外の者から受けるものに限ります。）

ニ (1) ⑦から⑨の課税仕入れ

(3) 3万円未満の判定単位

① 公共交通機関特例

　3万円未満の公共交通機関による旅客の運送かどうかは、1回の取引
の税込価額が3万円未満かどうかで判定します（消基通1-8-12）。した
がって、1商品（切符1枚）ごとの金額や、月まとめ等の金額で判定す
ることにはなりません（インボイスQ&A問43）。

　例えば、東京−新大阪間の新幹線の大人運賃が13,000円であり、4
人分の運送役務の提供を行う場合には、4人分の52,000円で判定する
こととなります。

② 自動販売機特例又は回収特例

　自動販売機特例又は回収特例に該当するかどうかは、1回の取引の税
込価額が3万円未満かどうかで判定します（インボイスQ&A問110-2）。

例：① 自動販売機で飲料（1本150円）を20本（3,000円）購入す
る場合

　　　⇒ 1回の商品購入金額（1本150円）で判定

② ○○施設の入場券（1枚2,000円）を4枚（8,000円）購入し

- 515 -

第 3 章　社会福祉法人の消費税

使用する場合
⇒　1 回の使用金額（4 枚 8,000 円）で判定

参 考

Q135

消法 30 ⑦

消令 49 ①

消規 15 の 4

消基通 1-8-12

令和 5 年国税庁告示第 26 号

インボイス Q ＆ A 問 43、104、110、110-2

第7節　インボイス制度（第5款）

Q136 公共交通機関特例

　取引先への移動に際し、券売機で乗車券を購入し、公共交通機関である鉄道を利用した場合に、仕入税額控除の要件として請求書等の保存は必要ですか。

A　　適格請求書の交付義務が免除される3万円未満の公共交通機関による旅客の運送については、一定の事項を記載した帳簿のみの保存で仕入税額控除が認められます。

解 説

（1）　公共交通機関による旅客の運送

①　対象となる交通機関

　公共交通機関特例の対象となるのは次に掲げる公共交通機関をいいます（消令70の9②一、インボイスQ＆A問42）。

イ　船舶による旅客の運送

　　一般旅客定期航路事業（海上運送法2⑤）、人の運送をする貨物定期航路事業（同法19の6の2）、人の運送をする不定期航路事業（同法20②）（乗合旅客の運送をするものに限ります。）として行う旅客の運送（対外航路のものを除きます。）

ロ　バスによる旅客の運送

　　一般乗合旅客自動車運送事業（道路運送法3一イ）として行う旅客の運送

　　（注）路線不定期運行（空港アクセスバス等）及び区域運行（旅客の予約等による乗合運行）も対象となります。

ハ　鉄道・軌道による旅客の運送

　　・鉄道：第一種鉄道事業（鉄道事業法2②）、第二種鉄道事業（同法2③）として行う旅客の運送

　　・軌道（モノレール等）：軌道法第3条に規定する運輸事業として行

－ 517 －

第 3 章　社会福祉法人の消費税

　う旅客の運送

　特急料金、急行料金及び寝台料金も、旅客の運送に直接的に附帯する対価として、公共交通機関特例の対象となります（インボイス Q ＆ A 問44）。

② 対象とならないもの

　次のようなものは、公共交通機関特例の対象となりません（消基通 1-8-13、インボイス Q ＆ A 問44）。

イ　旅客の運送に直接的に附帯するものではない入場料金、手回品料　金、貨物留置料金等を対価とする役務の提供

ロ　いわゆる貸切バスによる旅客の運送

ハ　航空機による旅客の運送

(2)　3万円以上の公共交通機関の利用

　3万円以上の公共交通機関を利用した場合には、その利用に係る適格請求書の保存が仕入税額控除の要件となります。

　ただし、この場合であっても、公共交通機関である鉄道事業者から適格簡易請求書の記載事項（取引年月日を除きます。）を記載した乗車券の交付を受け、その乗車券が回収される場合は、一定の事項を記載した帳簿のみの保存で仕入税額控除が認められます（消令49①一ロ、インボイス Q ＆ A 問105）。

参 考

Q136

　海上運送法2⑤、3、19の6の2、20②

　鉄道事業法2②③

　軌道法3

　消令49①一、70の9②一

　消基通 1-8-13

　インボイス Q ＆ A 問42、44、105

第7節　インボイス制度（第5款）

Q137 自動販売機特例

会議等に際し、自動販売機や自動サービス機から商品を購入等した場合に、仕入税額控除の要件として請求書等の保存は必要ですか。

A 適格請求書の交付義務が免除される３万円未満の自動販売機や自動サービス機からの商品の購入等については、一定の事項を記載した帳簿のみの保存で仕入税額控除が認められます。

解説

（1）　自動販売機及び自動サービス機からの商品の購入等

① 対象となる商品の購入等

適格請求書の交付義務が免除される自動販売機特例の対象となる自動販売機や自動サービス機とは、代金の受領と資産の譲渡等が自動で行われる機械装置であって、その機械装置のみで、代金の受領と資産の譲渡等が完結する次のようなものをいいます（消基通1-8-14）。

・自動販売機による飲食料品の販売
・コインロッカーやコインランドリー等によるサービス
・金融機関のＡＴＭによる手数料を対価とする入出金サービスや振込サービス

② 対象とならないもの

次のようなものは、自動販売機特例の対象となりません（消基通1-8-14、インボイスＱ＆Ａ問47）。

・小売店内に設置されたセルフレジを通じた販売のように機械装置により単に精算が行われているだけのもの
・コインパーキングや自動券売機のように代金の受領と券類の発行はその機械装置で行われるものの資産の譲渡等は別途行われるようなもの
・ネットバンキングのように機械装置で資産の譲渡等が行われないもの

－ 519 －

第3章　社会福祉法人の消費税

(2) コインパーキングの利用

コインパーキングは、適格請求書の交付義務が免除される自動販売機特例の対象とはなりません。

しかし、駐車場業（不特定かつ多数の者に対するもの）に該当することから、適格請求書に代えて、適格簡易請求書の交付を受けることができきます。

参 考

Q137

消基通 1-8-14

インボイス Q & A 問 47

第7節　インボイス制度（第5款）

Q138 郵便特例・物品切手等と課税仕入れ時期の特例

　当法人は、購入した郵便切手類のうち、自社で引換給付を受けるものについては、継続的に郵便切手類を購入した時に課税仕入れを計上していました。

　適格請求書等保存方式において、引き続き、郵便切手類を購入した時に課税仕入れを計上しているものについて仕入税額控除の適用を受けることができますか。

A　　郵便切手類のうち、自ら引換給付を受けるものについては、適格請求書等保存方式においても、購入（対価の支払）時に課税仕入れとして計上し、一定の事項を記載した帳簿を保存することにより、仕入税額控除の適用を受けることができます。

解説

(1)　郵便特例と課税仕入れ時期の特例

①　郵便特例

　適格請求書等保存方式においては、仕入税額控除の適用を受けるためには、原則として、適格請求書等の保存が必要となります。

　しかし、郵便切手類のみを対価とする郵便ポスト等への投函による郵便サービスは、適格請求書の交付義務が免除されており、買手においては、一定の事項を記載した帳簿の保存のみで仕入税額控除の適用を受けることができます（消令49①一ニ、消規15の4一）。

②　課税仕入れ時期の特例

　郵便切手類のうち、自ら引換給付を受けるものについては、適格請求書等保存方式においても、購入（対価の支払）時に課税仕入れとして計上し、一定の事項を記載した帳簿を保存することにより、仕入税額控除の適用を受けることができます（消基通11-3-7、インボイスQ&A問100）。

－ 521 －

第3章　社会福祉法人の消費税

（2）　物品切手等

①　回収特例

　物品切手等で適格簡易請求書の記載事項（取引年月日を除きます。）が記載されているものが、引換給付を受ける際に適格請求書発行事業者により回収される場合、その物品切手等により役務又は物品の引換給付を受ける買手は、一定の事項を記載した帳簿の保存のみで仕入税額控除の適用を受けることができます（消令49①一ロ）。

②　課税仕入れ時期の特例

　物品切手等（適格請求書発行事業者により回収されることが明らかなものに限ります。）のうち、自ら引換給付を受けるものについては、適格請求書等保存方式においても、購入（対価の支払）時に課税仕入れとして計上し、一定の事項を記載した帳簿を保存することにより、仕入税額控除の適用を受けることができます（消基通11-3-7、インボイスＱ＆Ａ問101）。

　一方、一定の事項を記載した帳簿の保存のみで仕入税額控除の適用を受けることができるもの以外の物品切手等に係る課税仕入れは、購入（対価の支払）時ではなく、適格請求書等の交付を受けることとなるその引換給付を受けた時に課税仕入れを計上し、仕入税額控除の適用を受けることとなります。

参　考

Q138

　消令49①一

　消規15の4一

　消基通11-3-7

　インボイスＱ＆Ａ問100、101

第7節　インボイス制度（第5款）

Q139 出張旅費等特例（出張旅費、宿泊費、日当等及び通勤手当）

職員に支給する国内の出張旅費、宿泊費、日当等及び通勤手当については、職員は適格請求書発行事業者ではないため、適格請求書の交付を受けることができませんが、仕入税額控除を行うことはできないのですか。

A 職員に支給する出張旅費、宿泊費、日当等のうち、その旅行に通常必要であると認められる部分の金額は、一定の事項を記載した帳簿のみの保存で仕入税額控除が認められます。

また、職員等で通勤する者に支給する通勤手当のうち、通勤に通常必要と認められる部分の金額についても、一定の事項を記載した帳簿のみの保存で仕入税額控除が認められます。

解説

(1) 出張旅費等の範囲

職員に支給する出張旅費、宿泊費、日当等のうち、その旅行に通常必要であると認められる部分の金額については、課税仕入れに係る支払対価の額に該当するものとして取り扱われます。この金額については、一定の事項を記載した帳簿のみの保存で仕入税額控除が認められます（消法30⑦、消令49①一ニ、消規15の4二、消基通11-6-4）。

なお、「その旅行に通常必要であると認められる部分」については、所得税が非課税となる範囲内で、帳簿のみの保存で仕入税額控除が認められることになります。

① 所得税非課税の出張旅費等

所得税が非課税となる出張旅費、宿泊費、日当等とは、使用者等からその旅行に必要な運賃、宿泊料、移転料等の支出に充てるものとして支給される金品のうち、その旅行の目的、目的地、行路若しくは期間の長短、宿泊の要否、旅行者の職務内容及び地位等からみて、その旅行に通

－ 523 －

第3章　社会福祉法人の消費税

常必要とされる費用の支出に充てられると認められる範囲内の金品をいうのでいいます（インボイスＱ＆Ａ問107）。

　その範囲内の金品に該当するかどうかの判定に当たっては、次に掲げる事項を勘案するします（所基通9-3）。

イ　その支給額が、その支給をする使用者等の役員及び使用人の全てを通じて適正なバランスが保たれている基準によって計算されたものであるかどうか。

ロ　その支給額が、その支給をする使用者等と同業種、同規模の他の使用者等が一般的に支給している金額に照らして相当と認められるものであるかどうか。

②　実費精算の出張旅費等

　職員に対する支給には、概算払によるもののほか、実費精算されるものも含まれますので、実費精算に係るものであっても、その旅行に通常必要であると認められる部分の金額については、帳簿のみの保存で仕入税額控除を行うことができます（インボイスＱ＆Ａ問107-2）。

③　用務先へ直接支払

　実費精算が貴社により用務先へ直接対価を支払っているものと同視し得る場合には、通常必要と認められる範囲か否かにかかわらず、他の課税仕入れと同様、一定の事項を記載した帳簿及び社員の方から徴求した適格請求書等の保存により仕入税額控除を行うこととなります。

　この場合、3万円未満の公共交通機関による旅客の運送など、一定の課税仕入れに当たるのであれば、その帳簿のみの保存で仕入税額控除が認められます（消法30⑦、消令49①一イ、70の9②一）。

④　海外出張

　海外出張のために支給する出張旅費等については、原則として課税仕入れには該当しません（インボイスＱ＆Ａ問107-3）。

第7節　インボイス制度（第5款）

（2）　出張旅費等の対象者の範囲

①　派遣社員・出向社員

　派遣社員や出向社員（以下「派遣社員等」といいます。）に対して支払われる出張旅費等については、それぞれ次のとおり取り扱うこととなります（インボイスＱ＆Ａ問107-3）。

イ　派遣元企業等に支払うもの

　その出張旅費等が直接的に派遣社員等へ支払われるものではなく、派遣元企業や出向元企業（以下「派遣元企業等」といいます。）に支払われる場合、派遣先企業や出向先企業（以下「派遣先企業等」といいます。）においては、人材派遣等の役務の提供に係る対価として、仕入税額控除に当たり派遣元企業等から受領した適格請求書の保存が必要となります。

ロ　派遣元企業等を通じて派遣社員等に支払うもの

　派遣元企業等がその出張旅費等を預かり、そのまま派遣社員等に支払われることが派遣契約や出向契約等において明らかにされている場合には、派遣先企業等において、出張旅費等特例の対象として差し支えありません。

　この場合、その出張旅費等に相当する金額について、派遣元企業等においては立替払を行ったものとして課税仕入れには該当せず、仕入税額控除を行うことはできません。

②　内定者

　内定者のうち、法人との間で労働契約が成立していると認められる者に対して支給する交通費等については、通常必要であると認められる部分の金額について出張旅費等特例の対象として差し支えありません（インボイスＱ＆Ａ問107-3）。

　労働契約が成立していると認められるか否かは、例えば、法人から採用内定通知を受け、入社誓約書等を提出している等の状況を踏まえて判断されることとなります。

－ 525 －

第3章 社会福祉法人の消費税

③ 採用面接者

採用面接者は通常、職員等に該当しませんので、支給する交通費等について、出張旅費等特例の対象にはなりません（インボイスＱ＆Ａ問107-3）。

④ 講師等

研修会の講師等に対する謝金及び旅費について、謝礼、賞金、研究費、取材費、材料費、車賃、記念品代、酒こう料等の名義で支払うものであっても、全て報酬・料金等として源泉徴収の対象になります（所基通204-2）。

この場合、旅費、日当、宿泊費などの名目で支払われるものも、たとえ実費相当額であっても、源泉徴収の対象となる報酬・料金に含まれます（所基通204-2）。

したがって、講師に対する出張旅費、宿泊費、日当等は、出張旅費等特例の対象にはなりません。

(3) 通勤手当

職員等で通勤する者に支給する通勤手当のうち、通勤に通常必要と認められる部分の金額については、課税仕入れに係る支払対価の額として取り扱われます。この金額については、一定の事項を記載した帳簿のみの保存で仕入税額控除が認められます（消法30⑦、消令49①一ニ、消規15の4三、消基通11-6-5）。

なお、「通勤者につき通常必要と認められる部分」については、通勤に通常必要と認められるものであればよく、所得税法において規定される非課税とされる通勤手当の金額を超えているかどうかは問いません（所令20の2）。

－ 526 －

第7節　インボイス制度（第5款）

参考

Q139

消法30⑦、

消令49①一、70の9②一

所令20の2

消規15の4二・三、

消基通11-6-4、11-6-5

所基通204-2

インボイスＱ＆Ａ問107〜107-3

第3章　社会福祉法人の消費税

第6款　免税事業者が適格請求書発行事業者になった場合の特例

Q140 免税事業者が適格請求書発行事業者になった場合の特例

　適格請求書等保存方式の開始後一定期間は、適格請求書発行事業者の登録により課税事業者となった免税事業者については、何か特別の取扱いがあるのでしょうか。

A　消費税の申告について簡易に計算できる経過措置（2割特例）と消費税簡易課税制度選択届出書の提出時期の特例があります。

解説

(1)　2割特例

①　内容

　令和5年10月1日から令和8年9月30日までの日の属する各課税期間において、免税事業者（免税事業者が「消費税課税事業者選択届出書」の提出により課税事業者となった場合を含みます。）が適格請求書発行事業者となる場合には、納付税額の計算において控除する金額を、その課税期間における課税標準である金額の合計額に対する消費税額から売上げに係る対価の返還等の金額に係る消費税額の合計額を控除した残額に8割を乗じた額（以下「特別控除税額」といいます。）とすることができる経過措置（以下「2割特例」といいます。）が設けられています（平成28年改正法附則51の2①②、インボイスＱ＆Ａ問114 **[図表1]**参照）。

《2割特例を適用した場合の納付税額の計算イメージ》

　　納付税額＝売上税額－特別控除税額（売上税額の8割）

　　⇒売上税額の2割

－ 528 －

第7節 インボイス制度（第6款）

[図表１] 適用可能期間

（例）3月決算の社会福祉法人の場合
（本来免税事業者である事業者が適格請求書発行事業者となる場合）

② 対象範囲と手続

　課税事業者が適格請求書発行事業者となった場合であっても、その適格請求書発行事業者となった課税期間の翌課税期間以後の課税期間について、基準期間の課税売上高が１千万円以下である場合には、原則として、２割特例の適用を受けることができます。

　また、２割特例は、簡易課税制度のように事前の届出や継続して適用しなければならないという制限はなく、申告書に２割特例の適用を受ける旨を付記することにより、適用を受けることができます（平成28年改正法附則51の２③）。

③ 適用できない場合

　次の課税期間については、２割特例の適用を受けることはできません（インボイスＱ＆Ａ問115）。

【過去の売上が一定金額以上ある場合】

イ　基準期間の課税売上高が１千万円を超える課税期間（消法９①）

ロ　特定期間における課税売上高による納税義務の免除の特例により事業者免税点制度の適用が制限される課税期間（消法９の２①）

ハ　合併があった場合の納税義務の免除の特例により事業者免税点制度の適用が制限される課税期間（消法11、**Q66**参照）

【高額な資産を仕入れた場合】

ニ　「課税選択届出書」を提出して課税事業者となった後２年以内に一般課税で調整対象固定資産の仕入れ等を行った場合において、「消費

― 529 ―

第3章 社会福祉法人の消費税

税課税事業者選択不適用届出書」の提出ができないことにより事業者
免税点制度の適用が制限される課税期間（消法9⑦、**Q64**参照）

ホ　本則課税で高額特定資産の仕入れ等を行った場合（棚卸資産の調整
の適用を受けた場合）において事業者免税点制度の適用が制限される
課税期間（消法12の4①②④、**Q67**参照）

ヘ　本則課税で金又は白金の地金等を仕入れた金額の合計額（税抜き）
が200万円以上である場合において事業者免税点制度の適用が制限さ
れる課税期間（消法12の4③④、消令25の5④）

【課税期間を短縮している場合】

ト　課税期間の特例の適用を受ける課税期間（消法19）

(2)　消費税簡易課税制度選択届出書の提出時期の特例

　簡易課税制度を適用して申告する場合には、原則として、その適用を
受けようとする課税期間の初日の前日までに「消費税簡易課税制度選択
届出書」を提出する必要があります。

　この点、2割特例の適用を受けた事業者が、その適用を受けた課税期
間の翌課税期間中に納税地を所轄する税務署長にその課税期間から簡易
課税制度の適用を受ける旨を記載した「消費税簡易課税制度選択届出
書」を提出した場合には、その課税期間の初日の前日に「消費税簡易課
税制度選択届出書」を提出したものとみなされます（平成28年改正法附
則51の2⑥、インボイスQ&A問117）。

　したがって、例えば、令和7年度（令和8年3月期）に2割特例によ
り申告を行った社会福祉法人が翌年度から簡易課税制度の適用を受けよ
うとする場合には、令和8年度中に「消費税簡易課税制度選択届出書
（令和8年分から簡易課税制度の適用を受ける旨を記載したもの）」を提
出すれば、令和8年分から、簡易課税制度の適用を受けることができま
す。

　　（注）簡易課税制度を適用して申告する場合には、2割特例と異なり、申
　　　告時の選択ではないため、事前の届出が必要となります。

－ 530 －

第 7 節　インボイス制度（第 6 款）

参考

関連Q＆A：Q64 課税事業者・免税事業者

Q66 課税事業者の判定（合併）

Q67 課税事業者の判定（高額特定資産）

Q140

消法 9 ①⑦、9 の 2 ①、11、12 の 4 ①〜④、19

消令 25 の 5 ④

平成 28 年改正法附則 51 の 2 ①〜③⑥

インボイス Q ＆ A 問 114、115、117

第3章 社会福祉法人の消費税

第8節
仕入税額控除に係る消費税額に相当する補助金の返還

Q141 補助金の返還の趣旨と返還額の計算

　当法人は、前年度10月から公益事業の補助事業（消費税の課税事業）を行っています。消費税については課税事業者で、個別対応方式の本則課税で申告しています。

　前年度における補助事業に係る補助金の使途の内訳は次のとおりです。

　なお、当法人の前年度の課税売上割合は30.0％で、特定収入割合は5％未満です。

（単位：円）

区分		課税仕入			非課税仕入	不課税	合計
		課税売上対応分	非課税売上対応分	共通対応分			
経費の内訳	人件費					5,000,000	5,000,000
	法定福利費				750,000		750,000
	業務委託費	550,000					550,000
	消耗器具備品費	990,000					990,000
	賃借料	1,320,000					1,320,000
	旅費交通費	66,000					66,000
	通信運搬費			220,000			220,000
	事務消耗品費			110,000			110,000
	租税公課					30,000	30,000
	手数料	22,000					22,000
	保険料			100,000			100,000
	合計	2,948,000		330,000	850,000	5,030,000	9,158,000

－ 532 －

第8節　仕入税額控除に係る消費税額に相当する補助金の返還

　この補助事業については、補助金に係る消費税及び地方消費税に係る仕入控除税額が確定した場合はこれを報告し、その税額の一部を返還する旨の条項が交付要綱に定められています。

　この場合、消費税に相当する金額を返還する必要があるのでしょうか。

A　消費税返還条項がある場合、本則課税で特定収入による調整計算を行っていないときは、補助金等に係る消費税及び地方消費税の仕入控除税額の計算を行い、その全部又は一部の返還を行う必要が生じることがあります。

解説

（1）消費税返還条項

　国又は地方公共団体の補助金、助成金等の交付要綱においては、原則として「事業完了後に、消費税及び地方消費税の申告により補助金に係る消費税及び地方消費税に係る仕入控除税額が確定した場合は、消費税及び地方消費税仕入控除税額報告書により、速やかに国又は地方公共団体に報告しなければならない。なお、国又は地方公共団体に報告があった場合には、当該仕入控除税額の全部又は一部を返還させることがある。」旨の条項が定められています。

　このため、消費税の申告を行っているかどうかにかかわらず、このような補助金、助成金等の事業完了時にはその報告が必要になります。

　また、消費税の本則課税により申告を行っている場合、補助金、助成金等の公費で賄われる課税仕入れ等に係る消費税額を控除することは、二重に公費の交付を受けることと同様になります。

　したがって、特定収入による調整計算を行っていないときは、補助金等に係る消費税及び地方消費税の仕入控除税額の計算を行い、その全部又は一部の返還を行う必要が生じることがあります。

－ 533 －

第3章　社会福祉法人の消費税

（2）一般的な返還額の計算

　社会福祉法人の特定収入割合が 5 ％超である場合、仕入税額控除の特例計算が行われるため、補助金等に係る消費税及び地方消費税の返還額は生じません。

　また、簡易課税制度の適用を受けている場合も、仕入税額控除が実額で行われていないので、補助金等に係る消費税及び地方消費税の返還額は生じません。

　一方、特定収入割合が 5 ％以下である場合は、返還額が生じる可能性があります。この場合の一般的な返還額の計算は **[計算式 1]** のとおりです。

[計算式 1] 補助金等に係る消費税及び地方消費税の返還額の計算

① 　個別対応方式を採用している場合

$$\left\{ \boxed{補助金額} \times \frac{課税売上げのみに対応する課税仕入額}{補助対象経費} \times \frac{10}{110}_{注} \right\} +$$

$$\left\{ \boxed{補助金額} \times \frac{課税・非課税売上げに共通する課税仕入額}{補助対象経費} \times \boxed{課税売上割合} \times \frac{10}{110}_{注} \right\} = 返還額$$

② 　一括比例配分方式を採用している場合

$$\left\{ \boxed{補助金額} \times \frac{補助対象経費のうち課税仕入額}{補助対象経費} \times \boxed{課税売上割合} \times \frac{10}{110}_{注} \right\} = 返還額$$

（注） 軽減税率適用分及び旧税率（ 8 ％）適用分は 8 /108。

（3）　事例の場合

　事例の場合の消費税相当の返還額は次のとおりです。

－ 534 －

第8節　仕入税額控除に係る消費税額に相当する補助金の返還

$$\left\{\boxed{9{,}158{,}000\,円} \times \frac{2{,}948{,}000\,円}{9{,}158{,}000\,円} \times \underset{注}{\frac{10}{110}}\right\} +$$

$$\left\{\boxed{9{,}158{,}000\,円} \times \frac{330{,}000\,円}{9{,}158{,}000\,円} \times \boxed{30\,\%} \times \underset{注}{\frac{10}{110}}\right\} = 277{,}000\,円$$

（注） 軽減税率適用分及び旧税率（8％）適用分は 8/108。

参 考

関連Q＆A：Q98 仕入税額控除の特例計算

- 535 -

第3章　社会福祉法人の消費税

Q142 補助金等の返還があった場合の手続き

　当法人は、前々年度に公益事業（消費税の課税事業）の用に供する施設の建物の建設に当たって、市から補助金の交付を受けました。
　しかし、このたびこの補助事業に係る市の実地検査において、施設の建物の一部の仕様が補助金の交付申請の対象とならないことが判明しました。このため、当年度において、この補助金の交付要綱に基づき、補助金の交付決定の一部が取り消されて、補助金の一部を市に返還しました。
　既に前々年度の消費税の申告・納付は済んでいますが、この場合どのような手続きをしたらよいのでしょうか。

A　　その取消しの決定がその補助金を受け入れた課税期間の確定申告書提出後に行われた場合には、更正の請求をすることができます。

解説

（1）補助金等の返還

①　補助金等返還条項

　国が国以外の者に対して交付する補助金等については、補助金等に係る予算の執行の適正化に関する法律で、「各省各庁の長は、補助事業者等が、補助金等の他の用途への使用をし、その他補助事業等に関して補助金等の交付の決定の内容又はこれに附した条件その他法令又はこれに基く各省各庁の長の処分に違反したときは、補助金等の交付の決定の全部又は一部を取り消すことができる。」と定められています（補助金等に係る予算の執行の適正化に関する法律17①）。
　地方公共団体等が交付する補助金等についても、その交付要綱において、通常、同規定と同様の条項が設けられていることがほとんどです。

- 536 -

第8節　仕入税額控除に係る消費税額に相当する補助金の返還

② 返還条項と特定収入

　補助金等の交付決定には、①の返還条項を含め様々な条件が付されることが通常です（補助金等に係る予算の執行の適正化に関する法律6〜8）。補助事業者等は、当然にその補助金等に係る事業を遂行する責務があり、補助金等の返還条項が附されていることをもって、補助金等が確定していないものとして、特定収入に計上しないことはできず、これを特定収入に計上する必要があります（補助金等に係る予算の執行の適正化に関する法律11）。

（2）補助金等の返還による手続き

　補助金等に係る予算の執行の適正化に関する法律の規定又は交付要綱に定められた補助金等の返還条項に基づき補助金等の全部又は一部が取り消された場合、その補助金等を特定収入として消費税の特例計算を行っていたときは、消費税が過大に計算されていることになります。

　その取消しの決定がその補助金を受け入れた課税期間の確定申告書提出後に行われた場合には、更正の請求をすることができます（通法23②）。

　この場合の更正事由は、その申告に係る課税標準等又は税額等の計算の基礎となった事実のうちに含まれていた行為の効力に係る官公署の許可その他の処分が取り消されたことになります（通令6①一）。

　したがって、更正の請求の期限は、その確定申告書に係る消費税の法定申告期限から5年ではなく、その国税の法定申告期限後に生じたやむを得ない理由がある場合としてその理由が生じた日の翌日から起算して2月以内になります（通法23①・②三）。

第3章　社会福祉法人の消費税

> **参　考**
>
> **関連Q＆A**：Q141 補助金の返還の趣旨と返還額の計算
> **Q142**
> 　通法23①・②三
> 　通令6①一
> 　補助金等に係る予算の執行の適正化に関する法律6〜8、11、17①

第4章

社会福祉法人の源泉所得税

第4章　社会福祉法人の源泉所得税

第1節
所得税の源泉徴収

Q143 勘定科目と源泉徴収

当法人は、設立4年目の保育所を経営する社会福祉法人です。公益事業や収益事業は行っていないので、法人税の申告はしていません。また、消費税についても免税事業者であるので申告していません。

このたび、所轄の税務署から税務調査を行う旨の通知がありました。

当法人において、給与の源泉徴収は正しく行っていると思いますが、ほかに注意すべきことがあるでしょうか。

A 　人件費以外の勘定科目で処理している費用であっても、給与等や報酬・料金として源泉徴収すべきものが含まれている場合があります。

解説

(1) 社会福祉法人における源泉所得税調査の位置づけ

社会福祉法人が行う医療保健業は、法人税法上の収益事業に該当しないため、その行う社会福祉事業や公益事業の大部分は、法人税の課税対象になりません。また、消費税についても、介護保険事業に係る資産の譲渡等及び社会福祉事業に係る資産の譲渡等の対価は、課税対象とならないため、大規模な法人以外は消費税の課税事業者になりません。

- 540 -

第1節　所得税の源泉徴収

このため、社会福祉法人について行われる税務調査は、源泉所得税に関するものが中心となっています。

（2）源泉徴収に関わる勘定科目

社会福祉法人の計算書類は、社会福祉法人会計基準に基づいて作成しますが、計算書類において使用できる勘定科目も同基準で定められており、原則として追加、修正することは認められていません（会計基準課長通知 25(1)）。

計算書類のうち資金収支計算書には、給与等の人件費や報酬・料金に関する支出が計上されています。給与等の支出については人件費支出の勘定科目に計上されます。一方、報酬・料金に関する支出については、これを単独で計上する勘定科目はなく、事業費支出や事務費支出の勘定科目に計上されています。

これらの勘定科目のうち、源泉徴収事務を行うに当たって注意を要する資金収支計算書の勘定科目の例示は **[図表1]** のとおりです（会計基準課長通知別添3）。

[図表1]　源泉徴収に関する勘定科目の例示

勘定科目		内容説明
大区分	中区分	
その他の収入	利用者等外給食費収入	職員等患者・利用者以外に提供した食事に対する収入をいう。
	雑収入	上記に属さない事業活動による収入をいう。
人件費支出	役員報酬支出	役員（評議員を含む。）に支払う報酬、諸手当をいう。
	役員退職慰労金支出	役員（評議員を含む。）に支払う退職慰労金等の支払額をいう。
	職員給料支出	常勤職員に支払う俸給・諸手当をいう。
	職員賞与支出	常勤職員に支払う賞与をいう。
	非常勤職員給与支出	非常勤職員に支払う俸給・諸手当及び賞与をいう。

－ 541 －

第4章　社会福祉法人の源泉所得税

	派遣職員費支出	派遣会社に支払う金額をいう。
	退職給付支出	退職共済制度など、外部拠出型の退職手当制度に対して法人が拠出する掛金額及び退職手当として支払う金額をいう。
	法定福利費支出	法令に基づいて法人が負担する健康保険料、厚生年金保険料、雇用保険料等の支出をいう。
事業費支出	教養娯楽費支出	利用者のための新聞雑誌等の購読、娯楽用品の購入及び行楽演芸会等の実施のための支出をいう。
	保育材料費支出	保育に必要な文具材料、絵本等の支出及び運動会等の行事を実施するための支出をいう。
	雑支出	事業費のうち他のいずれにも属さない支出をいう。
事務費支出	福利厚生費支出	役員・職員が福祉施設を利用する場合における事業主負担額、健康診断その他福利厚生のために要する法定外福利費をいう。
	旅費交通費支出	業務に係る役員・職員の出張旅費及び交通費（ただし、研究、研修のための旅費を除く。）をいう。
	研修研究費支出	役員・職員に対する教育訓練に直接要する支出（研究・研修のための旅費を含む。）をいう。
	業務委託費支出	洗濯、清掃、夜間警備及び給食（給食材料費を除く。）など施設の業務の一部を他に委託するための支出（保守料を除く。）をいう。必要に応じて検査委託、給食委託、寝具委託、医事委託、清掃委託など、小区分で更に細分化することができる。
	雑支出	事務費のうち他のいずれにも属さない支出をいう。

参考

関連Q&A：Q9 社会福祉法人会計基準における勘定科目

Q143

会計基準課長通知 25(1)・別添 3

- 542 -

第2節
給与所得の源泉徴収

Q144 役員・評議員に対する報酬

当法人は、介護保険事業を行う社会福祉法人です。

当法人の役員等報酬規程では、理事、監事及び評議員に対する報酬として会議に出席する都度、1人10,000円を現金で支給することとしています。当法人では、この報酬の10,000円について、報酬・料金として税率10.21%を適用して逆算した1,137円を源泉徴収して納付していますが、間違いはないでしょうか。

A 理事、監事及び評議員に対する報酬は、報酬・料金ではなく給与等として源泉徴収する必要があります。また、この場合、原則として源泉徴収税額表の日額表の乙欄により、源泉徴収税額を算出することになります。

解 説

(1) 役員・評議員に対する報酬

① 報酬等の支給の基準

社会福祉法人は、平成29年4月以降最初に開催される定時評議員会終了の時以後、理事、監事及び評議員に対する報酬等については、その勤務形態（常勤・非常勤）に応じた報酬等の区分及びその額の算定方法並びに支給の方法及び形態に関する事項を、民間事業者の役員の報酬等及び従業員の給与、その社会福祉法人の経理の状況その他の事情を考慮

– 543 –

第4章 社会福祉法人の源泉所得税

して、不当に高額なものとならないような支給の基準を定めて、評議員会の承認を得なければなりません（社会福祉法45の35①②、社会福祉法施行規則2の42）。

一般的には、役員等報酬規程や役員等報酬及び費用弁償規程が支給の基準に該当します。

理事、監事及び評議員に対しては、この支給の基準に従って報酬等を支給しなければなりません（社会福祉法45の35③）。

また、この支給の基準を記載した書類を主たる事務所に備え置き、一般の閲覧に供するとともに、これを所轄庁に届けなければなりません（社会福祉法45の34①三・②③、59①二）。

② 報酬等の範囲

報酬等とは報酬、賞与その他の職務遂行の対価として受ける財産上の利益（経済的利益）及び退職手当をいいます（社会福祉法45の34①三）。

通勤手当等の諸手当や交通費は、その他の職務遂行の対価となります。

③ 報酬等の源泉徴収義務

社会福祉法人と評議員、理事及び監事との関係は、民法に定める委任に関する規定に従うものとされており、報酬等はその職務の対価として支給するものですから「役員報酬支出」とされています（社会福祉法38）。

所得税法上は、この役員報酬支出（退職手当を除きます。）も給与所得に該当するため、給与等として所得税（復興特別所得税を含みます。以下同じ。）の源泉徴収を行う必要があります（社会福祉法38、所法28）。

ただし、諸手当として支給される通勤手当のうち、所得税法で定める限度額以内のものは非課税所得となります（所法9①五、所令20の2、**Q149**参照）。

- 544 -

第2節　給与所得の源泉徴収

（2）源泉徴収
①　源泉徴収税額の算出

　役員や評議員に対しては支給する報酬に係る源泉徴収税額を「報酬・料金」として10.21％の税率で算出して、これを差し引き又は法人が負担して、理事会等の出席時に現金で支給している例が見受けられます。

　しかし、役員や評議員に対する報酬は給与等に該当することから、上記のような支給方法の場合、給与所得者の扶養控除等申告書の提出を受けていない限り、源泉徴収税額は「給与所得の源泉徴収税額表」の「日額表」「乙欄」により算出しなければなりません（所法185①二へ、別表第3）。

　したがって、1回の報酬の額が6,600円以上の場合、税率は10.21％を超えることから徴収不足が生じていることになります。

②　給与等の受領を辞退した場合

　理事、監事又は評議員が地方公務員であること等を理由にその給与等の全部又は一部の受領を辞退した場合には、その支給期の到来前に辞退の意思を明示して辞退したものに限り、課税しません（所基通28-10）。

参考

関連Q＆A：Q149 通勤手当・旅費
Q144
　　所法9①五、28、185①二、別表第3
　　所令20の2
　　所基通28-10
　　社会福祉法38、45の34①三・②③、45の35、59①二
　　社会福祉法施行規則2の42

- 545 -

第4章 社会福祉法人の源泉所得税

Q145 委員等に対する報酬

　社会福祉法人の評議員は、その定款で評議員選任・解任委員会において選任することになっています。当法人では、評議員選任・解任委員会運営規則でその委員の職務に対して 10,000 円の報酬を支払うことを定めています。
　また、「社会福祉事業の経営者による福祉サービスに関する苦情解決の仕組みの指針」に基づき、苦情解決処理第三者委員を設置していますが、こちらにも報酬を支払っています。
　そのほか当法人は、定款に定めはありませんが、理事長の職務に助言を行う顧問を置いており、毎月報酬を支払っています。
　これらの報酬については、所得税の源泉徴収をする必要があるのでしょうか。

　これらの報酬については、給与等として所得税の源泉徴収をする必要があります。

解説

(1) 委員に対する報酬

　社会福祉法人においては、役員、評議員及び職員以外に [図表1] に掲げる委員が設置されています。
　これらの委員に関しても報酬が支払われることがありますが、これはその職務（労務）の対価であることから、「旅費交通費支出」「業務委託費支出」「雑支出」等に計上されているものであっても、役員等と同様に非課税所得となるものを除き、給与等として所得税等の源泉徴収を行う必要があります（所法28①）。

－ 546 －

第2節　給与所得の源泉徴収

[図表1] 委員

委員	職　　務
評議員選任・解任委員会の外部委員	評議員選任・解任委員会は社会福祉法人の評議員の選任及び解任を行う組織であり、理事・評議員以外の3名以上で構成します。このうち、最低1名は法人の外部の者でなければならないものとされます。他の2名は、監事と事務職員が充てられます（社会福祉法人定款例6）。社会福祉法人の経理の状況その他の事情を考慮して、不当に高額なものでなければ、評議員選任・解任委員会の委員に報酬を支払うことは可能です（社会福祉法人制度改革に関するFAQ問2）。
苦情解決処理第三者委員	「社会福祉事業の経営者による福祉サービスに関する苦情解決の仕組みの指針」に基づき、苦情解決に社会性や客観性を確保し、利用者の立場や特性に配慮した適切な対応を推進するため設置する第三者委員をいいます。

（2）顧問、相談役等

　法人によっては、相談役、顧問その他これに類する役職を設けている場合があります。

　これらの役職にある者は、定款に規定があるかどうかにかかわらず、社会福祉法上は法人の役員には該当しません。

　しかし、所得税法では、これらの者も役員に類する者としてされています（所法226①、所規93②二）。したがって、これらの者に対して報酬が支払われる場合は、委員と同様にこれを給与等として取り扱い、源泉徴収することになります。

参考

関連Q&A：Q144 役員・評議員に対する報酬
　　　　　　 Q149 通勤手当・旅費

Q145

　所法28①、226①

　所規93②二

　社会福祉法人定款例6

　社会福祉法人制度改革に関するFAQ問2

— 547 —

第4章　社会福祉法人の源泉所得税

Q146　非常勤職員給与の源泉徴収

当法人では、介護保険事業や障害福祉サービス事業のサービスを
提供するため、常勤職員のほか、いわゆるパートタイマー、アルバ
イトや登録ヘルパーを多数雇用しています。

このうちアルバイトや登録ヘルパーについては、勤務が不定期で
日数も少ないため、所得税の源泉徴収はしていません。

また、当法人では派遣会社と契約して職員の派遣を受け、派遣会
社へ報酬を支払っています。

これらの給与や報酬についても、所得税の源泉徴収をする必要が
あるのでしょうか。

A アルバイトや登録ヘルパーの給与等は、所得税の源泉徴収
をする必要があります。一方、職員の派遣を受けたことに対
する報酬については、源泉徴収をする必要はありません。

解説

（1）非常勤職員と源泉徴収

①　源泉徴収義務者

所得税については、給与等の支払をする者その他源泉徴収すべき報
酬・料金等の支払をする者は、その支払に係る金額につき源泉徴収をす
る義務があります（所法6）。

社会福祉法人では、通常多数のパートタイマー、アルバイトや登録ヘ
ルパーを雇用しています。

これらの者について源泉徴収が行われておらず、税務調査において指
摘を受ける事例が見受けられます。

本来ならば源泉徴収をすべき給与等に係る所得税を徴収しなかった場
合、その給与所得者の所得が少なく、最終的には所得税が課されないこ
とが明らかであっても、そのこととは関係なく、支払者である法人には

－ 548 －

第2節　給与所得の源泉徴収

源泉徴収税額が追徴されます。

　この追徴された税額は、その税額に係る非常勤職員から徴収すること
になります。しかし、既に退職し所在不明となるなど、その徴収が困難
になる事由が発生していますので注意が必要です。

② 　月給等の非常勤職員

　パートタイマー等に対して毎月又は半月ごとや10日ごとに給与を支
払う場合は、「給与所得の源泉徴収税額表」の「月額表」を使用します。

　これらの者で「給与所得者の扶養控除等申告書」が提出されている場
合は、「月額表」の「甲欄」により算出した税額を源泉徴収する必要が
あります（所法185①一イ〜ハ、別表第2）。

　一方、「給与所得者の扶養控除等申告書」が提出されていない場合
は、「月額表」の「乙欄」により算出した税額を源泉徴収する必要があ
ります（所法185①二イ〜ハ、別表第2）。

　この場合、給与の額が非常に少額であっても源泉徴収税額が生じま
す。

③ 　日給等の非常勤職員

イ　継続雇用

　アルバイト等に対して毎日又は1週間ごとに給与を支払う場合は、
「給与所得の源泉徴収税額表」の「日額表」を使用します。

　これらの者で「給与所得者の扶養控除等申告書」が提出されている場
合は、「日額表」の「甲欄」により算出した税額を源泉徴収する必要が
あります（所法185①一ホ・ヘ、別表第3）。

　一方、「給与所得者の扶養控除等申告書」が提出されていない場合
は、「日額表」の「乙欄」により算出した税額を源泉徴収する必要があ
ります（所法185①二ホ・ヘ、別表第3）。

　この場合も、給与の額が最低賃金の時間給であっても源泉徴収税額が
生じます。

ロ　日雇い等

　アルバイト等で勤務した日又は時間によって給与を計算していること

- 549 -

第4章　社会福祉法人の源泉所得税

のほか、次のいずれかの要件に当てはまる場合には、「給与所得の源泉
徴収税額表」の「日額表」の「丙欄」により、源泉徴収税額を算出しま
す（所法185①三、別表第3、所令309）。

・　雇用契約の期間があらかじめ定められている場合には、2か月以内
　であること。
・　日々雇い入れている場合には、継続して2か月を超えて支払をしな
　いこと。

この場合、その日の給与の額が9,300円未満であるときは、源泉徴収
税額は生じません。

また、次に掲げる給与等についても適用があり、この場合において、
次に掲げる給与等を支払う際に徴収する税額は、労働した日ごとの給与
等の額につき「丙欄」を適用して計算した税額の合計額となります（所
基通185-8）。

・　日々雇い入れられる者の労働した日又は時間により算定される給与
　等で、その労働した日以外の日において支払われるもの（一の給与等
　の支払者から継続して2か月を超えて支払を受ける場合におけるその
　2か月を超えて支払を受けるものを除きます。）。
・　あらかじめ定められた雇用契約の期間が2か月以内の者に支払われ
　る給与等で、労働した日又は時間によって算定されるもの（雇用契約
　の期間の延長又は再雇用により継続して2か月を超えて雇用されるこ
　ととなった者にその2か月を超える部分の期間につき支払われる給与
　等を除きます。）。

ただし、最初の契約期間が2か月以内の場合でも、雇用契約の期間の
延長や再雇用のため2か月を超えるときは、契約期間が2か月を超えた
日からは「丙欄」により源泉徴収税額を算出することができず、「甲欄」
又は「乙欄」により算出することになります。

（2）派遣職員と源泉徴収

社会福祉法人において派遣職員を受け入れている場合、その派遣社員

－ 550 －

第2節　給与所得の源泉徴収

に係る派遣会社に支払う金額は人件費である「派遣職員費支出」に計上されています（会計基準課長通知別添3）。

　しかし、派遣社員に係る源泉徴収義務者は派遣会社ですから、派遣職員を受け入れている社会福祉法人では派遣社員に係る所得税の源泉徴収は要しません。

参考

関連Q&A：Q149 通勤手当・旅費

Q146

　　所法6、所法185①、別表第2、別表第3

　　所令309

　　所基通185-8

　　会計基準課長通知別添3

第4章 社会福祉法人の源泉所得税

Q147 嘱託医等に対する報酬

当法人では特別養護老人ホームを経営しており、施設の常時使用する職員が50人を超えるため、個人開業医と産業医の嘱託契約を締結し、毎月定額の報酬を支払っています。
また、これとは別に、次の契約を締結し、毎月定額の報酬を支払っています。
① 医療法人と利用者の内科健診を行うための嘱託契約に基づく医師の派遣
② 個人開業の歯科医師と利用者の歯科健診・指導を行うための嘱託契約
これらの契約に基づく報酬については、源泉徴収が必要でしょうか。

　　個人開業医である産業医に対する報酬は、給与等として所得税を源泉徴収する必要があります。
　医療法人との契約に基づく報酬は、所得税を源泉徴収する必要はありません。
　個人開業医との産業医以外の嘱託契約に基づく報酬は、その契約内容、執務形態により、給与等として所得税を源泉徴収しなければならない場合があります。

解説
（1）産業医との嘱託契約
① 産業医
　産業医とは、事業場において労働者の健康管理等について、専門的な立場から指導・助言を行う医師をいいます。
　常時50人以上の労働者を使用する事業場は、医師のうちから産業医を選任し、その者に労働者の健康管理等を行わせなければならないもの

とされています（労働安全衛生法13①、労働安全衛生法施行令5）。

この産業医は、労働者の健康管理等を行うのに必要な医学に関する知識についての研修であって厚生労働大臣の指定する者が行うものを修了した者であることその他厚生労働省令で定める要件を備えた者でなければならないものとされています（労働安全衛生法13②、労働安全衛生規則14①②）。

② 源泉徴収

個人の医師が事業者から支払を受ける産業医としての報酬は、所得税法上は原則として給与に該当するものとして取り扱われています（質疑応答事例/消費税 役務の提供1（注））。

これは、産業医は、少なくとも毎月1回（産業医が、事業者から、毎月1回以上、一定の情報の提供を受けている場合であって、事業者の同意を得ているときは、少なくとも2か月に1回）作業場等を巡視し、作業方法又は衛生状態に有害のおそれがあるときは、直ちに、労働者の健康障害を防止するため必要な措置を講じなければならないものされ、法人の事業所に赴いて、労務提供を行うことになるためです（労働安全衛生規則15）。

したがって、通常は「給与所得者の扶養控除等申告書」が提出されないので、「月額表」の「乙欄」により算出した税額を源泉徴収する必要があります（所法185①二イ～ハ、別表第2）。

（2）産業医以外との嘱託契約

① 法人との契約

医療法人がその勤務医を産業医として派遣した対価として受領する委託料は、医療法人のその他の医業収入となります（質疑応答事例/消費税 役務の提供1）。

所得税法における報酬、料金等に係る源泉徴収義務は、馬主が受ける競馬の賞金を除き、個人に対するものに限られるので、法人に対するものは源泉徴収をする必要はありません（所法174十、204）。

第4章　社会福祉法人の源泉所得税

②　個人との契約

　利用者の内科健診や歯科健診・指導を行うために医師や歯科医師と嘱託契約を締結した場合、これらの者に支払われる報酬が事業（雑）所得になるか給与所得になるかは、開業医であるかどうかに関係なく、その嘱託契約の業務内容を個別に検討して判定することになります。

　例えば、産業医と同様に法人が準備した医務室等の場所において健康診断等を行い、また、定期的に出勤し、報酬として一定額の支払を受けるということであれば、その契約は雇用契約に準じた契約であると判断され、その報酬は給与等に該当すると考えられます。この場合、給与等として源泉徴収を行う必要があります（所法185①二イ〜ハ、別表第2）。

　なお、事業（雑）所得になるか給与所得になるかの判定は、**Q148**を参考にしてください。

参　考

関連Q＆A：Q148 個人事業者と給与所得者の区分
Q147
　　所法 174 十、185 ①二イ〜ハ、204、別表第2
　　質疑応答事例 / 消費税 役務の提供1
　　労働安全衛生法 13 ①②
　　労働安全衛生法施行令5
　　労働安全衛生規則 14 ①②、15

－ 554 －

第2節　給与所得の源泉徴収

Q148 個人事業者と給与所得者の区分

　当法人では特別養護老人ホームを経営しており、施設内の植栽の剪定や手入れ等の作業を近隣に居住するＡ氏に３か月に１回程度行ってもらい、報酬を支払っています。

　この作業に当たって、剪定や手入れの方法等はＡ氏に任せており、作業のための道具類もＡ氏所有のものを持ち込んで使用しています。

　また、これとは別に、施設の園庭や周囲の清掃をシルバー人材センターに依頼して、作業者を派遣してもらって報酬を支払っています。

　これらの報酬については、給与等として源泉徴収が必要でしょうか。

A　Ａ氏の業務内容からみて請負に当たることから、その作業に対する報酬は給与等に該当せず、源泉徴収をする必要はありません。

　また、シルバー人材センターから派遣された作業者に対する報酬は、給与等に該当せず、源泉徴収をする必要はありません。

解説

（1）個人事業者と給与所得者の区分

　事業者とは自己の計算において独立して事業を行う者をいいますから、個人が雇用契約又はこれに準ずる契約に基づき他の者に従属し、かつ、その他の者の計算により行われる事業に役務を提供する場合は、事業に該当しません。

　したがって、出来高払の給与を対価とする役務の提供は事業に該当せず、また、請負による報酬を対価とする役務の提供は事業に該当しますが、支払を受けた役務の提供の対価が出来高払の給与であるか請負による報酬であるかの区分については、雇用契約又はこれに準ずる契約に基

－ 555 －

第4章　社会福祉法人の源泉所得税

づく対価であるかどうかによって判定することになります。

　この場合において、その区分が明らかでないときは、例えば、次の事項を総合勘案して判定します（平成 21.12.17 付課個 5-5）。

①　他人が代替して業務を遂行すること又は役務を提供することが認められるかどうか。

②　報酬の支払者から作業時間を指定される、報酬が時間を単位として計算されるなど、時間的な拘束（業務の性質上当然に存在する拘束を除く。）を受けるかどうか。

③　作業の具体的な内容や方法について、報酬の支払者から指揮監督（業務の性質上当然に存在する指揮監督を除く。）を受けるかどうか。

④　まだ引渡しを了しない完成品が不可抗力のため滅失するなどした場合において、自らの権利として既に遂行した業務又は提供した役務に係る報酬の支払を請求できるかどうか。

⑤　材料又は用具等（くぎ材等の軽微な材料や電動の手持ち工具程度の用具等を除く。）を報酬の支払者から供与されているかどうか。

　ご質問の A 氏の業務の場合、上記の①と④については明確ではありませんが、②③⑤については該当しないことから、総合勘案してその業務に対する雇用契約又はこれに準ずる契約に基づく対価には該当しないものと考えられます。

（2）シルバー人材センターの派遣

①　シルバー人材センター

　シルバー人材センターとは、定年退職者その他の高年齢退職者の希望に応じた就業で、臨時的かつ短期的なもの又はその他の軽易な業務に係るものの機会を確保し、及びこれらの者に対して組織的に提供することにより、その就業を援助して、これらの者の能力の積極的な活用を図ることができるようにし、もって高年齢者の福祉の増進に資することを目的とする一般社団法人又は一般財団法人であって、原則として市町村（特別区を含みます。）の区域ごとに、都道府県知事に指定されたものを

－ 556 －

第2節　給与所得の源泉徴収

いいます（高年齢者等の雇用の安定等に関する法律 37 ①）。

②　シルバー人材センターの会員の所得

　シルバー人材センターを通じて、定年退職者その他の高年齢退職者が希望に応じた就業を行う場合、シルバー人材センターの会員に登録する必要があります。

　この会員と発注者である法人、会員とシルバー人材センターの間にはいずれも雇用関係はなく、会員は発注者である法人からの請負又は委任を受けて働く個人事業者となります。

　したがって、シルバー人材センターから派遣された作業者に対する報酬は、給与等には該当せず、源泉徴収をする必要はありません。

（3）消費税との関係

　消費税においても、個人事業者と給与所得者の区分は所得税と同様に重要になります（消基通 1-1-1）。

　（1）に基づき、その業務が請負又は委任で働く個人事業者と判定された場合は、その支払われる報酬は消費税法上、課税仕入れに該当することになります。

　一方、雇用契約又はこれに準ずる契約に基づく対価と判定された場合は、その支払われる報酬は給与等に該当し、消費税は課税されません。

参考

関連Q＆A：Q147 嘱託医等に対する報酬
Q148

　平成 21.12.17 付課個 5-5
　消基通 1-1-1
　高年齢者等の雇用の安定等に関する法律 37 ①

第4章　社会福祉法人の源泉所得税

第3節
特別な金銭給付

Q149 通勤手当・旅費

　当法人は、特別養護老人ホーム等の介護保険事業を経営しています。

　新型コロナウイルス感染症の流行により、役職員の自動車等の交通用具による通勤を原則として認めることとしました。これに伴い、次のような通勤手当の支給も行うことになりました。

① 自転車による通勤者との均衡上、徒歩による通勤の距離が片道2キロメートル以上である通勤者に対して、月額2,500円を支給。

② 通勤の距離が片道2キロメートル未満である足の不自由な障害者の自動車による通勤に対して、月額4,200円を支給。

③ 通勤の距離が片道15キロメートル以上25キロメートル未満である自動車による通勤者に対して、通勤に公共交通機関を利用した場合の料金相当額である月額20,000円を支給。

④ 訪問介護に自家用車の使用を認めた場合、走行距離1キロメートル当たり20円を支給。

　また、遠方の非常勤の役員が理事会の出席及びその後数日間の執務をするため、次のような金銭の支給も行っています。

⑤ その旅行に必要な運賃、宿泊料相当額と日当160,000円

　これらの支給については、非課税であるものとしてよいのでしょうか。

－ 558 －

第3節　特別な金銭給付

　①は月額2,500円全額が課税されます。
②は特殊事情を鑑み、課税しなくても差し支えありません。
③は非課税限度額12,900円を超える7,100円が課税されます。
④と⑤は旅費に該当し、その旅行に必要な支出に充てるため支給される金品で、その旅行について通常必要であると認められる場合は課税されません。

解説
（１）通勤手当
① 非課税限度額
　社会福祉法人会計基準における資金収支計算書の「職員給料支出」「非常勤職員給与支出」に計上される諸手当には通勤手当として支給するものも含まれています（会計基準課長通知別添3）。
　この通勤手当については、次頁**［図表１］**の非課税限度額以内のものは非課税所得となり、給与等として源泉徴収の対象となりません（所法9①五、所令20の2）。
　なお、「その者の通勤に係る運賃、時間、距離等の事情に照らし最も経済的、かつ、合理的と認められる通常の通勤の経路及び方法による運賃等の額」には、新幹線鉄道を利用した場合の運賃等の額も含まれます（所基通9-6の3）。
　一方、特別車両料金その他の客室の特別の設備の利用についての料金（いわゆるグリーン車料金）は含まれません（所基通9-6の3（注）、所令167の3①一、所規36の5）。
② 非課税所得となる通勤手当の範囲
イ　徒歩通勤者への支給
　通勤手当のうち非課税となる額は、交通機関又は有料の道路を利用若しくは自転車その他の交通用具を使用して通勤する者に支給される金銭が対象となります。
　徒歩通勤者は交通機関又は有料の道路を利用せず若しくは自転車その

第4章　社会福祉法人の源泉所得税

［図表1］通勤手当の非課税限度額

区　　　分		非課税限度額
①　交通機関又は有料の道路を利用し、かつ、その運賃又は料金を負担することを常例とする者が受ける通勤手当		その者の通勤に係る運賃、時間、距離等の事情に照らし最も経済的かつ合理的と認められる通常の通勤の経路及び方法による運賃等の額（最高限度　1月当たり15万円）
②　自転車その他の交通用具を使用することを常例とする者が受ける通勤手当（距離比例額）	通勤の距離が片道2キロメートル未満	なし（全額課税）
	通勤の距離が片道2キロメートル以上10キロメートル未満	1月当たり4,200円
	通勤の距離が片道10キロメートル以上15キロメートル未満	1月当たり7,100円
	通勤の距離が片道15キロメートル以上25キロメートル未満	1月当たり12,900円
	通勤の距離が片道25キロメートル以上35キロメートル未満	1月当たり18,700円
	通勤の距離が片道35キロメートル以上45キロメートル未満	1月当たり24,400円
	通勤の距離が片道45キロメートル以上55キロメートル未満	1月当たり28,000円
	通勤の距離が片道55キロメートル以上	1月当たり31,600円
③　交通機関を利用することを常例とする者が受ける通勤用定期乗車券		その者の通勤に係る運賃、時間、距離等の事情に照らし最も経済的かつ合理的と認められる通常の通勤の経路及び方法による定期乗車券の価額（最高限度　1月当たり15万円）
④　交通機関又は有料の道路を利用するほか、併せて自転車その他の交通用具を使用することを常例とする者が受ける通勤手当又は通勤用定期乗車券		①又は③の金額と②の金額との合計額（最高限度　1月当たり15万円）

他の交通用具の使用もしていないので、その支給される手当は通勤距離に応じるものであっても、非課税の通勤手当に該当しません。

－ 560 －

第3節　特別な金銭給付

したがって、質問①の場合、その手当は給与等として課税されます。

ロ　障害者が2キロメートル未満を交通用具で通勤する場合の通勤手当

　交通用具を使用する者に対する通勤手当については、通勤距離が2キロメートル未満の場合はその全額が課税対象となります（所令20の2）。

　しかし、交通用具を使用して2キロメートル未満の距離を通勤する場合に非課税が認められない趣旨は、通常、2キロメートル未満の通勤の場合の交通用具は軽微なものであり、距離も短いことから、通勤費用をほとんど要しないことにあるものと考えられます。

　脚が不自由という障害があるゆえに通勤の方法として自転車等の軽微な交通用具によることもできず、自動車通勤による通勤費用の負担を余儀なくされる等の特殊事情がある場合には、交通機関利用者と同様に取り扱い、交通機関を利用したとした場合の合理的な運賃の額を非課税限度額（自動車通勤による実費の範囲内に限ります。）として取り扱って差し支えないと考えられます（質疑応答事例／源泉所得税 給与所得6）。

　したがって、質問②の場合も自動車通勤による実費の範囲内であれば課税されません。

ハ　通勤に公共交通機関を利用した場合の料金相当額の支給

　平成23年12月31日までは、交通用具を使用して通勤する人で通勤の距離が片道15キロメートル以上である人が受ける通勤手当については、運賃相当額が距離比例額を超える場合には、運賃相当額（最高限度：月額10万円）までが非課税とされていました。

　しかし、平成24年1月1日以降は、この運賃相当額までが非課税とされる措置が廃止されました。また、平成28年1月1日から通勤手当の非課税限度額の上限額が10万円から15万円に引き上げられました。これらにより、通勤手当の金額が距離比例額を超える場合には、その距離比例額を超える金額については課税の対象となります。

　したがって、質問③の場合、距離比例額1月当たり12,900円を超える金額である7,100円が給与等として課税されます。

－ 561 －

第4章　社会福祉法人の源泉所得税

（2）旅費

①　非課税の取扱い

　給与所得を有する者が次の理由によりその旅行に必要な支出に充てる
ため支給される金品で、その旅行について通常必要であると認められる
ものについては所得税が課されません（所法9①四）。

・　勤務する場所を離れてその職務を遂行するための旅行
・　転任に伴う転居のための旅行
・　就職若しくは退職をした者がこれらに伴う転居のための旅行
・　死亡による退職をした者の遺族の転居のための旅行

　非課税となる旅費は、旅行をした者に対して使用者等からその旅行に
必要な運賃、宿泊料、移転料等の支出に充てるものとして支給される金
品のうち、その旅行の目的、目的地、行路若しくは期間の長短、宿泊の
要否、旅行者の職務内容及び地位等からみて、その旅行に通常必要とさ
れる費用の支出に充てられると認められる範囲内の金品をいいますが、
その範囲内の金品に該当するかどうかの判定に当たっては、次に掲げる
事項を勘案します（所基通9-3）。

・　その支給額が、その支給をする使用者等の役員及び使用人の全てを
　通じて適正なバランスが保たれている基準によって計算されたもので
　あるかどうか。
・　その支給額が、その支給をする使用者等と同業種、同規模の他の使
　用者等が一般的に支給している金額に照らして相当と認められるもの
　であるかどうか。

②　非課税所得となる旅費の範囲

イ　交通費

　質問④のような金銭の支給は、職員が法人から訪問介護の利用者の居
宅に移動するための費用であることから、勤務する場所を離れてその職
務を遂行するための旅行に係る費用に当たり、通勤手当ではなく、旅費
に該当します。

　このような交通費は、領収書等により実費精算するのであれば、勤務

－ 562 －

第3節　特別な金銭給付

する場所を離れてその職務を遂行するための旅費であるので、当然課税
されるものではありません。しかし、自動車等の使用によるガソリン代
等を実費で精算することは、ガソリン価格の変動、使用車両の燃費、経
路の違いにより、極めて困難です。そこで、このような場合、距離に応
じて一律交通費を支給することが一般的です。

　ただし、実費でない以上、他の給与の算定方法からみて職務を遂行す
る現場の遠近により支給される給与の額として課税されることもあり得
ます。このため、旅費規程を整備するなどして、職務を遂行する旅行に
充てるために通常必要である金銭であることを明らかにして支給する場
合には、その交通費には所得税は課税されません。

ロ　非常勤役員等の出勤のための費用

　給与所得を有する者で常には出勤を要しない法人その他の団体の役
員、顧問、相談役又は参与に対し、その勤務する場所に出勤するために
行う旅行に必要な運賃、宿泊料等の支出に充てるものとして支給される
金品で、社会通念上合理的な理由があると認められる場合に支給される
ものについては、その支給される金品のうちその出勤のために直接必要
であると認められる部分に限って、旅費に準じて課税しなくて差し支え
ありません（所基通9-5(2)）。

　したがって、質問⑤の費用は、その金額が通勤手当の非課税限度額
150,000円を超えていますが、旅費に該当するため、その出勤のために
直接必要であると認められる部分については、所得税は課税されません。

③　旅費日当の性質

　旅費日当は、業務のために旅行をすることにより、その旅行の期間
中、通常の生活をするために必要な食事、洗面・入浴、化粧、手入れ等
に要する費用を補填する性格を帯びており、本来法人がこれらの費用を
実費で負担すべきところを精算事務が煩雑となることを避けるため、一
定の基準で支給しているものです。

　また、宿直料又は日直料と違い、役職によって会食等の相手方の地位
や宿泊先等によりその費用が嵩むことも踏まえて、役職ごとに日当の額

－ 563 －

第4章　社会福祉法人の源泉所得税

を定めることも普通です。

　所得税法では、これらを踏まえて、非課税となる金額を判断しており、たとえ剰余が生じた場合であっても、「少額不追及」の考え方により課税しないこととしています。

（3）税務調査における対応

①　規程の整備

　通勤手当や旅費については、その法人及び役職員の実情に応じて、必要な支出に充てるため支給される金品で、通常必要であると認められることを社会福祉法人の指導監査だけでなく、税務調査においても説明できるようにしておかなくてはなりません。そのためには、賃金規程、通勤手当規程、旅費規程等を作成しておくことが必要です。

　また、通勤手当については税制改正により非課税の範囲や非課税限度額の改定が行われることがあり、旅費についても消費税の改正や経済状況により費用の増減が生じることから、逐次非課税となる金額が規程に定めた金額の範囲内であることを確認しておく必要があります。

②　実態把握

　税務調査においては、自動車等による通勤者のサンプリングを行って、通勤経路及び距離について、実際に経路を走行する等により確認する場合があります。

　これにより、実際の距離に基づく通勤手当の金額より過大な金額が支給されていることが判明した場合、法人が返還請求するかどうかとは別に、給与等として課税されることになります。

　法人における内部牽制上も、公共交通機関による通勤者を含め、事前にその通勤の実態は把握しておく必要があります。

－ 564 －

第3節　特別な金銭給付

参 考

関連Q＆A：Q144 役員・評議員に対する報酬

Q151 宿日直料

Q149

所法 9 ①四・五

所令 20 の 2、167 の 3 ①一

所規 36 の 5

所基通 9-3、9-5、9-6 の 3

質疑応答事例 / 源泉所得税 給与所得 6

会計基準課長通知別添 3

『源泉所得税　現物給与をめぐる税務［平成 27 年版］』冨永賢一著

（大蔵財務協会）

第4章 社会福祉法人の源泉所得税

Q150 在宅勤務手当（テレワーク手当）等

当法人は特別養護老人ホーム等の介護保険事業を経営しています。
新型コロナウイルス感染症の流行により法人本部の事務職員について、週2、3日のテレワーク（在宅勤務）体制を行っています。
これにより、次のような支給を行っています。
① 従業員負担となる自宅のインターネットの通信費や電気代などを補助する手当
② 個人使用の携帯電話（スマホ）を業務で使用するための通信費の補助金
これらの支給については、非課税であるものとしてよいのでしょうか。

　①及び②とも業務使用部分を精算しない限り、給与等として課税されます。

解説
（1）在宅勤務手当（テレワーク手当）

新型コロナウイルス感染症の流行により、従業員のテレワーク（在宅勤務）を実施する法人が出てきています。テレワークの実施により、従業員負担となる自宅のインターネットの通信費や電気代などを補助するため、「在宅勤務手当（テレワーク手当）」を支給する法人も出てきています。

業務に必要な費用の補助とはいえ、毎月又は一括一律で支給されるテレワーク手当については、支給された金額が精算されないのであれば、特段の非課税規定がないことから、給与等として課税されます（在宅勤務に係る費用負担等に関するFAQ（源泉所得税関係）（以下、「在宅勤務FAQ」といいます。）問1）。

第3節　特別な金銭給付

（2）業務使用部分の精算方法

　在宅勤務手当としてではなく、法人が在宅勤務に通常必要な費用を精算する方法により従業員に対して支給する一定の金銭については、従業員に対する給与として課税する必要はありません（在宅勤務FAQ問5）。

　この場合の精算方法としては、費用の種類に応じて次の方法が考えられます（在宅勤務FAQ問5）。

① 事務用品等

イ 支給・貸与

　法人が所有する事務用品等（パソコン等）を従業員に貸与する場合には、従業員に対する給与として課税する必要はありませんが、法人が従業員に事務用品等を支給した場合（事務用品等の所有権が従業員に移転する場合）には、従業員に対する現物給与として課税する必要があります。

　この場合、例えば、法人が従業員に専ら業務に使用する目的で事務用品等を「支給」という形で配付し、その配付を受けた事務用品等を従業員が自由に処分できず、業務に使用しなくなったときは返却を要する場合も、「貸与」とみて差し支えありません（在宅勤務FAQ問2）。

ロ 仮払精算

　法人が従業員に対して、在宅勤務に通常必要な費用として金銭を仮払いした後、従業員が業務のために使用する事務用品等を購入し、その領収証等を法人に提出してその購入費用を精算（仮払金額が購入費用を超過する場合には、その超過部分を法人に返還）する方法です（在宅勤務FAQ問5①イ）。

ハ 立替精算

　従業員が業務のために使用する事務用品等を立替払いにより購入した後、その購入に係る領収証等を法人に提出してその購入費用を精算（購入費用を法人から受領）する方法です（在宅勤務FAQ問5①ロ）。

－ 567 －

第4章　社会福祉法人の源泉所得税

②　通信費・電気料金

イ　仮払精算

　法人が従業員に対して、在宅勤務に通常必要な費用として金銭を仮払いした後、従業員が家事部分を含めて負担した通信費や電気料金について、業務のために使用した部分を合理的に計算し、その計算した金額を法人に報告してその精算をする（仮払金額が業務に使用した部分の金額を超過する場合、その超過部分を法人に返還する）方法です（在宅勤務FAQ問5②イ）。

ロ　立替精算

　従業員が家事部分を含めて負担した通信費や電気料金について、業務のために使用した部分を合理的に計算し、その計算した金額を法人に報告してその精算をする（業務のために使用した部分の金額を受領する）方法です（在宅勤務FAQ問5②ロ）。

③　精算後の超過分

　法人が従業員に支給した金銭のうち、購入費用や業務に使用した部分の金額を超過した部分を従業員が法人に返還しなかったとしても、その購入費用や業務に使用した部分の金額については従業員に対する給与として課税する必要はありませんが、その超過部分は従業員に対する給与として課税する必要があります（在宅勤務FAQ問5(注)2）。

（3）業務使用部分の計算方法

①　通信費

イ　電話料金の通話料

　通話料（下記ロの基本使用料を除きます。）については、通話明細書等により業務のための通話に係る料金が確認できますので、その金額を法人が従業員に支給する場合には、従業員に対する給与として課税する必要はありません。

　なお、業務のための通話を頻繁に行う業務に従事する従業員については、通話明細書等による業務のための通話に係る料金に代えて、例え

－ 568 －

ば、次の**［算式１］**により算出したものを、業務のための通話に係る料金として差し支えありません（在宅勤務 FAQ 問６イ）。

この場合の「業務のための通話を頻繁に行う業務」とは、例えば、営業担当や出張サポート担当など、顧客や取引先等と電話で連絡を取り合う機会が多い業務として法人が認めるものをいいます（在宅勤務 FAQ 問６イ(注)）。

ロ　電話料金の基本使用料及びインターネット接続に係る通信料

基本使用料などについては、業務のために使用した部分を合理的に計算する必要があります。例えば、次の**［算式１］**により算出したものを企業が従業員に支給する場合には、従業員に対する給与として課税しなくて差し支えありません（在宅勤務 FAQ 問６ロ）。

［算式１］通信費の業務使用部分の計算方法

$$\begin{array}{l} \text{業務のために使用した基本使用料や通信料等} = \text{従業員が負担した１か月の基本使用料や通信料等} \times \dfrac{\text{その従業員の１か月の在宅勤務日数}}{\text{該当月の日数}} \times 1/2 \end{array}$$

ただし、従業員本人が所有するスマートフォンの本体の購入代金や業務のために使用したとは認められないオプション代等（本体の補償料や音楽・動画などのサブスクリプションの利用料等）を法人が負担した場合には、その負担した金額は従業員に対する給与として課税する必要があります（在宅勤務 FAQ 問6(注)）。

②　電気料金

基本料金や電気使用料については、業務のために使用した部分を合理的に計算する必要があります。

例えば、次の**［算式２］**により算出したものを従業員に支給した場合には、従業員に対する給与として課税しなくて差し支えありません（在宅勤務 FAQ 問8）。

第4章　社会福祉法人の源泉所得税

[算式2] 電気料金の業務使用部分の計算方法

$$
\begin{aligned}
&\text{業務のために使用} \\
&\text{した基本料金や電} \\
&\text{気使用料}
\end{aligned}
=
\begin{aligned}
&\text{従業員が負担した} \\
&\text{1か月の基本料金} \\
&\text{や電気使用料}
\end{aligned}
\times
\frac{\text{業務のために使用した部屋の床面積}}{\text{自宅の床面積}}
$$

$$
\times \frac{\text{その従業員の1か月の在宅勤務日数}}{\text{該当月の日数}} \times 1/2
$$

　なお、①及び②とも、これらの算式によらずに、より精緻な方法で業務のために使用した基本料金や通信費、電気使用料の金額を算出し、その金額を法人が従業員に支給している場合についても、従業員に対する給与として課税しなくて差し支えありません（在宅勤務FAQ問6(注)・問8(注)）。

参 考

関連Q＆A：Q144 役員・評議員に対する報酬

Q150

　所法9①四

　所基通28-4

　『源泉所得税　現物給与をめぐる税務［平成27年版］』冨永賢一著（大蔵財務協会）

　在宅勤務に係る費用負担等に関するFAQ（源泉所得税関係）問1、問2、問5、問6、問8

－ 570 －

第3節　特別な金銭給付

Q151 宿日直料

　当法人は、障害福祉サービス事業の共同生活援助（グループホーム）を経営しています。
　障害福祉サービスの報酬の加算のため、職員が交代でこのグループホームに宿直しています。
　この宿直1回につき、4,000円を宿直手当として支給しています。また、宿直に当たっては食事を提供しています（1回当たりの食事の価額は500円）。
　この宿直手当の支給については、非課税であるものとしてよいのでしょうか。

　宿直1回につき、500円が給与等として課税されます。

[解説]
（1）宿日直勤務
① 趣旨
　宿日直勤務とは、仕事の終了から翌日の仕事の開始までの時間や休日について、原則として通常の労働は行わず、労働者を事業場で待機させ、電話の対応、火災等の予防のための巡視、非常事態発生時の連絡等に当たらせるものです（労働基準法41）。
　したがって、所定時間外や休日の勤務であっても、本来の業務の延長と考えられるような業務を処理することは、宿日直勤務と呼んでいても、労働基準法上の宿日直勤務として取り扱うことはできません。
　これらの宿日直勤務については、宿日直勤務に従事している間は、常態としてほとんど労働する必要がないことから、所轄労働基準監督署長の許可を受ければ、労働基準法第33条の届出又は労働基準法第36条に基づく労使協定の締結・届出や労働基準法第37条に基づく割増賃金の

− 571 −

第4章　社会福祉法人の源泉所得税

支払を行う必要はないこととされています。

② 一般の宿日直勤務に係る許可基準

一般の宿日直勤務に係る許可基準に定められる事項の概要は、**[図表1]** のとおりです（昭和 22.9.13 付発基 17 号、昭和 63.3.14 付基発 150 号）。

[図表1]　一般の宿日直勤務に係る許可基準

基準	内　容
勤務の様態	イ　常態として、ほとんど労働のする必要のない勤務のみを認めるものであり、定時的巡視、緊急の文書又は電話の収受、非常事態に備えての待機等を目的とするものに限って許可するものであること。 ロ　原則として、通常の労働の継続は許可しないこと。したがって始業又は終業時刻に密着した時間帯に、顧客からの電話の収受又は盗難・火災防止を行うものについては、許可しないものであること。
宿日直手当	イ　宿直勤務 1 回についての宿直手当（深夜割増賃金を含む。）又は日直勤務 1 回についての日直手当の最低額は、当該事業場において宿直又は日直の勤務に就くことの予定されている同種の労働者に対して支払われる賃金（労働基準法第 37 条の割増賃金の基礎となる賃金に限る。）の 1 人 1 平均日額の 3 分の 1 を下らないものであること。ただし、同一企業に属する数個の事業場について、一律の基準により宿直又は日直の手当額を定める必要がある場合には、当該事業場の属する企業の全事業場において宿直又は日直の勤務に就くことの予定されている同種の労働者についての 1 人 1 日平均額によることができるものであること。 ロ　宿直又は日直勤務の時間が通常の宿直又は日直の時間に比し著しく短いものその他所轄労働基準監督署長が上記イの基準によることが著しく困難又は不適当と認めたものについては、その基準にかかわらず許可することができること。
宿日直の回数	許可の対象となる宿直又は日直の勤務回数については、宿直勤務については週 1 回、日直勤務については月 1 回を限度とすること。ただし、当該事業場に勤務する 18 歳以上の者で法律上宿直又は日直を行いうるすべてのものに宿直又は日直をさせてもなお不足でありかつ勤務の労働密度が薄い場合には、宿直又は日直業務の実態に応じて週 1 回を超える宿直、月 1 回を超える日直についても許可して差し支えないこと。
その他	宿直勤務については、相当の睡眠設備の設置を条件とするものであること。

－ 572 －

第3節　特別な金銭給付

③　社会福祉法人における宿日直

　社会福祉法人では入所施設やグループホームなどを経営しているため、宿直が比較的多く行われています。

　特に障害福祉サービス事業である共同生活援助（グループホーム）における報酬の夜間支援等体制加算（Ⅱ）は、宿直を行う夜間支援従事者を配置することが要件となっており、この加算を請求するために宿直を行うことが必須になります（平成18年厚生労働省告示第523号）。

（2）所得税法における宿日直料

① 非課税になる宿日直料の範囲

　宿直料又は日直料は原則として給与等に該当します。

　ただし、次のいずれかに該当する宿直料又は日直料を除き、その支給の基因となった勤務1回につき支給される金額（宿直又は日直の勤務をすることにより支給される食事の価額を除きます。）のうち4,000円（宿直又は日直の勤務をすることにより支給される食事がある場合には、4,000円からその食事の価額を控除した残額）までの部分については、課税されません（所基通28-1）。

イ　休日又は夜間の留守番だけを行うために雇用された者及びその場所に居住し、休日又は夜間の留守番をも含めた勤務を行うものとして雇用された者にその留守番に相当する勤務について支給される宿直料又は日直料

ロ　宿直又は日直の勤務をその者の通常の勤務時間内の勤務として行った者及びこれらの勤務をしたことにより代日休暇が与えられる者に支給される宿直料又は日直料

ハ　宿直又は日直の勤務をする者の通常の給与等の額に比例した金額又は当該給与等の額に比例した金額に近似するように当該給与等の額の階級区分等に応じて定められた金額（以下、これらの金額を「給与比例額」といいます。）により支給される宿直料又は日直料（その宿直料又は日直料が給与比例額とそれ以外の金額との合計額により支給さ

－ 573 －

第4章　社会福祉法人の源泉所得税

れるものである場合には、給与比例額の部分に限ります。）

②　宿日直料の性質

　宿日直勤務は、これに従事している間は常態としてほとんど労働する必要がないことを前提としています。したがって、留守番に相当する勤務や宿直又は日直の勤務が通常である役職員、又は勤務した代わりに与えられる代日休暇を取得する職員に対して支給する金品は、宿直料又は日直料という名目であっても通常の勤務に対する給与に他なりません。

　そもそも、宿直料又は日直料は、宿直又は日直をするに当たり、通常の生活をするために必要な食事、洗面・入浴、化粧、手入れ等に要する費用を補填する性格を帯びており、本来法人がこれらの費用を実費で負担すべきところを精算事務が煩雑となることを避けるため、定額で支給しているものです。

　また、旅費に係る日当と違い、宿日直勤務では役職によって宿直又は日直に要する費用に差はないものと考えられます。

　所得税法では、これらを踏まえて、非課税となる宿直料又は日直料の限度額を定めており、たとえ剰余が生じた場合であっても、「少額不追及」の考え方により課税しないこととしています。

　食事が提供される場合、その食事の価額は宿直又は日直の費用の一部と考えられ、重複を避けるために食事の価額を宿直料又は日直料の非課税限度額から控除することとしています。

③　質問の場合

　宿直に当たって食事が提供されているので、その食事の価額500円を4,000円から控除した3,500円が宿直料として課税されない金額となります。

　したがって、これを超える500円は給与等として課税されます。

－ 574 －

第3節　特別な金銭給付

参 考

関連Q＆A：Q149 通勤手当・旅費

Q151

所基通 28-1

労働基準法 33、36、37、41

昭和 22.9.13 付発基 17 号、昭和 63.3.14 付基発 150 号

平成 18 年厚生労働省告示第 523 号

第4章　社会福祉法人の源泉所得税

Q152　学資金の支給

　当法人は、特別養護老人ホームや保育所を経営しています。

　最近の求人難から、資格を持たない職員を採用して、養成施設へ通わせて介護福祉士や保育士の資格を取得させる制度を行っています。

　その際、その資格の取得のために必要な入学金や授業料全額を法人で一時負担し、資格の取得後3年間当法人に継続して勤務したときは、その返済を免除することとしています。

　現在、この制度の対象者は4名で、そのうち1名は当法人の職員の子息です。

　この資格の取得のため法人が負担した金額については、非課税であるものとしてよいのでしょうか。

　職員の子息に対する給付が他の者と同一の条件であれば、その者を含めて全員の返済の免除額が非課税となります。

［解説］
（1）学資金の非課税

　平成28年4月1日以後に受けるべき学資金又は同日以後に生ずる債務免除益のうち、職員が通常の給与に加算して受けるものであって、次に掲げるもの以外のものについて、非課税所得となります（所法9①十五）。

① 法人である使用者からその法人の役員の学資に充てるため給付するもの
② 法人である使用者からその法人の使用人（その法人の役員を含みます。）の配偶者その他のその使用人と次の特別の関係がある者の学資に充てるため給付するもの（所令29）

イ　その使用人の親族

ロ　その使用人と婚姻の届出をしていないが事実上婚姻関係と同様の事情にある者及びその者の直系血族

ハ　その使用人の直系血族と婚姻の届出をしていないが事実上婚姻関係と同様の事情にある者

ニ　イ～ハに掲げる者以外の者で、その使用人から受ける金銭その他の財産によって生計を維持しているもの及びその者の直系血族

ホ　イ～ニに掲げる者以外の者で、その使用人の直系血族から受ける金銭その他の財産によって生計を維持しているもの

　ただし、学資金の給付を受ける者が、②の特別の関係がある者であり、かつ、その給付をする者の使用人（①の役員又はその親族を除きます。）である場合には、その給付がその特別の関係がある者のみを対象としているときを除き、その給付も非課税所得となります（所基通9-16）。

　したがって、質問の場合は職員の子息に対する給付が他の者と同一の条件であれば、その者を含めて全員に対するものが非課税となります。

　なお、その給付を受けた者が①又は②に該当する場合は、原則として、給与所得を有する者に対する給与に該当するため、その者に対する給与等として課税されることになります（所基通9-15）。

（2）税務調査における対応

　学資金の支給は、給付の場合は金銭の贈与に当たり、貸与の場合は金銭の貸付に当たります。また、その支給に当たって、(1)①又は②に該当していないことを確認する必要があります。

　このため、学資金の支給の制度について、支給要件等を定めた規程を整備するとともに、贈与契約又は金銭消費貸借契約をその給付を受ける職員との間で締結する契約書を作成することが必要です。

　さらに、(1)①又は②に該当していないことを確認及び一定期間継続して勤務しない場合は、返済する旨の誓約書等の提出も求めるべきものと考えられます。

第 4 章　社会福祉法人の源泉所得税

参 考

Q152

所法 9 ①十五

所令 29

所基通 9-15、9-16

第3節　特別な金銭給付

Q153 見舞金

当法人は、保育所を経営しています。

新型コロナウイルス感染拡大に伴う緊急事態宣言時にも事業の継続が求められる事業に該当することもあり、新型コロナウイルスが5類相当になるまでも休業することなく事業を継続してきました。

社会的な使命に応えるためとはいえ、このような状況下で事業を継続する中で、職員には新型コロナウイルス感染症の感染リスクといった平常時には感じ得ない相当な不安を抱えながらも懸命に事業に従事してもらいました。

そこで、慶弔規程を改定し、「新型コロナウイルス感染症に対する緊急事態宣言下又はこれに準ずる状況下において保育業務を実施する職員については、5万円の見舞金を支給する。」こととし、この基準に従って支給していました。

今後も大規模な感染症や災害が発生した場合は同様に見舞金を支給しようと考えています。

このような見舞金は、非課税所得に該当するのでしょうか。

　この見舞金は非課税所得に該当しますので、給与等として課税する必要はありません。

解説
（1）非課税の要件

新型コロナウイルス感染症等に関連して従業員等が事業者から支給を受ける見舞金が次の①～③の条件を満たす場合には、所得税法上、非課税所得に該当します（所法9①十七、令和5年5月7日までの国税における新型コロナウイルス感染症拡大防止への対応と申告や納税などの当面の税務上の取扱いに関するFAQ問9-3）。

第4章　社会福祉法人の源泉所得税

① その見舞金が心身又は資産に加えられた損害につき支払を受けるものであること

　例えば、次のようなものが心身に加えられた損害につき支払を受けるものに該当します。

イ　従業員等やその親族が新型コロナウイルス感染症に感染したため支払を受けるもの

ロ　緊急事態宣言下において事業の継続を求められる事業者（注）の従業員等で次のいずれにも該当する者が支払を受けるもの。ただし、緊急事態宣言がされた時から解除されるまでの間に業務に従事せざるを得なかったことに基因して支払を受けるものに限ります。

　・　多数の者との接触を余儀なくされる業務など新型コロナウイルス感染症の感染リスクの高い業務に従事している者

　・　緊急事態宣言がされる前と比較して、相当程度心身に負担がかかっていると認められる者

（注）　事業の継続が求められる事業者に該当するかどうかの判定に当たっては、新型コロナウイルス感染症対策の基本的対処方針（令和2年3月28日新型コロナウイルス感染症対策本部決定）を参考にしてください。

② その見舞金の支給額が社会通念上相当であること

　見舞金の支給額が社会通念上相当であるかどうかは、次の点を踏まえて判断することになります。

イ　その見舞金の支給額が、従業員等ごとに新型コロナウイルス感染症に感染する可能性の程度や感染の事実に応じた金額となっており、そのことが事業者の慶弔規程等において明らかにされているかどうか。

ロ　その見舞金の支給額が、慶弔規程等や過去の取扱いに照らして相当と認められるものであるかどうか。

③ その見舞金が役務の対価たる性質を有していないこと

　例えば、次のような見舞金は、役務の対価たる性質を有していないものに該当しないことになります。

－ 580 －

第3節　特別な金銭給付

イ　本来受けるべき給与等の額を減額した上で、それに相当する額を支
　　給するもの
ロ　感染の可能性の程度等にかかわらず従業員等に一律に支給するもの
ハ　感染の可能性の程度等が同じと認められる従業員等のうち特定の者
　　にのみ支給するもの
ニ　支給額が通常の給与等の額の多寡に応じて決定されるもの

　ご質問の見舞金は、上記①から③までの条件を満たすものと考えられ
ますので、非課税所得に該当し、給与等として課税する必要はありま
せん。
　ただし、緊急事態宣言が解除されてから相当期間を経過して支給の決
定がされたものについては、そもそも「見舞金」とはいえないと判断さ
れる場合があります。

参考

Q153

　所法9①十七
　令和5年5月7日までの国税における新型コロナウイルス感染症拡大
　防止への対応と申告や納税などの当面の税務上の取扱いに関する
　FAQ問9-3

－ 581 －

第4章　社会福祉法人の源泉所得税

第4節 現物給与

Q154 特別の利益供与の禁止と経済的利益

社会福祉法人は事業を行うに当たって、役員等に特別の利益を与えてはならないとされていますが、どのようなものが「特別の利益」に当たるのでしょうか。

また、この特別の利益は、所得税法ではどのように取り扱われるのでしょうか。

　「特別の利益」には、金銭の給付以外にも経済的利益の供与も含まれます。

社会福祉法の「特別の利益の供与」に該当する場合は、原則として所得税法上も経済的利益として課税されます。

[解説]

（1）特別の利益供与の禁止

社会福祉法人は、その事業を行うに当たり、その評議員、理事、監事、職員その他の次に掲げる社会福祉法人の関係者に対し特別の利益を与えてはならないものとされています（社会福祉法27、社会福祉法施行令13の2、社会福祉法施行規則1の3①②）。

① その社会福祉法人の設立者、理事、監事、評議員又は職員
② ①に掲げる者の配偶者又は三親等内の親族
③ ①又は②に掲げる者と婚姻の届出をしていないが、事実上婚姻関係

- 582 -

第4節　現物給与

と同様の事情にある者

④　②又は③に掲げる者のほか、①に掲げる者から受ける金銭その他の財産によって生計を維持する者

⑤　その社会福祉法人の設立者が法人である場合にあっては、次に掲げる法人又は個人

　イ　その法人が他の法人の財務及び営業又は事業の方針の決定を支配している場合における当該他の法人（以下「子法人」といいます。）

　ロ　一の者がその法人の財務及び営業又は事業の方針の決定を支配している場合における当該一の者

なお、上記⑤の「財務及び営業又は事業の方針の決定を支配している場合」とは、次に掲げる場合をいいます（社会福祉法施行規則1の3③）。

①　一の者又はその一若しくは二以上の子法人が、社員総会その他の団体の財務及び営業又は事業の方針を決定する機関における議決権の過半数を有する場合

②　評議員の総数に対する次に掲げる者の数の割合が100分の50を超える場合

　イ　一の法人又はその一若しくは二以上の子法人の役員（理事、監事、取締役、会計参与、監査役、執行役その他これらに準ずる者をいいます。）又は評議員

　ロ　一の法人又はその一若しくは二以上の子法人の職員

　ハ　その評議員に就任した日前5年以内にイ又はロに掲げる者であった者

　ニ　一の者又はその一若しくは二以上の子法人によって選任された者

　ホ　その評議員に就任した日前5年以内に一の者又はその一若しくは二以上の子法人によってその法人の評議員に選任されたことがある者

－ 583 －

第4章　社会福祉法人の源泉所得税

（2）特別の利益と税法の関係

① 特別の利益の供与の意義

　社会福祉法では「特別の利益の供与」については定義されていません。

　一方、法人税法では、公益法人等である非営利型法人の要件において「特別の利益を与えること」とは、例えば、次に掲げるような経済的利益の供与又は金銭その他の資産の交付で、社会通念上不相当なものをいうものとされています（法基通1-1-8本文）。

イ　法人が、特定の個人又は団体に対し、その所有する土地、建物その他の資産を無償又は通常よりも低い賃貸料で貸し付けていること。

ロ　法人が、特定の個人又は団体に対し、無利息又は通常よりも低い利率で金銭を貸し付けていること。

ハ　法人が、特定の個人又は団体に対し、その所有する資産を無償又は通常よりも低い対価で譲渡していること。

ニ　法人が、特定の個人又は団体から通常よりも高い賃借料により土地、建物その他の資産を賃借していること又は通常よりも高い利率により金銭を借り受けていること。

ホ　法人が、特定の個人又は団体の所有する資産を通常よりも高い対価で譲り受けていること又は法人の事業の用に供すると認められない資産を取得していること。

ヘ　法人が、特定の個人に対し、過大な給与等を支給していること。

　なお、「特別の利益を与えること」には、収益事業に限らず、収益事業以外の事業において行われる経済的利益の供与又は金銭その他の資産の交付が含まれます（法基通1-1-8なお書）。

　したがって、社会福祉法における「特別の利益の供与」も、原則として法人税法と同様であるものと考えられます。

② 経済的利益

　所得税法において、金銭以外の物又は権利その他経済的な利益を「経済的利益」といい、これには次に掲げるような利益が含まれます（所基通36-15）。

－ 584 －

第4節　現物給与

イ　物品その他の資産の譲渡を無償又は低い対価で受けた場合における
　　その資産のその時における価額又はその価額とその対価の額との差額
　　に相当する利益

ロ　土地、家屋その他の資産（金銭を除きます。）の貸与を無償又は低
　　い対価で受けた場合における通常支払うべき対価の額又はその通常支
　　払うべき対価の額と実際に支払う対価の額との差額に相当する利益

ハ　金銭の貸付け又は提供を無利息又は通常の利率よりも低い利率で受
　　けた場合における通常の利率により計算した利息の額又はその通常の
　　利率により計算した利息の額と実際に支払う利息の額との差額に相当
　　する利益

ニ　ロ及びハ以外の用役の提供を無償又は低い対価で受けた場合におけ
　　るその用役について通常支払うべき対価の額又はその通常支払うべき
　　対価の額と実際に支払う対価の額との差額に相当する利益

ホ　買掛金その他の債務の免除を受けた場合におけるその免除を受けた
　　金額又は自己の債務を他人が負担した場合における当該負担した金額
　　に相当する利益

③　特別の利益・経済的利益と課税

　役員や職員等が経済的利益を受けた場合であっても、社会通念上不相
当なものでなければ、社会福祉法の「特別の利益の供与」に該当しま
せん。

　一方、所得税法上の経済的利益については、原則として、これを受け
た者にその価額に相当する所得があったものとして課税されます（所法
36①②）。ただし、その経済的利益が社会通念上相当なものや少額であ
る場合は課税しなくてもよいものとして取り扱われることもあります。

　このことから、社会福祉法の「特別の利益の供与」に該当する場合
は、原則として所得税法上も経済的利益として課税されます。

　なお、所得税法上の経済的利益のうち、給与所得者に対するものを一
般に「現物給与」といいます。

－ 585 －

第4章　社会福祉法人の源泉所得税

参　考

関連Q＆A：Q155 食事の支給

Q156 創業記念品等や永年勤続表彰記念品の支給

Q157 研修旅行・レクリエーション

Q158 社宅・駐車場

Q154

所法 36 ①②

所基通 36-15

法基通 1-1-8

社会福祉法 27

社会福祉法施行令 13 の 2

社会福祉法施行規則 1 の 3

第4節　現物給与

Q155 食事の支給

当法人は特別養護老人ホームを経営しており、食事に関して役職員に対して次のようなことを行っています。

① 前日まで注文を受けて、法人の厨房で調理した昼食又は夕食を1食当たり税込み330円で提供

② 宿直をする者に上記の夕食を無償で支給

③ 午後10時から翌日午前5時までの間の勤務を行う者に対して、食事代として一回300円を支給

なお、昼食及び夕食の1食当たりの食材料費等の直接費の金額は税込み432円です。

これらについては、非課税であるものとしてよいのでしょうか。

A ①については、1か月に35食以下であれば、給与等として課税されませんが、これを超えると経済的利益の全額が課税されます。

②及び③は、給与等として課税されません。

解説

(1) 通常の食事の支給

役員や職員に対して、昼食等の食事を無償又はその価額を下回る金額で提供した場合は、経済的利益が生じているため、原則としてその経済的利益は給与等として所得税が課税されます（所法36②）。

① 食事の評価

法人が役員又は使用人に対し支給する食事については、次に掲げる区分に応じ、それぞれ次に掲げる金額により評価します（所基通36-38）。

イ　使用者が調理して支給する食事　その食事の材料等に要する直接費の額に相当する金額

ロ　使用者が購入して支給する食事　その食事の購入価額に相当する金額

－ 587 －

第4章　社会福祉法人の源泉所得税

②　食事の支給による経済的利益はないものとする場合

役員や職員に支給する食事は、次の要件をいずれも満たしていれば、給与として課税されません（所基通 36-38 の 2）。

イ　役員や使用人が食事の価額の半分以上を負担していること。

ロ　次の金額が 1 か月当たり 3,500 円（税抜き）以下であること。

食事の価額 － 役員や使用人が負担している金額 ＝ 経済的利益の額

質問①の場合、次のロのとおり、1 食当たりの経済的利益の額が 100 円ですので、1 か月 35 食までは非課税となります。

イ　役員や使用人が食事の価額の半分以上を負担しているか否かの判定

$$\frac{330 \text{円}}{110\%} = 300 \text{円} > \frac{432 \text{円}}{108\%} \times 50\% = 200 \text{円}$$

ロ　1 食当たりの経済的利益の額

$$\frac{432 \text{円}}{108\%} - \frac{330 \text{円}}{110\%} = 100 \text{円}$$

したがって、1 か月に 35 食以下であれば、給与等として課税されません。しかし、36 食以上を提供したときからは、その経済的利益の額の全額（36 食の場合、3,600 円）が給与等として課税されることになります。

（2）特別な場合

①　残業又は宿日直をした者に支給する食事

使用者が、残業又は宿直若しくは日直をした者に対し、これらの勤務をすることにより支給する食事については、その者の通常の勤務時間外における勤務としてこれらの勤務を行った者に限り、課税しなくても差し支えありません（所基通 36-24）。

ただし、宿直又は日直をした者に対して非課税となる宿直料又は日直料を支給する場合は、その支給の基因となった勤務 1 回につき支給される金額のうち 4,000 円からその食事の価額を控除した残額までの部分については、課税されないことになります（所基通 28-1）。

- 588 -

第4節　現物給与

　したがって、質問②の宿直をした者に対して支給した食事の価額432円は、全額給与等として課税されません。

②　食事代の金銭交付

　役員や職員が飲食店に食事代を支払い、使用者が現金で食事代を補助する場合には、食事という現物ではなく金銭を支給するものであることから、「使用者が役員又は使用人に対し食事を支給する場合」に該当せず、補助をする全額が給与として課税されることとなります（質疑応答事例／源泉所得税 給与所得19）。

　ただし、深夜勤務者（労働協約又は就業規則等により定められた正規の勤務時間による勤務の一部又は全部を午後10時から翌日午前5時までの間において行う者をいいます。）に対し、使用者が調理施設を有しないことなどにより深夜勤務に伴う夜食を現物で支給することが著しく困難であるため、その夜食の現物支給に代え通常の給与（労働基準法第37条第1項の規定による割増賃金その他これに類するものを含みます。）に加算して勤務一回ごとの定額で支給する金銭で、その一回の支給額が300円以下のものについては、課税しなくて差し支えありません（昭和59.7.26付直法6-5・直所3-8）。

　この場合の支給額が非課税限度額の300円を超えるかどうかは、消費税及び地方消費税相当額を除いた金額により判定します（平成元.1.30直法6-1）。

　質問③の深夜勤務者に対して支給した金銭は300円以下ですので、全額給与等として課税されません。

（3）税務調査における対応

　食事の評価は、法人が購入して支給する場合を除き、その食事の材料等に要する直接費の額を算出する必要があります。法人で調理員を雇用し、食材料を購入して調理している場合は、栄養士等に委託するか、法人の職員がその額を算出することになります。

　一方、給食の調理業務を外部の事業者に委託している場合、通常、食

－ 589 －

第4章　社会福祉法人の源泉所得税

材料の購入もその委託業者から行っていることから、委託業者に依頼して、役職員の食事に係る材料等に要する直接費を別に請求することで算出が簡単になります。

参　考

関連Q＆A：Q151 宿日直料
Q155
　所法 36 ②
　所基通 28-1、36-24、36-38、36-38 の 2
　昭和 59.7.26 付直法 6-5・直所 3-8
　平成元 .1.30 直法 6-1
　質疑応答事例 / 源泉所得税 給与所得 19

第4節　現物給与

Q156 創業記念品等や永年勤続表彰記念品の支給

当法人は本年 7 月に設立 50 周年を迎えます。かつて設立 40 周年のときは、記念品としてボールペンを役職員と取引先に贈呈しました。

今回は創業記念として取引先に記念品として金杯（原価税込み 4,400 円）を、役職員にはこれに加えて商品券（額面 10,000 円）を贈呈しました。

また、当法人では、職員に対して勤続年数に応じて次の永年勤続表彰記念品を支給しています。

① 勤続年数 5 年：特注のペンセット（原価税込み 4,400 円）

② 勤続年数 10 年及び 15 年：カタログギフト（約 500 品から選択可能：2 万円）

③ 勤続年数 20 年以降は 5 年ごと：旅行券（額面 10 万円）

これらについては、非課税であるものとしてよいのでしょうか。

A 創業記念品としての金杯については、給与等として課税しなくて差し支えありません。

創業記念品としての役職員に対する商品券は、給与等として課税されます。

永年勤続表彰記念品については、①及び②は給与等として課税されます。

③については、原則として給与等として課税されますが、一定の条件を満たせば給与等として課税しなくて差し支えありません。

解 説

（1）創業記念品等の支給

① 課税しない経済的利益

使用者が役員又は使用人に対し創業記念、増資記念、工事完成記念又

- 591 -

第4章　社会福祉法人の源泉所得税

は合併記念等に際し、その記念として支給する記念品（現物に代えて支給する金銭は含みません。）で、次に掲げる要件のいずれにも該当するものについては、課税しなくて差し支えありません（所基通36-22）。

イ　その支給する記念品が社会通念上記念品としてふさわしいものであり、かつ、そのものの価額（処分見込価額により評価した価額）が1万円以下のものであること。

ロ　創業記念のように一定期間ごとに到来する記念に際し支給する記念品については、創業後相当な期間（おおむね5年以上の期間）ごとに支給するものであること。

　ただし、建築業者、造船業者等が請負工事又は造船の完成等に際し支給するものについては、給与等として課税されます。

　ご質問の創業記念品としての金杯は、金額も期間も上記の要件を満たしているので、課税しなくて差し支えありません。

② 　金銭又は商品券等による支給

　記念品に代えて支給する金銭については、給与等として課税の対象になります。

　法人の創業記念として商品券やプリペイドカード等の支給が行われる場合、その支給を受けた各従業員はその商品券等と引き換えに、商品を自由に選択して入手することが可能となりますので、商品券等の支給については金銭による支給と異なりません（質疑応答事例／源泉所得税　給与所得18）。

　したがって、商品券等の支給については、課税しない経済的利益には該当せず、給与等として課税の対象になります。

　ご質問の創業記念としての商品券は、給与等として課税されます。

（2）永年勤続表彰記念品の支給

① 　課税しない経済的利益

　使用者が永年勤続した役員又は使用人の表彰に当たり、その記念として旅行、観劇等に招待し、又は記念品（現物に代えて支給する金銭は含

－ 592 －

第4節　現物給与

まれません。）を支給することによりその役員又は使用人が受ける利益
で、次に掲げる要件のいずれにも該当するものについては、課税しなく
て差し支えありません（所基通36-21）。

イ　その利益の額が、当該役員又は使用人の勤続期間等に照らし、社会
　　通念上相当と認められること。

ロ　その表彰が、おおむね10年以上の勤続年数の者を対象とし、か
　　つ、2回以上表彰を受ける者については、おおむね5年以上の間隔を
　　おいて行われるものであること。

　　課税対象となるかどうかの具体例は**[図表1]**のとおりです。

[図表1]　永年勤続表彰記念品

課税	非課税
・　数100種類から選択可能なカタログギフト ・　ウィーン金貨等の外国金貨や記念硬貨	・　オーダーメイドの衣服等を指定店舗で選択させるもの ・　個人的嗜好が強い腕時計等で数種類からの選択可能なもの

　　ご質問の永年勤続表彰記念品の①については、勤続年数5年の者に支
給されるため、給与等として課税されます。

　　ご質問の永年勤続表彰記念品の②についても、商品券と同様のカタロ
グギフトであるため、給与等として課税されます。

②　金銭又は商品券等による支給

イ　原則

　　旅行等の招待又は記念品に代えて支給する金銭については、給与等と
して課税の対象になります。

　　使用者が旅行等の招待又は記念品に代えて旅行券や商品券等の支給を
行う場合、その支給を受けた各従業員はその旅行券や商品券等と引き換
えに、旅行や商品を自由に選択することが可能となりますので、旅行券
や商品券等の支給については、金銭による支給と異なりません（質疑応
答事例／源泉所得税 給与所得18）。

- 593 -

第4章　社会福祉法人の源泉所得税

　したがって、旅行券や商品券等の支給については、課税しない経済的
利益には該当せず、給与等として課税の対象になります。

ロ　旅行券の支給の特例

　永年勤続者に対する旅行券の支給は、原則給与等として課税されます
が、次の要件を満たしている場合には、課税しなくて差し支えありま
せん（昭和60.2.21付直法6-4）。

・　旅行の実施は、旅行券の支給後1年以内であること。

・　旅行の範囲は、支給した旅行券の額からみて相当なもの（海外旅行
　を含みます。）であること。

・　旅行券の支給を受けた者が当該旅行券を使用して旅行を実施した場
　合には、所定の報告書に必要事項（旅行実施者の所属・氏名・旅行
　日・旅行先・旅行社等への支払額等）を記載し、これに旅行先等を確
　認できる資料を添付して貴社に提出すること。

・　旅行券の支給を受けた者が当該旅行券の支給後1年以内（新型コロ
　ナウイルス感染症の影響により合理的な範囲内で延長する場合は、そ
　の延長された期間以内）に旅行券の全部又は一部を使用しなかった場
　合には、当該使用しなかった旅行券は貴社に返還すること（文書回答
　事例／源泉所得税　令和2.12.14）。

　ご質問の永年勤続表彰記念品の③については、上記の要件を満たす場
合には、給与等として課税しなくて差し支えありません。

参　考

Q156

　所基通36-21、36-22

　昭和60.2.21付直法6-4

　質疑応答事例／源泉所得税　給与所得18

　文書回答事例／源泉所得税　令和2.12.14

　『源泉所得税　現物給与をめぐる税務［平成27年版］』冨永賢一著
（大蔵財務協会）

－ 594 －

第 4 節　現物給与

$Q157$　研修旅行・レクリエーション

　当法人は、介護保険事業や保育所などを経営しています。当法人
では、過去に次のような旅行の費用を負担しています。
① 　理事長が参加した業界の経営者団体が主催する海外福祉施設の
　視察・研修旅行：60 万円（旅程表では現地 5 泊 6 日で、半日 2
　回現地の状況視察を兼ねて美術館等の見学をしますが、それ以外は
　施設見学・研修及び移動時間となっています。）
② 　おおむね 3 年ごとに各施設の全職員が参加できるよう 5 グルー
　プに分けて実施する 2 泊 3 日のレクリエーション旅行：1 人 4 万
　円。ただし、業務上の理由により参加できなかった職員には 2 万
　円の現金を支給。
　これらについては、非課税であるものとしてよいのでしょうか。

A　　①の研修旅行については、給与等として課税されません。
　　②のレクリエーション旅行については、旅行に参加した職
員は給与等として課税されませんが、現金の支給を受けた職員は給与等
として課税されます。

解説

（1）研修旅行

① 課税しない経済的利益

　研修旅行が法人の業務を行うために直接必要な場合には、それが海外
渡航を伴うものであっても、その費用は給与等として課税されません
（所基通 37-17 本文）。

② 課税される経済的利益

　研修旅行が事業の遂行上直接必要と認められない旅費の額及びその事
業の遂行上直接必要であると認められる旅費の額のうち通常必要と認め
られる金額を超える部分の金額は、その支給を受ける者の給与等として

－ 595 －

第4章　社会福祉法人の源泉所得税

所得税が課税されます（所基通37-17(注)）。

　この場合、その研修旅行が事業の遂行上直接必要なものであるかどうかは、その旅行の目的、旅行先、旅行経路、旅行期間等を総合勘案して実質的に判定しますが、次に掲げる旅行は、原則として、その事業の遂行上直接必要な研修旅行に該当しません（所基通37-19）。

・　観光渡航の許可を得て行う旅行
・　旅行あっせんを行う者等が行う団体旅行に応募してする旅行
・　同業者団体その他これに準ずる団体が主催して行う団体旅行で主として観光目的と認められるもの

　質問①の研修旅行については、現地の状況視察を兼ねて美術館等の見学を含めて、事業の遂行上直接必要なものと認められるのであれば、給与等として課税されません。

（2）従業員等のレクリエーション

①　経済的利益の課税の可否

　法人が役員又は職員のレクリエーションのために社会通念上一般的に行われていると認められる会食、旅行、演芸会、運動会等の行事の費用を負担することにより、これらの行事に参加した役員又は職員が受ける経済的利益については、法人が、その行事に参加しなかった役員又は職員（法人の業務の必要に基づき参加できなかった者を除きます。）に対しその参加に代えて金銭を支給する場合又は役員だけを対象としてその行事の費用を負担する場合を除き、所得税を課税しなくて差し支えありません（所基通36-30本文）。

　なお、上記の行事に参加しなかった者に支給する金銭については、法人の業務の必要に基づき参加できなかった者に対するものも含めて、給与等として課税されます（所基通36-30(注)）。

　なお、法人の業務の必要に基づき参加できなかった者以外の不参加者に金銭を支給する場合は、その行事に参加した全員にもその経済的利益が給与等として課税されることになります。

- 596 -

第4節　現物給与

② 社員旅行（レクリエーション旅行）

　従業員のレクリエーション旅行については、**[図表1]** のいずれの要件も満たすものであるときは、原則として、その旅行の費用は旅行に参加した人の給与として課税されません（昭和63.5.25付直法6-9・直所3-13）。

[図表1]　従業員レクリエーション旅行の非課税要件

	要　件	備　考
イ	旅行の期間が4泊5日以内であること	海外旅行の場合には、外国での滞在日数による
ロ	旅行に参加した人数が全体の人数の50%以上であること	工場や支店等ごとに行う旅行は、それぞれの職場ごとの人数の50%以上が参加することが必要
ハ	次のような旅行でないこと ⅰ　役員だけで行う旅行 ⅱ　取引先に対する接待、供応、慰安等のための旅行 ⅲ　実質的に私的旅行と認められる旅行 ⅳ　金銭との選択が可能な旅行	

　ただし、上記の条件を満たしていても、非課税要件を満たさないとされる場合があるので注意が必要です。

　マカオの最高級ホテルに1人1部屋で宿泊、全6食最高の食事をして、1人当たり24万1,300円、合計241万3,000円の従業員10名の旅費を法人が全額負担した事例について、一般的なマカオ旅行に比べ割高となったことなどからすると、経済的利益の額が少額であると認めることはできず、社会通念上一般的に行われていると認められる行事には該当しないとされた判例があります（東京高裁2013年5月30日（平成25年（行コ）第31号））。

- 597 -

第4章　社会福祉法人の源泉所得税

（3）税務調査における対応

　研修旅行は、それが事業の遂行上直接必要なものであるかどうか、社員旅行は社会通念上一般的に行われていると認められる行事に該当するかどうかを確認できなければなりません。

　このため、旅行の目的、旅行先、旅行経路、旅行期間等が記載された旅程表やパンフレット等、現地での写真、資料等を保管しておく必要があります。

参 考

Q157

　所基通 36-30、37-17、37-19

　昭和 63.5.25 付直法 6-9・直所 3-13

　東京高裁 2013 年 5 月 30 日（平成 25 年（行コ）第 31 号）

第4節　現物給与

Q158 社宅・駐車場

当法人は複数の保育所を経営しており、最近の保育士不足から前年度から次のような福利厚生施策を行っています。

① 希望する職員について法人で賃貸住宅を契約し、いわゆる借上社宅を提供しています。

なお、当法人の経営する保育所が所在するＡ市では、保育士確保の対策事業として、職員の借上社宅の家賃相当額を３年間、月額５万円を限度に法人へ補助しています。

このため、家賃月額５万円までの借上社宅については職員から家賃を徴収しておらず、月額５万円を超える場合にその超える金額を本人負担分として徴収しています。

② 自動車で通勤せざるを得ない職員のために、保育所近辺の駐車場を法人で賃貸借契約して無償で駐車させています。

これらについては、非課税であるものとしてよいのでしょうか。

A ①については、補助金とは関係なく、所得税法上の家賃相当額又はこれから徴収額を控除した金額が給与等として課税されます。

②については、給与等として課税されません。

解説

（1）社宅の提供

① 職員に対する社宅

イ 通常の賃貸料の額

法人が職員に対して貸与した住宅等（その使用人の居住の用に供する家屋又はその敷地の用に供する土地若しくは土地の上に存する権利をいいます。以下同じ。）に係る通常の賃貸料の額（月額をいい、管理費等を含めることができます。以下同じ。）は、次に掲げる算式により計算

－ 599 －

第4章　社会福祉法人の源泉所得税

した金額とされます（所基通36-45、36-41、質疑応答事例／源泉所得税 給与所得25）。

[計算式1]

$$\text{その年度の家屋の固定資産税の課税標準額} \times 0.2\% + 12円 \times \frac{\text{その家屋の総床面積（㎡）}}{3.3（㎡）}$$

$$+ \text{その年度の敷地の固定資産税の課税標準額} \times 0.22\%$$

　この場合において、その計算に関する細目については、[図表1]のとおりになります（所基通36-42、36-46）。

[図表1]　通常の賃貸料の額に関する細目

状　況	計算の方法
その貸与した家屋が1棟の建物の一部である場合又はその貸与した敷地が1筆の土地の一部である場合のように、固定資産税の課税標準額がその貸与した家屋又は敷地以外の部分を含めて決定されている場合	その課税標準額及びその建物の全部の床面積を基として求めた通常の賃貸料の額をその建物又は土地の状況に応じて合理的にあん分するなどにより、その貸与した家屋又は敷地に対応する通常の賃貸料の額を計算
その住宅等の固定資産税の課税標準額が改訂された場合	その改訂後の課税標準額に係る固定資産税の第1期の納期限の属する月の翌月分から、その改訂後の課税標準額を基として計算（注）
その住宅等が年の中途で新築された家屋のように固定資産税の課税標準額が定められていないものである場合	その住宅等と状況の類似する住宅等に係る固定資産税の課税標準額に比準する価額を基として計算
その住宅等が月の中途で職員の居住の用に供されたものである場合	その居住の用に供された日の属する月の翌月分から、職員に対して貸与した住宅等としての通常の賃貸料の額を計算

（注）法人が職員に対して貸与した住宅等の固定資産税の課税標準額が改訂された場合であっても、その改訂後の課税標準額が現に通常の賃貸料の額の計算の基礎となっている課税標準額に比し20％以内の増減にとどまるときは、現にその計算の基礎となっている課税標準額を適用して差し支えありません（所基通36-46前段）。
　　この場合において、法人が徴収している賃貸料の額が下記②ロに該当するものであるときは、職員に貸与した全ての住宅等を一括して、又は1か所若しくは数か所の事業所等ごとの区分により、20％以内であるかどうかを判定して差し支えありません（所基通36-46後段）。

－ 600 －

第4節　現物給与

ロ　課税されない経済的利益

㈠　原則

　法人が職員に対して貸与した住宅等につきその職員から実際に徴収している賃貸料の額が、その住宅につき上記イにより計算した通常の賃貸料の額の50％相当額以上である場合には、その職員が住宅等の貸与により受ける経済的利益はないものとされます（所基通36-47）。

　したがって、実際に徴収している賃貸料の額が上記の50％相当額に満たない場合は、通常の賃貸料の額と実際に徴収している賃貸料の額との差額が経済的利益となり、給与等として課税されます。

㈡　プール計算

　法人が住宅等を貸与した全ての職員から、その貸与した住宅等の状況に応じてバランスのとれた賃貸料を徴収している場合において、その徴収している賃貸料の額の合計額が職員に貸与した全ての住宅等につき上記イにより計算した通常の賃貸料の額の合計額の50％相当額以上であるときは、これらの全ての職員につき住宅等の貸与による経済的利益はないものとされます（所基通36-48前段）。

　この場合において、使用人に貸与した全ての住宅等につき一括してこれらの合計額を計算することが困難であるときは、1か所又は数か所の事業所等ごとにその所属する住宅等の全部を基として計算して差し支えありません（所基通36-48後段）。

ハ　補助金との関係

　待機児童対策として各市町村とも保育所等の整備を積極的に進めていることから、保育士不足が顕著となってきています。このため、各市町村において保育士を確保するための対策として、社会福祉法人等が職員を雇用するに当たって借上社宅を提供する場合、一定の条件を満たすときは家賃に対する補助金を法人又はその職員に交付する施策が行われています。

　ただし、この補助金は法人に交付されるものであっても、交付する地方公共団体によって取扱いが異なります。職員自身に交付されるもので

第4章　社会福祉法人の源泉所得税

法人に交付され収益に計上すべきものは、特段の税制上の措置もないことから、通常の賃貸料の額や経済的利益の額の計算には影響を与えません。

　一方、職員に対する補助金を法人を経由して交付するもので交付条件として職員からの賃貸料を徴収しないこととされている場合であっても、通常の賃貸料の額を算出して経済的利益の額を給与等として課税する必要があります。

二　事例

　次のような条件で計算した場合、ご質問の事例の経済的利益は次のとおりになります。

ⅰ　借上社宅（マンションの1室）家屋の専有部分の床面積　23.49㎡

　　　　　　　　　　　　　　　共有土地の持分　　1,890／264,534

ⅱ　家屋の専有部分の固定資産税の課税標準額　　　　　　1,943,000円

ⅲ　敷地（共有土地）の課税標準額　　　　　　　　　　44,321,583円

ⅳ　法人が支払っている月額家賃（共益費を含む。）　　　　52,000円

ⅴ　法人が職員から徴収している社宅家賃　　　　　　　　　2,000円

(1)　通常の賃貸料の額

$$1,943,000円 \times 0.2\% + 12円 \times \frac{23.49㎡}{3.3㎡}$$

$$+ \ 44,321,583円 \times \frac{1,890}{264,534} \times 0.22\% = 4,668円$$

(2)　経済的利益の判定

　4,668円 × 50% ＝ 2,334円 ＞ 2,000円　　∴　経済的利益あり

(3)　経済的利益の額

　4,668円 － 2,000円 ＝ 2,668円

②　役員に対する社宅

イ　通常の賃貸料の額

(イ)　原則

　法人がその役員に対して貸与した住宅等に係る通常の賃貸料の額は、

－ 602 －

次に掲げる算式により計算した金額になります（所基通 36-40）。

　ただし、法人が他から借り受けて貸与した住宅等でその法人の支払う賃借料の額の 50％に相当する金額が次の算式により計算した金額を超えるものについては、その 50％に相当する金額になります。

［計算式 2］

$$\left\{\begin{array}{l}\text{その年度の家屋の固定}\\\text{資産税の課税標準額}\end{array}\times 12\%（※）+\begin{array}{l}\text{その年度の敷地の固定}\\\text{資産税の課税標準額}\end{array}\times 6\%\right\}\times 1/12$$

※　木造家屋以外の家屋については 10％

　上記の算式中「木造家屋以外の家屋」とは、耐用年数省令別表第 1 に規定する耐用年数が 30 年を超える住宅用の建物をいい、木造家屋とは、当該耐用年数が 30 年以下の住宅用の建物をいいます（所基通 36-40（注）2）。

　また、家屋だけ又は敷地だけを貸与した場合には、その家屋だけ又は敷地だけについて、この取扱いを適用します（所基通 36-40（注）1）。

　なお、計算に関する細目については、[図表 1] と同様ですが、（注）の取扱いはありません（所基通 36-42）。

㈼　小規模住宅等

　法人が役員に対して貸与した住宅等のうち、その貸与した家屋の床面積（二以上の世帯を収容する構造の家屋については、一世帯として使用する部分の床面積。以下同じ。）が 132 平方メートル（木造家屋以外の家屋については 99 平方メートル）以下であるものに係る通常の賃貸料の額は、上記①イに掲げる算式により計算した金額とされます（所基通 36-41）。

　この場合において、その計算に関する細目については、[図表 1] と同様ですが、（注）の取扱いはありません（所基通 36-42）。

㈽　単身赴任者用住居

　その住宅等が単身赴任者のような者が一部を使用しているにすぎない住宅等に該当する場合に、次に掲げる算式により計算した金額以上の金額をその賃貸料の額として徴収しているときは、その徴収している金額

－ 603 －

第4章　社会福祉法人の源泉所得税

を当該住宅等に係る通常の賃貸料の額として差し支えありません（所基通36-43(2)）。

[計算式3]

$$
その住宅等につき（イ）又は（ロ）により計算した通常の賃貸料の額 \times \frac{50（㎡）}{その家屋の総床面積（㎡）}
$$

ロ　経済的利益と特別の利益

(イ)　原則

　法人が役員に対して貸与した住宅等につき上記イで計算された通常の賃貸料の額と実際に徴収している賃貸料の額との差額が経済的利益となり、給与等として課税されます。

(ロ)　プール計算

　法人が住宅等を貸与した全ての役員からその貸与した住宅等の状況に応じてバランスのとれた賃貸料を徴収している場合において、その徴収している賃貸料の額の合計額が役員に貸与した全ての住宅等につき上記イにより計算した通常の賃貸料の額の合計額以上であるときは、これらの全ての役員につき住宅等の貸与による経済的利益はないものとされます（所基通36-44）。

（2）駐車場

　自動車で通勤する役職員のために駐車場を借り上げて、これを無償で利用させる場合であっても、次のような事実がない場合は、あえて給与等として課税しなくても差し支えないものと考えられます。

・　役員等の特定の者のために借り上げたものであること。

・　その駐車場に駐車できる自動車が特定されていること。

・　自動車による通勤が法人の許可を必要とする場合において、特定の者のみが許可されていること。

－ 604 －

第 4 節　現物給与

（3）税務調査における対応

①　固定資産税評価証明書の取得

固定資産税の課税標準額は、賦課期日（1月1日）における固定資産の価格として固定資産課税台帳に登録されているものをいいます（質疑応答事例／源泉所得税 給与所得 24）。

通常の賃貸料の額を計算するには、この固定資産税の課税標準額が必要であるため、これが記載されている固定資産税評価証明書を取得する必要があります。

固定資産税評価証明書の交付申請は、その固定資産の所有者等に限定されていますが、家屋や土地の賃借人はその地位に基づき、その賃借している家屋及びその敷地について、この交付申請を行うことができます。

この交付申請を行う際は、本人確認書類、賃貸借契約書等の賃借人であることを確認できる書類が必要です。

②　役職員が指定した借上社宅

借上社宅であっても、実際に法人が支払う賃借料の額とは関係なく、通常の賃貸料の額は計算します。

しかし、借上する社宅について特段の制限を設けず、これに居住する役職員が自ら探し、法人が契約することになっている場合は、借上社宅に該当せず、その経済的利益は実質的に住居手当であることから、給与等として課税されます。

したがって、社宅規程等において、「社宅は当該職員が指定する」などの文言の記載は望ましくありません。

参考

Q158

所基通 36-40～36-45、36-46～36-48

質疑応答事例／源泉所得税 給与所得 24、25

『源泉所得税　現物給与をめぐる税務［平成 27 年版］』冨永賢一著（大蔵財務協会）

- 605 -

第4章　社会福祉法人の源泉所得税

第5節
退職所得の源泉徴収

Q159 退職所得と源泉徴収手続き

当法人は、特別養護老人ホーム等の介護保険事業を経営しています。

このたび、問題行動のある職員を就業規則に基づき解雇することになりました。解雇に当たっては1か月の予告期間を置くことが原則ですが、解雇予告手当25万円を支払って即日の解雇としました。

この解雇予告手当は、通常の給与と同様に源泉徴収を行えばよいでしょうか。

A 解雇予告手当は退職手当等に該当するので、「退職所得の受給に関する申告書」及び「退職所得申告書」の提出を受けていない場合は、退職所得に係る所得税の源泉徴収と住民税の所得割の特別徴収を行う必要があります。

解説

(1) 退職所得の金額と課税

① 退職手当等

イ 退職手当等の範囲

退職所得とは、退職手当、一時恩給その他の退職により一時に受ける給与及びこれらの性質を有する給与（以下「退職手当等」といいます。）に係る所得をいいます（所法30①）。

- 606 -

第5節　退職所得の源泉徴収

　この退職手当等とは、本来退職しなかったとしたならば支払われなかったもので、退職したことに基因して一時に支払われることとなった給与をいいます。したがって、退職に際し又は退職後に使用者等から支払われる給与で、その支払金額の計算基準等からみて、他の引き続き勤務している者に支払われる賞与等と同性質であるものは、退職手当等に該当しません（所基通 30-1）。

ロ　解雇予告手当

　労働基準法第 20 条の規定により使用者が予告をしないで解雇する場合に支払う予告手当は、退職手当等に該当します（所基通 30-5）。

ハ　退職一時金等

　社会福祉法人の役職員に支払われる次に掲げるような一時金は、退職手当等とみなされます（所法 31 三、所令 72 ③）。

- ・　独立行政法人福祉医療機構が社会福祉施設職員等退職手当共済法の規定により支給する退職手当金
- ・　独立行政法人勤労者退職金共済機構が中小企業退職金共済法の規定により支給する退職金
- ・　特定退職金共済団体が行う退職金共済制度に基づいてその被共済者の退職により支給される一時金
- ・　適格退職年金契約に基づき支給される退職一時金
- ・　平成 25 年厚生年金等改正法附則又は改正前の確定給付企業年金法等の規定に基づいて支給を受ける一定の一時金で加入員又は加入者の退職により支払われるもの
- ・　確定拠出年金法に規定する企業型年金規約又は個人型年金規約に基づいて老齢給付金として支給される一時金

ニ　民間退職金共済制度

　社会福祉協議会などの公益法人等が、その会員である社会福祉法人やその他の法人の職員の退職金に充てる目的で行う共済事業については、役職員が在職中に使用者に対し所定の掛金を拠出することにより退職に際してその使用者から支払われる一時金に該当し、この一時金は退職手

第4章　社会福祉法人の源泉所得税

当等に該当します（所基通30-3前段）。

　この場合において、その退職手当等の収入金額は、その一時金の額から受給者が拠出した掛金（支給日までにその掛金の運用益として元本に繰り入れられた金額を含みます。）の額を控除した金額によります（所基通30-3後段）。

　なお、「運用益として元本に繰り入れられた金額」とは、各人ごとの掛金の額が区分経理されている場合において、その掛金に対応する運用益としてその者に係る一時金の原資に繰り入れられたものをいいます（所基通30-3（注）前段）。

　この運用益に係る所得は、その掛金が貯蓄金として管理されている場合にはその繰り入れられた時の利子所得とし、その他の場合にはその繰り入れられた時の雑所得として課税することとなります（所基通30-3（注）後段）。

② 退職所得の金額

イ　職員に対する手当等

　退職所得の金額は、次の算式により計算した相当する金額になります（所法30②本文）。

[計算式1]

$$\left\{ \begin{array}{l} \text{その年中の退職手当等} \\ \text{の収入金額} \end{array} - \quad \text{退職所得控除額} \right\} \quad \times \quad 1/2$$

　なお、その年中の退職手当等のうち、退職手当等の支払者の下での勤続年数が5年以下である者が当該退職手当等の支払者から当該勤続年数に対応するものとして支払を受けるものであって、特定役員退職手当等に該当しないもの（以下「短期退職手当等」といいます。）に係る退職所得の金額の計算につき、短期退職手当等の収入金額から退職所得控除額を控除した残額のうち300万円を超える部分については、退職所得の金額の計算上2分の1とする措置を適用しないこととされます（所法30②一・二、④）。

－ 608 －

第5節　退職所得の源泉徴収

ロ　特定役員退職手当等

　退職手当等のうち、役員等（理事、監事その他法人税法に定める役員をいいます。）としての役員等勤続年数が5年以下である者が、退職手当等の支払をする者からその役員等勤続年数に対応する退職手当等として支払を受けるもの（以下「特定役員退職手当等」といいます。）に係る退職所得の金額は、次の算式により計算した相当する金額になります（所法30②⑤）。

［計算式2］

その年中の退職手当等
の収入金額　　　　　　　　　－　　退職所得控除額

ハ　イとロがある場合

　その年中に特定役員退職手当等と特定役員退職手当等以外の退職手当等（以下「一般退職手当等」をいいます。）がある場合の退職所得の金額は、次に掲げる金額の合計額になります。ただし、その年中の一般退職手当等の収入金額が一般退職所得控除額に満たない場合には、その満たない部分の金額を(イ)に掲げる金額から控除した残額になります（所法30⑤⑦、所令71の2③）。

(イ)　その年中の特定役員退職手当等の収入金額から特定役員退職所得控除額を控除した残額

(ロ)　その年中の一般退職手当等の収入金額から一般退職所得控除額を控除した残額の2分の1に相当する金額

　上記金額を計算する場合の用語の意義は、次のとおりです（所令71の2③④）。

A　特定役員退職所得控除額：次に掲げる金額の合計額をいいます。

　・　40万円に特定役員等勤続年数から重複勤続年数を控除した年数を乗じて計算した金額

　・　20万円に重複勤続年数を乗じて計算した金額

B　一般退職所得控除額：下記③の退職所得控除額から特定役員退職所得控除額（上記(イ)の収入金額が特定役員退職所得控除額に満たない場

－ 609 －

第4章　社会福祉法人の源泉所得税

合には、その収入金額）を控除した残額をいいます。

C　特定役員等勤続年数：特定役員等勤続期間により計算した年数をい
いいます。

D　特定役員等勤続期間：特定役員退職手当等につき下記③ロの規定に
より計算した期間をいいます。

E　重複勤続年数：特定役員等勤続期間と一般勤続期間（一般退職手当
等につき下記③ロの規定により計算した期間をいいます。）とが重複
している期間により計算した年数をいいます。

③　退職所得控除額

イ　退職所得控除額

㈠　通常の場合

退職所得控除額は、[**図表1**] の勤続年数に応じて、それぞれに掲げ
る金額になります（所法30③⑥二）。

ただし、障害者になったことに直接基因して退職したと認められる場
合で、その役職員が在職中に障害者に該当することとなったことによ
り、その該当することとなった日以後全く又はほとんど勤務に服さない
で退職した場合は、これらの金額に100万円を加算した金額になります
（所法30⑥三、所令71）。

[**図表1**]　**退職所得控除額**

勤続年数	退職所得控除額
20年以下	40万円　×　勤続年数（80万円に満たない場合は、80万円）
20年超	800万円　＋　70万円　×（勤続年数　－　20年）

㈡　その年の前年以前に他の退職手当等の支払を受けている場合

㈠により計算した金額から、当該他の退職手当等につき [**図表2**]
の場合に応じて、それぞれ計算した金額を控除した金額になります（所
法30⑥一、所令69①、70①②）。

－ 610 －

第5節　退職所得の源泉徴収

［図表2］　退職所得控除額から控除する金額

	他の退職手当等の支払	金額
ⅰ	退職所得者が退職手当等の支払者の下において勤務しなかった期間に他の者の下において勤務したことがある場合において、その支払者がその退職手当等の支払金額の計算の基礎とする期間のうちに当該他の者の下において勤務した期間を含めて計算 するときで、かつ、次のいずれかに該当する場合 ・当該他の者から前に退職手当等の支払を受けている場合 ・その支払者がその退職手当等の支払金額の計算の基礎とする期間のうちに、当該前に支払を受けた退職手当等の支払金額の計算の基礎とされた期間を含めて計算する場合	当該他の者から前に支払を受けた退職手当等又は当該前に支払を受けた退職手当等につき下記ロにより計算した期間を勤続年数とみなして上記（イ）により計算した金額
ⅱ	その年の前年以前4年内（その年に退職一時金等の支払を受ける場合には、19年内。以下同じ。）に退職手当等（ⅰに支払を受けた退職手当等を除きます。）の支払を受け、かつ、その年に退職手当等の支払を受けた場合において、その年に支払を受けた退職手当等につき下記ロにより計算した期間の基礎となった勤続期間等の一部がその年の前年以前4年内に支払を受けた退職手当等（以下「前の退職手当等」といいます。）に係る勤続期間等（以下「前の勤続期間等」といいます。）と重複している場合	その重複している部分の期間を上記イの勤続年数とみなして（イ）により計算した金額
ⅲ	ⅱにおいて、前の退職手当等の収入金額が前の退職手当等についてⅱを適用しないで計算した上記イによる退職所得控除額に満たないとき	前の退職手当等の支払金額の計算の基礎となった勤続期間等のうち、前の退職手当等に係る就職の日又は組合員等であった期間の初日から次に掲げる場合の区分に応じそれぞれに定める数（1に満たない端数を生じたときは、これを切り捨てた数）に相当する年数を経過した日の前日までの期間を前の勤続期間等とみなして、ⅱにより計算した金額 ・前の退職手当等の収入金額が800

－ 611 －

第4章　社会福祉法人の源泉所得税

	万円以下である場合　その収入金額を40万円で除して計算した数 ・前の退職手当等の収入金額が800万円を超える場合　その収入金額から800万円を控除した金額を70万円で除して計算した数に20を加算した数

(注)　ⅰ及びⅱの重複している部分の期間に1年未満の端数があるときは、その端数を切り捨てます（所令70③）。

ロ　勤続年数

退職手当等の支払を受ける役職員（以下「退職所得者」といいます。）が退職手当等の支払者である法人の下においてその退職手当等の支払の基因となった退職の日まで引き続き勤務した期間（以下「勤続期間」といいます。）により勤続年数を計算します（所令69①）。

ただし、[図表3]の場合に該当するときは、それぞれに掲げる期間を勤続年数とします（所令69①一・三）。

なお、退職一時金等に係る勤続年数は原則として組合員等であった期間になりますが、この期間は退職一時金等の支払者が計算しますので、詳細は省略します（所令69①二）。

[図表3]　特別な場合の勤続年数

	勤続の状況	勤続年数
（イ）	退職所得者が退職手当等の支払者の下において就職の日から退職の日までに一時勤務しなかった期間がある場合	その一時勤務しなかった期間前にその支払者の下において引き続き勤務した期間を勤続期間に加算した期間
（ロ）	退職所得者が退職手当等の支払者の下において勤務しなかった期間に他の者の下において勤務したことがある場合において、その支払者がその退職手当等の支払金額の計算の基礎とする期間のうちに当該他の者の下において勤務した期間を含めて計算するとき（出向者等）	当該他の者の下において勤務した期間を勤続期間に加算した期間

－ 612 －

第5節　退職所得の源泉徴収

（ハ）	退職所得者が退職手当等の支払者から前に退職手当等の支払を受けたことがある場合	前に支払を受けた退職手当等の支払金額の計算の基礎とされた期間の末日以前の期間は、勤続期間又は（イ）若しくは（ロ）により加算すべき期間に含まれないものとして、勤続期間の計算又は（イ）若しくは（ロ）で計算した期間
（ニ）	（ハ）の場合で、その支払者がその退職手当等の支払金額の計算の基礎とする期間のうちに、その前に支払を受けた退職手当等の支払金額の計算の基礎とされた期間を含めて計算する場合	（ハ）の期間は、勤続期間又は（イ）若しくは（ロ）により加算すべき期間に含まれるものとしてこれらの計算をした期間
（ホ）	その年に二以上の退職手当等又は退職一時金等の支給を受ける場合	これらの退職手当等又は退職一時金等のそれぞれについて計算した期間のうち最も長い期間
（ヘ）	（ホ）の場合で、その最も長い期間以外の期間の年数の計算の基礎となった勤続期間等（勤続期間及び（イ）～（ニ）により加算すべき期間又は組合員等であった期間をいいます。以下同じ。）の全部又は一部がその最も長い期間の計算の基礎となった勤続期間等と重複していない場合	その重複していない勤続期間等について計算した期間をその最も長い期間に加算した期間

（注）　計算した期間に1年未満の端数を生じたときは、これを1年として勤続年数を計算します（所令69②）。

（2）　退職所得の源泉徴収等

①　所得税の源泉徴収

イ　源泉徴収義務

　役職員に対し退職手当等の支払をする者は、その支払の際、その退職手当等について所得税を徴収し、その徴収の日の属する月の翌月10日までに、これを国に納付しなければなりません（所法199）。

ロ　源泉徴収税額

　源泉徴収すべき税額は、次頁[**図表4**]に掲げる場合に応じて、それぞれに掲げる金額を課税退職所得金額とみなして所得税率を適用して計

－ 613 －

第4章　社会福祉法人の源泉所得税

算した場合の税額になります（所法201①、所令319の3①）。

　ただし、退職手当等の支払を受ける役職員がその支払を受ける時までに「退職所得の受給に関する申告書」を提出していないときは、源泉徴収すべき税額は、その支払う退職手当等の金額に20％の税率を乗じて計算した金額に相当する税額になります（所法201③）。

［図表4］　源泉徴収税額

退職手当等の支払を受ける役職員が提出した退職所得の受給に関する申告書の記載	退職手当等の種類	課税退職所得金額（注）
その支払うべきことが確定した年において支払うべきことが確定した他の退職手当等で既に支払がされたものがない旨の記載がある場合	一般退職手当等に該当する場合	その支払う退職手当等の金額から退職所得控除額を控除した残額の2分の1に相当する金額を課税退職所得金額とみなして所得税率を適用して計算した場合の税額
	特定役員退職手当等に該当する場合	その支払う退職手当等の金額から退職所得控除額を控除した残額に相当する金額を課税退職所得金額とみなして所得税率を適用して計算した場合の税額
支払済みの他の退職手当等がある旨の記載がある場合	その支払う退職手当等とその支払済みの他の退職手当等がいずれも一般退職手当等に該当する場合	（イ）－（ロ）＝徴収税額 （イ）その支払う退職手当等の金額とその支払済みの他の退職手当等の金額との合計額から退職所得控除額を控除した残額の2分の1に相当する金額を課税退職所得金額とみなして所得税率を適用して計算した場合の税額 （ロ）その支払済みの他の退職手当等につき徴収された又は徴収されるべき所得税の額
	その支払う退職手当等とその支払済みの他の退職手当等がいずれも特定役員退職手当等に該当する場合	（イ）－（ロ）＝徴収税額 （イ）その支払う退職手当等の金額とその支払済みの他の退職手当等の金額との合計額から退職所得控除額を控除した残額に相当する金額を課税退職所得金額とみなして所得税率を適用して計算した場合の税額 （ロ）その支払済みの他の退職手当等

－ 614 －

第5節　退職所得の源泉徴収

		につき徴収された又は徴収される べき所得税の額
	その支払う退職 手当等とその支 払済みの他の退 職手当等が一般 退職手当等及び 特定役員退職手 当等に該当する 場合	（イ）と（ロ）の合計額を課税退職所 得金額とみなして所得税率を適用して 計算した場合の税額－（ハ）＝徴収税 額 （イ）特定役員退職手当等の金額から 　　特定役員退職所得控除額を控除し 　　た残額 （ロ）一般退職手当等の金額から一般 　　退職所得控除額を控除した残額の 　　２分の１に相当する金額 （ハ）その支払済みの他の退職手当等 　　につき徴収された又は徴収される 　　べき所得税の額

（注）　これらの金額に 1,000 円未満の端数があるとき、又はこれらの金額の全額が 1,000 円未満であるときは、その端数金額又はその全額を切り捨てた金額とします（所法 201 ①）。

②　住民税の特別徴収

イ　特別徴収義務

　給与所得等に係る通常の市町村民税及び都道府県民税の特別徴収と異なり、退職手当等の支払をする法人が特別徴収義務者となり、退職手当等の支払をする際、その退職手当等について分離課税に係る所得割を徴収し、その徴収の日の属する月の翌月の 10 日までに、納入申告書を市町村長に提出し、かつ、その納入金をその市町村に納入する義務を負います（地法 328 の 5 ①②、41 ①、50 の 5 ）。

ロ　特別徴収税額

　特別徴収すべき税額は、退職手当等の支払を受ける役職員が提出した「退職所得申告書」の記載に応じて、上記①ロに準じて、分離課税に係る所得割の税率（都道府県民税 4 ％、市町村民税 6 ％）を適用して計算した場合の税額なります（地法 328 の 6 ①、50 の 4 、328 の 3 ）。

　ただし、退職手当等の支払を受ける役職員がその支払を受ける時までに「退職所得申告書」を提出していないときは、特別徴収すべき税額は、その支払う退職手当等の金額に分離課税に係る所得割の税率（都道府県民税 4 ％、市町村民税 6 ％）を乗じて計算した金額に相当する税額

－ 615 －

第4章　社会福祉法人の源泉所得税

になります（地法 328 の 6 ②）。

③　税務調査における対応

　退職手当等が少額の者や解雇予告手当等について「退職所得の受給に関する申告書」及び「退職所得申告書」の提出を受けておらず、源泉徴収が行われていない場合、税務調査において指摘を受ける事例が見受けられます。

　本来、源泉徴収すべき退職手当等に係る所得税を徴収しなかった場合、その退職所得者に対して最終的には所得税が課されないことが明らかであっても、そのこととは関係なく、支払者である法人は源泉徴収税額が追徴されることになります。

　この追徴された税額は、その退職所得者から徴収することになりますが、所在不明となるなど、その徴収が困難になる事由が発生しています。

　このため、役職員の退職時において、何らかの金銭等の支給がある場合は、必ず「退職所得の受給に関する申告書」及び「退職所得申告書」の提出を受けておく必要があります。

参　考

関連Q＆A：Q26 共済事業

Q159

　所法 30 ①②③④⑥⑦、31 三、199、201

　所令 69 ①②、70、71、71 の 2、72 ③、319 の 3

　所基通 30-1、30-3、30-5

　労働基準法 20

　地法 41 ①、50 の 4、50 の 5、328 の 3、328 の 5、328 の 6

－ 616 －

第6節

報酬・料金等の源泉徴収

Q160 報酬・料金等の例示と源泉徴収税額

当法人は、保育所を経営している社会福祉法人です。

当法人では、次のような業務を外部に委託し報酬を支払っています。

① 税理士との顧問契約に基づく会計業務の指導・助言：50,000円（別途消費税等）

② 行政書士による定款変更手続き：150,000円（別途消費税等）

③ Ａ株式会社からの体操教室の講師派遣：100,000円（別途消費税等）

④ 任意団体Ｂが行う園内行事の演劇：30,000円（別途消費税等）

これらについて、所得税等の源泉徴収は必要でしょうか。

A ①については、5,105円の所得税等の源泉徴収が必要です。

②については、源泉徴収すべき報酬ではないので、源泉徴収は必要ありません。

③については、法人に対する支払であるため、源泉徴収は必要ありません。

④については、人格のない社団等に該当しなければ、3,063円の所得税等の源泉徴収が必要です。

第 4 章　社会福祉法人の源泉所得税

[解 説]

（1）報酬・料金等と源泉徴収

①　源泉徴収義務

　法人が個人である講師に謝金を支払う場合や弁護士、税理士等の専門家に報酬を支払う場合は、報酬・料金等として所得税を源泉徴収しなければなりません（所法204①）。

②　報酬・料金等の例示と源泉徴収税額

　社会福祉法人において生じることが多い源泉徴収の対象となる報酬・料金等の例示とその源泉徴収税額は［**図表1**］のとおりです（所法204①、205①）。

［図表1]　報酬・料金の例示と源泉徴収税額

法号	報酬・料金の区分	税率
1	原稿の報酬	報酬・料金の額×10.21%　ただし、同一人に対して1回に支払われる金額が100万円を超える場合には、その超える部分については、20.42%
	作曲の報酬	
	デザインの報酬	
	講演（講師）の報酬・料金	
	著作権（著作隣接権を含む。）又は工業所有権の使用料	
	技芸、スポーツ、知識等の技芸・指導料	
	懸賞応募作品等の入選者に支払う賞金等	
2	弁護士、公認会計士、税理士、社会保険労務士、弁理士、不動産鑑定士の業務に関する報酬・料金	報酬・料金の額×10.21%　ただし、同一人に対して1回に支払われる金額が100万円を超える場合には、その超える部分については、20.42%
	測量士、建築士の業務に関する報酬・料金	
	技術士の業務に関する報酬・料金	
	企業診断員の業務に関する報酬・料金	
	司法書士、土地家屋調査士の業務に関する報酬・料金	（報酬・料金の額－1回の支払につき1万円）×10.21%

－ 618 －

第6節　報酬・料金等の源泉徴収

5	映画、演劇その他芸能又はラジオ放送若しくはテレビ放送に係る出演若しくは演出（指揮、監督その他を含む。）又は企画の報酬・料金	報酬・料金の額×10.21%ただし、同一人に対して1回に支払われる金額が100万円を超える場合には、その超える部分については、20.42%
	芸能人の役務の提供を内容とする事業を行う者の役務提供に関する報酬・料金	

(注1)　「法号」は、源泉徴収すべき報酬・料金を規定している所得税法第204条第1項の号番号です。
(注2)　報酬・料金の区分は例示であり、これらの報酬・料金に類するものであっても源泉徴収すべきものに該当しない又は源泉徴収すべき報酬・料金もあります。

③　報酬・料金等の細目

イ　[図表1] の法号1の報酬・料金等

　[図表1] の法号1の報酬・料金等には、次のものが含まれます（所令320①）。

・　テープ若しくはワイヤーの吹込み、脚本、脚色、翻訳、通訳、校正、書籍の装てい、速記、版下（写真製版用写真原板の修整を含み、写真植字を除きます。）又は雑誌、広告その他の印刷物に掲載するための写真の報酬若しくは料金

・　技術に関する権利、特別の技術による生産方式若しくはこれらに準ずるものの使用料

・　技芸、スポーツその他これらに類するものの教授若しくは指導又は知識の教授の報酬若しくは料金

・　金融商品取引法第28条第6項に規定する投資助言業務に係る報酬若しくは料金

　社会福祉法人が支払う原稿の報酬その他の報酬又は料金に該当するかどうかについては、おおむね次頁 [図表2] のとおりになります（所基通204-6)。

－ 619 －

第4章　社会福祉法人の源泉所得税

[図表2]　原稿の報酬その他の報酬・料金の範囲

報酬又は料金の区分	左の報酬又は料金に該当するもの	左の報酬又は料金に類似するが該当しないもの
原稿の報酬	演劇、演芸の台本の報酬 口述の報酬 映画のシノプス（筋書）料 文、詩、歌、標語等の懸賞の入賞金 書籍等の編さん料又は監修料	懸賞応募作品の選稿料又は審査料 試験問題の出題料又は各種答案の採点料 クイズ等の問題又は解答の投書に対する賞金等
作曲の報酬	編曲の報酬	
デザインの報酬	映画関係の原画料、線画料又はタイトル料 テレビジョン放送のパターン製作料 標章の懸賞の入賞金	織物業者が支払ういわゆる意匠料（図案を基に織原版を作成するに必要な下画の写調料）又は紋切料（下画を基にする織原版の作成料） 字又は絵等の看板書き料
著作権の使用料	映画、演劇又は演芸の原作料、上演料等	
著作隣接権の使用料		著作権法第95条第1項及び第97条第1項に規定する二次使用料
講演料		ラジオ、テレビジョンその他のモニターに対する報酬
技芸、スポーツその他これらに類するものの教授若しくは指導又は知識の教授の報酬又は料金	生け花、茶の湯、舞踊、囲碁、将棋等の遊芸師匠に対し実技指導の対価として支払う謝金等 編物、ペン習字、着付、料理、ダンス、カラオケ、民謡、語学、短歌、俳句等の教授又は指導及び各種資格取得講座に係る講師謝金等	（注）　講演料及びスポーツ選手等に対する報酬又は料金に該当するものについては、源泉徴収を行うことになります。
脚色の報酬又は料金	潤色料（脚本の修正、補正料）又はプロツト料（粗筋、構想料）等	
翻訳又は通訳の報酬又は料金		手話通訳の報酬

第6節　報酬・料金等の源泉徴収

　なお、懸賞応募作品等の入選者に支払う賞金等で、同一人に対して1回に支払うべき金額が少額（おおむね5万円以下）のものについては、源泉徴収をしなくて差し支えありません（所基通204-10(1)）。

ロ　［図表1］の法号2の報酬・料金等

㈠　企業診断員の範囲

　企業診断員には、中小企業支援法に基づく中小企業診断士の登録等及び試験に関する規則により登録された中小企業診断士だけでなく、直接企業の求めに応じ、その企業の状況について調査及び診断を行い、又は企業経営の改善及び向上のための指導を行う者、例えば、経営士、経営コンサルタント、労務管理士等と称するような者も含まれます（所基通204-15）。

㈡　技術士等に対する報酬・料金

　技術士又は技術士補以外の者であっても、技術士の行う業務と同一の業務を行う者に対する報酬又は料金については、所得税等を源泉徴収する必要があります（所法204①二、所令320②）。

　この「技術士又は技術士補以外の者で技術士の行う業務と同一の業務を行う者」とは、技術士法第2条に規定する技術士又は技術士補の資格を有しないで、科学技術（人文科学だけに係るものを除きます。）に関する高等の専門的応用能力を必要とする事項について計画、研究、設計、分析、試験、評価又はこれらに関する指導の業務を行う者をいいます（所基通204-18）。

　ただし、他の法律においてその業務を行うことが制限されている次のような業務を除きます（所基通204-18（注））。

- 電気事業法第43条に規定する主任技術者の業務
- ガス事業法第25条、第65条又は第98条に規定するガス主任技術者の業務
- 医師法第17条に規定する医師の業務
- 医薬品、医療機器等の品質、有効性及び安全性の確保等に関する法律第7条、第17条、第23条の2の14又は第23条の34の規定によ

－ 621 －

第4章　社会福祉法人の源泉所得税

り薬剤師等が行うべき管理の業務

・　電離放射線障害防止規則第47条各号規定するエックス線作業主任者の業務

・　食品衛生法第48条第1項に規定する食品衛生管理者の業務

ハ　[図表1] の法号5の報酬・料金等

[図表1] の法号5の芸能は、次のものをいいます（所令320④）。

・　音楽、音曲、舞踊、講談、落語、浪曲、漫談、漫才、腹話術、歌唱、奇術、曲芸又は物まね

[図表1] の法号5の指揮、監督その他は、次のものをいいます（所令320④）。

・　映画若しくは演劇の製作、振付け（剣技指導その他これに類するものを含みます。）、舞台装置、照明、撮影、演奏、録音（擬音効果を含みます。）、編集、美粧又は考証

[図表1] の法号5の芸能人は、次のものをいいます（所令320⑤）。

・　映画若しくは演劇の俳優、映画監督若しくは舞台監督（プロジューサーを含みます。）、演出家、放送演技者、音楽指揮者、楽士、舞踊家、講談師、落語家、浪曲師、漫談家、漫才家、腹話術師、歌手、奇術師、曲芸師又は物まね師

（2）法人等に対する源泉徴収

①　法人及び人格のない社団等

（1）②の報酬、料金、契約金又は賞金の支払を受ける者が法人である場合は、源泉徴収を行う必要はありません。

また、法人でない団体であっても、人格のない社団等に該当する場合は、法人として取り扱われるので、同様に源泉徴収を行う必要はありません（所法4）。

この「人格のない社団等」とは、法人でない社団又は財団で代表者又は管理人の定めがあるものをいいます（所法2①八）。

第 6 節　報酬・料金等の源泉徴収

②　支払を受ける者が法人以外の団体等である場合

（1）②の報酬、料金、契約金又は賞金の支払を受ける者が、官庁等の部、課、係、研究会又は劇団若しくは楽団等の名称のものであって、人格のない社団等に該当するかどうかが明らかでない場合には、その支払を受ける者が次のいずれかに掲げるような事実を挙げて人格のない社団等であることを立証した場合を除き、源泉徴収を行う必要があります（所基通 204-1）。

・　法人税を納付する義務があること。
・　定款、規約又は日常の活動状況からみて個人の単なる集合体ではなく団体として独立して存在していること。

参　考

関連Q＆A：Q161 報酬・料金等の範囲

Q160

　　所法 2 ①八、4、204 ①一・二・五、205 ①

　　所令 320 ①②④⑤

　　所基通 204-1、204-6、204-10、204-15、204-18

　　金融商品取引法 28 ⑥

　　技術士法 2

　　電気事業法 43、

　　ガス事業法 25、65、98

　　医師法 17

　　医薬品、医療機器等の品質、有効性及び安全性の確保等に関する法律 7、17、23 の 2 の 14、23 の 34

　　電離放射線障害防止規則 47

　　食品衛生法 48 ①

　　著作権法 95 ①、97 ①

－ 623 －

第4章 社会福祉法人の源泉所得税

Q161 報酬・料金等の範囲

　社会福祉法人である当社会福祉協議会は、社会福祉法人に対する研修を行い、その研修の講師を外部の有識者に依頼しています。
　講師には当法人の規定に基づき、講師謝金（税込み）と講師が公共交通機関を利用して研修会場まで来るために必要な交通費の実費相当額を支払っています。
　交通費の実費相当額ですので、講師謝金についてのみ所得税等の源泉徴収を行っていますが、差し支えないでしょうか。

　講師に対する報酬については、交通費の実費相当額も含めて源泉徴収をする必要があります。

解説
（1）報酬・料金等の範囲
① 支払の名目
　報酬又は料金等の性質を有するものは、謝礼、賞金、研究費、取材費、材料費、車賃、記念品代、酒こう料等の名義で支払うものであっても、全て源泉徴収の対象になります（所基通204-2）。
② 旅費等
　旅費、日当、宿泊費などの名目で支払われるものは、たとえ実費相当額であっても、源泉徴収の対象となる報酬・料金に含まれます（所基通204-2）。
　ただし、次のイ又はロに該当する場合は、源泉徴収の対象となる報酬・料金に含めなくても差し支えありません。
イ　報酬又は料金の支払の基因となる役務を提供する者のその役務を提供するために行う旅行、宿泊等の費用も負担する場合において、その費用として支出する金銭等が、その役務を提供する者に対して交付されるものでなく、その報酬又は料金の支払をする者から交通機関、ホ

- 624 -

第 6 節　報酬・料金等の源泉徴収

テル、旅館等に直接支払われ、かつ、その金額がその費用として通常必要であると認められる範囲内のもの（所基通 204-4）

ロ　弁護士、司法書士等に支払う金銭等であっても、支払者が国等に対し登記、申請等をするため本来納付すべきものとされる登録免許税、手数料等に充てるものとして支払われたことが明らかなもの（所基通 204-11）

③　消費税等の取扱い

報酬・料金等の額の中に消費税及び地方消費税の額（以下「消費税等の額」といいます。）が含まれている場合は、原則として、消費税等の額を含めた金額を源泉徴収の対象としますが、請求書等において報酬・料金等の額と消費税等の額が明確に区分されている場合には、その報酬・料金等の額のみを源泉徴収の対象とする金額として差し支えありません（平成元.1.30 付直法 6-1）。

（2）税務調査における対応

報酬・料金に係る業務に関して金銭で支払う交通費等の相当額は、その報酬・料金の支払を受ける者が現実にその交通費等を支払っていたとしても、所得税等の源泉徴収の対象となります。

このため、実費として支給する場合は、法人が交通機関の乗車券等を交付するか、その支払を受ける者が交通機関から交付を受けた領収書と交換して支給する必要があります。

参 考

関連Q＆A：Q160 報酬・料金等の例示と源泉徴収税額
Q161

所基通 204-2、204-4、204-11

平成元.1.30 付直法 6-1

- 625 -

第4章 社会福祉法人の源泉所得税

第7節
外国人労働者の源泉徴収

Q162 技能実習生の源泉徴収

当法人は、介護保険事業を行う社会福祉法人です。

当法人では、前年度からミャンマー及び中国からの技能実習生を受け入れて研修を行っています。これらの者に対しては研修手当を支給していますが、所得税の源泉徴収はどのようにすればよいでしょうか。

 ミャンマーからの実習生については、在留資格及び在留予定期間によって源泉徴収税額が異なります。

中国からの実習生については、一定の手続きを行えば、源泉徴収は必要ありません。

解説
(1) 技能実習生制度
① 制度の概要

外国人技能実習制度とは、平成5年に導入され、「技能実習」の在留資格で日本に在留する外国人が報酬を伴う技能実習を行う制度です。

平成28年11月には「外国人の技能実習の適正な実施及び技能実習生の保護に関する法律」(以下「技能実習法」といいます。)が成立し、平成29年11月から施行されています。

この技能実習法は、技能実習に関し、技能実習計画の認定及び監理団

- 626 -

第7節　外国人労働者の源泉徴収

体の許可の制度を設け、これらに関する事務を行う外国人技能実習機構を設けること等により、技能実習の適正な実施及び技能実習生の保護を図るものです。

　この法律に基づく技能実習の実施の方法は、次の二つに大別されます（技能実習法2）。

・　企業単独型技能実習

　　企業等の実習実施機関が海外の現地法人、合弁企業や取引先企業の職員を受け入れて技能実習を実施

・　団体監理型技能実習

　　商工会等の営利を目的としない監理団体が技能実習生を受け入れ、傘下の実習実施機関で技能実習を実施

② 　技能実習生の在留資格

　上記のいずれの型についても、入国後1年目の技能等を修得する活動と、2・3年目の修得した技能等に習熟するための活動、さらに所定の技能評価試験の実技試験の合格者を対象にした4・5年目の活動とに分けられ、これに応じて**［図表1］**の在留資格が設けられています（出入国管理及び難民認定法別表第一の二）。

［図表1］技能実習生の在留資格

技能実習の年次＼型	企業単独型	団体監理型
1年目	技能実習1号イ	技能実習1号ロ
2・3年目	技能実習2号イ	技能実習2号ロ
4・5年目	技能実習3号イ	技能実習3号ロ

③ 　育成就労制度の創設

　令和6年6月に「外国人の育成就労の適正な実施及び育成就労外国人の保護に関する法律」が成立しました。

　これにより、技能実習制度は廃止され、公布の日から起算して3年を超えない範囲内において政令で定める日からは「育成就労制度」が開始

－ 627 －

第4章　社会福祉法人の源泉所得税

されます。

　育成就労制度は、育成就労産業分野において、特定技能1号水準の技能を有する人材を育成するとともに、その分野における人材を確保することを目的としています。今後、政府は基本方針及び分野別運用方針を定め、分野別運用方針において、各分野の受入れ見込数を設定することとなっています。

（2）納税者の区分

① 居住者

イ　定義

　所得税法において「居住者」とは、国内に住所を有し、又は現在まで引き続いて1年以上居所を有する個人をいいます（所法2①三）。

ロ　国内に住所を有する者と推定する場合

　国内に居住することとなった個人が、次のいずれかに該当する場合には、その者は、国内に住所を有する者と推定されます（所令14①）。

・　その者が国内において、継続して1年以上居住することを通常必要とする職業を有すること。
・　その者が日本の国籍を有し、かつ、その者が国内において生計を一にする配偶者その他の親族を有することその他国内におけるその者の職業及び資産の有無等の状況に照らし、その者が国内において継続して1年以上居住するものと推測するに足りる事実があること。

　なお、上記により国内に住所を有する者と推定される個人と生計を一にする配偶者その他その者の扶養する親族が国内に居住する場合には、これらの者も国内に住所を有する者と推定されます（所令14②）。

② 非居住者

イ　定義

　所得税法において「非居住者」とは、居住者以外の個人をいいます（所法2①五）。

ロ　国内に住所を有しない者と推定する場合

－ 628 －

第7節　外国人労働者の源泉徴収

国外に居住することとなった個人が、次のいずれかに該当する場合には、その者は、国内に住所を有しない者と推定されます（所令15①）。

・　その者が国外において、継続して1年以上居住することを通常必要とする職業を有すること。

・　その者が外国の国籍を有し又は外国の法令によりその外国に永住する許可を受けており、かつ、その者が国内において生計を一にする配偶者その他の親族を有しないことその他国内におけるその者の職業及び資産の有無等の状況に照らし、その者が再び国内に帰り、主として国内に居住するものと推測するに足りる事実がないこと。

なお、上記により国内に住所を有しない者と推定される個人と生計を一にする配偶者その他その者の扶養する親族が国外に居住する場合には、これらの者も国内に住所を有しない者と推定されます（所令15②）。

③　技能実習生の納税者区分の判定

イ　研修生等の推定

学術、技芸の習得のため国内又は国外に居住することとなった者の住所が国内又は国外のいずれにあるかは、その習得のために居住する期間その居住する地に職業を有するものとして、上記①ロ又は②ロにより推定します（所基通3-2）。

ロ　在留資格に応じた判定

(イ)　技能実習1号イ・ロ

技能実習生の在留資格が「技能実習1号イ」又は「技能実習1号ロ」である場合は、入国日の翌日から起算して1年を経過する日を超えて国内に居住する場合に「居住者」である要件を満たすことになります（通法10①）。

したがって、例えば次のような事例の場合は、X2年8月20日までには出国（帰国）するので、要件を満たさず、国内に住所を有する者と推定されることはないため、国内に住所を有する事実が認められない限り一般的には非居住者と判定されることになります（タックスアンサー/源泉所得税 No.2875　別紙）。

－ 629 －

第4章　社会福祉法人の源泉所得税

［事例］
・　入国予定日：X1年8月20日
・　在留期間（満了日）：X2年8月20日
・　講習：X1年8月21日〜X1年9月20日
・　雇用契約：X1年9月21日〜X2年8月20日
・　在留資格：技能実習1号ロ

㈠　技能実習2号イ・ロ及び技能実習3号イ・ロ

　技能実習生の在留資格が「技能実習2号イ」「技能実習2号ロ」「技能実習3号イ」及び「技能実習3号ロ」である場合は、在留期間が1年を超えることが予定されているため、来日当初から「居住者」に該当する余地もあります。

　ただし、単に2年目以降の在留を予定しているだけでは、住所の推定規定を満たすとはいえず、例えば、来日時点で「2年目以降の雇用契約」を締結するなど、その実習生が「継続して1年以上居住することを通常必要とする職業を有すること」を明確にしておくことが必要です（週刊「税務通信」№3584（2019年12月9日号））。

（2）源泉徴収

①　原則

　ご質問のミャンマーからの実習生については、納税者の区分によって源泉徴収税額が異なります。

イ　居住者

　技能実習生が居住者である場合は、通常の給与所得者と同様に、給与所得者の扶養控除等申告書の提出を受けているときは「給与所得の源泉徴収税額表」の「月額表」「甲欄」により、給与所得者の扶養控除等申告書の提出を受けていないときは「給与所得の源泉徴収税額表」の「月額表」「乙欄」により源泉徴収税額を算出します（所法185①一イ・二イ）。

　ただし、扶養控除等申告書において、非居住者である親族（以下「国

－ 630 －

第7節　外国人労働者の源泉徴収

外居住親族」といいます。）に係る扶養控除、配偶者控除又は障害者控除の適用を受ける記載がある場合は、その国外居住親族に係る「親族関係書類」及び「送金関係書類」を源泉徴収義務者である法人に提出し、又は掲示する必要があります（所法187、194①七・④〜⑥、所令316の2②③、所規47の2⑤⑥、73の2②③）。

ロ　非居住者

技能実習生が非居住者である場合は、給与等の収入金額に20.42％の税率を乗じて計算した税額を源泉徴収します（所法213①一）。

② 中国からの実習生

次の日中租税条約第21条の規定により、中国からの実習生に支給した研修手当については、源泉徴収する必要ありません。

専ら教育若しくは訓練を受けるため又は特別の技術的経験を習得するため一方の締結国内（注：日本）に滞在する学生、事業修習者又は研修員であって、現に他方の締結国（注：中国）の居住者であるもの又はその滞在の直前に他方の締結国（注：中国）の居住者であったものがその生計、教育又は訓練のために受け取る給付又は所得については、当該一方の締結国（注：日本）の租税を免除する。

第4章　社会福祉法人の源泉所得税

参　考

関連Q＆A：Q146 非常勤職員給与の源泉徴収

Q162

　所法 2 ①三・五、185 ①一・二、187、194 ①七・④〜⑥、213 ①一

　所令 14、15、316 の 2 ②③

　所規 47 の 2 ⑤⑥、73 の 2 ②

　所基通 3-2

　通法 10 ①

　日中租税条約 21

　技能実習法 2

　出入国管理及び難民認定法別表第一の二

　外国人の育成就労の適正な実施及び育成就労外国人の保護に関する法律

　タックスアンサー/ 源泉所得税 No.2875　別紙

　週刊「税務通信」No. 3584（2019 年 12 月 9 日号）

- 632 -

第5章

社会福祉法人の
地方税

第5章　社会福祉法人の地方税

第1節
法人都道府県民税・法人市町村民税

Q163 都道府県民税・市町村民税の計算

社会福祉法人は、都道府県民税や市町村民税を納める義務はあるのでしょうか。

A 収益事業を行っていない場合は、住民税を納める義務はなく、申告する必要もありません。

一方、収益事業を行っている場合は、都道府県民税及び市町村民税（以下「住民税」といいます。）の申告納付をする義務があります。

解説

（1）社会福祉法人に対する課税

① 納税義務

社会福祉法人が収益事業を行わない場合は、住民税を納める義務はありません（地法25①二、296①二）。

一方、社会福祉法人が収益事業を行う場合は、原則として住民税の均等割と法人税割を納める義務があります（地法24④、25②、294⑦、296②）。この場合、その収益事業を行う事務所又は事業所所在の都道府県又は市町村に申告を行います（地法24④、294⑦、734①）。

なお、東京都の特別区内にその収益事業を行う事務所又は事業所を有する場合には、道府県民税に相当する税と市町村民税に相当する税が東京都から課されます（地法734②二）。

- 634 -

第1節　法人都道府県民税・法人市町村民税

② 均等割

均等割は、均等の額により課される住民税をいいます（地法23①一、292①一）。

社会福祉法人に課される住民税の均等割の標準税率は、**[図表1]** のとおりです（地法52①一、312①一、737①、地方自治法252の19①）。

ただし、収益事業を行う場合であっても、住民税の均等割が免除される場合があります（**Q164** 参照）。

[図表1]　住民税の均等割（標準税率）

税　　　目			税　　　率
道府県民税（注1）			年額　2万円
市町村民税（政令指定都市にあっては、その都市の一の区ごとに市とみなして課税）（注2）			年額　5万円
都民税	特別区内のみに収益事業を行う事務所等が所在	都内の主たる事務所等所在の特別区（道府県分・市町村分）	年額　7万円
		都内の従たる事務所の事務所等所在の特別区（市町村分）	年額　5万円
	特別区と都内の市町村のいずれにも収益事業を行う事務所等が所在	道府県分	年額　2万円
		特別区（市町村分）	年額　5万円
	都内の市町村のみに事務所等が所在	道府県分	年額　2万円

(注1)　制限税率（標準税率を超えて課すことができる税率の上限をいいます。以下同じ。）は定められていません。
(注2)　制限税率は、標準税率の1.2倍とされています（地法312②）。

③ 法人税割

法人税額を課税標準として課される住民税をいいます（地法23①三イ、292①三イ）。

イ　課税標準

法人税割の課税標準は、法人税法、租税特別措置法その他法人税に関する法令の規定により計算した法人税額です。この金額は、法人税額からの所得税額の控除、一部の租税特別措置法による法人税額の特別控除

- 635 -

第5章　社会福祉法人の地方税

を適用する前の法人税額になります（地法23①四イ、292①四イ）。

　ただし、法人税に係る延滞税、利子税、過少申告加算税、無申告加算税及び重加算税の額を含みません（地法23①四イ、292①四イ）。

ロ　税率

　社会福祉法人に課される住民税の法人税割の標準税率及び制限税率は、[図表2]のとおりです（地法51①、314の4①、734③）。

　なお、法人税割には、税額控除の制度が設けられています（地法53㊱～㊿、314の6～314の9、734③、地法附則8の2の2）。

[図表2]　住民税の法人税割

税　　　目		標準税率	制限税率
道府県民税		1%	2%
市町村民税		6%	8.4%
都民税	特別区の存する区域内に収益事業を行う事務所等を有する法人のその特別区分	7%	10.4%
	都内の市町村に収益事業を行う事務所等を有する法人のその道府県分	1%	2%

ハ　分割基準

　2以上の道府県において収益事業を行う法人若しくは2以上の市町村において収益事業を行う法人又は東京都の特別区と市町村において収益事業を行う法人が、道府県民税、市町村民税又は都民税を申告納付する場合においては、その法人の法人税額を、収益事業を行う事務所等が所在する都道府県又は市町村（以下「関係都道府県又は市町村」といいます。）に分割し、その分割した額を課税標準とし、関係都道府県又は市町村ごとに法人税割額を算定して、これに均等割額を加算した額を申告納付することになります（地法57①、321の13①、734③）。

　この場合における分割した課税標準は、課税標準の算定期間中において有する収益事業を行う事務所等について、次の算式により計算します（地法57②、321の13②、734③）。

－ 636 －

第1節　法人都道府県民税・法人市町村民税

［計算式］

$$\underbrace{\cfrac{\text{課税標準となる法人税額}}{\substack{\text{収益事業を行う事務所等の従業}\\\text{員の総数}}}}_{\substack{\text{従業員1人当たりの分割課税標}\\\text{準額（注1）}}} \times \substack{\text{関係都道府県又は市町村に所在す}\\\text{る収益事業を行う事務所等の従業}\\\text{員の数（注2）}}$$

(注1)　算出上、小数点以下の数値がある場合は、その小数点以下の数値のうちその従業員
　　　の総数の桁数に1を加えた数に相当する数の位以下の部分の数値を切り捨てます（例：
　　　従業員の総数150人の場合、小数点4位以下を切捨て）。
(注2)　従業員の数は、その算定期間の末日現在における従業員の数をいいます（地法57
　　　②、321の13②）。
　　　　この従業員は、その事務所等に勤務すべき者で、俸給、給料、賃金、手当、賞与そ
　　　の他これらの性質を有する給与の支払を受けるべき者をいいます（地規3の5）。

参考

関連Q＆A：Q164 均等割の免除の特例

Q163

　地法23①一・三・四、24④、25①二・②、51①、52①一、53㊱〜
㊿、57①②、292①一・三・四、294⑦、296①二・②、312①一・
②、314の4①、314の6〜314の9、321の13①②、734①・②二・
③、737①

　地法附則8の2の2

　地規3の5

　地方自治法252の19①

　『図解地方税（令和6年版）』石橋茂編著（大蔵財務協会）

－ 637 －

第5章　社会福祉法人の地方税

Q164 均等割の免除の特例

当法人は、法人税法上の収益事業を行っています。

この収益事業に関する法人税の申告内容は次のとおりです。

法人税法上の所得金額　　　　　　　　０円

収益事業から社会福祉事業

への支出した金額（繰入額）　3,500,000円

寄附金の損金不算入額　　　　　883,555円

このような場合でも、都道府県民税や市町村民税の均等割を納める義務はあるのでしょうか。

A 収益事業の所得の金額の100分の90以上を社会福祉事業に繰り入れていることから、住民税の均等割を納める義務はありません。

解説

（1）収益事業の範囲

① 原則

社会福祉法人が行う収益事業に対しては、住民税が課されます。ただし、この収益事業は、法人税法施行令第5条に規定する事業で、継続して事業場を設けて行われるものとされます（地令7の4本文、47）。

② 収益事業に含まれない事業

社会福祉法人が行う収益事業のうち、その所得の金額の100分の90以上の金額をその法人が行う社会福祉事業に充てているものは、住民税に係る収益事業に含まれません（地令7の4ただし書、47）。

これには、収益事業に所得の金額がなく社会福祉事業の経営に充てていない場合のその収益事業を含みます。

- 638 -

第1節　法人都道府県民税・法人市町村民税

（2）均等割の免除

（1）②により収益事業を行っていないこととなる場合は、住民税の均等割も課されないことになります。

この場合には、住民税の申告書に「学校法人・社会福祉法人・更生保護法人に係る法人住民税の判定表」を添付して提出します。

ご質問の場合の記載例は次頁 [**図表1**] のとおりです。

参　考

関連Q＆A：Q163 都道府県民税・市町村民税の計算
Q164
　　法令5
　　地令7の4、47

－ 639 －

第 5 章　社会福祉法人の地方税

［図表 1］　学校法人・社会福祉法人・更生保護法人に係る法人住民税の判定表の記載例

法人住民税の非課税判定表

法 人 番 号	
法 人 名	社会福祉法人○○会
事業年度又は 連結事業年度	令和 6 年 4 月 1 日から 令和 7 年 3 月 31 日まで

収益事業から生じた所得金額の計算	加算	法人税の課税標準となる所得金額（法人税明細書別表 4「所得金額又は欠損金額」欄の金額）	①	0
		収益事業から収益事業以外の事業に支出した金額（法人税明細書別表 14(2)「その他の寄附金額」欄に含めた金額）	②	3,500,000
		収入した金額で益金不算入とされたもの　受取配当金等で益金とされなかった金額	③	
		還付法人税額等	④	
			⑤	
			⑥	
		計（②＋③＋④＋⑤＋⑥）	⑦	3,500,000
	減算	支出した金額で損金不算入とされたもの　寄附金の損金算入限度超過額	⑧	883,555
		当該事業年度の所得に係る法人税額	⑨	
		損金不算入とした附帯税額等	⑩	
			⑪	
			⑫	
			⑬	
		計（⑧＋⑨＋⑩＋⑪＋⑫＋⑬）	⑭	883,555
		収益事業から生じた所得金額（①＋⑦－⑭）	⑮	2,616,445
判定		⑮ × $\frac{90}{100}$（1 円未満の端数は切り捨ててください。）	⑯	2,354,800
		②の金額が⑯の金額　以上である場合……非課税　どちらかに○を付けてください。 　　　　　　　　　　　未満である場合……課　税		
添付書類		・決算書　　　　　　　　　　・法人税明細書（別表 5（2）） ・法人税申告書（別表 1）　　・法人税明細書（別表 14（2）） ・法人税明細書（別表 4）		

（注 1）　法人県民税及び法人市民税は、損金不算入項目として減算することはできません。
（注 2）　この判定表には法定の様式がないので、都道府県又は市町村ごとに定める様式を使用します。

－ 640 －

第2節
法人事業税・特別法人事業税

Q165 法人事業税・特別法人事業税の計算

　当法人は収益事業を行っていますが、収益事業の所得の金額の100分の90以上を社会福祉事業に繰り入れています。

　この場合でも、法人事業税を納める義務はあるのでしょうか。

A　社会福祉事業に繰り入れているかどうかにかかわらず、収益事業の所得については法人事業税及び特別法人事業税を申告納付する必要があります。

解説

（1）法人事業税

① 納税義務

　法人の行う事業に対しては法人事業税が課されますが、社会福祉法人の行う収益事業に対しても、事務所又は事業所所在の都道府県に法人事業税の所得割が課されます（地法72の2①一ロ、734①）。

② 非課税

　社会福祉法人の事業の所得で収益事業に係るもの以外のものに対しては、事業税は課されません（地法72の5①二、734①）。

　なお、社会福祉法人は、収益事業に係る所得に関する経理を、収益事業以外の事業に係る所得に関する経理と区分して行わなければなりません（地法72の5③、734①）。

－ 641 －

第 5 章　社会福祉法人の地方税

③　所得割

所得により法人の行う事業に対して課される事業税をいいます（地法
72 三）。

イ　課税標準

所得割の課税標準は、各事業年度の益金の額から損金の額を控除した
金額によるものとし、地方税法又は政令で特別の定めをする場合を除く
ほか、その各事業年度の法人税の課税標準である所得の計算の例により
算定します（地法 72 の 23 ①一）。

例えば、法人税の所得の計算上、損金の額等に算入した所得税額があ
る場合は、事業税の課税標準である各事業年度の所得の算定について
は、その所得税額を損金の額に算入しません（地令 21 の 2 の 2 ①）。

ロ　税率

社会福祉法人に課される事業税の所得割の標準税率は、**[図表 1]** の
とおりです（地法 72 の 24 の 7 ①三、734 ①）。

なお、法人の行う事業に対する事業税の税率は、各事業年度終了の日
現在における税率によります（地法 72 の 24 の 8）。

[図表 1]　所得割の標準税率

所得金額の区分	標準税率
各事業年度の所得のうち年 400 万円以下の金額	3.5%
各事業年度の所得のうち年 400 万円を超え年 800 万円以下の金額	5.3%
各事業年度の所得のうち年 800 万円を超える金額	7.0%

ハ　分割基準

2 以上の都道府県において事務所又は事業所を設けて事業を行う法人
は、その収益事業に係る課税標準額の総額を分割基準により収益事業を
行う事務所等が所在する都道府県（以下「関係都道府県」といいます。）
ごとに分割し、その分割した額を課税標準として、関係都道府県ごとに事
業税額を算定し、申告納付することになります（地法 72 の 48 ①、734 ③）。

－ 642 －

第2節　法人事業税・特別法人事業税

　この場合、課税標準額の所得の総額を **[図表1]** の所得金額の区分に区分し、その区分された所得の総額ごとに、これを分割基準で分割することになります。この分割基準は、住民税の法人税割における分割基準と同様になります。

（2）特別法人事業税

　社会福祉法人が法人事業税を申告納付する場合は、特別法人事業税についても申告納付する必要があります（特別法人事業税及び特別法人事業譲与税に関する法律5、9、10①）。

①　課税標準

　特別法人事業税の課税標準は、基準法人所得割額です（特別法人事業税及び特別法人事業譲与税に関する法律6）。

　この基準法人所得割額は、地方税法の規定により計算した法人事業税の所得割額をいいます（特別法人事業税及び特別法人事業譲与税に関する法律2五）。

②　税額

　社会福祉法人に課される税額は、基準法人所得割額に37％の税率を乗じて得た金額です（特別法人事業税及び特別法人事業譲与税に関する法律7三）。

参考

関連Q＆A：Q163 都道府県民税・市町村民税の計算

Q165

　地法72三、72の2①一、72の5①二・③、72の23①一、72の24の7①三、72の24の8、72の48①、734①③

　地令21の2の2①

　特別法人事業税及び特別法人事業譲与税に関する法律2五、5、6、7三、9、10①

　『図解地方税（令和6年版）』石橋茂編著（大蔵財務協会）

－ 643 －

第5章　社会福祉法人の地方税

第3節
固定資産税等

Q166 固定資産税等の非課税の範囲

当法人では、保育所を経営しています。このたび、新たに土地を賃借して保育所を建設することになりました。

この土地の所有者は、保育所の用に供するものとして、この土地の固定資産税の免除を受けることができるでしょうか。

A 社会福祉法人が経営する保育所の用に供される土地は、その社会福祉法人が所有している場合は固定資産税が非課税になりますが、賃借している場合は、原則としてその土地の所有者に固定資産税が課税されます。

解説

（1）固定資産税の課税

① 納税義務者等

固定資産税は、固定資産の所有者（質権又は100年より永い存続期間の定めのある地上権の目的である土地については、その質権者又は地上権者。以下同じ。）に市町村（東京都については特別区。以下同じ。）によって課税されます（地法343①、734②）。

② 固定資産

固定資産税の課税対象である固定資産は、**[図表1]** の土地、家屋及び償却資産をいいます（地法341 一～四、343②③）。

- 644 -

第3節　固定資産税等

[図表1]　固定資産

固定資産	内　　容
土地	田、畑、宅地、塩田、鉱泉地、池沼、山林、牧場、原野その他の土地
家屋	住家、店舗、工場（発電所及び変電所を含みます。）、倉庫その他の建物
償却資産	土地及び家屋以外の事業の用に供することができる資産（鉱業権、漁業権、特許権その他の無形減価償却資産を除きます。）でその減価償却額又は減価償却費が法人税法又は所得税法の規定による所得の計算上損金又は必要な経費に算入されるもののうちその取得価額が少額である資産その他の政令で定める資産以外のもの。 　ただし、自動車税の種別割の課税客体である自動車並びに軽自動車税の種別割の課税客体である原動機付自転車、軽自動車、小型特殊自動車及び二輪の小型自動車を除きます。

③　課税標準

　固定資産の課税標準は、**[図表2]** のとおりです（地法349、349の2）。

[図表2]　課税標準

固定資産	課税標準
土地又は家屋	原則として、その土地又は家屋の基準年度に係る賦課期日における価格（以下「基準年度の価格」といいます。）で土地課税台帳若しくは土地補充課税台帳又は家屋課税台帳若しくは家屋補充課税台帳に登録されたもの
償却資産	賦課期日におけるその償却資産の価格で償却資産課税台帳に登録されたもの

④　税率及び免税点

イ　税率

　固定資産税の標準税率は、1.4％です（地法350①）。

ロ　免税点

　同一の者について、その市町村の区域内におけるその者の所有に係る次頁 **[図表3]** に掲げる固定資産の種類ごとにそれぞれに掲げる金額以下である場合は、固定資産税は課税されません（地法351本文）。

　ただし、財政上その他特別の必要がある場合においては、市町村の条

第5章　社会福祉法人の地方税

例の定めるところによって、その額が［図表3］のそれぞれに掲げる金額に満たないときであっても、固定資産税を課税することができます（地法351ただし書）。

［図表3］　免税点

固定資産	課税標準となるべき額の合計額
土地	30万円
家屋	20万円
償却資産	150万円

（2）社会福祉法人における固定資産税の非課税等

①　非課税の範囲

　社会福祉法人がその事業の用に供する次に掲げる固定資産については、固定資産税は非課税となります（地法348②十～十の七・十の九～十の十）。

　ただし、固定資産を次に掲げる目的以外の目的に使用する場合においては、これらの固定資産に対しても固定資産税が課税されます（地法348③）。

・　生活保護法第38条第1項に規定する保護施設の用に供する固定資産で一定のもの
・　児童福祉法第6条の3第10項に規定する小規模保育事業の用に供する固定資産
・　児童福祉法第7条第1項に規定する児童福祉施設の用に供する固定資産で一定のもの
・　就学前の子どもに関する教育、保育等の総合的な提供の推進に関する法律第2条第6項に規定する認定こども園の用に供する固定資産
・　老人福祉法第5条の3に規定する老人福祉施設の用に供する固定資産で一定のもの
・　障害者の日常生活及び社会生活を総合的に支援するための法律第5

第3節　固定資産税等

条第 11 項に規定する障害者支援施設の用に供する固定資産

・　社会福祉法第 2 条第 1 項に規定する社会福祉事業の用に供する固定資産で一定のもの

・　介護保険法第 115 条の 47 第 1 項の規定により市町村から同法第 115 条の 46 第 1 項に規定する包括的支援事業の委託を受けた者がその事業の用に供する固定資産

・　児童福祉法第 34 条の 15 第 2 項の規定により同法第 6 条の 3 第 12 項に規定する事業所内保育事業の認可を得た者がその事業（利用定員が 6 人以上であるものに限ります。）の用に供する固定資産

② 　賃借固定資産の所有者に対する課税

　固定資産を有料で借り受けた者が、これを①に掲げる固定資産として使用する場合には、その固定資産の所有者には固定資産が課税されます（地法 348 ②ただし書）。

　このような所有者に課税しないことには十分な検討が必要ですが、保育所等用地の確保に困難を抱えている地方自治体において、税負担の公平等に十分配慮しつつ、土地所有者が土地を提供するインセンティブの一つとして、補助金など他の施策の実施に加えて、条例による税負担の軽減措置等、税制についても活用を検討することは可能であるとされています（平成 28.9.16 付府子本 645 号・28 初幼教第 12 号・雇児保発 0916 第 1 号）。

（3）都市計画税の課税

① 　納税義務者等

　都市計画税は、都市計画法に基づいて行う都市計画事業又は土地区画整理法に基づいて行う土地区画整理事業に要する費用に充てるため、その市町村の区域で都市計画法第 5 条の規定により都市計画区域として指定されたもの（以下「都市計画区域」といいます。）のうち同法第 7 条第 1 項に規定する市街化区域内に所在する土地及び家屋に対し、その価格を課税標準として、その土地又は家屋の所有者に市町村によって課税

－ 647 －

第5章　社会福祉法人の地方税

されます（地法702①）。

② **課税標準**

　都市計画税の課税標準は、その土地又は家屋に係る固定資産税の課税標準となるべき価格です（地法702②）。

③ **税率**

　都市計画税の標準税率は、0.3％です（地法702の4）。

参 考

Q166

　地法341一～四、343①②③、348②③、349、349の2、350①、351、702、702の4、734②

　生活保護法38①

　児童福祉法6の3⑩⑫、7①、34の15②

　就学前の子どもに関する教育、保育等の総合的な提供の推進に関する法律2⑥

　老人福祉法5の3

　障害者の日常生活及び社会生活を総合的に支援するための法律5⑪

　社会福祉法2①

　介護保険法115の46①、115の47①

　都市計画税5、7①

　平成28.9.16付府子本645号・28初幼教第12号・雇児保発0916第1号

　『図解地方税（令和6年版）』石橋茂編著（大蔵財務協会）

－ 648 －

第6章

社会福祉法人の印紙税

第6章　社会福祉法人の印紙税

Q167 領収書（金銭又は有価証券の受取書）の非課税

当法人は、特別養護老人ホームを経営する傍ら、介護保険の適用がある福祉用具の販売も行っています。また、収益事業として売店の経営も行っています。

これらの事業について、購入者から領収書の発行を求められますが、記載金額が5万円以上の場合は、印紙を貼る必要があるのでしょうか。

A 　社会福祉法人が作成する領収書（金銭の受取書）は、収益事業に関して作成するものであっても、印紙税は非課税になります。

解説

（1）金銭又は有価証券の受取書

① 課税文書

次に掲げる受取書で、記載された受取金額が5万円以上のものには、印紙税が課税されます（印法別表第1第17号文書 課税物件／物件名）。

イ　売上代金に係る金銭又は有価証券の受取書

ロ　金銭又は有価証券の受取書でイに掲げる受取書以外のもの

ただし、営業に関しない受取書は、非課税とされます（印法別表第1第17号文書 非課税物件）。

② 営業の意義

「営業」とは、一般的には利益を得る目的で、同種の行為を継続的、反復的に行うことをいいます。営利目的がある限り、現実に利益を得ることができなかったとしても、また、当初、継続、反復の意思がある限り、1回でやめたとしても営業に該当します。

具体的にどのような行為が営業に該当するかは、商法の規定による商行為から考えられます。

－ 650 －

商行為は商法に列挙されており、営業とするか否かにかかわらず商行為とする絶対的商行為（商法501）と、営業としてしたものは商行為とする営業的商行為（商法502）及び商人がその営業のためにする行為を商行為とする附属的商行為（商法503）があります。さらに、特別法による商行為として、信託の引受け、無尽業等があります。

法人は、大別すると営利法人、公益法人及びそれら以外の法人に分けられます。

営利法人である、会社法の規定による株式会社、合名会社、合資会社又は合同会社がその事業としてする行為及びその事業のためにする行為は商行為であり、すべて営業（資本取引に係るものなど特に定めるものは除かれます。）になります（会社法5）。

一方、公益社団法人、公益財団法人、社会福祉法人などの公益法人については、その法人が目的遂行のために必要な資金を得るための行為が商行為に該当する場合であっても、営業には該当しません。

なお、印紙税法では、営利法人及び公益法人以外の法人については、その事業の実態等を考慮して、会社以外の法人で利益金又は剰余金の配当又は分配をすることができることとなっている法人が出資者以外の第三者に対して行う事業は、営業に含むこととなっています（出資者に対して行う事業は、営業に含みません。）（質疑応答事例／印紙税 金銭又は有価証券の受取書（第17号文書）6）。

③ 公益法人が作成する受取書

公益法人である社会福祉法人が作成する受取書は、収益事業に関して作成するものであっても、営業に関しない受取書に該当します（印基通別表第1第17号文書22）。

したがって、社会福祉法人が作成する領収書（金銭の受取書）には、印紙を貼る必要はありません。

第 6 章　社会福祉法人の印紙税

参　考

関連Q＆A：Q174 請負に関する継続的取引の基本となる契約書

Q167

印法別表第 1 第 17 号文書

印基通別表第 1 第 17 号文書 22

質疑応答事例 / 印紙税 金銭又は有価証券の受取書（第 17 号文書）6

商法 501〜503

会社法 5

第6章　社会福祉法人の印紙税

Q168 売買と請負に関する契約書

当法人は、特別養護老人ホームを経営する社会福祉法人です。このたび、次のような取引に関する文書を作成しました。
① 隣地をその所有者から直接売買により購入した売買契約書（売買代金：1,000万円）
② カタログ販売の介護機器を販売業者から購入した売買契約書（売買代金：500万円、取付費100万円（税込み））
これらの売買に関する文書について、印紙を貼る必要はあるのでしょうか。

①については、不動産の譲渡に関する契約書に該当するので、印紙税が課税されます。

②については、売買代金の部分は課税文書に該当しないので印紙税は課税されませんが、取付費の部分は、請負に関する契約書として課税文書に該当し、印紙税が課税されます。

解説
（1）売買契約書
① 課税文書

不動産、鉱業権、無体財産権、船舶若しくは航空機又は営業の譲渡に関する契約書には、印紙税が課税されます（印法別表第1第1号の1文書 課税物件／物件名）。

ただし、契約金額の記載のある契約書のうち、その契約金額が1万円未満のものは非課税となります（印法別表第1第1号の1文書 非課税物件）。

② 課税物件
イ 不動産

印紙税法上の不動産には、民法第86条に規定する不動産のほか、工

- 653 -

第6章　社会福祉法人の印紙税

場抵当法第9条の規定により登記された工場財団その他の財団や立木ニ
関スル法律の規定により登記された立木などが含まれます（印基通別表
第1第1号の1文書1）。

ロ　無体財産権

印紙税法上の無体財産権とは、特許権、実用新案権、商標権、意匠
権、回路配置利用権、育成者権、商号及び著作権をいいます（印法別表
第1第1号の1文書課税物件／定義、印基通別表第1第1号の1文書10～
18）。

ハ　営業の譲渡

印紙税法上の「営業の譲渡」とは、営業活動を構成している動産、不
動産、債権、債務等を包括した一体的な権利、財産としてとらえられる
営業の譲渡をいい、その一部の譲渡を含みます（印基通別表第1第1号
文書22）。

③　土地の売買

ご質問の売買契約書は、不動産の譲渡に関する契約書に該当するの
で、印紙税が課税されます。

なお、不動産の売買について、当事者双方が売買契約書を作成し、そ
の後更に登記の際作成する不動産の売渡証書は、不動産の譲渡に関する
契約書に該当します（印基通別表第1第1号の1文書4）。

したがって、一の取引について売買契約書と売渡証書を作成した場
合、二重に印紙税が課税されることになります。

ただし、この場合の不動産の売渡証書に記載される登録免許税の課税
標準たる評価額は、その文書の記載金額には該当しません（印基通別表
第1第1号の1文書4なお書）。

（2）売買と請負に関する契約書

①　動産の売買と請負

動産の譲渡は、印紙税法上の課税物件の譲渡に当たらないため、カタ
ログ販売の介護機器等の動産の譲渡に関する契約書には、印紙税は課税

－ 654 －

第6章　社会福祉法人の印紙税

されません。

　ただし、注文者の指示する一定の規格での機械の製作及び取付工事は請負に該当しますので、介護機器等の取付けに関しては請負に関する契約書に該当し、印紙税が課税されます（印法別表第1第2号文書）。

　この場合において、機器本体の価格と取付工事費の記載の方法によって、印紙税法の取扱い（記載金額）は **[図表1]** のイ～ハのとおりとなります（質疑応答事例／印紙税 請負に関する契約書（第2号文書）5、印基通別表第1第2号文書2（5）（6））。

[図表1] 売買と請負の記載方法と記載金額

契約の内容			機械代金・取付工事費の記載内容	記載金額
請負	イ	注文者の指示する一定の仕様若しくは規格に従って機械を製作又は注文者が材料を提供して一定の機械を製作する場合	・機械一式等として600万円と記載した場合 ・機械本体500万円、取付工事費100万円と区分記載した場合	600万円
物品の売買と請負	ロ	一定の規格で統一した機械を注文に応じて製作者の材料を用いて製作し、一定の場所に取り付けることを内容とする場合等	機械一式等として600万円と記載した場合	600万円
	ハ		機械本体500万円、取付工事費100万円と区分記載した場合	100万円

　[図表1] のイでは、注文者の指示する一定の仕様又は規格に従って機械を製作する場合等は、単なる機械の売買（譲渡）ではなく、一定の機械を製作することを内容とする請負契約になります。機械本体の取付けも請負契約ですから、機械本体と取付工事費を区分記載している、していないにかかわらず記載金額600万円の第2号文書（請負に関する契約書）になります。

　次にロでは、不課税の物品売買契約と機械本体の取付けという請負契約に該当し、第2号文書（請負に関する契約書）になります（印法別表

－ 655 －

第6章　社会福祉法人の印紙税

第1通則2）。

　なお、機械の売買代金と取付工事費は別のものであり、それを区分記載していれば、請負に係る金額（取付工事費）をその契約書の記載金額として取り扱うこととなりますが、区分記載していない場合は、契約書に記載されている600万円が記載金額になります。

　またハでは、不課税の物品売買契約と機械本体の取付けという請負契約に該当し、第2号文書（請負に関する契約書）になります（印法別表第1通則2）。

　なお、機械の売買代金と取付工事費は別のものであり、それを区分記載していれば、請負に係る金額（取付工事費）をその契約書の記載金額として取り扱うこととなり、100万円が記載金額になります。

　ただし、機器の取付け（据付け）等はすべて請負になるというものではありません。機械等を購入した場合には通常サービスにより取り付けられるようなもの、例えば、テレビを購入したときのアンテナの取付け、配線のように、取付行為が簡単であって特別の技術を要しないものは、本体の売買に付随して行うことにしても、その取付行為を請負として判定しないで、全体をその本体の売買を内容とする契約書として取り扱います（印基通別表第1第2号文書2、質疑応答事例／印紙税 請負に関する契約書（第2号文書）5（注3））。

（3）消費税及び地方消費税が区分記載された契約書

　課税物件表に掲名されている文書のうち、第1号文書（不動産の譲渡等に関する契約書）及び第2号文書（請負に関する契約書）に契約金額とその消費税及び地方消費税が記載されている場合には、記載方法によりその契約書の契約金額は、次のように取り扱われます（平成元年3.10付間消3-2）。

イ　契約金額と消費税及び地方消費税とが区分記載されている場合

　契約金額に応じて税率を適用します。

－ 656 －

第 6 章　社会福祉法人の印紙税

[請負契約書の例1・例2]

（例1）　　　請負契約書
請負金額　　5,000,000 円
消費税等　　　500,000 円
合 計 額　　5,500,000 円

（例2）　　　請負契約書
請 負 金 額　　　5,500,000 円
（消費税等　500,000 円を含む。）

　例1及び例2は、いずれも消費税及び地方消費税が区分記載されていますから、記載金額は 500 万円（第 2 号文書）になります。

ロ　契約金額と消費税及び地方消費税とが区分記載されていない場合

　契約金額と消費税及び地方消費税の合計額に応じて税率を適用します。

[請負契約書の例3]

（例3）　　　請負契約書
請負金額　　5,500,000 円
（消費税等込み）

　例3は、消費税及び地方消費税が区分記載されていませんから、記載金額は消費税及び地方消費税を含んだ 550 万円（第 2 号文書）になります。

参 考

関連Q＆A：Q170 請負と委任に関する契約書

Q168

　印法別表第 1 第 1 号の 1 文書、第 2 号文書、通則 2

　印基通別表第 1 第 1 号の 1 文書 1・4・10〜18・22、第 2 号文書 2 (5)(6)

　質疑応答事例 / 印紙税 請負に関する契約書（第 2 号文書）5

　平成元年 3.10 付間消 3-2

　民法 86

　工場抵当権 9

　立木に関スル法律

－ 657 －

第6章 社会福祉法人の印紙税

Q169 賃貸借に関する契約書

当法人は、就労継続支援B型等の障害福祉サービス事業を経営している社会福祉法人です。

このたび、次のような取引に関する文書を作成しました。

① 隣地を駐車場として使用するための土地の賃貸借契約書

月額賃料20,000円、返還される敷金40,000円が記載されています。

② 車庫の賃貸借契約書

月額賃料40,000円、返還されない保証金100,000円が記載されています。

③ 就労継続支援A型事業として行っている、衛生マット、モップ等のレンタルのフランチャイズ契約に基づく顧客との間で交わす賃貸借契約書

この契約書には、顧客が希望する商品の配達・回収及び設営・撤去に関して、「配達料金」、「回収料金」、「設営撤去料金」が記載されています。

これらの賃貸借に関する文書について、印紙を貼る必要はあるのでしょうか。

①については、土地の賃貸借に関する契約書に該当するので、印紙税が課税されます。

②及び③については、課税文書に該当しないので、印紙税は課税されません。

解説
(1) 不動産の賃貸借契約書
① 課税文書

地上権又は土地の賃借権の設定又は譲渡に関する契約書には、印紙税

- 658 -

が課税されます（印法別表第1第1号の2文書課税物件／物件名）。

　ただし、契約金額の記載のある契約書のうち、その契約金額が1万円未満のものは非課税となります（印法別表第1第1号の2文書非課税物件1）。

　土地を使用収益することについてその対価を支払わないこととしている場合は土地の使用貸借権となり、土地の使用貸借権の設定に関する契約書は、第1号の2文書（土地の賃借権の設定に関する契約書）には該当せず、使用貸借に関する契約書に該当するので、課税文書に当たりません（印基通別表第1第1号の2文書3）。

② 課税物件

イ 地上権

　民法第265条に規定する地上権をいい、同法第269条の2に規定する地下又は空間の地上権を含みます（印基通別表第1第1号の2文書1）。

ロ 土地の賃借権

　民法第601条に規定する賃貸借契約に基づき賃借人が土地（地下又は空間を含みます。）を使用収益できる権利をいい、借地借家法第2条に規定する借地権に限りません（印基通別表第1第1号の2文書2）。

　したがって、質問①については、駐車場であっても土地の賃貸借に関する契約書に該当するので、印紙税が課税されます。

　一方、質問②については、車庫は土地の定着物であって、たとえ敷地も併せて賃貸するものであっても、土地の賃貸借に関する契約書に該当しないので、印紙税は課税されません（質疑応答事例／印紙税 地上権等の設定又は譲渡に関する契約書（第1号の2文書）5）。

③ 契約金額

　課税標準とされる契約金額は、設定又は譲渡の対価たる金額をいいます（印基通23(2)）。

　なお、「設定又は譲渡の対価たる金額」とは、賃貸料を除き、権利金その他名称のいかんを問わず、契約に際して相手方当事者に交付し、後日返還されることが予定されていない金額をいいます。したがって、後

－ 659 －

第6章　社会福祉法人の印紙税

日返還されることが予定されている保証金、敷金等は、契約金額には該当しません（印基通23（2）なお書）。

　したがって、質問①については、月額賃料20,000円、返還される敷金40,000円が記載されていますが、後日返還されることが予定されていない金額の記載がないため、契約金額の記載のない契約書に該当します。

（2）動産等の賃貸借と請負等

①　賃貸借

　動産、ソフトウエア等の地上権又は土地以外を対象とする賃貸借に関する契約書は、印紙税の課税対象になりません。

②　賃貸借と請負等

　商品のレンタルを希望する顧客との賃貸借に関する契約書に、商品名やレンタル期間、レンタル料金などレンタル契約内容のほか、顧客が商品の配達・回収及び設営・撤去（以下「配達、設営等」といいます。）を希望する場合には、配達（納品）先や回収先、さらに配達、設営等の料金として「配達料金」、「回収料金」、「設営撤去料金」を記載している場合があります。

　この場合、配達、設営等及びその料金を記載するとしても、その配達、設営等は、賃貸人が物品の賃貸借契約における賃借人に使用収益させる義務として行うものであり、運送契約や請負契約の成立を証するものとは認められず、その他いずれの課税文書にも該当しないことから、印紙税が課税されない文書になります（文書回答事例／印紙税　平成22.4.19付大阪国税局）。

－ 660 －

第 6 章　社会福祉法人の印紙税

参考

関連Ｑ＆Ａ：Q170 請負と委任に関する契約書

Q169

　印法別表第 1 第 1 号の 2 文書

　印基通 23（2）

　印基通別表第 1 第 1 号の 2 文書 1〜3

　質疑応答事例／印紙税　地上権等の設定又は譲渡に関する契約書（第
1 号の 2 文書）5

　文書回答事例／印紙税　平成 22.4.19 付大阪国税局

　民法 265、269 の 2、601

　借地借家法 2

第6章　社会福祉法人の印紙税

Q170 請負と委任に関する契約書

当法人は、特別養護老人ホームと就労継続支援 A 型等の障害福祉サービス事業を経営している社会福祉法人です。

このたび、次のような取引に関する文書を作成しました。

① ピアノの演奏を行う委託契約書

施設内でのピアノの演奏について期間、金額等が記載されています。

② エレベーター保守契約書

施設内のエレベーターを常に安全に運転できるような状態に保ち、これに対して年 60 万円（税抜き）を支払うこと等を記載しています。

③ 税理士委嘱契約書

毎月の会計・税務顧問として報酬 50,000 円（税抜き）と計算書類と税務申告書の作成報酬 30 万円（税抜き）を支払うこと等を記載しています。

④ 就労支援事業として行う靴修理の承り票

「承り票」と記載があります。

これらの文書について、印紙を貼る必要はあるのでしょうか。

A ①は、請負に関する契約書に該当するので、印紙税が課税されます。

②は、請負に関する契約書又は継続的取引の基本となる契約書に該当するので、印紙税が課税されます。

③は、毎月の報酬の部分は課税文書に該当しませんが、計算書類と税務申告書の作成報酬の部分は請負に関する契約書に該当するので、印紙税が課税されます。

④は、靴修理の承り票が請負に関する契約書に該当するので、印紙税

— 662 —

第6章　社会福祉法人の印紙税

が課税されます。

解説

（1）請負契約書

①　課税文書

　請負に関する契約書には、印紙税が課税されます（印法別表第1第2号文書 課税物件）。

　ただし、契約金額の記載のある契約書のうち、その契約金額が1万円未満のものは非課税となります（印法別表第1第2号文書 非課税物件1）。

②　請負と委任

　「請負」とは、当事者の一方（請負者）がある仕事の完成を約し、相手方（注文者）がその仕事の結果に対して報酬を支払うことを内容とする契約をいい、民法第632条に規定する「請負」のことをいいます。「請負」は、完成された仕事の結果を目的とする点に特質があり、仕事が完成されるならば、下請に出してもよく、その仕事を完成させなければ、債務不履行責任を負うような契約です

　一方、「委任」とは、当事者の一方が法律行為をすることを相手方に委託し、相手方がこれを承諾することによって成立する契約をいいます（民法643）。「委任」は必ずしも仕事の結果を目的としておらず、受任者は、委任者の許諾を得たとき又はやむを得ない事由があるときでなければ、復受任者を選任することができないような契約です。

　民法では、典型契約として請負契約を規定していますが、実際の取引においては各種変形したいわゆる「混合契約」といわれるものが多く、印紙税法上どの契約としてとらえるべきものであるかの判定の困難なものが多く見受けられるところです。

　印紙税法では、一の文書で1若しくは2以上の号に掲げる事項とその他の事項が併記又は混合記載されているものは、それぞれの号に該当する文書とすると規定されています（印法別表第1通則2）。

　このように一部の請負の事項が併記された契約書又は請負とその他の

－ 663 －

第6章　社会福祉法人の印紙税

事項が混然一体として記載された契約書は、印紙税法上、請負契約に該当することになり、民法上、例えば、委任契約に近いといわれる混合契約であっても、印紙税法上は請負契約となるものも生ずることになります。

　請負の目的物には、家屋の建築、道路の建設、橋りょうの架設、洋服の仕立て、船舶の建造、車両及び機械の製作、機械の修理のような有形なもののほか、シナリオの作成、音楽の演奏、舞台への出演、講演、機械の保守、建物の清掃のような無形のものも含まれます（印基通別表第1第2号文書2等）。

　また、請負とは仕事の完成と報酬の支払とが対価関係にあることが必要ですから、仕事の完成の有無にかかわらず報酬が支払われるものは請負契約にならないものが多く、また、報酬が全く支払われないようなものは請負に該当しません。

　このような場合は、おおむね委任に該当します。

　また、民法第648条の2に規定する委任事務の履行により得られる成果に対して報酬を支払うことを約する契約は「請負」には該当しません。

　なお、運送契約は契約の類型上、請負契約に含まれると考えられますが、一般の請負と明確に区別できることから、第1号の4文書（運送に関する契約書）として別に掲名されています。

（2）請負の具体的事例

①　職業野球の選手等との役務の提供を内容とする契約

　[図表1] に掲げる者が、これらの者としての役務の提供を約することを内容とする契約は、たとえ委任等の契約であっても請負に該当します（印法別表第1第2号文書　課税物件／定義、印令21、印基通別表第1第2号文書3〜10）。

　また、[図表1] に掲げる職業以外の役務の提供を約することを内容とするものであっても、その内容により請負に該当します（印基通別表第1第2号文書11）。例えば、職業野球の選手が映画出演契約を結ぶ場

合などが該当します。

[図表 1] 職業野球の選手等

対象職業	対象範囲	除外
職業野球の選手	いわゆる一軍、二軍の別を問わず、監督、コーチ及びトレーナーを含めた職業野球の選手	
映画の俳優 演劇の俳優	映画、舞台等に出演し、演技を行う芸能者	
音楽家	広く洋楽、邦楽、民謡、歌謡、雅楽、歌劇等の音楽を作曲、演奏、謡歌する者をいい、具体的には、作曲家、演奏家（指揮者を含みます。）、声楽家（歌手）等を含みます。	浪曲師、漫才師
舞踊家	洋舞（ダンスを含みます。）、邦舞、民族舞踊、宗教舞踊等をする者をいい、能役者を含みます。	歌舞伎役者
映画又は演劇の監督、演出家又はプロジューサー	広く映画、演劇上の指導又は監督を行う者、映画又は演劇の俳優の演技、衣装、ふん装、装置、照明プラン、音楽等を組織する者又は映画、演劇の企画、製作をする者	
テレビジョン放送の演技者	いわゆるテレビタレント等テレビジョン放送に出演することを主たる業とする者のみでなく、広くテレビジョン放送を通じて演技を行う者をいいます。したがって、映画又は演劇の俳優、落語家、歌手、舞踊家、楽士、講談師、浪曲師等の通常演技を行う者がテレビジョン放送を通じて演技を行う場合を含みます。	
テレビジョン放送の演出家又はプロジューサー	広くテレビジョン放送の俳優の演技、衣装、ふん装、装置、照明プラン、音楽等を組織するテレビディレクター又はテレビジョン放送の企画、製作をする者	

よって、質問①は請負に関する契約書に該当するので、印紙税が課税されます。

② エレベーター保守契約書等

ビルディング等のエレベーターを常に安全に運転できるような状態に保ち、これに対して一定の金額を支払うことを約するエレベーター保守契約書又はビルディングの清掃を行い、これに対して一定の金額を支払

第6章 社会福祉法人の印紙税

うことを約する清掃請負契約書等は、その内容により第2号文書（請負に関する契約書）又は第7号文書（継続的取引の基本となる契約書）に該当します（印基通別表第1第2号文書13）。

よって、質問②は、請負に関する契約書又は継続的取引の基本となる契約書に該当するので、印紙税が課税されます。

③　税理士委嘱契約書

税理士委嘱契約書は、委任に関する契約書に該当するから課税文書に当たりませんが、税務書類等の作成を目的とし、これに対して一定の金額を支払うことを約した契約書は、第2号文書（請負に関する契約書）に該当します（印基通別表第1第2号文書17）。

よって、質問③は毎月の報酬の部分は課税文書に該当しませんが、計算書類と税務申告書の作成報酬の部分は請負に関する契約書に該当するので、印紙税が課税されます。

④　会計監査契約書

公認会計士（監査法人を含みます。）と被監査法人との間において作成する監査契約書は、第2号文書（請負に関する契約書）として取り扱われます（印基通別表第1第2号文書14）。

（3）契約書の範囲

①　契約書の意義

印紙税法に規定する「契約書」とは、契約当事者の間において、契約（その予約を含みます。）の成立、更改又は内容の変更若しくは補充の事実（以下「契約の成立等」といいます。）を証明する目的で作成される文書をいい、契約の消滅の事実を証明する目的で作成される文書は含まれません（印基通12）。

なお、請負に関して、次の課税事項のうちの重要な事項の一つのみを証明する目的で作成される文書であっても、契約書に該当します（印基通12なお書、別表第2の4）。

・　運送又は請負の内容（方法を含みます。）

- 666 -

第6章　社会福祉法人の印紙税

- ・　運送又は請負の期日又は期限
- ・　契約金額
- ・　取扱数量
- ・　単価
- ・　契約金額の支払方法又は支払期日
- ・　割戻金等の計算方法又は支払方法
- ・　契約期間
- ・　契約に付される停止条件又は解除条件
- ・　債務不履行の場合の損害賠償の方法

② 修理品の承り票、引受票等の取扱い

　物品の修理・加工依頼を受けた際に交付する文書には、承り票、引受票、修理票、引換証、預り証、受取書、整理券等さまざまな名称のものがあります。これらは、物品の受領事実のみが記載されている物品受領書や単なる整理券等に該当するものを除いて、第2号文書（請負に関する契約書）に該当することになります。

　よって、質問④は靴修理の承り票が請負に関する契約書に該当するので、印紙税が課税されます。

　なお、具体的な取扱いについては、次頁 [**図表2**] のとおりです（質疑応答事例／印紙税 請負に関する契約書（第2号文書）24）。

第6章　社会福祉法人の印紙税

［図表２］ 修理品の承り票、引受票等の取扱い

区分（文書の内容等）		備考
第２号文書に該当	・承り票、引受票と称するもの又は受託文言の記載のあるもの	標題、記載内容から請負契約の成立を証明するものになりますので、第２号文書に該当します。
	・修理票、引換証、預り証、受取書、整理券等と称するもので、仕事の内容（修理、加工箇所、方法等）、契約金額、期日又は期限のいずれか１以上の事項の記載があるもの （注）出来上り予定日は、期日又は期限として取扱いません。	
非課税文書に該当	・課税されるものに該当するものであっても記載金額が１万円未満のもの （注） １　実際の修理・加工金額が１万円未満であっても文書に金額の記載のないものは、記載金額のないものとして課税文書になります。 ２　記載金額（契約金額）１万円未満と記載されているものは、記載金額になります。	印紙税法の規定で１万円未満のものは非課税になります（第２号文書の非課税物件欄）。
不課税文書に該当	・修理票、引換証、預り証、受取書、整理券等と称するもののうち仕事の内容（修理、加工箇所、方法等）、契約金額、期日又は期限の記載のないもの	物品受領書又は単なる整理券として不課税文書になります。
	・保証期間中の修理等無償契約である場合において、文書上その旨が明らかにされているもの	仕事の完成に対して報酬が支払われませんので、請負契約書にはなりません。

参考

関連Ｑ＆Ａ：Q169 賃貸借に関する契約書

Q170

　印法別表第１第２号文書、通則２

　印令21

　印基通12、別表第１第２号文書１～11・13～14・17・別表第２の４

　質疑応答事例／印紙税 請負に関する契約書（第２号文書）24

　民法632、643、648の２

－ 668 －

第6章　社会福祉法人の印紙税

Q171 社会福祉事業等に係る委託契約書

　当法人は、Ａ市から在宅の重症心身障害児（者）、知的障害児（者）、身体障害児（以下「障害児等」といいます。）の福祉の向上を図ることを目的として、次の事業を行う障害児等療育支援事業の委託を受けて実施しています。

・　在宅重症心身障害児（者）訪問支援事業

　　在宅の重症心身障害児（者）及びその家族を対象とした、訪問の方法による療育指導及び相談支援等

・　在宅障害児訪問支援事業

　　在宅の障害児（者）及びその家族を対象とした、訪問の方法による療育指導及び相談支援等

・　障害児外来相談支援事業

　　在宅の障害児（者）及びその家族を対象とした、外来の方法による療育指導、相談支援、生活支援、余暇支援等

　当法人は、障害児等及びその家族等に対して、上記の事業の全部又は一部につき、委託された範囲において各種の相談・指導及び支援等（以下「療育支援等」といいます。）を行うものとされており、委託された当該事業の実施状況については、毎月、Ａ市に報告し、その検査を受けるとともに、必要がある場合には、報告又は資料を提出することとされています。

　また、委託料については、仕様書において、実績に応じた毎月払い又は４月から９月の６か月分、10月から翌年３月の６か月分の年度間２回の概算払いと定められています。概算払いの支援事業については、支援回数に基準を設けており、仕様書に定める基準を下回った場合には、委託金額の返還基準を定めています。

　この事業に係る業務委託契約書は、請負に関する契約書として印紙税が課税されるのでしょうか。

－ 669 －

第6章 社会福祉法人の印紙税

 ご質問の契約書は、委任又は準委任に関する契約書に該当し、印紙税は課税されません。

解説
(1) 課税の課否判断
① 請負と委任

印紙税法上の「請負」とは、民法第632条に規定する請負をいい、「当事者の一方がある仕事を完成することを約し、相手方がその仕事の結果に対してその報酬を支払うことを約することによって、その効力を生ずる」契約であり、完成すべき結果の有形、無形を問わないものとされています（印基通別表第1第2号文書1）。また、請負は、完成された仕事の結果を目的とする点に特質があり、その仕事を完成させなければ、原則として債務不履行責任を負うこととなるものと考えられます。

他方、「委任」は、「当事者の一方が法律行為をすることを相手方に委託し、相手方がこれを承諾することによって、その効力を生ずる」契約であり（民法643）、法律行為でない事務の委託である準委任は、委任に関する規定を準用するものとされています（民法643、656）。

委任は、一定の目的に従って事務を処理すること自体を目的とし、必ずしも仕事の完成を目的としないものです。また、受任者は、委任の本旨に従い、善良な管理者の注意をもって、委任事務を処理する義務を負いますが、受任者にはある程度の自由裁量が認められており、事務処理をする過程が重視されているものと考えられます（民法644）。

② 事例の場合

ご質問の契約においては、支援回数による料金設定があることから、無形の完成すべき結果に対してその報酬が支払われるものではないかとの疑義が生じます。しかし、この支援事業の委託は、障害児等の地域における生活を支え、福祉の向上を図ることを目的に、社会福祉法人等の持つ特殊な経験、知識、才能等を信頼して、ご質問の事業に係る療育支援等の事務処理を委託するものといえます。これらに係る報酬は、これ

- 670 -

第6章　社会福祉法人の印紙税

らの療育支援等の事務を適切に処理することにより支払われるものであることからすると、この事務処理の過程が重視されているものであって、その内容について、民法第632条における結果の達成・未達成という仕事の完成が存するものではありません。

　また、提出が求められる報告書等も事務処理の過程等に係る報告を求めるものであり、報告そのものに対して報酬が支払われるものとは認められないことから、請負に係る成果物には該当しないものと解されます。

　このように、この契約は、療育支援等による事務処理を目的とするものであり、民法第632条における、完成すべき結果は存在しないことから、請負契約ではなく委任契約に該当します。

　したがって、ご質問の業務委託契約書は、印紙税法別表第1に掲げる第2号文書《請負に関する契約書》に当たらず、また、その他いずれの課税文書にも該当しないものであり、不課税文書に該当します（文書回答事例／印紙税　平成21.1.21付大阪国税局）。

参考

関連Q＆A：Q170 請負と委任に関する契約書
　　　　　　　Q172 地方公共団体との契約書

Q171
　印法別表第1第2号文書
　印基通別表第1第2号文書1
　文書回答事例／印紙税　平成21.1.21付大阪国税局
　民法632、643、644、656

－ 671 －

第6章　社会福祉法人の印紙税

Q172　地方公共団体との契約書

　当法人は、就労継続支援B型等の障害福祉サービス事業を経営している社会福祉法人です。

　当法人では、就労支援事業として清掃業務を行っており、地方公共団体と「公共施設の清掃業務契約書」を共同で作成しています。

　この場合、地方公共団体の作成するものは非課税と聞きましたが、印紙税の課税される文書は、地方公共団体の所持するもの又は当法人で所持するもののいずれになるのでしょうか。

A　地方公共団体の所持する契約書は、貴法人が納税義務者となる第2号文書（請負に関する契約書）として課税の対象になります。

解説

（1）課税の課否判断

①　国等の非課税

　国、地方公共団体、印紙税法別表第2に掲げる者（以下「国等」といいます。）が作成した課税文書については、印紙税は非課税になります（印法5）。

②　共同作成した課税文書

　国等と国等以外の者が共同作成した課税文書については、国等が保存するものは国等以外の者が作成したものとみなし、国等以外の者が保存するものは国等が作成したものとみなします（印法4⑤）。

③　事例の場合

　ご質問の場合には、国等以外の者である貴法人が所持する「公共施設の清掃業務契約書」は非課税文書となり、地方公共団体の所持するものは貴法人が納税義務者となる第2号文書（請負に関する契約書）として課税の対象になります（質疑応答事例／印紙税　請負に関する契約書（第2

－ 672 －

第6章　社会福祉法人の印紙税

号文書）14）。

| 参 考 |

関連Q＆A：Q171 社会福祉事業等に係る委託契約書

Q172

　印法4⑤、5、別表第1第2号文書、別表第2

　質疑応答事例／印紙税 請負に関する契約書（第2号文書）14

－ 673 －

第6章 社会福祉法人の印紙税

Q173 指定管理者制度に係る協定書

社会福祉協議会である当法人は、Ａ市の総合福祉会館を指定管理者として管理することになりました。

これに当たってＡ市との間では、この施設の管理運営業務に関する必要な事項を定めた基本協定書が作成され、双方がこれを保管することとなります。

基本協定書の内容は、設置条例及び仕様書に従い、施設の運営に支障をきたさないことを目的とする程度の建築物や建築設備等の保守管理業務、施設内の秩序を維持し、犯罪及び火災の発生を警戒・防止するための保安警備業務及び施設を安全、かつ、安心して利用するための施設の予防保全業務が記載され、委託料については別途締結する個別事業年度協定書により確定する旨が記載されています。

この協定書は、課税文書に該当するでしょうか。

ご質問の文書は、第２号文書（請負に関する契約書）その他いずれの課税文書にも該当しません。

解説

（１）指定管理者制度

Q28（84頁）を参照。

（２）協定書の取扱い

指定管理者が行う業務は、地方公共団体から管理権限の委任を受けた指定管理者の立場にある者として、設置条例や仕様書に基づいて行われます。

ただし、その具体的な業務の範囲や委託料の支払等、管理業務の実施に当たっての詳細な事項については、両者の協議により定めることとされており、当事者間の契約に委ねられます。

第6章　社会福祉法人の印紙税

　このような場合に作成される協定書等には、一般的に、指定管理者が施設の運営に支障をきたさないことを目的とする程度の建築物や建築設備等の保守管理業務を行うこと等が記されていますが、既に委任された業務内容の詳細を定めたにすぎないものであり、請負契約に該当するような仕事の完成を約したものとまではいえません。

　したがって、他に印紙税の機材事項の記載がない場合、不課税文書となります。

参　考

関連Q＆A：Q28 指定管理者制度

　　　　　　　Q171 社会福祉事業等に係る委託契約書

Q173

　印法別表第1第2号文書

　『問答式　実務印紙税（令和4年版）』（船木英人編／大蔵財務協会）

－ 675 －

第6章　社会福祉法人の印紙税

Q174 請負に関する継続的取引の基本となる契約書

　当法人は、特別養護老人ホームを経営する社会福祉法人です。

　このたび、施設のエレベータの保守をビルサービス会社と月5万円で契約しました。この場合の次の保守契約書（甲：当法人、乙：ビルサービス会社）は、第7号文書（継続的取引の基本となる契約書）として取り扱ってよいのでしょうか。

エレベータ保守契約書

　　　　　　　　　　　　　　　　　　　　（以下甲という。）と
　　　　　　　　　　　　　　　　　　　　（以下乙という。）と

の間にエレベータの保守について、下記の条項により契約を締結する。

第1条　契約の対象となるエレベータ
　　　　　所在場所
　　　　　種類及び台数

第5条　甲は乙の本エレベータ保守に対する料金として月額　金50,000円を毎月末日迄にその月分を現金で支払う。ただし、1ヶ月に満たない期間はその月の日数割で料金を計算する。

第6条　本契約実施後、諸材料の価格、労務費その他に変動を生じ契約料金に増減を要する場合は、甲乙協議のうえ前条の契約料金を変更し得るものとする。

第7条　本エレベータの保守は　年　月　日から始められ契約当事者の一方が他方に予め30日前に書面で解約の通知を行う迄継続する。

　本契約締結の証として本書2通を作成して、甲乙各々署名捺印のうえ各1通を保有する。

　　　　年　月　日
　　　甲　　　　　　　　　　　　　　　　　　　　　　　　印
　　　乙　　　　　　　　　　　　　　　　　　　　　　　　印

A　営業者の間において作成される契約書ではないため、第7号文書（継続的取引の基本となる契約書）には該当せず、第2号文書（請負に関する契約書）の課税文書として、印紙税が課税されます。

－ 676 －

第6章　社会福祉法人の印紙税

解説

（1）営業者間における継続的取引の基本約定書

①　課税文書

　特約店契約書その他名称のいかんを問わず、営業者の間において、売買、売買の委託、運送、運送取扱い又は請負に関する2以上の取引を継続して行うため作成される契約書で、当該2以上の取引に共通して適用される取引条件のうち次に掲げるものを定めるものが継続的取引の基本約定書になります（印法別表第1第7号文書　課税物件／物件名／定義、印令26一）。

　ただし、契約期間の記載のあるもののうち、その契約期間が3か月以内であり、かつ、更新に関する定めのないもの及び電気又はガスの供給に関するものを除きます（印法別表第1第7号文書　課税物件／物件名、印令26一）。

- ・　目的物の種類
- ・　取扱数量
- ・　単価
- ・　対価の支払方法
- ・　債務不履行の場合の損害賠償の方法
- ・　再販売価格

②　営業者

　①の営業者は、第17号文書（金銭又は有価証券の受取書）の非課税規定（いわゆる営業に関しない受取書）と同様です（**Q167**参照）。

　したがって、金銭の受取書を作成した場合に印紙税が課される者の間の契約書が課税対象になります。

③　社会福祉法人に対する取扱い

　社会福祉法人は営業者ではないため、ご質問のような請負に関する継続的取引の基本となる契約書は、その相手方が営業者であっても、課税文書に該当しません。

－ 677 －

第6章　社会福祉法人の印紙税

（2）事例の場合

① 記載金額

　その文書に記載されている単価及び数量、記号その他によりその契約金額等の計算をすることができるときは、その計算により算出した金額をその文書の記載金額とします（印法別表第1通則4ホ(1)）。

　しかし、ご質問の文書の場合には、月額の保守料金（月額単価）の記載はありますが、契約期間の記載がないので、記載金額を計算することはできません。

　したがって、ご質問の文書は、記載金額のない第2号文書（請負に関する契約書）に該当します。

② 課税文書の所属

　エレベータを保守することは、無形の仕事の完成であり、この業務を対価を得て行う契約は請負契約となりますので、ご質問の文書は、第2号文書（請負に関する契約書）に該当します。

　しかし、甲である貴法人は社会福祉法人で営業者ではないため、乙との間で継続する2以上の取引に共通して適用される取引条件のうち、目的物の種類、単価、及び対価の支払方法を定めていても、第7号文書（継続的取引の基本となる契約書）には該当しません。

　このため、ご質問の文書の場合には、①のとおり、記載金額のない第2号文書（請負に関する契約書）に該当します。

参　考

関連Q＆A：Q170 請負と委任に関する契約書

Q174

　印法別表第1第2号文書、第7号文書、第17号文書、通則4ホ(1)

　印令26 一

－ 678 －

第6章　社会福祉法人の印紙税

Q175 売買に関する業務に係る継続的取引の基本となる契約書

　当法人は、就労継続支援Ａ型等の障害福祉サービス事業を経営している社会福祉法人です。

　このたび就労支援事業として、ある会社の食堂の経営の委託を受けることになり、次の「食堂経営委託に関する契約書」（甲：会社、乙：当法人）を作成しました。

　当法人は社会福祉法人であることから、この契約は営業者の間の継続的取引には当たらないので、第７号文書（継続的取引の基本となる契約書）ではなく、第２号文書（請負に関する契約書）として取り扱ってよいのでしょうか。

食堂経営委託に関する契約書

　（以下「甲」という。）は　（以下「乙」という。）と食堂（以下「食堂」という。）の経営を委託することに関し、次のとおり契約を締結する。

第１条　甲は、甲の社員の福利厚生を増進する目的をもって、良質かつ低廉な飲食品を提供するため、食堂の経営を乙に委託する。

　２．乙は食堂の経営にあたり、食品衛生法その他食堂経営に関する法令、規則を遵守するとともに、社員食堂としての品位および秩序の保持につとめ、前項の趣旨に沿うよう最善の努力をしなければならない。

第２条　乙は、食堂経営の一部または全部を第三者に譲渡し、または請け負わせてはならない。

第３条　甲は覚書の定めるところにより、食堂の施設および物品（以下「施設等」という。）を乙の利用に供する。

第４条　乙は、善良な管理者の注意をもって施設等を管理しなければならない。

　２．乙の責に帰すべき事由により、施設等を滅失またはき損したときは、甲の定めるところにより損害を補償しなければならない。

第５条　乙は施設等の一部または全部を第三者に貸与し、もしくは利用させ、または食堂以外の用に供してはならない。

第６条　乙は施設等を更新または新たに設備しようとするときは、あらかじめ、文書をもって甲の承認を受けなければならない。

第７条　食堂の営業時間および飲食品の種類、品質、分量、企画、販売価格等については、文書をもって甲の承認を受けるものとし、その詳細は覚書の定めるところによる。

－ 679 －

第6章　社会福祉法人の印紙税

第8条　乙は食堂に勤務する乙の従業員の身元保証、健康管理、就業および飲
　　　食品の提供に伴うすべてのことについてその責に任ずるものとする。
第9条　乙は、食堂経営に伴う次の経費を負担する。
　　　人件費、保険衛生費、飲食材料費、設備等以外の什器備品費、被服費、
　　　消耗品費、公租公課、設備等にかかる通常の補修費、その他食堂経営に
　　　必要な費用。
第10条　甲は、乙に対し食堂経営の委託に伴う報酬その他いかなる対価をも
　　　支払わない。
　　　　　　　　　　　　　　（中　略）
第13条　この契約の有効期間は、契約締結の日から　年　月　日までとす
　　　る。ただし、有効期間満了の日の2か月前までに甲、乙いずれか一方か
　　　らなんらの意思表示をしないときは、契約期間の満了の日の翌日から向
　　　こう1か年この契約を更新したものとみなす。
　　　　　　　　　　　　　　（中　略）
第18条　この契約に定めるもののほか、業務運営の細部の事項については、
　　　覚書に定める。
　　上記契約の締結を証するため、本契約書2通を作成し、甲乙双方が署名捺印
　のうえ、各自その1通を保有するものとする。
　　　　年　月　日
　　　　　　　　　　　　　　　　甲　　　　　　　　　　　　印
　　　　　　　　　　　　　　　　乙　　　　　　　　　　　　印

| **A** | この契約書は契約金額の記載がないため、第7号文書（継続的取引の基本となる契約書）として課税文書に該当し、印 |

紙税が課税されます。

解説

（1）売買等に関する業務に係る継続的取引の基本約定書

① 課税文書

　第7号文書とは代理店契約書、業務委託契約書その他名称のいかんを
問わず、売買に関する業務、金融機関の業務、保険募集の業務又は株式
の発行若しくは名義書換えの事務を継続して委託するため作成される契
約書で、次のいずれかを定めるものです（印法別表第1第7号文書　課税
物件／物件名／定義、印令26二）。

・　委託される業務

－ 680 －

第6章　社会福祉法人の印紙税

- ・　事務の範囲
- ・　対価の支払方法

　ただし、契約期間の記載のあるもののうち、その契約期間が3か月以内であり、かつ、更新に関する定めのないものを除きます（印法別表第1第7号文書 課税物件／物件名）。

　この文書は、売買又は売買の委託の場合と異なり、営業者の間で作成するものに限られませんので、社会福祉法人が作成するものも課税文書になります。

② 売買に関する業務

イ 売買と売買の委託

　売買とは、当事者の一方（売主）がある財産権を相手方（買主）に移転し、相手方がこれに対してその代金を支払うことをいいます（民法555以下、質疑応答事例／印紙税 継続的取引の基本となる契約書（第7号文書）5）。

　売買の委託とは、特定、個別の物品等を販売し又は購入することを相手方に委託することをいいます。

　例えば、自己の名をもって他人のために物品の販売又は買入れをなすことを業とする問屋営業者と販売又は買入れを委託する委託者との間における関係は、売買の委託（委任）に該当します。

　売買の委託は、もともと委任契約であり、さらに、委託を受けた者（受託者）が別の営業者との間で委託を受けた物品等の売買を行うときには、売買の委託ではなく売買になります（質疑応答事例／印紙税 継続的取引の基本となる契約書（第7号文書）6）。

ロ 売買に関する業務の委託

　「売買に関する業務の委託」とは、売買に関する業務の全部又は一部を包括的に委託することをいいますので、特定の物品等の販売又は購入を委託する「売買の委託」とは区別して考えなければなりません（印令26一・二、印基通別表第1第7号文書7）。

　具体的には、販売施設を所有している者が、そこにおける販売業務を

- 681 -

第6章　社会福祉法人の印紙税

委託する場合、販売店の経営そのものを委託した場合、さらには業務の一部である集金業務、仕入業務、在庫管理業務等を委託した場合等が「売買に関する業務の委託」に含まれることになります（質疑応答事例／印紙税 継続的取引の基本となる契約書（第7号文書）17）。

③　事例の場合

　ご質問の会社甲が、その従業員の福利厚生のために食堂を設置して、飲食物を提供するに当たり、貴法人にその経営を長期にわたって委託するために作成される「食堂経営委託に関する契約書」は、食堂経営という売買に関する業務を継続的に委託するものであり、委託する業務の範囲を定めていますので、第7号文書（継続的取引の基本となる契約書）に該当します（質疑応答事例／印紙税 継続的取引の基本となる契約書（第7号文書）17）。

（2）課税文書の所属

①　第2号文書と第7号文書の帰属

　第2号文書（請負に関する契約書）と第7号文書（継続的取引の基本となる契約書）とに該当する文書は、第2号文書（請負に関する契約書）とします（印法別表第1通則3イ本文）。

　ただし、第2号文書（請負に関する契約書）で契約金額の記載のないものと第7号文書（継続的取引の基本となる契約書）とに該当する場合には、第7号文書（継続的取引の基本となる契約書）とします（印法別表第1通則3イただし書）。

②　事例の場合

　食堂の経営の委託は「請負」に当たり、ご質問の「食堂経営委託に関する契約書」は第2号文書（請負に関する契約書）に該当します。

　このため、この契約書は第2号文書（請負に関する契約書）と第7号文書（継続的取引の基本となる契約書）のいずれにも該当します。

　しかし、この契約書には契約金額の記載のないことから、結果として第7号文書（継続的取引の基本となる契約書）に該当することになります。

－ 682 －

第6章　社会福祉法人の印紙税

参考

関連Q＆A：Q170 請負と委任に関する契約書

Q174 請負に関する継続的取引の基本となる契約書

Q175

印法別表第1第2号文書、第7号文書、通則3イ

印令26一・二

印基通別表第1第7号文書7

質疑応答事例／印紙税 継続的取引の基本となる契約書（第7号文書）

5、6、17

民法555以下

－ 683 －

索 引 (五十音順)

ア

相手方の確認 …………………………… 487
あらかじめ書面 ………………………… 348

イ

EC サイト ……………………………… 502
EDI システム ………………………… 188
委員に対する報酬 ……………………… 546
意見表明等支援事業 …………………… 259
移送サービス …………………………… 98
委託業務 ………………………………… 241
一時預かり事業 ………………………… 264
1 万円未満の判定単位 ………………… 483
一括控除 ………………………………… 500
一括交付 ………………………………… 498
一括譲渡 ………………………………… 333
一括値引きがある場合の適格簡
　易請求書の記載 ……………………… 457
一括比例配分方式 ……………………… 359
一体資産 ………………………………… 332
一般会計 ………………………………… 468
一般会費 ………………………………… 321
移動支援事業 …………………………… 273
委任 …………………………… 663, 670
医療型障害児入所施設 ………………… 274
医療事業 ………………………………… 293
医療保護施設 …………………………… 293
飲食設備 ………………………………… 337
飲食料品の委託販売 …………………… 350
飲食料品の提供に係る調理等の
　委託 ………………………… 348, 353
飲食料品の範囲 ………………………… 329
飲食料品を飲食させる役務の提
　供 ……………………………………… 337
インボイス制度 ………………………… 416

ウ

受入研修生収入 ………………………… 324
請負 …………………………… 663, 670
請負業 …………………………………… 80
請負契約書 ……………………………… 663
売手が負担する振込手数料相当
　額 ……………………………………… 458

エ

営業者間における継続的取引の
　基本約定書 …………………………… 677
営業の意義 ……………………………… 650
営業の譲渡 ……………………………… 654
永年勤続表彰記念品の支給 …………… 592
エレベーター保守契約書 ……………… 665

オ

公の施設 ………………………………… 84
親子関係形成支援事業 ………………… 260
親子再統合支援事業 …………………… 258

カ

海外出張 ………………………………… 524
会計監査契約書 ………………………… 666
会計監査人 ……………………………… 15
会計年度 ………………………………… 27
介護保険事業 …………………………… 230
介護保険の福祉用具貸与 ……………… 243
介護保険の福祉用具販売 ……………… 245
解雇予告手当 …………………………… 607
介護予防・日常生活支援総合事
　業 ……………………………………… 43
回収特例 ……………………… 513, 515
外出支援サービス ……………………… 98
外出支援サービス事業 ………………… 322
外食 ……………………………………… 336

索　引

学資金の非課税 …………………… 576
学童保育 …………………………… 257
課税売上げ ………………………… 208
課税売上割合 ……………………… 356
課税売上割合が著しく変動した
　場合の調整 ……………………… 375
課税売上割合に準ずる割合
　……………………………… 367, 370
課税貨物 …………………………… 211
課税仕入れ ………………………… 361
課税仕入れの範囲 ………………… 362
課税仕入れの用途区分 …………… 364
課税事業者の選択 ………………… 215
課税事業者の取りやめ …………… 215
課税資産の譲渡等とその他の資
　産の譲渡等に共通して要する
　課税仕入れ等 …………………… 365
課税資産の譲渡等にのみ要する
　課税仕入れ等 …………………… 364
学校法人・社会福祉法人・更生
　保護法人に係る法人住民税の
　判定表 …………………………… 640
合併があった場合の納税義務の
　免除の特例 ……………………… 221
家庭的保育事業 …………………… 265
借上社宅 …………………………… 605
簡易課税制度 ……………………… 403
簡易課税制度の事業区分 ………… 412
簡易課税制度の選択の制限 ……… 409
監事 ………………………………… 14

キ

義援金 ……………………………… 168
基幹相談支援センター …………… 301
企業主導型保育事業 ………… 64, 267
企業診断員の範囲 ………………… 621
企業単独型技能実習 ……………… 627
企業内保育施設等の運営受託 …… 267
技芸教授業 ………………………… 68

技術士等に対する報酬・料金 …… 621
基準期間 ……………………… 214, 482
基準期間における課税売上高 …… 214
技能実習生制度 …………………… 626
技能実習生の在留資格 …………… 627
技能実習生の納税者区分の判定
　…………………………………… 629
寄附金 ……………………………… 399
寄附金等 …………………………… 320
寄附金の損金算入限度額 ………… 165
寄附金の損金不算入 ……………… 165
キャンセル料 ………………… 323, 400
救護施設 …………………………… 287
給食調理業務の委託 ……………… 353
給与等支払額 ……………………… 220
給与等の受領を辞退した場合 …… 545
共済事業 …………………………… 77
共通対応分の合理的な基準によ
　る区分 …………………………… 367
共通費の配賦 ……………………… 136
協定書 ……………………………… 674
共同作成した課税文書 …………… 672
業務執行理事 ……………………… 14
共用資産 …………………………… 137
居住者 ………………………… 628, 630
居宅訪問型児童発達支援 ………… 274
居宅訪問型保育事業 ……………… 265
金銭又は商品券等による支給
　…………………………………… 592, 593
金銭又は有価証券の受取書 ……… 650
勤続年数 …………………………… 612
均等割 ……………………………… 635
均等割の免除 ……………………… 639

ク

苦情解決処理第三者委員会 ……… 547
クックチルド ……………………… 353
国等の非課税 ……………………… 672
クレジットカードの利用明細

－ 685 －

索　引

データ等 …………………… 188
経過措置 …………………… 423
経過措置を適用するための帳簿
　及び請求書等の記載事項 …… 424

ケ

軽減税率制度 ………………… 329
軽減税率の対象品目 …………… 329
経済的利益 …………………… 584
計算書類等 …………………… 21
経常経費寄附金 ……………… 400
継続雇用 …………………… 549
軽費老人ホーム ……………… 49
契約書の意義 ………………… 666
ケータリング ………………… 339
月給等の非常勤職員 …………… 549
検索機能の要件 ……………… 194
研修生等の推定 ……………… 629
研修旅行 …………………… 595
源泉徴収義務 …………… 613, 618
源泉徴収義務者 ……………… 548
源泉徴収税額 ………………… 613
源泉徴収税額の算出 …………… 545
源泉徴収に関わる勘定科目 …… 541
現物給与 …………………… 585
権利擁護業務 ………………… 246

コ

コインパーキングの利用 ……… 520
公益社団法人 ………………… 177
公益認定 …………………… 177
公益法人が作成する受取書 …… 651
高額特定資産を取得した場合等
　による制限 ………………… 410
高額特定資産を取得した場合等
　の納税義務の免除の特例 …… 225
興行業 …………………… 122
公共交通機関特例 …… 513, 515, 517
交際費等 …………………… 161

交際費等の損金不算入 ………… 160
口座振替 …………………… 498
口座振込 …………………… 498
講師等 …………………… 526
控除対象外仕入れに係る調整計
　算 …………………… 393
控除対象外仕入れに係る調整計
　算の趣旨 ………………… 393
更生施設 …………………… 287
高速道路利用料金 …………… 505
構築物 …………………… 116
交通費 …………………… 562
交付義務の免除 ……………… 448
交付した適格請求書の誤り …… 460
高齢者向け住まい …………… 341
個人事業者と給与所得者の区分
　…………………………… 555
子育て援助活動支援事業 ……… 258
子育て世帯訪問支援事業 ……… 259
子育て短期支援事業 …………… 257
国庫補助金等特別積立金 ……… 146
固定資産 …………………… 644
固定資産受贈額 ……………… 151
固定資産税 …………………… 644
固定資産税評価証明書の取得 … 605
固定資産の移管 ……………… 136
固定資産の処分損益 …………… 155
固定資産の売却収入 …………… 325
こども食堂 …………………… 94
子どもの学習・生活支援事業 … 289
古物特例 …………………… 513
個別対応方式 ………………… 358
顧問 …………………… 547
雇用安定等事業 ……………… 317
こんにちは赤ちゃん事業 ……… 257

サ

サービス付き高齢者向け住宅 … 53
再生資源特例 ………………… 514

－ 686 －

在宅医療・介護連携推進事業 ···· 247
在宅勤務手当 ······························ 566
採用面接者 ································· 526
産業医 ·· 552
残業又は宿日直をした者に支給
する食事 ································ 588

シ

仕入課税期間 ······························ 375
仕入税額控除 ······························ 356
仕入明細書等 ······························ 485
事業区分 ···································· 404
事業区分と税率の例示 ·············· 414
事業所（事業部門）ごとの課税
売上割合に準ずる割合 ········· 373
事業所内保育事業 ······················ 266
施設整備等寄附金 ······················ 399
質屋特例 ···································· 514
市町村社会福祉協議会 ·············· 96
実費精算の出張旅費等 ·············· 524
実費弁償 ···································· 306
指定管理者制度 ·············· 84, 304
指定管理者における影響と対応
（利用料預り）······················ 472
指定管理者における影響と対応
（利用料金制）······················ 476
指定寄附金 ································· 169
児童育成支援拠点事業 ·············· 259
児童家庭支援センター ·············· 256
児童厚生施設 ······························ 255
児童自立支援施設 ······················ 256
児童自立生活援助事業 ·············· 257
児童心理治療施設 ······················ 256
児童発達支援 ······························ 274
児童発達支援センター ···· 273, 274
自動販売機特例 ········· 514, 515, 519
児童養護施設 ······························ 256
使途の特定 ································· 388
支払通知書 ································· 485

支払通知書の記載例 ·················· 488
支払の名目 ································· 624
事務の受託等の実費弁償 ·········· 89
社員旅行 ···································· 597
社会的養護自立支援拠点事業 ···· 258
社会福祉協議会の一般会費 ········ 96
社会福祉協議会の法人会費 ········ 98
社会福祉事業 ······························ 2
社会福祉事業等として行われる
資産の譲渡等に類するもの ···· 306
社会福祉事業等に係る委託契約
書 ·· 669
社会福祉事業の委託 ·················· 305
社会福祉事業の一部の委託に係
る取扱い ································ 312
社会福祉法人会計基準 ·············· 19
社会福祉法人における固定資産
税の非課税 ··························· 646
社会福祉法人における適用関係
·· 200
社会福祉法人における特定の方
法 ·· 389
社会福祉法人の設立 ·················· 2
社会福祉連携推進法人 ·············· 8
社宅 ·· 599
収益事業区分経理表 ·················· 133
収益事業に含まれない事業 ······· 638
収益事業の継続要件 ·················· 103
収益事業の事業場要件 ·············· 109
収益事業の範囲 ························· 638
住民税の特別徴収 ······················ 615
就労移行支援 ······························ 282
就労継続支援A型 ······················ 282
就労継続支援B型 ······················ 282
就労支援事業 ······················ 276, 282
就労支援事業等を行う事業所の
資産の譲渡等 ······················ 369
就労支援事業の利用者工賃 ······· 363
宿所提供施設 ······························ 288

索　引

宿日直勤務 ……………………………… 571
宿日直勤務に係る許可基準 ……… 572
宿日直料 ………………………………… 571
宿日直料の性質 …………………… 574
宿泊費 …………………………………… 523
授産施設 ………………………………… 260
受託事業における課非判定のフ
　ローチャート ……………………… 308
出向社員 ………………………………… 525
出張旅費 ………………………………… 523
出張旅費等特例 …………… 514, 523
出張旅費等の対象者の範囲 ……… 525
出張旅費等の範囲 ………………… 523
純額処理 ………………………………… 351
障害児相談支援事業 ……………… 275
障害児通所支援事業 ……………… 274
障害児入所施設 …………………… 273
障害者支援施設 …………………… 272
障害者就業・生活支援センター
　……………………………………………… 317
障害者相談支援事業 ……………… 301
障害福祉サービス事業 ……… 55, 272
少額特例 …………………… 480, 482
少額な対価返還等に係る適格返
　還請求書の交付義務免除 ……… 458
小規模住居型児童養育事業 ……… 258
小規模住宅等 …………………… 603
小規模保育事業 …………………… 264
承認申請手続き ………………………… 372
消費税及び地方消費税が区分記
　載された契約書 ………………… 656
消費税簡易課税制度選択届出書
　の提出時期の特例 ……………… 530
消費税・地方消費税の計算 ……… 205
消費税等の取扱い ………………… 625
消費税の申告単位 ………………… 212
消費税返還条項 …………………… 533
消費税率 ………………………………… 204
修理品の承り票、引受票等の取

扱い ……………………………………… 667
ショートステイ事業 ……………… 257
所轄庁 …………………………………… 17
職員に対する社宅 ………………… 599
職員に対する手当等 ……………… 608
職業野球の選手等との役務の提
　供を内容とする契約 …………… 664
食材の購入契約 …………………… 354
食事代の金銭交付 ………………… 589
食事の支給 …………………………… 587
食事の支給による経済的利益は
　ないものとする場合 …………… 588
食事の評価 …………………………… 587
嘱託医 …………………………………… 552
助産施設 ……………………… 255, 293
所得の区分経理 …………………… 133
所得割 …………………………………… 642
所有権移転外ファイナンス・
　リース取引 …………………………… 500
自立支援ホーム …………………… 257
シルバー人材センター …………… 556
シルバー人材センターの会員の
　所得 ……………………………………… 557
人格のない社団等 ………………… 622
寝具洗濯乾燥消毒サービス ……… 92
申告単位 ………………………………… 212
申告調整 ………………………………… 130
身体障害者等従事割合 …………… 60
身体障害者用物品 ………………… 285
新聞 ……………………………………… 334
スキャン文書による保存 ……… 180
スマートフォンアプリによる決
　済データ等 ……………………………… 188

セ

生活困窮者一時生活支援事業 … 289
生活困窮者家計改善支援事業 … 289
生活困窮者就労準備支援事業 … 289
生活困窮者自立支援法 …………… 288

索　引

生活困窮者自立相談支援事業 …… 288
生活支援体制整備事業 …………… 247
生活支援等事業 …………………… 317
生活福祉資金貸付制度 … 71, 72, 315
生活保護事業 ……………………… 287
生産活動 …………………………… 282
生産活動による資産の譲渡等 …… 290
成年後見（支援）センター ……… 75
成年後見制度 ……………………… 75
税理士委嘱契約書 ………………… 666
席貸業 ……………………………… 118
接待飲食費 ………………………… 162
セントラルキッチン方式 ………… 353
全量売電 …………………………… 112

ソ

総額処理 …………………………… 350
創業記念品等の支給 ……………… 591
総合相談支援業務 ………………… 246
相談支援事業 ……………………… 56
相談役等 …………………………… 547
措置施設 …………………………… 38

タ

第1号の1文書 …………………… 653
第1号の2文書 …………………… 659
第1種事業 ………………………… 413
第一種社会福祉事業 ……………… 3
第5種事業 ………………………… 413
第3種事業 ………………………… 413
第3年度の課税期間 ……………… 377
第17号文書 ………………………… 650
退職一時金等 ……………………… 607
退職所得控除額 …………………… 610
退職所得の金額 …………………… 608
退職所得の源泉徴収等 …………… 613
退職所得の受給に関する申告書
　………………………………… 614
退職手当等 ………………………… 606

退職手当等の範囲 ………………… 606
代替書面 …………………………… 509
第7号文書 …………………… 677, 680
第2号文書 …………………… 655, 663
第2号文書と第7号文書の帰属
　………………………………… 682
第2種事業 ………………………… 413
第二種社会福祉事業 ……………… 4
タイムスタンプの付与期限 ……… 194
第4種事業 ………………………… 413
代理交付 ……………………… 462, 473
第6種事業 ………………………… 413
ダウンロードの求め ……………… 197
多機能型事業所 …………………… 281
宅建特例 …………………………… 514
立替金精算書 ………………… 490, 494
棚卸資産に係る仕入税額控除 …… 440
短期前払費用 ……………………… 511
単身赴任者用住居 ………………… 603
団体管理型技能実習 ……………… 627

チ

地域型保育事業 …………… 265, 267
地域活動支援センター …………… 273
地域子育て支援拠点事業 ………… 264
地域包括支援センター …………… 46
地上権 ……………………………… 659
地方公共団体のインボイス対応
　………………………………… 469
地方公共団体の納税義務とイン
　ボイス制度 …………………… 468
中国からの実習生 ………………… 631
駐車場 ……………………………… 604
駐車場業 …………………………… 125
調整対象基準税額 ………………… 377
調整対象固定資産 ………… 216, 409
調整対象固定資産の仕入れ等に
　よる制限 ………………… 216, 409
調整割合 …………………………… 384

索　引

帳簿特例 …………………… 480, 513
賃借固定資産の所有者に対する
　課税 …………………………… 647

ツ

通勤手当 …………… 523, 526, 559
通算課税売上割合 ……………… 377
通常の賃貸料の額 ………… 599, 602

テ

テイクアウト …………………… 338
手書きの領収書 ………………… 454
適格簡易請求書 ………………… 419
適格簡易請求書の交付ができる
　事業 …………………………… 450
適格請求書等 …………………… 418
適格請求書等と帳簿の記載事項
　………………………………… 418
適格請求書等保存方式 ………… 416
適格請求書と適格返還請求書を
　一の書類で交付 ……………… 457
適格請求書に記載する消費税額
　等の端数処理 ………………… 455
適格請求書の誤り ……………… 460
適格請求書の写しの保存 ……… 448
適格請求書の写しの保存期間 … 449
適格請求書の記載事項 ………… 454
適格請求書の交付義務 ………… 447
適格請求書の事後交付 ………… 512
適格請求書の保存 ……………… 479
適格請求書の要件 ……………… 453
適格請求書の様式 ……………… 453
適格請求書発行事業者登録後の
　留意事項 ……………………… 440
適格請求書発行事業者の登録制
　度 ……………………………… 416
適格請求書発行事業者の登録手
　続 ………………………… 437, 439
適格請求書発行事業者の登録の

取消届出 ………………………… 443
適格返還請求書 ………………… 456
適格返還請求書の記載事項 …… 456
適格返還請求書の交付義務 …… 456
適格返還請求書の交付義務免除
　………………………………… 458
テナントの仕入税額控除 ……… 490
テレワーク手当 ………………… 566
電子請求書や電子領収書の授受
　に係るクラウドサービス …… 187
電子帳簿 ………………………… 180
電子帳簿保存法の概要 ………… 179
電子データの保存要件（原則）
　………………………………… 191
電子データの保存要件（特例）
　………………………………… 196
電磁的記録 ………………… 182, 480
電子取引 ………………………… 184
電子取引により授受した取引情
　報の電磁的記録 ……………… 180
電子取引のデータ保存制度 …… 184
電子メール ……………………… 187
電帳法 …………………………… 179

ト

動産等の賃貸借 ………………… 660
動産の売買 ……………………… 654
登録の取消後、免税事業者とな
　る場合 ………………………… 445
登録の取りやめ ………………… 443
特定期間 …………………… 218, 483
特定期間の課税売上高 ………… 219
特定期間の課税売上高による免
　除の特例 ……………………… 218
特定公益増進法人 ……………… 170
特定仕入れ ……………………… 209
特定支出 ………………………… 386
特定施設入居者生活介護 …… 50, 54
特定社会福祉法人 ………………… 15

－ 690 －

索　引

特定収入の範囲 ……………… 386
特定収入割合 …………………… 381
特定役員退職手当等 …………… 609
特別徴収税額 …………………… 615
特別徴収義務 …………………… 615
特別の利益供与の禁止 ………… 582
特別の利益の供与 ……………… 584
特別法人事業税 ………………… 643
特例計算の方法 ………………… 382
都市計画税 ……………………… 647
土地の上に存する権利 ………… 115
土地の賃借権 …………………… 659
土地の売買 ……………………… 654
都道府県社会福祉協議会 ……… 97
取引情報 ………………………… 184
取戻し対象特定収入 …………… 395

ナ

内定者 …………………………… 525
内部取引 ………………………… 326
内部取引の消費税法上の取扱い
……………………………………… 327
内部取引の相殺消去 …………… 326
内部取引の範囲 ………………… 327

ニ

日常生活費等 …………………… 240
日給等の非常勤職員 …………… 549
日当等 …………………………… 523
乳児院 …………………………… 255
乳児家庭全戸訪問事業 ………… 257
入出金手数料 …………………… 508
2割特例 ………………………… 528
任意の一取引 …………………… 506
妊産婦等生活援助事業 ………… 259
認知症総合支援事業 …………… 247
認定こども園 …………………… 105
認定生活困窮者就労訓練事業 … 288

ネ

値引き …………………………… 333

ノ

納税義務 ………………………… 634
納税義務者 ……………………… 204
納税義務者等 …………………… 644

ハ

媒介者交付特例 ………………… 464
配食サービス …………………… 92
売買契約書 ……………………… 653
売買等に関する業務に係る継続
的取引の基本約定書 ………… 680
売買と売買の委託 ……………… 681
売買に関する業務の委託 ……… 681
派遣社員 ………………………… 525
派遣職員 ………………………… 550
バザー …………………………… 103
バザー収入 ……………………… 325
搬入搬出費 ……………………… 244

ヒ

非営利型法人 …………………… 175
非課税 …………………………… 641
非課税売上げ …………………… 209
非課税限度額 …………………… 559
非課税資産の譲渡等にのみ要す
る課税仕入れ等 ……………… 365
非課税所得となる通勤手当の範
囲 ………………………………… 559
非課税所得となる旅費の範囲 … 562
非課税になる宿日直料の範囲 … 573
非居住者 …………………… 628, 631
非常勤職員 ……………………… 548
非常勤役員等の出勤のための費
用 ………………………………… 563
日雇い等 ………………………… 549

― 691 ―

索　引

評議員 ……………………… 13
評議員会 …………………… 13
評議員選任・解任委員会 ……… 14, 547
病児保育事業 ……………… 264
比例配分法 …………………377

フ

ファミリー・サポートセンター
　事業 ……………………… 258
ファミリーホーム ……………… 258
プール計算 ……………… 601, 604
不課税収入 ………………… 386
福祉型障害児入所施設 ……… 274
福祉ホーム …………………273
附属明細書 …………………… 22
物品切手等 ……………… 521, 522
不動産 ……………………… 653
不動産貸付業 ……………… 115
不動産の賃貸借契約書 …………… 658
不特定かつ多数の者に資産の譲
　渡等を行う事業 ……………… 451
振込手数料 ………………… 508
分割基準 ……………… 636, 642
分割控除 …………………… 500

ホ

保育所 ……………………… 263
保育所型認定こども園 ……… 264
保育所等訪問支援 ……………… 275
放課後児童健全育成事業 ……… 257
放課後等デイサービス ………… 274
包括的・継続的ケアマネジメン
　ト支援業務 ……………… 247
包括的支援事業 …………… 47, 246
報酬等の源泉徴収義務 ………… 544
報酬等の支給の基準 …………… 543
報酬等の範囲 ……………… 544
報酬・料金等 ……………… 618
報酬・料金等の細目 …………… 619

報酬・料金等の範囲 ………… 624
報酬・料金等の例示 ………… 618
法人以外の団体等 ……………… 623
法人会員の会費 ……………… 321
法人事業税 ………………… 641
法人税等の計算 ……………… 129
法人税割 …………………… 635
法人等に対する源泉徴収 ……… 622
法人との契約 ……………… 553
ホームページからのダウンロー
　ド等 ……………………… 187
保険金 ……………………… 323
母子生活支援施設 ……………… 255
母子・父子福祉団体 ……… 100
母子・父子福祉団体による金銭
　の貸付け …………………73
補助金 ……………………… 146
補助金等（特定収入）がある場
　合の特例計算 ……………… 380
補助金等の返還 …………… 532, 536
補助金等返還条項 …………… 536
補助金との関係 ……………… 601
本則課税方式 ……………… 356

ミ

みなし寄附金 ……………… 165
みなし仕入率 ……………… 403
見舞金 ……………………… 579
民間退職金共済制度 ………… 607

ム

無体財産権 ………………… 654

メ

免税事業者 ………………… 214
免税事業者が適格請求書発行事
　業者になった場合の特例 …… 528
免税事業者である社会福祉法人
　における影響と対応 ………… 432

－ 692 －

索　引

免税事業者等からの買手におけ
　る影響と対応 ················ 429
免税事業者等との取引における
　仕入税額控除 ··············· 423
免税事業者等との取引への影響
　··························· 426
免税点 ····················· 645

モ

持ち帰り ··················· 338

ヤ

夜間支援等体制加算（Ⅱ）········ 573
役員に対する社宅 ············· 602
役員・評議員に対する報酬 ······· 543

ユ

郵便特例 ··············· 514, 521
猶予措置 ··················· 197
有料老人ホーム ··············· 52
有料老人ホーム等の特例 ········· 341
輸出免税売上げ ··············· 209

ヨ

養育支援訪問事業 ············· 257
養護老人ホーム ··············· 251
養成施設等 ··················· 68
用途区分が未定の場合 ·········· 367
用途区分の時期 ··············· 366
用途区分の判定 ··············· 366
幼保連携型認定こども園 ···· 105, 263
余剰電力売電 ··············· 112

リ

理事 ······················· 13
理事会 ····················· 14
理事長 ····················· 14
利用者工賃 ················· 363
利用者等外給食費収入 ·········· 324
利用証明書 ················· 506
利用料金制 ·················· 85
旅行券の支給の特例 ··········· 594
旅費 ······················ 562
旅費等 ···················· 624
旅費日当 ··················· 563
臨時特例つなぎ資金貸付制度 ···· 315

レ

レクリエーション ············· 596
レクリエーション旅行 ·········· 597

ロ

老人福祉センター ············· 305

－ 693 －

〈著者紹介〉

田中　正明（たなか　まさあき）
1960 年、兵庫県生まれ。
1992 年、税理士試験合格。
1993 年、税理士登録。
1998 年、神戸にて税理士事務所開業。
2010 年、行政書士登録。
現在、TKC 近畿兵庫会会員。

【主な著書】
『［改訂第三版］社会福祉法人の会計実務』（共著、TKC 出版）
『非営利法人の消費税インボイス制度 Q&A ―事業ごとの影響と対応―』（税
務研究会出版局）

本書の内容に関するご質問は、税務研究会ホームページのお問い合わせフォーム（https://www.zeiken. co.jp/contact/request/）よりお願い致します。なお、個別のご相談は受け付けておりません。

本書刊行後に追加・修正事項がある場合は、随時、当社のホームページ（https://www.zeiken.co.jp/）にてお知らせ致します。

Q&A でわかる　社会福祉法人の税務

令和 3 年 3 月22日　　初版発行	（著者承認検印省略）
令和 6 年12月 5 日　　第 2 版第一刷印刷	
令和 6 年12月13日　　第 2 版第一刷発行	

Ⓒ著　者　　田　中　正　明

発行所　　税 務 研 究 会 出 版 局

週 刊［税 務 通 信］発行所
　　　　［経 営 財 務］

代表者　　山　根　　　毅

郵便番号100-0005
東京都千代田区丸の内1-8-2 鉄鋼ビルディング

https://www.zeiken.co.jp/

乱丁・落丁の場合は、お取替え致します。　　　　印刷・製本　日本ハイコム株式会社

ISBN 978-4-7931-2836-3